国家出版基金项目
NATIONAL PUBLICATION FOUNDATION

创新驱动产业迈向全球价值链中高端

洪银兴　郑江淮　等著

高等教育出版社·北京

内容提要

本书主要研究我国依靠科技、产业创新和商业模式创新推动产业迈上全球价值链中高端的路径，分总论和分论两部分。总论部分研究了科技与产业创新驱动与产业链相互作用关系，揭示了以中间产品创新驱动全球价值链攀升的机制和政策含义；分论部分详细探讨了我国在全球价值链攀升中的大国优势、可选择的攀升路径、互联网嵌入、融资约束、国内生产网络、服务业创新对全球价值链攀升的影响，以及跨境电子商务和商业模式创新所带来的全球价值链攀升效应。本书研究了围绕产业链部署创新链的路径，为我国拥有核心高端技术的产业建立以我为主导的全球价值链提供了丰富的理论与实证依据，适合政府经济管理部门、科研院所的研究人员及大专院校的师生阅读参考。

图书在版编目（CIP）数据

创新驱动产业迈向全球价值链中高端／洪银兴等著．--北京：高等教育出版社，2020.5

ISBN 978-7-04-053430-6

Ⅰ．①创… Ⅱ．①洪… Ⅲ．①国家创新系统-研究-中国 Ⅳ．①F204②G322.0

中国版本图书馆 CIP 数据核字（2020）第 019894 号

Chuangxin Qudong Chanye Maixiang Quanqiu Jiazhilian Zhonggaoduan

策划编辑 崔 灿　责任编辑 崔 灿　封面设计 李小璐　版式设计 杜微言
插图绘制 于 博　责任校对 刁丽丽　责任印制 刁 毅

出版发行	高等教育出版社	咨询电话	400-810-0598
社　　址	北京市西城区德外大街 4 号	网　　址	http://www.hep.edu.cn
邮政编码	100120		http://www.hep.com.cn
印　　刷	中农印务有限公司	网上订购	http://www.hepmall.com.cn
			http://www.hepmall.com
开　　本	787mm×960mm 1/16		http://www.hepmall.cn
印　　张	26.5	版　　次	2020 年 5 月第 1 版
字　　数	490 千字	印　　次	2020 年 5 月第 1 次印刷
购书热线	010-58581118	定　　价	72.00 元

本书如有缺页、倒页、脱页等质量问题，请到所购图书销售部门联系调换

物 料 号 53430-00

《创新驱动产业迈向全球价值链中高端》

撰 写 者

洪银兴　　郑江淮

马野青　　孙宁华

皮建才　　黄繁华

巫　强　　陈　曦

韩　剑　　方　勇

赵　华　　邵昱琛

安　志

前言　研究全球价值链的新视角

2015 年我们主持的“全球价值链发展变化与我国创新驱动发展战略研究”课题获批国家社科基金重大项目立项，批准号为 15ZDA060。根据课题设计，我们研究在经济全球化背景下全球价值链发展变化的趋势，在此基础上注重研究我国产业迈向全球价值链中高端的方向和路径，突出创新（包括科技创新、产业创新和商业模式创新）对产业迈向全球价值链中高端的驱动作用。

全球价值链本来是研究国际分工的一个重要范畴，近年来正在成为经济学和经济界的一个热词。习近平在 2017 年 9 月金砖国家领导人厦门会晤记者会上的讲话中三次提到全球治理，党的十九大报告又明确提出要“促进我国产业迈向全球价值链中高端”①。根据习近平总书记系列重要讲话，以及十九大报告所阐述的新时代现代化的中国方案，研究全球价值链需要有新的视角，只有这样才能提升全球价值链在经济发展理论和政策中的地位。

第一，促进中国产业迈向全球价值链中高端是产业达到现代化水准的重要目标。一个国家或地区的产业在全球价值链中所处的地位反映其产业的国际水准。目前中国产业总体上处于全球价值链中低端。我国的目标是在 2020 年进入创新型国家行列时，要求若干重点产业进入全球价值链中高端；在基本实现现代化跻身创新型国家前列时，主要产业进入全球价值链中高端。就供给侧结构性改革来说，供给侧结构性改革需要培育新动能，而新动能就是那些进入全球价值链中高端的产业。

第二，全球价值链是创新的对外投资方式。习近平在金砖国家领导人厦门会晤记者会上就合力打造新的全球价值链指出：“发挥产业结构和资源禀赋互补优势，培育利益共享的价值链和大市场，形成联动发展格局。”②借助全球价值链可以实现十九大报告中“促进国际产能合作，形成面向全球的贸易、投融资、

① 习近平：《决胜全面建成小康社会　夺取新时代中国特色社会主义伟大胜利——在中国共产党第十九次全国代表大会上的报告》，人民出版社 2017 年版，第 30 页。

② 习近平：《习近平在出席金砖国家领导人厦门会晤时的讲话》，人民出版社 2017 年版，第 8 页。

生产、服务网络,加快培育国际经济合作和竞争新优势”①的要求。显然,全球价值链是中国在“一带一路”建设中推进的国际产能合作重要平台。如何与相关国家互利共赢,如何提升中国产业和企业的国际竞争力?重要突破口是全球价值链的布局,寻求在全球价值链上的合作。十九大报告要求“一带一路”建设要“遵循共商共建共享原则,加强创新能力开放合作”②。这个要求可以通过依靠“一带一路”建设合力打造新的全球价值链来体现。目前,“一带一路”沿线国家处于不同的发展阶段,对以中国为主导的全球价值链配置和重组有不同的需求和承接能力。全球价值链在“一带一路”相关国家布局,相关国家就可在全球价值链中共享中国发展成果,与中国企业互利共赢。

第三,全球价值链是参与全球经济治理的重要载体。在经济全球化背景下,参与全球经济治理实际上有两个层面。一是国家层面:参与全球经济治理和公共产品供给,提高中国在全球经济治理中的制度性话语权。其路径和平台包括世界银行、国际货币基金组织、亚洲基础设施投资银行、世界贸易组织等国际经济组织。二是企业层面:如果我国企业处于全球价值链中高端,也就居于全球价值链主导地位。企业层面的经济治理为国家层面的全球经济治理提供经济基础。

基于全球价值链在国家战略中的地位,需要进一步明确中国在全球价值链中地位提升的重要性。当代国际竞争突出表现为全球价值链竞争。它涉及两个方面。一是全球价值链之间的竞争,竞争内容是争夺资源和市场。有多少条以中国企业为主导的全球价值链就反映了我国具备多少获取国际资源和市场的能力。二是全球价值链内部的竞争,表现为争夺其中的主导地位和高附加值环节。我国有相当数量的企业处于全球价值链低端环节,处于被主导地位和低附加值环节。中国作为世界第二大经济体,尤其是明确了现代化的目标后,最为紧迫的任务是改变自己在全球价值链中的从属地位,攀升至全球价值链中高端。

在附加值坐标系中,价值链各个环节的附加值曲线呈U形。处于U形曲线中部下端的加工装配环节附加值最低,处于U形曲线两头上端的研发设计环节和营销服务环节附加值最高,在加工装配环节前端的精密加工环节,处于加工装配后端的物流环节的附加价值都明显高于加工装配环节。

① 习近平:《决胜全面建成小康社会　夺取新时代中国特色社会主义伟大胜利——在中国共产党第十九次全国代表大会上的报告》,人民出版社2017年版,第35页。

② 习近平:《决胜全面建成小康社会　夺取新时代中国特色社会主义伟大胜利——在中国共产党第十九次全国代表大会上的报告》,人民出版社2017年版,第34页。

中国过去基本上是基于劳动力和资源环境的比较优势嵌入全球价值链的，包括以加工贸易方式嵌入生产者驱动的全球价值链、以代工贴牌等方式进入采购者驱动的全球价值链。这么多年来我国也确实获得了全球价值链的红利。进入全球价值链后，跨国公司的资金、技术、管理等优势与中国劳动力、土地成本、基础设施等方面的优势结合，我国同时引进了一批先进产业。但其缺陷也逐步显现：处于价值链低端的加工装配环节，意味着核心技术和关键技术多不在我国，中国创造的部分少。特别是经济发展进入现阶段后出现了新问题：模仿和引进不能与发达经济体缩短距离；处于价值链低端的劳动投入附加值低，高产值、低附加值导致勤劳不富裕。尤其是多年来劳动成本、土地价格不断上涨，国内资源禀赋不再具有比较优势。一部分主要使用资源和劳动力的外资撤出珠三角、长三角就说明了这方面的问题。

尤其要注意到处于全球价值链低端是受制于人的。从理论上说，价值链上的环节，谁的技术优，谁的成本低，就用谁的。因此中国如不在这个环节进行研发，就会受制于人。美国一个禁令，就使处于全球价值链上的中国企业面临断供的风险。这种状况进一步说明了中国产业迈向全球价值链中高端的重点是核心技术环节的进口替代。

不仅是上述问题，新时代现代化任务的提出本身就要求产业攀升至全球价值链中高端。新时代现代化要求产业现代化，产业现代化的重要标志就是进入全球价值链中高端。迅速发展中的中国已经成为世界经济的动力源。作为动力源的产业就应是处于价值链中高端的产业。中国达到的经济地位决定了中国企业不能固守过去那样以比较优势嵌入全球价值链的格局，需要谋求在一些产业的全球价值链中的主导地位、附加价值和竞争优势。

中国经济发展进入新时代后，产业攀升全球价值链中高端的条件已经具备。在传统的资源禀赋的比较优势失去的同时，新的超越资源禀赋的竞争优势正在显现。中国作为世界第二大经济体所具有的巨大的市场规模，以及仍然处于世界前列的经济增长速度，是任何一个全球价值链都要追求的。随着工业化的深入，产业服务和配套环境明显改善，产业攀升全球价值链中高端的必要条件得到满足。改革开放形成的开放型制度和政策优势，促使全球价值链中外资的中高端环节进入，替代撤出的低端环节。在劳动成本上升的同时人力资本增加，可以进入全球价值链中需要更高人力资本的环节，产业攀升全球价值链中高端的主观条件也得到满足。可见，基于新的竞争优势，中国产业有条件改变自身在全球价值链及其分工中的低端地位。

习近平指出了中国科技和产业的痛点:“我国关键核心技术受制于人的局面尚未根本改变,创造新产业、引领未来发展的科技储备远远不够,产业还处于全球价值链中低端”。[①] 改变此种现状的路径就是从全球价值链入手培育新动能,产业攀升全球价值链中高端。具体的路径可以有以几个方面。

一是低端环节依靠创新进入全球价值链中高端环节。加工装配等处于全球价值链低端环节要改变自己的地位,就要进行创新。处于全球价值链的附加值曲线底部的加工装配环节向两端延伸。一端向研发设计环节延伸,包括科技含量更高的零部件、元器件的加工制造,如汽车、飞机的发动机,半导体的芯片,手机的智能系统等;一端向营销服务环节延伸,包括向物流等环节延伸,如发展“互联网+”提供的跨境电子商务平台。

攀升全球价值链中高端环节的创新驱动,可以使处于低端环节的企业通过学习进行再创新进入中高端环节。也不排斥并不处于价值链中的研发机构瞄准全球价值链中高端进行科技攻关,例如攻关汽车发动机、智能系统,掌握中高端环节的核心技术、关键技术,实现对原有中高端环节的替代。替代全球价值链现有中高端环节的必要条件是拥有自主知识产权,在技术上符合该价值链标准,甚至比原有标准要求更高,成本更低。

二是建立以中国已经拥有的高端技术为主导的全球价值链。现代化国家的重要特征是能够在世界范围布局并主导多条全球价值链。高端技术有较高的潜在价值,但高端技术只有在全球价值链中才能获得实在的高附加值。这就提出了依托已拥有的高端技术建立价值链的要求。

中国已经拥有一批在世界上处于前沿的高科技及其产品,如高铁、高端装备制造、电子信息产品等,甚至也有一批“独角兽”企业。新时代的现代化就包含推动拥有自主知识产权核心技术的优势产业建立以我为主导的全球价值链参与国际竞争。依托高端技术建立的全球价值链“走出去”能够避开相关国家的保护主义,并且开发全球生产要素和市场的潜在价值,极大地释放全球生产力,获取更大的全球化利益。

依托高端技术的以我为主导的全球价值链的国际布局,需要的是与高端技术水准相匹配的零部件配套。导向应是竞争优势而不是成本优势,应更为关注供应环节的科技水平,否则形成的全球价值链将没有国际竞争力。

三是全球价值链低端环节也能转向中高端。攀升全球价值链中高端环节,

① 《习近平谈治国理政》,第2卷,外文出版社2017年版,第203页。

并不意味着将现有的低端环节一扫而光，而是可以在继续保留的低端环节上寻求转型升级之路。加工装配环节可以用机器替代人力，依靠人工智能技术，降低劳动成本，增加附加值。

除此以外，拉长价值链也是重要的攀升路径。从拉长价值链的视角，加工装配企业可以利用自身在全球价值链上掌握的技术组建以自己为中心的价值链，从而成为新的价值链的“链主”，实现路径主要有两条。一是在所在的全球价值链环节上消化吸收再创新，创造自己的品牌，在国内外寻求零部件配套，进行系统集成，建立自己的营销和物流中心，由此进入新的价值链的中高端。就像中国一汽既是奥迪汽车的装配环节，也开创了自主的红旗品牌，并建立起红旗轿车的价值链。二是将加工制造环节转移到劳动成本更低的国内其他地区和国外，自身成为总部和物流、营销中心，从而居于延长的价值链中的中高端，成为价值链的“链主”。就像阳光服装将服装加工环节转移到埃塞俄比亚，并在当地买了土地种棉花；海澜之家将服装生产环节全部外包到国内成本更低的地区，自己成为总部只是研发、销售中心。

加工制造环节向劳动和资源环境成本更低的国家和地区转移作用是双重的。一方面在土地等资源供给达到极限的条件下，将加工制造环节转移出去可以起到腾笼换鸟的作用，为产业转型升级腾出空间。企业可以腾出精力致力于核心竞争优势环节的经营和新技术研发。另一方面带动全球价值链进入“一带一路”沿线国家。“一带一路”沿线国家具有明显的劳动力、资源的比较优势。现在这些国家已步入增长阶段，融入经济全球化速度快，具有强烈的承接中国生产能力转移的需求。例如在柬埔寨建工业园效果非常明显。

这样，以中国企业为主导的全球价值链就有两条，一条以高端技术为主导，一条是转移加工装配环节。前者布局以科技优势为导向，后者布局以资源禀赋比较优势为导向。两者均体现我国全球价值链的攀升。

特别需要指出的是，攀升全球价值链中高端的道路并不平坦。处于全球价值链中高端地位的发达经济体及其跨国公司是不会轻易让出它们在全球价值链中的主导地位的。面对包括中国在内的攀升全球价值链中高端的冲击，发达经济体会采取一系列的对策进行阻击。其中包括：一是加大研发（R&D）经费投入和强化高水平基础研究，提升附加值曲线的高端部分；二是用高人力资本优势改造低附加值领域，提升价值链低端的准入门槛。发达经济体在创意与设计、精细加工、生产管理与服务等领域仍然保有的相对优势，通过品牌化、定制化、设计与功能优化、服务品质体验提升，以及制造业回归等方式，最大限度地挤压发展中经济体的获利空间；三是发达经济体有可能利用其在科技创新、现代基础设施、社会管理等方面的综合优势，通过提高技术环境壁垒等准入门槛、构建新型“生产—流通—消费”模式，对教育体制、创新体制、金融制度和社会管理制度等进行优化改革，直至构建基于物联网、人工智能、云计算大数据等新技术的新型社会管理、生产生活方式，建立技术性、制度性和适用性等多领域的壁垒，阻断发展中经济体进入全球价值链中高端的通道。所有这些措施都会成为中国产业迈向全球价值链中高端的障碍。中国只有以更强的创新力度，更灵活的商业模式才能突破其阻力，达到攀升全球价值链中高端的目标。

总而言之，产业水准达到全球价值链中高端水平是现代化的重要标志。中国的产业依靠创新驱动攀升全球价值链中高端，是中国经济发展到新时代的需要。中国企业的“走出去”，更多的应该是价值链走出去。这是对外开放的新格局。这个发展机会不仅是给中国的，也是给“一带一路”相关国家和地区的。

目　录

总 论

1. 产业攀升全球价值链中高端

与欧美部分发达经济体正在推进的保护主义的反全球化相反，作为世界第二大经济体的中国扛起了继续推动全球化的大旗。过去中国以资源禀赋的比较优势嵌入全球化，现在中国的开放发展进入了新阶段，将以参与全球经济治理的方式推动全球化。参与全球经济治理意味着参与并主导国际经济规则的制定和完善，其中包括共同构建全球贸易和投资治理格局。对中国参与全球经济治理的路径，制定和实施全球经济规制的组织机构如世界银行、国际货币基金组织等已经开始关注。

本章的研究是要指出，参与全球经济治理还需要有全球价值链这个载体。只有当中国的产业迈上全球价值链中高端、中国的企业在全球价值链中居于主导地位，中国才可能在全球经济治理体系中居于主导地位。

本章明确认为，中国所处的全球价值链低端地位面临着“低端锁不定”的问题。前一时期所谓的外资撤出珠三角、长三角，原因就在于此。针对这种状况，中国亟须攀升全球价值链中高端，并且形成若干以中国企业为主导的全球价值链。而要做到这点，需要创新驱动，不仅需要科技创新、产业创新驱动，还需要商业模式创新驱动。

1.1 全球价值链是参与全球经济治理的重要载体

在经济全球化背景下，中国要参与全球经济治理实际上有两个层面。一是在国家层面上参与全球经济治理和公共产品供给，通过参与世界银行、国际货币基金组织、亚洲基础设施投资银行（亚投行）、世界贸易组织等国际经济组织，提高中国在全球经济治理中的制度性话语权，构建广泛的利益共同体。二是在企业层面上参与产业的全球价值链，在全球价值链中掌握产业的核心技术和关键技术，控制市场渠道，处于全球价值链中高端，也就居于全球价值链主导地位。这两个层面的全球经济治理相互依存。国家层面的全球经济治理为企业层面的全球经济治理提供宏观环境，克服制度障碍。企业层面的经济治理则为国家层面的全球经济治理提供经济基础。需要说明的是，虽然全球经济治理都强调合作共赢，但两个层面的全球经济治理所要遵循的原则是不尽相同的。国家层面的全球经济治理遵循的是公平原则。企业层面的全球经济治理遵循的是效率原则。两者互为补充和依靠。

全球价值链能够成为全球经济治理的载体是由其具有的跨国投资、生产和贸易的跨国链条和网络决定的。形成全球价值链分工体系是经济全球化发展的结果。过去的国际分工强调的是产品间的国际分工,也就是各经济体按其比较优势进行产品生产的分工。最著名的是赫克歇尔－俄林(H－O)理论。它强调发展中经济体生产并出口劳动密集型产品,发达经济体生产并出口资本和技术密集型产品。在全球经济治理中,后者依靠其资本和技术在全球经济治理中居主导地位,前者则处于从属地位。经济全球化发展到现阶段的突出变化是,国际分工发展为产品内分工,即同一种产品不完全在同一个国家或地区生产,而是在全球范围内布局生产、流通和营销环节,并且形成中间产品贸易,即产品内贸易。相应地,形成连接研发、生产、销售、服务等过程的全球性跨企业网络组织。

全球价值链涉及产品的研发、生产、服务和销售在全球多个国家和地区布局。并不是所有产品都需要和能够作出这种布局。能够作为全球价值链布局的产品一般是当时科技含量高,市场需求大并且较为稳定的产品。全球价值链的各个环节在全球布局,要吸纳和整合全球最优资源和市场。在哪个国家或地区布局价值链的何种环节,就看该地能否为特定的环节提供最合适的资源和配套条件。因此,一个国家或地区的产业水准和产业竞争力,很大程度上要看其在全球价值链中所处的位置或阶段,有多少条以该国或该地区为主导的产业的价值链在全球布局。

全球价值链本身就有治理问题。治理问题是指价值链的组织结构、权利分配,以及价值链中各经济主体之间的关系协调。治理全球价值链的是处于总体设计和集成环节的、掌握核心技术和关键技术的、控制市场渠道的跨国公司。全球价值链的治理者也就在实际上参与了全球经济治理。长期以来,发达经济体就是依靠其跨国公司在全球价值链中的主导地位维持其全球经济治理者地位的。基于全球价值链的这种地位,如果我国要在全球经济治理中发挥主导作用就要取得在全球价值链中的主导地位,也就是进入全球价值链的中高端环节,尤其是高端环节。

当代国际竞争突出表现为全球价值链竞争。一方面是全球价值链之间的竞争,如在智能手机领域,就有苹果手机价值链和三星手机价值链之间的竞争。竞争力的决定性因素是各自在相应布局的地区所能获取物质、技术和人力资源的能力和市场的范围。在现实中,价值链之间竞争的优胜劣汰非常明显,就如摩托罗拉手机被赶出市场,它的整条价值链一下子就消失了。另一方面是全球价值链内部的竞争，表现为争夺全球价值链中的主导地位和高附加值环节。长期以来欧美跨国公司大都处于全球价值链两端的研发和营销环节，掌握核心技术和关键技术，因而在全球价值链中居主导地位。跨国公司依靠其在全球价值链中的主导和掌控地位形成核心竞争力，占据了国际竞争制高点；并且通过对价值链的各个环节在各个国家或地区进行深度分解和对全球资源的不断战略组合，成为全球价值链的治理者。

全球价值链环节进入各个国家或地区是要获取最合适的资源和市场。因此全球价值链的主导者在全球价值链上获取的利益显然更大。长期以来，主导全球价值链的基本上都是发达经济体的跨国公司。正像发达经济体推进经济全球化离不开全球价值链一样，发展中经济体谋求发展也要通过嵌入全球价值链融入全球化。对发展中经济体来说，嵌入全球价值链虽然要付出一定的代价，但为了自身发展的需要，还要通过进入全球价值链获取新技术、新产业，加快推进工业化和现代化。在现实中，发展中经济体相当部分现代工业尤其是新兴产业是在进入全球价值链基础上建立起来的。对发展中经济体来说，发展新产业的最初路径是引进外商投资企业，即引入全球价值链。这可以说是发展现代新产业的起步。

既然当代国际竞争表现为全球价值链竞争，全球价值链的布局就不可能是一成不变的。尤其是2008年金融危机及欧美主权债务危机以来，欧美经济处于长期低迷甚至衰退的状态，由此导致世界经济增长速度整体放缓。与欧美经济衰退相伴，以美国为代表的“再工业化”和保护主义实际上是反全球化的。尤其是特朗普上台后实施“美国优先”的投资和贸易政策，最典型的是美国通用在墨西哥建厂被叫停。与此相反，随着以中国为代表的发展中经济体崛起，欧美跨国公司在全球价值链中的主导地位开始被撼动。在许多产业领域，发达经济体所占据的全球价值链中附加值较高的地位已经或正在被发展中经济体的公司占领。而且，面对盛行的保护主义，分布在世界各地的全球价值链可能成为躲避相关国家贸易保护主义的路径。

与此同时，在新科技革命推动下，各经济体产业创新速度加快。科技创新和产业创新几乎同时进行，由此推动全球价值链发生结构性变化。第一，在信息化网络化条件下，尤其是“互联网＋”在全球范围的推广，产品的全球价值链由封闭转向开放，在互联网平台上不可能阻碍在已有价值链之外的企业的进入。尤其是智慧化、个性化和定制化趋势会进一步打破价值链的封闭性。第二，在开放式创新推动下，全球价值链成为创新链。由于各个经济体，特别是所在价值链环节企业的创新能力和推动创新力度的差别,全球价值链在各经济体间分布的固化的增值环节已经被打破,进入价值链的企业进行梯度性转移和攀升成为常态。第三,全球价值链在各经济体的布局调整和重组加快。原因是全球价值链在各个经济体的布局的标准是在该地获取最适合价值链需要的资源。2008 年金融危机后,各个经济体经济条件和环境及相应的资源供给条件都在发生变化。一些经济体的资源供给已不适合原有价值链分布环节的需要,如随着资源和劳动力成本的变化,价值链分布环节的调整就不可避免了。

一个经济体在全球价值链中的地位与其科技水平是一致的。一个经济体在全球经济治理中的地位取决于其国际竞争优势及竞争力。当代国际竞争优势表现为科技和产业的优势。一个经济体产业在全球价值链中的地位是其科技和产业竞争力的集中体现。过去中国的科技水平基本上处于跟随发达经济体创新阶段,处于全球价值链的低端环节。现在中国许多领域的科技创新已经进入同发达经济体并跑甚至领跑阶段。与此相应,中国企业所处的全球价值链地位也应相应提升。

经济全球化的新态势以及全球价值链正在发生结构性变化,这为中国企业提出了参与并主导全球价值链的要求:既要在所参与的全球价值链中攀升中高端,又要建立以我为主导的全球价值链。以全球价值链走出去的思路推进"一带一路"建设,能够从企业层面支持国家层面参与的全球经济治理。全球价值链的这种新整合,不仅对中国发展重要,而且可以为世界经济输入新的活力。"一带一路"沿线国家处于发展的不同阶段,它们对中国主导的全球价值链配置和重组有不同的需求和承接能力。这正是在不同国家配置不同价值链环节的重要条件。

1.2 跳出资源禀赋的"比较优势陷阱"

企业参与国际分工体系不能只有参与全球供应链的概念,还需要有全球价值链的概念,也就是需要考虑所进入的供应链环节的附加值和在价值链中所处地位的问题。

跨国产品研发、生产和营销的链条之所以被称为全球价值链,原因是在不同国家布局的各个环节因其利用的资源不同、在全球价值链中所处地位的不同,而有不同的附加值。一般的理论是,在附加值坐标系中,价值链各个环节的附加值曲线呈 U 形。处于 U 形曲线下端的加工装配环节附加值最低,处于 U 形曲线两端的研发设计环节和营销服务环节附加值最高,在加工装配环节前端的精密加工环节，处于加工装配后端的物流环节的附加价值也都明显高于加工装配环节，如图 1－1所示。

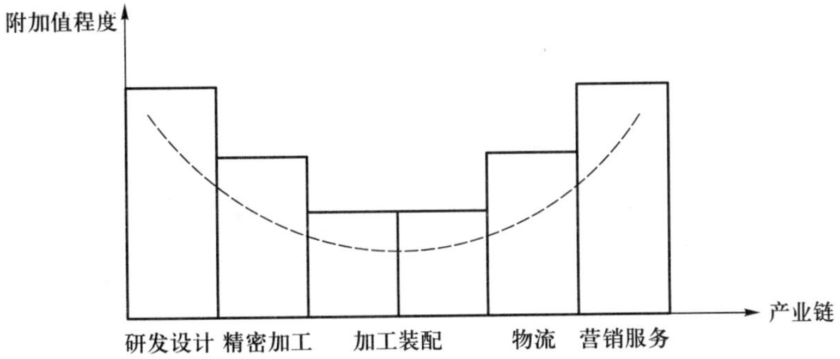

图 1－1　全球价值链附加值曲线——U 形曲线（微笑曲线）示意图

全球价值链不同环节的附加价值差别是怎么形成的？概括起来有三个因素。一是不同环节上劳动的复杂程度不同。马克思当年研究分工时指出："因为总体工人的各种职能有的比较简单，有的比较复杂，有的比较低级，有的比较高级，所以他的器官，即各个劳动力，需要极不相同的教育程度，从而具有极不相同的价值。"①这就是说，价值链不同环节所要求的劳动力的复杂程度不同，劳动技能不同，相应的就有各个环节附加价值差别。二是谁在价值链上拥有关键技术和核心技术的知识产权，谁就在其中居主导地位。因此研发环节有高的附加值。三是谁能控制市场渠道，谁就在其中居主导地位。因此营销环节具有高的附加价值，表现为品牌的价值和商业模式的价值。长期以来，包括我国在内的发展中经济体的企业之所以大都处于价值链的低端，原因就在于这些企业缺乏拥有自主知识产权的关键技术和核心技术，缺乏叫得响的品牌，劳动力的工种单一技能低，只能进行低附加价值的低端加工装配，只能贴牌生产。说到底还是创新能力弱。

全球价值链基本上是通过外商直接投资进入我国的。我国融入全球化经济初期的主要方式是引进外商直接投资，路径是以资源禀赋的比较优势嵌入全球价值链。由于关键技术、核心技术在国外的价值链主导者那里，我国主要靠廉价劳动力和土地进入处于价值链低端的加工装配环节，其中包括以加工贸易方式嵌入生产者驱动的全球价值链，以代工贴牌等方式进入采购者驱动的全球价值链。突出表现是加工贸易增长迅速。我国的加工贸易占进出口贸易的比重常年

① 《马克思恩格斯文集》，第 5 卷，人民出版社 2009 年版，第 405 页。

在 1/3 以上，高的时候接近 50%，其中 80% 来自外商投资企业。①

应该说，发展中经济体在发展现代产业的起步阶段，以资源禀赋的比较优势吸引外资从而吸引全球价值链进入的路径是不可避免的，也是十分必要的。外商投资企业带来的是高科技产品的全球价值链。全球价值链上外商的资金、技术、管理等优势与我国劳动力、土地成本、基础设施等方面的优势结合，使中国迅速融入全球生产网络，成为面向全球的低成本加工制造基地和“世界工厂”。由此产生两方面效应。一方面，国外先进技术和中国廉价制造结合的产品风靡全球。全世界包括美国消费者都从中国的低成本制造中得到了福利。另一方面，虽然中国的企业基本上处于全球价值链的低端环节，高产值、低收益，但也确实分享了经济全球化的红利。其中最大红利是借助全球价值链承接了先进制造业的转移，包括 20 世纪 80 年代中期承接机械设备、电气装配业。90 年代中后期大量承接欧美等发达经济体技术含量较高的电子信息制造业和汽车制造业。进入 21 世纪后承接反映新科技革命的新能源、新材料和生物技术产业。中国的企业在进入全球价值链后，通过边干边学、模仿创新、消化吸收再创新，科技和工业化水平也得到了明显提高。这大大缩短了中国发展诸如汽车、电脑、集成电路、飞机等产业的时间，并且在一些领域形成了足以替代外国品牌的自主品牌，如华为、格力、海尔、联想等。

在中国的开放型经济进行了 40 年后的今天谈中国产业在全球价值链中的地位，就不能停留在以资源禀赋的比较优势嵌入全球价值链的水平上。学术界曾经以“低端锁定”的概念指出一国陷入“比较优势陷阱”的风险。本章的研究将要进一步指出“低端锁不定”的风险。

基于比较优势的附加值分析，中国的制造业产品总量已居世界首位。但相当部分产业处于全球价值链的中低端，高科技产品的中国制造部分处于价值链低端，核心技术和关键技术环节多不在中国，中国创造的部分少，品牌也是多用外国的。即使都是制造环节在价值链上也要分低端制造（加工装配）和中高端制造（零部件制造），两者的附加值差别很大。最明显的案例是：苹果手机，由美国设计，其多数元件在其他国家制造，在中国组装。在苹果手机的批发价中，日本、德国、韩国分别获得其中 34%、17%、13% 的利润，而我国仅 3.6%。② 同样是加工制造，日本、德国、韩国能比中国获得更高的附加值。这种附加值差别实际

① 作者根据各年《中国统计年鉴》中相关数据计算得出。

② 《如何看待中国贸易顺差》，《国际商报》，2014 年 2 月 11 日，A3 版。

上就是技术、管理和劳动技能水平的差别。

基于比较优势分析，我国原有的资源禀赋比较优势已不再是比较优势。劳动力和自然资源的比较优势是建立在低价格的基础上的。近年来出现的新情况是劳动力和土地供给已明显趋紧，相关成本大幅度上升，环境标准约束也大为严格。随着这些要素的充裕度降低，相对劳动力价格，劳动生产率不具有优势；相对土地价格，土地生产力不具有优势。这意味着劳动力和资源环境不再具有比较优势。这种趋势已经从外商投资在我国的流向中得到反映：一些原先落户在我国珠三角和长三角地区的外商投资企业先后撤离，转向我国中西部地区或东南亚国家，与此同时，当地的企业也有将低端环节向外转移的要求。撤出的基本上都是主要利用当地劳动力和土地资源的低端制造企业。企业所在地区劳动工资和地价上涨已不符合企业所在的价值链环节的需要，撤离是必然的。显然，处于价值链低端的环节已经"锁不定"了。

基于劳动价值论分析，在全球价值链的不同环节上都有劳动，处于劳动密集的制造环节上的劳动附加值低，即处于全球价值链低端环节的劳动创造的价值低于处于中高端环节的劳动创造的价值。造成不同环节创造价值的差别的原因不仅是劳动复杂程度和劳动技能的差别，还因为在不同环节上与劳动结合的技术等要素的差别造成了劳动生产率的差别。就是说，在低端环节上投入的劳动再多，在全球价值链上也不具有价值链优势。这就是勤劳不富裕，高产值、低收益的原因。

以上分析表明，以资源禀赋比较优势嵌入全球价值链的红利明显趋减，资源禀赋比较优势所产生的积极效应已到尽头。这就是说，处于价值链低端的制造环节难以为继。现在只是靠比较优势参与全球价值链分工的低端环节，不仅客观上已经"锁不定"，就自身的发展战略也会提出改变"低端锁定"的要求。现在我国经济进入了新常态，增长速度转向中高速，新常态对增长的质量和效益提出的要求是由追求数量增长转向附加值的增长，相应地，对我国产业在全球价值链中所处的位置提出的要求是跳出比较优势陷阱，从根本上扭转我国处于全球价值链纵向分工体系中的不利地位。依靠竞争优势克服价值链的"低端锁定"，攀升全球价值链中高端。这就要求我国在更大范围、更高层次上发挥资本和技术的作用，尽快缩小与发达经济体的技术差距。

跳出"比较优势陷阱"，改变产业在全球价值链"低端锁定"现状的实质是改变产业导向，也就是由资源禀赋为导向转变为以产业创新为导向，发展与发达经济体相同水平的新兴产业，占领科技和产业的世界制高点，形成能与世界级竞争对手较量的、具有竞争优势的产业结构。如果说利用比较优势是要嵌入全球价值链从而融入全球化,那么跳出“比较优势陷阱”就是要创造特定产品生产环节上的竞争优势,建立以我为主导并有竞争优势的全球价值链。这种优势不是先天的资源禀赋,而是后天的,需要创造的,是在科技创新基础上的产业创新。

1.3 以竞争优势为导向建立以我为主导的全球价值链

当代国际竞争突出表现为全球价值链竞争,尤其是全球价值链之间的竞争。长期以来,全球价值链基本是由发达国家跨国公司主导的。我国的企业只能是参与其中。现在我们不仅要提升自身在全球价值链中的地位,更要建立以我为主导的全球价值链。迅速发展中的中国已经成为世界经济的动力源。中国目前所达到的国际经济地位以及参与全球经济治理的程度都呼唤建立以我为主导的全球价值链。面对近来盛行的贸易保护主义,更需要推动拥有自主知识产权的核心技术的优势产业价值链走出去。以我为主导的全球价值链参与国际竞争,能够获取更大的全球化利益,可以在一定程度上避开相关国家和地区的保护主义,并且开发全球生产要素和市场的潜在价值,极大地释放全球生产力。

我国之所以能够明确提出建立以我为主导的全球价值链目标,客观条件是在传统的资源禀赋比较优势失去的同时,新的超越比较优势的竞争优势已经显现。根据全球价值链的附加值曲线,在全球价值链中占主导地位的基本条件是处于全球价值链的U形曲线的两端:一端是凭借自主知识产权的核心技术和关键技术而处于研发设计环节,另一端是凭借品牌优势和市场渠道处于物流和营销服务环节。居于全球价值链的这两端,就可以建立起以我为主导的全球价值链。

从进入研发设计环节的条件分析,第一,我国已经拥有一批在世界上处于前沿的具有竞争优势并掌握自主知识产权的核心技术、关键技术的高科技产业及其产品,如装备制造业、电子信息产业,工程机械、高铁等,也包括服装、家电等传统产业。第二,经过40年的工业化进程和服务业的发展,我国高科技产业的服务和配套环境明显改善。第三,改革开放所形成的开放型制度和政策优势更加明显,特别是中国“市场准入负面清单”制度的实施,以及法治化营商环境的形成,外资进出中国将更加方便,经营活动将更有法律保障。这为处于全球价值链中高端的外资企业,尤其是为其进入研发环节提供了制度条件。第四,虽然中国的劳动成本上升,但是劳动成本上升同人力资本增加是相一致。中国劳动力拥有比过去更高的人力资本存量,这意味着中国在全球价值链中所处的位置可以向需要更高人力资本的环节提升。

从进入物流和营销服务环节的条件分析。第一,作为世界第二大经济体,中国具有巨大的市场需求规模,以及仍然处于世界前列的经济增长速度。这是任何一个全球价值链都要追求的。尤其是中国规模巨大的中等收入者的需求与新兴产业的供给是一致的。第二,近年来兴起的以阿里巴巴和京东为代表的中国电商依靠“互联网+”提供的跨境电子商务平台建设全球营销网络,有条件在技术上打破国际采购商的垄断,使大量商品和服务进入跨境电子商务平台在世界范围流通。第三,中国正在推进的“一带一路”倡议也为中国企业向居于全球价值链高端的国际营销环节攀升提供了巨大的潜在市场,进而催生国际营销网络的中国领导者。

以上超越资源禀赋的比较优势,实际上是竞争优势。这种竞争优势成为我国建立以我为主导的全球价值链的内生条件。而外生条件就是,当前世界的科技和产业创新环境是开放的,全球价值链也是开放的,不可能阻碍我国的进入和退出。所以,内生条件十分关键。拥有有自主知识产权的核心技术的优势产业走出去,很大程度上指的是以其为主导的价值链走出去。

以下以 C919 大型客机为例来说明以我为主导的全球价值链的形成机理,虽然目前 C919 才完成试飞阶段,尚未进入批量生产。

首先,何谓以我为主导?根据全球价值链附加值的 U 形曲线,处于两个顶端的研发设计环节,营销服务环节的,在价值链中就居主导地位。就 C919 来说,第一,飞机的整体设计我国拥有自主知识产权;第二,飞机的营销权在中国,已获得全球 23 家企业的 570 架订单;[①]第三,飞机的系统集成在中国。来自世界各个国和地区供应商的零部件进入按中国设计方案(体现环保、舒适等要求)进行系统集成。[②] 我国的企业在这三个环节居主导地位就体现以我为主导。

其次,以我为主导的全球价值链的国际竞争力体现在哪里?面对全球价值链的国际竞争,产品的所有零部件不能都由我国制造和供应,需要在全球布局。其导向是竞争优势而不能是比较成本。以 C919 为例,机头、机身、机尾等中国制造,发动机、通信导航系统、刹车系统等关键部件世界采购,这些大都来自美国的公司。C919 的各个零部件都是采用国内外名牌供应商的产品。只有这样,以

① 《国产大型客机 C919 明日首飞客户已达 23 家订单 570 架》,http://www.xinhuanet.com//politics/2017-05/04/c_1120913842.htm,2019 年 2 月 19 日。

② 在标准的价值链附加值 U 形曲线中,没有明示系统集成的附加值地位。本章认为系统集成不等于加工装配,而是同研发设计有相同地位。

我为主导的全球价值链在国际市场上才有竞争力，才能得到世界的认可。这展示了基于中国研发和设计、在中国系统集成和营销的以我为主导的全球价值链的国际布局。这与后文要讲的全球价值链的低端环节转移方向不同，后者更为关注供应环节的科技水平，偏向发达国家供应商的布局。

提出以我为主导的全球价值链的全球布局的思路在于建立达到世界先进水平的产业链，不仅设计方案、集成创新的水平达到世界先进水平，而且加入价值链的零部件供应商也必须是世界先进水平的。这同苹果手机一样，美国设计，零部件全球采购，实现高科技的集成。当然，随着中国科技和产业水平的提高，在以我为主导的全球价值链中，会有越来越多的关键技术的零部件实现国内制造和配套。

建立以我为主导的全球价值链也是谋求在采购者驱动的价值链的主导地位。谋求采购商驱动的全球价值链的主导地位的基本条件是掌控市场渠道和品牌优势。长期以来，在采购商驱动的全球价值链中居于垄断地位的是沃尔玛之类的国际采购商。沃尔玛掌握从采购、运输、仓储、销售等供应链多环节，占据全球流通供应链顶端，从 2002 年到 2016 年 11 次居财富世界 500 强首位。[①] 长期以来我国被国际采购商采购的商品基本上是劳动密集型产品，而且有相当多是贴外国品牌的产品，不仅价格便宜而且所获的附加值低。

现在以阿里巴巴为代表的中国电商依托“互联网 +”平台，通过跨境电子商务打破沃尔玛等采购商的垄断，可能成为面向全球的全球价值链的主导者，也就为以我国企业为主导的全球价值链跨国布局提供了条件。虽然采购商驱动的全球价值链和生产商驱动的全球价值链是不同的价值链，但两者可以相辅相成，相互支持，以取得采购商全球价值链的主导地位支持攀升生产商全球价值链的营销环节。在这里需要改变传统的认为采购商驱动的全球价值链只是针对劳动密集型产品的观念。技术密集型产品同样可以进入采购商驱动的全球价值链。

1.4 依靠科技和商业模式创新进入全球价值链中高端环节

为什么我国的产业升级要提出攀升全球价值链中高端的目标？原因是在当前的全球化经济中，大部分处于前沿的主导性产业都形成了全球价值链。能够

① 杨达卿：《供应链为王——中企羊阵如何突围欧美狮阵和日韩狼阵》，中国发展出版社 2013 年版，第 35 页。

进行全球价值链布局的产业实际上成为我国发展现代产业的参照系。处于全球价值链中高端环节的核心技术和关键技术要达到科技和产业先进水平的国际标准。而且全球价值链上的产业起点高,依靠学习和研发来谋求竞争优势本身就包含在竞争优势的理论框架内。在价值链上便于学习,有条件消化吸收再创新。因此,我国产业的转型升级不应脱离全球价值链。处于加工装配之类的低端环节进行产业创新,主要目标是依靠创新进入所处全球价值链的中高端环节。

价值链低端环节攀升中高端固然不乏一步登上处于顶端的研发或营销服务环节的案例,但更多的还是一步步向价值链的中高端环节攀升。价值链附加值的 U 形曲线中的竖线不是直线,在处于底部的加工装配环节向两端向上延伸时,左边向研发设计环节延伸,其间包括多种零部件、元器件的加工制造;右边向营销服务环节延伸,其间包括物流等环节。两边向上延伸所经过的环节与底部的加工装配环节相比,都需要更高的技术和劳动技能,那些环节的附加值会更高。如在加工装配环节左边的精密加工,如汽车、飞机的发动机,半导体的芯片,手机的智能系统等的加工,右边的物流,如“互联网 +”提供的跨境电子商务平台,都属于价值链的高端,是攀登价值链中高端的方向。

瞄准全球价值链中高端进行科技攻关是推进产业创新的有效路径。攀升价值链中高端实际上是对全球价值链现有中高端环节的替代,所需具备的必要条件是,有自主知识产权,替代的生产环节(如更精密的元器件)在技术上符合该价值链标准,甚至比原有标准更高,成本更低,就如福耀玻璃替代了多种外国品牌。只有这样才能获得价值链更上一级环节的认可,并能得到下一环节的订单。这对创新提出了更高的要求。

承担创新并替代价值链中高端环节的,不只是限于已经处于全球价值链的企业,价值链外的企业也要参与。一方面是处于链内的企业,即在已经布局在我国的处于全球价值链中的企业。它们通过学习和再创新掌握处于其前端的关键技术。另一方面是处于链外的企业。它们瞄准处于全球价值链中高端的核心技术和关键技术进行研发和创新。掌握了这些核心技术,就进入了全球价值链的中高端。这里特别要指出链内和链外创新力量的协同创新。现有的处于价值链低端的加工装配企业固然是直接的创新者,但仅仅依托它们还是不够的。在国内科技和产业创新的背景下,处于价值链低端加工装配环节所需要的配套元器件国内企业也能制造。加工装配企业与这类企业协同创新,制造出达到并超过价值链技术标准的有自主知识产权的元器件、新产品替代价值链上的进口品,可大大降低交易成本。

进入全球价值链的中高端环节也会影响进口战略的调整。在全球价值链背景下的产品内贸易表现为，处于低端的加工装配环节所需要的零部件和元器件一般都需要进口处于国外的价值链上的中间产品。在外贸中称为中间产品进口。依靠科技水平的提升，我国的企业进入技术和质量要求更高的元器件制造环节并被全球价值链上的企业采用，就出现另一种进口替代，即价值链环节的替代，替代处于中高端环节的中间产品进口。

虽然攀升全球价值链中高端涉及的是价值链替代，但替代过程不可能靠过去的模仿创新就能实现，不仅如此，在价值链中替代的技术绝不是模仿的技术。只有自主创新的比所处价值链高端的环节的原有水准更高、成本更低，才有能力替代它，从而实现全球价值链环节的攀升。因此中高端环节技术的攻关，更需要大学和科学家的介入，进行产学研的协同创新。

全球价值链上不同环节的附加值差别归根到底还是人的能力和素质的差别。因此，攀升全球价值链中高端的核心是人的素质和能力的攀升。这主要涉及两个方面。第一，改变低人力成本战略。攀升价值链中高端依靠的不再是处于价值链低端环节时的低劳动成本优势，而是技术和创新能力的优势。这种优势需要在创新投入中创造，其中包括以高薪引进和培养进入价值链中高端的高素质高科技人才，掌握核心技术的人才和高技能劳动者。第二，推进管理创新。研究发现，处于价值链中高端的精密度更高的元器件的研发技术相当部分我们也能掌握，问题是进入这些环节的劳动者素质跟不上，其根本原因是管理不科学、不严格。只有严格的管理才会有一丝不苟的工艺，才会有高精密度的元器件。因此进行管理创新，尤其是加强质量管理是攀升全球价值链中高端的重要保证。

我国现阶段攀升全球价值链中高端和布局全球价值链与过去欧美等发达经济体的情况不同。一是欧美等发达经济体的现代产业的全球价值链在世界范围已经布局完毕。这意味着中国企业要想进入必然要遇到在位者的阻碍，打破垄断更为困难。二是欧美等发达经济体在推行多年全球化基础上又举起保护主义大旗，反对自由贸易，强化高技术垄断，最明显的例子是2016年美国阻碍中国福建宏芯基金收购德国芯片制造商爱思强公司。很显然，中国企业攀升全球价值链中高端实际上是在发达经济体已经布局的全球价值链的夹缝中生长。

要在价值链攀升中争得中高端甚至主导地位，既要面对在位者的阻碍，又要面对其他国家或地区同类企业的竞争。特别是在全球价值链上垂直一体化的各个环节之间实际上存在着一种契约关系。根据现代契约理论，垂直一体化是靠契约维系的，由于信息的不完全，不能预期的力量对比的变化，“敲竹杠”现象是不可避免的。[①] 原来处于价值链低端环节的企业通过学习、创新能力提升，必然会提出进入更高端的环节，甚至替代现有高端环节的要求，但会遇到在位者阻碍，受到相关的契约（订单）的限制。因此，攀升全球价值链中高端，不仅需要创新的技术高人一筹，还需要有其他方面的创新，尤其是商业模式创新开道。

成功的创新不仅要靠领先的技术，而且还要有出色的商业模式相辅。原因是，发现一个新市场需要以相应的商业模式去开拓和扩大，创新一种新技术需要同时创新商业模式。创新被看作通过开发商业模式和技术来创造新价值的能力。创新成功的企业一般都能平衡好创新中的技术改造和商业模式改造这两方面的工作。[②] 从价值链的视角来看，商业模式创新就是对整个价值链实施延长、分拆、外包、出售和整合方式的创新。

就攀升全球价值链中高端的商业模式创新来说，首先是利用资本的力量，对处于价值链中高端的海外企业进行并购。包括以资金投入购买和研发核心技术，收购处于中高端环节的企业和研发机构。在世界经济不景气的背景下，一批处于价值链中高端环节的企业经营不景气，为中低端企业提供了并购的机会。现实中已经有些本来处于中低端环节的企业并购研发机构，一跃登上价值链高端的成功案例。其次是利用市场的力量优胜劣汰。其中的一个重要战略是实施品牌战略，依靠创意、技术、诚信和品质创自己的品牌，在竞争中替代外国品牌。最后是利用“互联网＋”提供的跨境电子商务平台打破全球价值链上在位者的垄断。

1.5　全球价值链低端环节也能转向中高端

面对全球价值链发展的新变化，我国资源禀赋的比较优势已不具有优势，与此相应，我国长期以比较优势嵌入全球价值链并处于其低端环节的格局不可能再持续，不像有些学者所认为的“低端锁定”，而是存在“低端锁不定”的威胁。我们注意到近期外资在中国的投向，以及全球价值链在中国布局都相应作了调整。表现在依赖劳动和土地资源的外商投资中有相当部分撤出劳动和土地成本日益上涨的珠三角和长三角地区。与此同时，新增外资主要进入科技含量高的

---

① 聂辉华：《契约理论的起源、发展和分歧》，《经济社会体制比较》2017 年第 1 期，第 1～13 页。

② 托尼·达维拉、马克·J. 爱泼斯坦、罗伯特·谢尔顿：《创新之道：持续创新力造就持久成长力》，刘勃译，中国人民大学出版社 2007 年版，第 50～73 页。

高端制造业和服务业。据商务部统计，2016 年 1 ~ 10 月服务业实际使用外资同比增长 9.1%，其中高技术服务业实际使用外资同比增长 90.2%；高技术制造业中的医药制造业、医疗设备及仪器仪表制造业实际使用外资同比分别增长 92.3% 和 87.5%，新设立投资总额超过 1 亿美元的大型外商投资企业近 600 家，大多集中在新兴产业及高科技行业。① 外资的这种新流向倒逼处于价值链低端的劳动密集的制造环节加快转型升级。

面对价值链“低端锁不定”的挑战，应该说向全球价值链中高端环节的攀升是最理想的选择。现在需要进一步研究的是，在加工装配这类价值链低端环节上能否通过转型升级转向中高端。毕竟在这个环节上，我国企业已经支付大量的沉没成本。在这方面需要有以下理论和实践的突破。

一是以比较综合成本优势替代比较劳动成本优势的概念。长期以来比较成本优势仅仅是指劳动、资本、技术、土地等资源。相应地，发展中经济体的比较成本优势主要是劳动力便宜的优势，发展中经济体发展的产业就是劳动密集的制造业或制造环节。现在劳动力成本大为提高，是否意味着不适合发展制造业？根据曹德旺的中美制造业成本比较说，中国工人工资比 2012 年前高涨三倍，但仍比美国便宜。但中国制造业的综合税负比美国高 35%，美国电价仅是中国的一半，天然气价格仅为中国的 1/5，加上当地政府补贴，购买厂房基本没花钱，而劳动力成本高的问题可用自动化设备来替代。若把其他优惠条件都考虑在内，曹德旺评估，美国的总利润比中国“多百分之十几”。② 这说明制造业的比较成本不能只是指劳动成本，应该是综合成本的比较。也就是说，影响制造业成本的还有劳动价格以外的因素，如电价、天然气价格、物流价格、税负等。这就可以解释，为什么中国的劳动密集型企业会到劳动价格更高的美国建厂。反过来也说明我国的一些加工制造环节面对劳动成本增加的压力，可以寻求降低其他成本的道路。这就是在降低税费及能源价格等方面降低制造环节的综合成本。

二是制造环节的劳动力可以被机器人替代。面对劳动成本的增加，以使用劳动力为主的加工装配环节的附加值会进一步降低，甚至无利可图。现代科学技术创新的信息化、智能化技术和人工智能新技术可以在很大程度上替换人。像富士康原先在苹果手机组装上聚集大量劳动力，但在苹果手机价值链上附加

---

① 王珂：《外资加速向产业链高端转移》，《人民日报》2016 年 11 月 18 日，第 3 版。

② 《玻璃大王曹德旺：中国制造业综合税务比美国高 35%》，http://money.163.com/16/1219/14/C8LHQ7FM002580S6.html，2019 年 2 月 19 日。

值份额最低,现在也在逐渐用机器人和人工智能技术代替人力。这不仅可降低劳动成本,增加附加值,还可能因智能化制造环节在技术水平上进入中高端。这意味着依靠智能技术的加工装配环节也不再低端。

三是加工装配环节也能进入价值链中高端。人们一般认为,缺乏关键技术的加工装配环节是价值链低端环节。现在,依靠创新,这个环节仍然有条件进入中高端。首先,不同产业的全球价值链有不同等级的科技含量和附加值,同是加工装配环节,更高端产业价值链的加工装配环节可能比其他产业价值链的加工装配环节更高端,原因是它所需要的劳动的人力资本会更高。这意味着利用较低劳动技能的价值链环节撤出的同时,可以吸引需要较高人力资本的新的更为高端的全球价值链的加工装配环节进入。其次,处于全球价值链低端的加工装配企业,可以利用自身在全球价值链上掌握的技术组建以自己为中心的价值链,从而成为新的价值链的"链主"。其路径主要有两个:一是,在全球价值链上消化吸收再创新,创造自己的品牌,在国内外寻求零部件配套,进行系统集成,建立自己的营销和物流中心,由此进入新的价值链的中高端。就如加工装配奥迪轿车的企业,成为自主品牌红旗汽车的"链主",形成新的价值链。二是,延长价值链,将加工制造环节转移到劳动成本更低的国内其他地区和国外,自身成为总部和物流、营销中心,成为延长的价值链中的中高端,从而成为价值链的"链主"。在土地等资源供给达到极限的条件下,价值链低端环节转移能起到"腾笼换鸟"的作用,为产业转型升级腾出空间。企业可以腾出精力致力于核心竞争优势的环节的经营和新技术研发。

一般来说,价值链低端环节延长价值链一般是向相对落后的国家和地区转移。如上文提到的某些"一带一路"沿线国家(特别是东南亚和中亚国家)具有明显的劳动力和资源的比较优势,现在正步入增长阶段,融入经济全球化速度加快,具有强烈的承接国外生产能力转移的需求。这种状况就相当于我国当年发展外向型经济的状况。最为明显的例子是无锡在柬埔寨建的工业园,转移了国内一批劳动密集型产业,带动了柬埔寨的工业化,同时带动整个价值链的进入,其带动发展的效应非常明显。

1.6 结论和建议

在当前的全球化背景下,从参与全球经济治理的视角研究中国企业攀升全球价值链中高端主要涉及三个方面。一是建立以我为主导的全球价值链,二是在全球价值链上处于低端环节的企业攀升全球价值链中高端环节,三是在现有价值链低端环节上通过以机器替换人和延长价值链等途径成为价值链的中高端环节。

中国企业以价值链走出去,这个发展机会不只是给中国的产业,也是给“一带一路”相关国家和地区的。无论是低端环节的转移,还是以我为主导的价值链的布局和延伸,都能使所在国家得到全球价值链的红利。

服务被看作全球价值链的“黏合剂”。现实中,处于全球价值链的低、中、高端与服务要求呈正相关,处于价值链的环节越低,所需要的服务越少;处于价值链的环节越高,所需要的服务越多,服务层次也越高。这意味着攀升全球价值链的中高端离不开服务层次和水平的提升。尤其是生产性服务业,如交通、通信、金融、分销、物流和商业服务等。从这一意义上说,生产性服务业本身就属于全球价值链的中高端产业。尤其是在知识经济背景下,攀升全球价值链需要的知识资本就依赖于一系列的创新服务,涉及知识产权保护、大数据、云计算、研发等方面的创新服务,也包括知识传播及对劳动者技能与技术培训等方面的服务。所有这些与攀升全球价值链中高端相适应的服务业发展并不是攀升中高端的企业都能及的,它需要社会范围的努力,包括金融资本的支持。从这一意义上说,以我为主导的全球价值链走出去,需要服务业配合共同走出去,甚至要求服务业先行走出去。

总而言之,扛起推动经济全球化大旗的中国,一方面在国家层面通过参与国际经济组织的途径参与全球经济治理,另一方面在企业层面依靠攀升全球价值链中高端参与全球经济治理。这不仅能够使我国在全球经济治理中取得制度性话语权,而且能够重振世界经济的繁荣。

2. 中间产品创新驱动全球价值链攀升

2.1 全球价值链分工的兴起

当代国际产业分工从产品间分工向产品内分工不断演化。伴随着最终产品贸易增长，中间产品贸易迅速增长，使得全球价值链的扩展边际和集约边际不断增加。世界各经济体经济发展的相互依赖性增强在产业内分工时期比在产业间分工时期更为显著。各经济体经济发展在全球化分工中呈现共生、共振、共荣的局面。

发达经济体的经济发展凭借着多样化技术和丰富的中间产品在各经济体之间不断重新配置生产，利用各经济体比较优势来获取"技术多样化红利"。发展中经济体的经济发展凭借着丰富的人力资源和未开发的土地、环境等自然禀赋吸引发达经济体中间产品和技术转移，引发和带动国内产业分工深化和发展，获取"人口红利"和"自然资源红利"。这些由产业国际分工带来的"红利"，又可概括为"全球化分工红利"。发展中经济体劳动力供给在经济体内产业投资不足的情况下处于相对过剩状态，这对于劳动力处于稀缺状态的发达经济体来说，是一种近乎无限的劳动力供给；而发达经济体的多样化技术以及不断创新的产业分工相对于发展中经济体来说也是一种近乎无限的技术供给。发展中经济体无限供给的劳动力和发达经济体无限供给的技术在各经济体政府不断推动的市场开放和贸易自由化中，通过企业家配置在一起，广泛的中间产品生产和服务由此实现了在不同经济体之间重新选址、投资和贸易。全球价值链分工下的各经济体经济发展就这样发生和演化了。

在一定时期内，无论是"技术多样化红利"还是"人口红利""自然资源红利"，都会消失在各个经济体内部由产业不断进入、退出形成的市场均衡之中，转化为国民收入和福利。不仅如此，由于各经济体受其禀赋差异影响在产业内国际分工发展中实现的贸易扩展边际和集约边际存在显著差异性，使得各经济体分享的"全球化分工红利"有所不同，各经济体内部不同类型劳动力分享的"全球化分工红利"也呈现差异和不平等。这就意味着在全球价值链分工下，各经济体经济发展不仅存在可持续性问题，而且存在如何使经济体间经济发展呈现不断收敛，各经济体内收入不平等得到缓解的问题。换句话说，在全球价值链的发展变化中，只有形成一种内生的创新发展机制，使得发达经济体引领全球价值链中产业创新，发展中经济体在全球价值链分工中实现产业升级和价值链攀升，进而实现全球价值链的整体升级和发展，才能实现全球价值链分工下可持续的经济发展。

中国在加入世界贸易组织之后，贸易成本降低。由于中国拥有的巨大劳动力资源优势和庞大、完整的国内规模和体系，吸引并对接了发达经济体、其他发展中经济体的中间产品加工和贸易，由此极大地引起了全球价值链分工版图的变化，并逐步成为全球价值链分工的一个高地。本章试图从中间产品生产技术不可分性和模块化视角构建一个中间产品创新驱动全球价值链升级的逻辑机制，来解释全球价值链分工及其推动经济发展的动因、机制、发展差异和可持续路径。

现有的代表性经济学文献大致从四个视角来揭示全球价值链分工形成及由全球价值链分工引发的资源再配置、收入不平等等发展效应。

一是从企业生产率差异角度，揭示了由于存在贸易成本，当企业生产率水平达到一定水平之上时将会选择出口、离岸外包或外商直接投资。随着贸易成本降低，高生产率的企业出口、进口和外商直接投资扩张，新技术采用、创新等提高生产率的投资激励增强，企业间竞争触发劳动力、资本在产业内重新配置，向高生产率企业进一步集中，低生产率企业的市场份额逐步降低，部分企业退出市场。总体上看，平均生产率水平得到了提升。但是由于劳动力市场摩擦因素，劳动力在产业内难以实现充分的再配置，产业内高生产率的企业与低生产率企业的工资差距扩大。[①] 同理，发展中经济体企业在贸易成本降低的推动下，原来较高生产率企业出口率先扩张，通过出口高质量的产品以满足下游发达经济体企业的质量要求，或者满足发达国家较高收入消费者对高质量产品的偏好，例如对产品生产过程劳动力权利保障、环保以及质量认证等要求，[②]由此引发产品技术升级。这种升级效应在大中规模企业最明显。[③] 此外，贸易成本降低还将引发资源从低生产率企业向高生产率企业再配置，使劳动力工资差距扩大。

① Melitz, M. J., Redding, S. J. "New Trade Models, New Welfare Implications", *The American Economic Review*, vol. 105, no. 3(2015), pp. 1105 - 1146.

② Verhoogen, E. A. "Trade, Quality Upgrading, and Wage Inequality in the Mexican Manufacturing Sector", *The Quarterly Journal of Economics*, vol. 123, no. 2(2008), pp. 489 - 530.

③ Bustos, P. "Trade Liberalization, Exports, and Technology Upgrading: Evidence on the Impact of MERCOSUR on Argentinian Firms", *The American Economic Review*, vol. 101, no. 1(2009), pp. 304 - 340.

二是从合约不完备和产权角度，揭示了在一个生产阶段序列上，上游环节厂商和下游环节厂商都有对提高产品加工进行专用性投资的动机，但是受到合约摩擦和不充分的合约实施的影响，厂商决策存在一个临界点。在各阶段投入品存在互补性、最终产品需求弹性较高的情况下，在临界点之前的相对上游的生产阶段投入品生产适合采取外包方式，在临界点之后的相对下游的生产阶段倾向于一体化。而在最终产品需求弹性较低的情况下，相对上游的生产阶段倾向于一体化，而相对下游的生产阶段倾向于外包方式。[①] 这意味着，各国合约和市场环境等制度质量成为比较优势来源，将直接影响各国加入各产业的全球价值链的地位和范围。一国谋求进入全球价值链附加值越高的环节，例如对知识产权保护要求越高、高技能劳动力激励越高的环节，对创新投资和成果转化等方面的权益保护、合约执行等制度质量就要越高。

三是从交易成本视角，依据科斯分析框架，把价值链上的位置决策界定为是将价值链的上、下游环节在国家之间分割，还是将上、下游环节留在一个国家内部的决策。该决策的交易成本视角通常是假定生产成本在两种状态下是无差异的，最终产品生产国的企业面临着各阶段发生的协调成本和交易成本，通过选择最优分割阶段数（国家数）使得最终产品价格最低。结果发现，交易成本较高的国家更有可能加入那些协调成本低的国家企业（往往是最终产品生产企业）的价值链。[②] 贸易成本降低将对所有生产阶段的进一步分割产生影响，很多国家更倾向于向下游延伸，进入新的产业价值链，以获得更多的贸易收益。而向上游延伸的国家获得的贸易收益较小。

四是从生产阶段技术特征的差异和匹配的角度，把全球价值链假设为这样一个生产阶段序列，即每个阶段上中间产品加工存在一定出错概率，一旦出错，就会发生中间产品损失，越在后端的加工阶段，要求出错概率越小，否则出错的损失越大，对企业技术水平的要求越高，通常是技术先进的发达经济体企业配置在这些阶段。如果让发展中经济体企业进入后端阶段，由于不具备相应的技术能力，出错的概率较大，将导致较大的损失。相比而言，在较为前端环节，中间产品经历的加工环节较少，低技术能力的发展中经济体企业能够胜任这些环节的加工，更多地配置在这些阶段或者出错概率较低的组装阶段上。在全球价值链

① Antràs, P., Chor, D. "Organizing the Global Value Chain", *Econometrica*, vol. 81, no. 6 (2013), pp. 2127 - 2204.

② Coase, R. H. "The Nature of the Firm", *Economica*, vol. 4, no. 16 (1937), pp. 386 - 405.

上，发达经济体企业通常与其所处下游阶段邻近的发达经济体企业进行加工贸易，加工的产品附加值和工资水平相对较高，发展中经济体企业则通常与其所处上游阶段邻近的发展中经济体企业进行加工贸易，相应的产品附加值和工资水平较低。[①] 这意味着发达经济体和发展中经济体技术能力差异可能会固化，发展中经济体在全球价值链上往往被“低端锁定”。如果发达经济体生产中间产品的离岸外包能够提供与发展中经济体低技能劳动力相适应的技术，随着外包扩大，这些技术的市场规模增长，将会引发发展中经济体低技能劳动力的需求和工资上升，进而缩小与发达经济体低技能劳动力工资差距。[②]

上述代表性文献的理论分析揭示了各国贸易自由化程度提高、贸易成本降低和信息技术广泛运用对各经济体产业分工地位变化的影响。相应的模型分析依赖于一系列特定假设，例如根据国家之间技术能力、生产率、劳动力技能高低差异，以及根据这些差异确定发达经济体处于技术前沿、发展中经济体处于技术模仿或追赶的状态，区分出发达经济体和发展中经济体构成的二元结构，解释两类经济体在全球价值链上地位的分布。这些文献对于发展中经济体内部大经济体与小经济体地位形成，及其在价值链上升级的差异性涉及较少，对发展中经济体在一些产业攀升到全球价值链高技术环节的机制与模型所需的国内特定条件涉及较少。事实上，无论是发达经济体还是发展中经济体选择和促进全球价值链的形成与发展，通常是在国内参与和不参与全球价值链的部门之间相互竞争、相互促进中进行的，其中大经济体的情况不同于小经济体。大经济体内没有参与全球价值链的部门有较大的规模，是大经济体产业体系的重要组成部分，这些部门的技术创新和产业分工直接与参与全球价值链的企业形成相互支持、相互依赖的关系。全球价值链实际上形成于两类经济体之间产业进入与退出的均衡中。各经济体企业之间差异被笼统地界定为生产率差异或非惯例性技术掌握程度差异，而忽视了在信息技术创新与产业化运用方面的差异（例如在自动化、智能化方面的创新）。这方面差异在各经济体之间引起了中间产品生产体系集成程度与规模经济变化的差异，进而影响到各经济体企业在全球价值链分工地位的变化。

事实上，发达经济体从发展中经济体吸收大量理工科学生和技术移民，以及大量高等教育和科技人才的跨境流动在很大程度上决定了发达经济体与发展中

---

① Costinot, A., Vogel, J., Wang S. “An Elementary Theory of Global Supply Chains”, *The Review of Economic Studies*, vol. 80, no. 1 (2013), pp. 109 – 144.

② Acemoglu, D., Gancia, G. A., Zilibotti, F. “Offshoring and Directed Technical Change”, NBER Working Paper, No. 18595 (2012).

经济体之间发生生产全球价值链分工的比较优势。这种比较优势决定了两类经济体相互依赖的经济发展表现,支持了两类经济体在全球价值链上升级的差异性与可能的收敛性。

本章试图从中间产品生产、加工、研发设计、营销等环节的技术可分性、集成性与模块化的角度,以新兴经济体在全球价值链中地位变化及其引导全球价值链的变化事实为背景,构建一个中间产品生产阶段模块化的分析框架,揭示发展中经济体加入全球价值链的发展机制、需求变化及其引致的中间产品创新对产业进一步攀升全球价值链中高端的影响机制。

2.2 出口产品空间与任务贸易

从全球产业分工形成和发展来看,一国进入出口产品空间的方式有两种。

一种是以产业间分工方式出口产品,即以不同种类的制成品方式出口产品。制成品可以是中间产品,也可以是最终消费品,这种方式是指该产品的生产过程均是在国内完成的。由于各国比较优势差异较大,以制成品方式出口竞争的结果会形成一种二元结构,即发达经济体出口产品主要是技术投入密集、技术复杂度高、产品关联性强、产品种类创新空间大的产品;发展中经济体出口产品主要是技术投入少、劳动力或自然资源投入密集、产品关联性弱、产品种类创新空间小的产品。由于产品的生产过程基本上在经济体内完成,中间产品更倾向于通过经济体内企业一体化或在企业之间“制造—外购”的方式进行,相对于最终消费品来说外向度可能较低。由于出口产品空间关联路径依赖于已有出口的产品,发展中经济体已出口产品与发达经济体已出口产品的空间距离较远,不仅如此,发达经济体出口的产品定价能力高于发展中经济体,分工的发展结果将使发达经济体和发展中经济体之间的发展不平等程度进一步扩大。

另一种是以全球价值链分工方式出口产品,即将产品生产过程分割为不同环节或任务,在一组经济体按顺序完成所有生产过程。每个经济体在进口待加工的中间产品中,投入该经济体的要素,再出口到另外一个经济体,依次进行,最终由一个经济体将制成品销售到消费者或使用者手中。这种以任务导向的中间产品贸易,称为任务贸易。[①] 在任务贸易中,中间产品最初投入部分在多次跨境

---

① Grossman, G. M., Rossi-Hansberg, E. “Trading Tasks: A Simple Theory of Offshoring”, *The American Economic Review*, vol. 98, no. 5 (2008), pp. 1978–1997; Grossman, G. M., Rossi-Hansberg, E. “Task Trade Between Similar Countries”, *Econometrica*, vol. 80, no. 2 (2012), pp. 593–629.

中的贸易额被多次重复统计。① 由于生产过程是由知识和技术密集度、技术复杂度以及附加值由低到高的环节或任务序列组成的，这些环节在各经济体的分布取决于各经济体拥有的与各环节或任务相对应的比较优势与生产能力（如要素禀赋）。劳动力密集型、低技术经济体并不只进入低技术产品的生产过程，也可以进入高技术产品的生产过程，前提是高技术产品生产过程可以分解，而且可以分解出低技术投入和劳动力密集投入的环节或任务，需要劳动力密集型、低技术经济体企业以较低成本来承担。这些经济体只是承担了某些低技术、劳动密集型的环节加工或任务，也不能说该经济体具有高技术产业产品出口的比较优势。相比而言，出口产品生产过程中知识或技术密集、非常规操作密集的环节或任务就会在技术密集型经济体之间分布。

技术密集度高、异质性强的生产环节或任务通常在成本中所占比重较高，在发达经济体，表现为高技能劳动力的工资水平较高，承担这些环节的经济体在价值链上所占有的附加值在总产值中比重较大。因此，从各经济体在各产业全球价值链中的经济体内附加值率指标可以判断各经济体在全球价值链中地位，即经济体内附加值率越高，该经济体在该产业全球价值链中越处于高端。攀升全球价值链的含义就是提升本国在价值链上的经济体内附加值率。对于低技术经济体来说，需要进一步提升技术能力，尤其是技术吸收能力，提高加工技术和精度；对于高技术经济体来说，则是在技术和产品等方面进一步创新，开辟更多更新的产业链。

全球价值链分工通常是发生在各经济体之间。区域内贸易自由化程度不断加强，贸易壁垒和关税降低，进入中间产品生产过程中各环节的各经济体之间相对投入成本变化，就会引发全球价值链中领导性厂商在制定产品技术、质量和定

① 从这个意义上就不难理解各国中间产品出口国内发生的附加值与出口总产值之比平均值从1990年以来呈现持续的下降趋势，与平均趋势不同的是，中国、印度、巴基斯坦等发展中经济体这个指标却是持续上升的。这意味着，全球价值链分工在世界各地逐步发展和深化，中国、印度参与全球价值链分工的范围和程度在不断扩大。参见 Wang, Z., Wei, S. J., Zhu, K. "Quantifying International Production Sharing at the Bilateral and Sector Levels", NBER Working Paper, No. 19677(2013); Goldberg, P. K., Khandelwal, A. K., Pavcnik, N., et al. "Imported Intermediate Inputs and Domestic Product Growth: Evidence from India", *The Quarterly Journal of Economics*, vol. 125, no. 4 (2010), pp. 1727–1767; Kee, L. H. "Local Intermediate Inputs and the Shared Supplier Spillovers of Foreign Direct Investment", *Journal of Development Economics*, vol. 112 (2015), pp. 56–71; Koopman, R., Wang, Z., Wei, S. J. "Estimating Domestic Content in Exports when Processing Trade Is Pervasive", *Journal of Development Economics*, vol. 99, no. 1 (2012), pp. 178–189; Kee, H. L., Tang, H. "Domestic Value Added in Exports: Theory and Firm Evidence from China", *The American Economic Review*, vol. 106, no. 6 (2016), pp. 1402–1436。

价等战略时改变原有的生产过程路线图，以便获取更有竞争优势的产成品市场份额或利润。由于发达经济体劳动力工资较高，劳动力相对稀缺，技术创新和扩散在经济体之间持续进行，总会存在那些进入技术成熟阶段、常规化或标准化加工、规模化生产加工的环节可以被分割出来，放到发展中经济体加工，充分利用发展中经济体更低劳动力成本和其他成本（如土地、环境、基础设施等），从而形成一条多边任务贸易路径，即"发达经济体→发展中经济体→发达经济体"，其中发展中经济体，例如中国和印度成为世界工厂或世界办公室。

那些研发设计较为复杂、需要大量高技能劳动力和研发人员密集投入的环节，更多地在发达经济体之间进行分解和流转后，再与发展中经济体的加工装配等环节结合起来，形成完整的全球价值链。这种分工就发生两个及两个以上发达经济体，从而形成了另一条多边任务贸易路径，即"发达经济体→发达经济体→发达经济体→发展中经济体→发达经济体"，其中各产业的产品和技术创新速度有差异，发达经济体内部研发资源、创新能力分布不均，这就使得研发资源和创新能力强的经济体吸引了更多的其他经济体的产业研发环节，有的精密加工设备发达的经济体则吸引了其他经济体的精密加工环节。对于某些小经济体来说，更有可能将研发和产品制造同时转移到其他经济体，协同分工，充分利用其他经济体的研发资源和精密加工能力。

通过比较上述两种进入出口产品空间的方式，不难发现，全球化进入价值链分工时代，各经济体产业间贸易将主导地位让位于任务贸易。任务贸易总额取决于全球价值链的"宽度""长度""高度"，分别是发生全球价值链分工的产业数量、每条产业的全球价值链长度、利用全球价值链分工形成的该产业总附加值的增长幅度。相比于产业间贸易时期，任务贸易增长将有一定的乘数效应，因而速度更快。

目前，发达经济体和发展中经济体在任务贸易收益分配中不平等状况有所改善，原因是发展中经济体直接蛙跳，越过了出口产品空间中进入高附加值、关联性强产品网络所必经的关联路径，直接参与分享了这些高附加值、关联性强产品增长的收益，由此带动了内部劳动力转移和相关联产业投资。不仅如此，发展中经济体还可能凭借基于规模经济效益的加工能力、巨大经济体内市场需求规模等优势与发达经济体较为丰富的研发资源或精密加工技术进行合作、合资，甚至发包，从而获取更高生产阶段的知识和技术，进而有助于自身向价值链高端攀升。这同时意味着在发展中经济体中，大经济体会获得相对更多的任务贸易份额和攀升全球价值链的机会。

发达经济体通过任务贸易，将低端生产环节或任务外包给发展中经济体，加上从发展中经济体进口相关产品，使原来在这部分就业的高、低技能劳动力在企业内、行业内或行业间重新配置。[①] 高技能劳动力重新配置一方面进入能够支付更高工资的加工制造环节，另一方面进入研发、设计、总部等高级生产者服务部门，从而有利于在企业内、行业内或行业间将高技能劳动力向创新生产率更高的生产环节或任务上集中，使得技能偏向性技术进步得到进一步加强。[②] 低技能劳动力重新配置方向更有可能是劳动力密集型的服务业（例如批发零售业），以及进一步扩大加工规模的企业。这种再配置增加了劳动力供给，可能会限制甚至降低了相关行业低技能劳动力工资水平增长率，[③]最终引起发达经济体内部高、低技能劳动力工资差距的扩大。部分低技能劳动力没有得到重新配置，相应地增加了政府失业保障、退休及相关医疗保障转移支付。[④]

在实践中，高技能劳动力重新配置通常以企业转业或创业形式进行的。发达经济体拥有比较优势的产品、技术以及相关的生产环节的创新能力和竞争能力会因高技能劳动力在企业内、行业内、行业间的再配置而得到加强，在出口产品空间上继续分布在高附加值、技术复杂度高、关联性强的产品区域。这类产品种类将进一步增加，同时将增加与之相关的中间产品（或任务）进口规模。这些中间产品（或任务）从发展中经济体进口，还将进一步带动发展中经济体在相关产业全球价值链上分工环节或任务的扩展边际和集约边际的提高。

参与全球化价值链分工的发展效应最终体现在任务贸易收益增长能否最终激励和促进本国生产率总体水平上升，并在发达经济体和发展中经济体之间实

① 阿西莫格鲁等人（Acemoglu, et al. ,2016）估算了美国制造业就业从1999年1720万人降到2011年1140万人，其中来自中国制造业产品竞争的贡献达10%。引自Acemoglu, D. , Autor, D. , Dorn, D. , et al. "Import Competition and the Great US Employment Sag of the 2000s", *Journal of Labor Economics*, vol. 34, no. S1 (2016), pp. S141 - S198。

② 伯纳德等人（Bernard, et al. ,2017）揭示了丹麦制造业在中国制造产品进口冲击下，制造业就业中有8.7%的部分被转移出制造业，这部分的销售收入占制造业总销售收入之比为14.3%，附加值占销售收入之比要高于未转移制造业企业。其中转移出来制造业企业有一部分仍然从事与制造业有关的业务，例如设计、物流等，从事这部分高技术业务的劳动力占比从1994年9.2%上升到2007年13%左右。引自Bernard, A. B. , Smeets, V. , Warzynski, F. "Rethinking Deindustrialization", (2014), https://www.sole.jole.org/16368.pdf。

③ Liu, R. , Trefler, D. "Much Ado about Nothing: American Jobs and the Rise of Service Outsourcing to China and India", NBER Working Paper, No. 14061(2008).

④ Autor, D. , Dorn, D. , Hanson, G. H. "The China Syndrome: Local Labor Market Effects of Import Competition in the United States", *The American Economic Review*, vol. 103, no. 6 (2013), pp. 2121 - 2168.

现收敛方面。一国参与全球化分工的部门生产率增长，一方面来源于产品进出口、接受外商直接投资或对外直接投资中的技术溢出效应、学习效应的促进；另一方面在该部门生产率水平高于国内其他部门的情况下，来源于从其他部门吸收劳动力，尤其是来源于高技能劳动力转移。如果没有对国内其他部门生产率有外溢效应，那么国内其他部门会因生产能力流失而出现生产率增长停滞或降低。下面列举两种情形来分析。

（一）发展中经济体以劳动力比较优势参与制造业全球价值链

劳动力比较优势表现为低技能劳动力密集型制造的比较优势。劳动力比较优势吸引发达经济体相关生产环节、任务或中间产品的外包或直接投资，采用发达经济体高技术、高精密的生产设备，同时接受发达经济体对生产技术、标准、交货、配送、劳动力权益与社会保障等质量要求，生产加工过程的生产率水平和产品质量通常高于同类经济体其他企业（包括行业内或其他行业的企业）。这种生产率提升很容易通过同伴效应、竞争效应在行业内或向其他行业扩散和外溢。如果该经济体是一个大经济体，国内产业分工体系比较丰富，国内非出口企业（或行业）还可以通过产业关联，例如提供产品或生产性服务给出口企业（或行业）生产，或者接受出口企业（或行业）中间产品或生产性服务，出口企业（或行业）较高的生产率会形成一种关联溢出效应。在贸易成本既定的情况下，国内非出口企业生产过程质量控制、产品质量和生产率水平提升，也会形成新的比较优势，吸引发达经济体将更高质量、更高技术水平的产品生产加工外包出来，或直接进口。[①] 这种变化在多个产业上发生，而且这些产业附加值占比不断上升，就呈现一种“工业化增强”趋势，最终，该经济体总体生产率水平将逐步提升，向发达经济体收敛。如果该经济体是一个小经济体，加入全球价值链分工的部门将只是呈现“工业化增强”效应，而不是趋势，原因是该经济体在全球价值链上分工环节或任务面临同类经济体竞争的压力和威胁，由于小经济体生产能力有限，难以通过更大规模生产能力来应对竞争，这种效应有可能被弱化。

---

① 凯和唐（Kee，H. L.，Tang，H.，2016）揭示了中国出口产品中国内附加值占贸易总额之比逐年上升趋势的主要来源是中国有越来越多的加工企业变成出口企业，替代了从国外进口中间产品。这意味着，中国这些中间产品所在制造业在全球价值链中发生了明显的产业升级，竞争力提升。这种变化实际上又意味着中国加入全球价值链的平均长度可能缩短，减少了对国外中间产品的需求。引自 Kee，H. L.，Tang，H. “Domestic Value Added in Exports: Theory and Firm Evidence from China”，*The American Economic Review*，vol. 106，no. 6 (2016)，pp. 1402 – 1436。中国在该指标上的变化是 2008 年金融危机之后全球贸易增长缓慢的一个重要原因，引自 Constantinescu，C.，Mattoo，A.，Ruta，M. “The Global Trade Slowdown: Cyclical or Structural?”，IMF Working Paper，No. WP/15/6（2015）。

另外,发展中经济体总体上呈现的“工业化增强”趋势有可能促使发达经济体发生类似的“工业化增强”趋势,即发达经济体制造业企业从发展中经济体获得越来越多技术或质量越来越高的低成本中间产品(或零部件)供给之后可能发生的变化,一是加强新产品、新材料、新设备、新设计、新生产工艺的研发和使用,二是加强关键零部件、高技术、高精密设备的研发和创新,维持关键零部件和生产设备的技术优势,例如德国、日本先进制造业的创新和竞争力。不过发展中经济体的“工业化增强”趋势也有可能促使发达经济体产生“去工业化”的现象和趋势,即发达经济体将制造业工厂逐步转移到发展中经济体,其主导的产品制造加工逐步实现“无工厂化”,即仅保留一系列高级生产者服务活动,例如产品设计、研发、工程安装、测试与维护、营销和品牌管理等总部类业务活动。这些生产者服务活动很大部分以独立的企业或创业形式进入市场,在行业分类中进入服务业。加上被发展中经济体进口中间产品替代的低技术产品生产企业转业为批发、零售或销售企业,发达经济体就会呈现“去工业化、服务业增强”的趋势。

(二)发展中经济体以劳动力比较优势参与服务业全球价值链

由于信息技术逐步低成本地、深入地、广泛地运用于各个产业,导致发达经济体服务业发生了深刻的“制造业服务化”的变化。① 变化主要表现为两个方面:一是“计算机换人”,即某些可程序化、常规化的业务活动逐渐被信息技术及相关设备替代;二是很多本地化服务活动可以借助信息技术实现异地提供。原来本地化服务由当地劳动力提供,劳动力工资成本较高,而发展中经济体劳动力成本较低。在文化亲和力、地理接近以及贸易自由化等因素作用下,具有一定数量受教育劳动力、与发达经济体语言相同的发展中经济体在接受发达经济体服务离岸外包上相对于其他发展中经济体来说就有比较优势(如以英语或法语为母语的国家),它们与发达经济体共同形成了服务业全球价值链。② 发展中经济体中的人口大国,例如印度,接受服务外包的优势更加显著。

发达经济体提供的服务外包种类很多,有信息技术外包(ITO)、商务流程业

① Bernard, A. B. , Fort, T. C. “Factoryless Goods Producing Firms”, *The American Economic Review*, vol. 105, no. 5, (2015), pp. 518 – 523.

② 鲍尔温(Baldwin,2011)将服务业离岸外包称为“第三次全球化大松绑”。引自 Baldwin, R. “Trade and Industrialization after Globalization’s 2nd Unbundling: How Building and Joining a Supply Chain Are Different and Why It Matters”, NBER Working Paper, No. 17716(2011)。

务外包（BPO）、知识流程业务外包（KPO）和一些产业特定的服务外包等。① 而且发达经济体这些服务附加值占比相对较高，发展中经济体接受外包就可以吸收自身相对无限供给的劳动力就业，使得服务业成了经济发展的引擎。这种趋势随着制造业全球价值链分工与贸易的扩展边际和集约边际逐步扩大，又将得到进一步强化。原因是制造业全球价值链的发展意味着发达经济体将越来越多的低附加值产品的制造企业或工厂转业或退出，进入服务业。对服务外包的潜在需求不断上升，拉动了参与服务外包的发展中经济体的服务业生产率或潜在生产率的增长，进而会带动总体生产率提升，表现了一种“服务业增强”趋势。发达经济体通过服务外包显著降低了低技能劳动力密集投入的服务业或服务环节的成本，增加了不可程序化和非常规化的业务及其对高技能劳动力需求，这些业务密集的服务和产品相对价格上升，进而促进生产率水平上升，同时扩大了高低技能劳动力就业和工资不平等程度。2008 年金融危机以来，发达经济体制造业外包萎缩，为了降低成本、改进生产率，发达经济体加大了服务外包，并呈现服务外包持续净增长态势。其中与核心技术相关的研发外包，扩大了可选择的外包接受经济体范围，这进一步促进了发展中经济体服务业并由此促进了发展中经济体经济发展。② 但是，从长期看，这种“服务业增强”趋势主要受到两方面限制。

一是受到劳动力教育水平的限制。可外包的服务的知识密集度从低到高，对劳动力受教育水平需求也是从低到高。发展中经济体劳动力受教育水平越高，越有可能获得较多发达经济体高知识密集度服务外包。服务外包的附加值越大，生产率增长效应越显著。反之，低知识密集度服务外包上发展中经济体之间竞争性较强，即使外包规模在增加，但是附加值增长率较低，不利于长期的生产率水平提升。受高等教育的劳动力比重提高通常受制于一国特定的教育体制

① 随着服务外包种类逐步增加，越来越多的高技能劳动力密集的服务变得可贸易化，使得服务外包与劳动力技能密集度之间关系不再呈现显著的负相关性，变得不确定，详细的相关研究综述参见 Chiquiar, D. , Tobal, M. , Yslas, R. “Measuring and Understanding Trade in Service Tasks”, Banco de México Working Paper, No. 2016 - 05（2016）。

② 杰瑞弗等人（Gereffi, G. , et al.）认为，服务外包流向从亚洲、欧洲、美国向拉美国家扩散。服务外包大国印度和菲律宾接受的外包自金融危机以来每年增长 15%，智利侧重于工程技术服务外包，萨尔瓦多和洪都拉斯侧重于接受呼叫中心外包，法律服务外包主要流向印度，参见 Gereffi, G. , Castillo, M. , Fernandez - Stark, K. “The Offshore Services Industry: A New Opportunity for Latin America, Inter-American Development Bank”, Policy Brief, No. 101（2009）; Gereffi, G. , Fernandez - Stark, K. “The Offshore Services Value Chain Developing Countries and the Crisis”, The World Bank Policy Research Working Paper, No. WPS5262（2010）。

和教育投入，而且高等教育劳动力就业选址灵活性较高，如出现一部分“智力外流”，[①]等等。这些都意味着“服务业增强”趋势可能存在受高等教育的劳动力不足的情况。

二是发达经济体知识密集型服务中研发、设计、工程技术等生产者服务外包通常是与相关的制造业出口、直接投资和外包协同推进的。产业异质性的知识密集型服务外包，[②]更加依赖于其后向联系的中间产品制造的需求。[③] 这部分服务活动的附加值更高，而以服务业比较优势参与全球价值链的发展中经济体在享受服务外包拉动的劳动力就业和经济增长同时，制造业发展受到了限制，使得制造业在参与全球价值链的比较优势培育不足，与发达经济体产业异质性的服务外包很难匹配。相反，那些“世界工厂”经济体、新兴工业化经济体以制造业多样化和不断技术创新的优势能够竞争到这些产业异质性的服务外包，在加入全球创新网络时更容易进入支持未来大规模产业化的研发项目中，从而获取潜在的生产率增长。

换言之，作为“世界工厂”的发展中经济体在服务业全球价值链分工发展的早期阶段能承接的服务外包和相关服务贸易水平相对较低，在后期，随着制造业本土创新能力提升，可能承接较多产业异质性的知识密集型服务外包，与世界技术创新前沿建立起联系，通过自有的企业家和科学家，进入世界技术创新前沿。发达经济体也愿意将研发、工程技术服务等转移过来，利用这些发展中经济体低成本、高质量的制造业和研发资源，创建全球创新网络。[④] 从这个意义上推断，作为“世界工厂”的发展中经济体与发达经济体的制造业生产率增长以及由此带动的总体生产率增长可能呈现收敛趋势，这种生产率增长和收敛趋势要比参

---

① Sampson, T. “Brain Drain or Brain Gain? Technology Diffusion and Learning on-the-Job”, *Journal of International Economics*, vol. 90, no. 1(2013), pp. 162 - 176.

② 希阿墨等人（Shearmur, R., et al., 2015）利用加拿大制造业企业数据计量揭示了出口企业比非出口企业使用了更多的知识与信息密集型服务投入，这些服务不是与市场营销、专利有关的服务，而是与产品创新有关的服务（例如研发咨询、技术认证、样品测试等）和管理有关的服务（管理咨询、人力资源、法律和财务等），出口企业更容易创新，尤其是产品创新。引自 Shearmur, R., Doloreux, D. Laperriere, A. “Is the Degree of Internationalization Associated with the Use of Knowledge Intensive Services or with Innovation?”, *International Business Review*, vol. 24, no. 3 (2015), pp. 457 - 465。

③ 萨沃纳（Savona, M., 2015）将这种对中间产品制造业后向联系的依赖性称为赫希曼 - 林德尔假说（Hirschman - Linder hypothesis）。引自 Savona, M. “Global Structural Change and Value Chains in Services. A Reappraisal”, SWPS Working Paper, No. 2015 - 19(2015)。

④ Brandt, L., Thun, E. “The Fight for the Middle: Upgrading, Competition, and Industrial Development in China”, *World Development*, vol. 38, no. 11(2010), pp. 1555 - 1574.

与服务业全球价值链分工的发展中经济体更为显著。

2.3 中间产品分工驱动的全球价值链

2.3.1 假定和逻辑框架

为了便于分析全球价值链分工引致的经济发展，我们将全球价值链覆盖的经济体分成两类，一类是驱动全球价值链的领导企业所在经济体，称为领导国，主要分布于发达经济体，一类是参与领导企业驱动的全球价值链的企业所在经济体；称为参与国，包括发达经济体、新兴工业化经济体和发展中经济体。这里把全球价值链领导国视为发达经济体，参与国视为新兴经济体。两类经济体初级产品、中间产品、中间服务投入和最终产品的开放部门与国内部门分工相互融合、共同构成了完整的全球价值链。为了便于分析，以图 2－1 描述全球价值链分工的产品构成和产品投入产出链，其中以虚线表示开放部门的产品在两类经济体之间进出口，与国内部门产品之间存在着竞争或分工的关系，中间服务投入主要是来自国内生产性服务业投入，嵌入在产业链各个环节，最终产品在产业链中只是一个生产环节（通常是加工装配环节），产业链分工除了来自技术、制度等供给因素的推动之外，还来自国内、国外消费者的需求拉动。

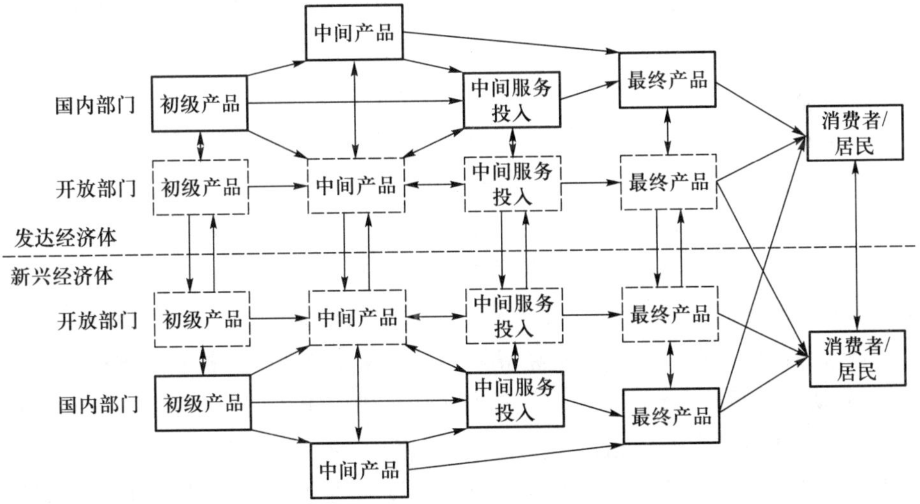

图 2－1　全球价值链分工示意图：发达经济体与新兴经济体

本章假定发达经济体和新兴经济体在产业价值链中地位的划分首先依赖于生产过程在空间上的可分离程度，发达经济体掌握不可分的部分，将可分离部分分转移到新兴经济体加工，再从新兴经济体进口。用 M_D 和 M_E 分别代表发达经济体、新兴经济体的产业价值链分工程度（$M_D + M_E = 1$）。如果两类经济体以最终产品分工贸易为主，产业价值链倾向于集中在国内，最终产品比较优势更多地来源于高技能劳动力投入密集度，相对于新兴经济体，发达经济体高技能劳动力密集度越高，发达经济体和新兴经济体劳动力工资平均水平之比（w_D/w_E）越高。发达经济体最终产品生产所依赖的中间产品分工复杂程度、迂回程度相对高于新兴经济体。本章假定新兴经济体可以通过进口发达经济体中间产品来完成自己的最终产品生产，因此两类经济体中间产品价格水平（P_E，P_D）可能比较接近。

如果两类经济体分工贸易转向以中间产品分工贸易为主，产业价值链在空间上可分程度较大，在分工早期阶段，假定发达经济体将低技术、低出错率的中间产品转移到新兴经济体，且这部分中间产品贸易价格（对下游企业来说，是中间产品成本）也相对较低。新兴经济体加工的中间产品相对价格越低，发达经济体越有可能将更多比例的中间产品转移到新兴经济体生产或加工。新兴经济体获取的中间产品种类和加工规模增加，获取更高技术的吸收能力增强，对劳动力需求上升，引发新兴经济体相对于发达经济体的劳动力工资在上升。

从技术构成上看，假定掌握最终产品或者中间产品核心技术的企业劳动力边际产出水平要高于掌握次级技术的企业。对于劳动力越稀缺的发达经济体，要获得较高的劳动力边际产出水平（MP_D），越依赖于核心技术不断创新和产品的集成创新，即使其核心技术产品（无论是最终产品，还是中间产品）能够集成次级中间产品数量越来越多，使得产品模块化程度越来越高。相比之下，新兴经济体处于非核心技术地位或非集成地位的中间产品生产中，劳动力边际产出水平（MP_E）较低。但是新兴经济体技术吸收能力随着其接受的中间产品分工范围扩大而不断提高，发达经济体企业越有动机提高产品集成与模块化程度，再转移到新兴经济体生产加工。新兴经济体所能接受的中间产品技术逐步接近核心技术，劳动力边际产出水平与发达经济体相比（MP_E/MP_D）逐步提高。一方面因为新兴经济体劳动力工资相对于发达经济体（w_E/w_D）也在上升，另一方面是由于新兴经济体中间产品生产加工所需的中间投入与高、低技能劳动力成本都低于发达经济体，而且中间产品竞争程度随着中间产品空间分工范围扩大而不断提高，都将使得新兴经济体相对于发达经济体的中间产品价格（P_E/P_D）不断降低。因此，本章假定两类经济体在产业价值链上分工相对地位变化（分工程度）和两类经济体劳动力边际产出相对水平变化呈正相关的趋势。

假定两类经济体产品市场是竞争性的，各国企业根据劳动力边际产品价值来决定工资和就业水平，两者相比，有

$$\frac{M_E}{M_D} \propto \frac{MP_E}{MP_D} = \frac{w_E/w_D}{P_E/P_D} \tag{1}$$

上述分析和公式(1)，可以揭示出产业价值链国际分工程度与劳动力相对工资、中间产品相对价格的变化关系，示意图如图 2－2 所示。横轴左端表示以最终产品分工为主，从左端向右端变化表示以中间产品分工为主的产业国际分工深化。

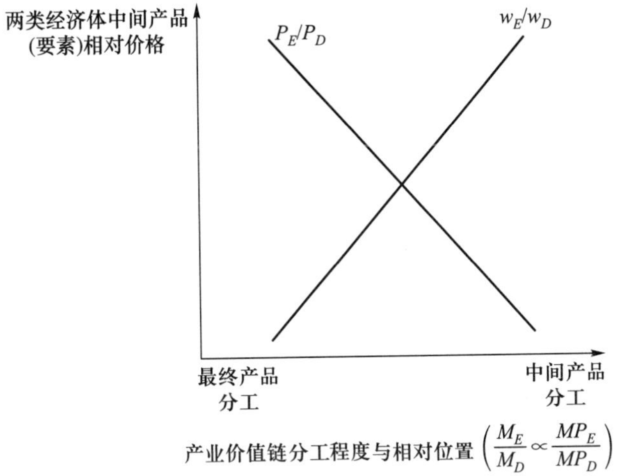

图 2－2　发达经济体与新兴经济体产业分工程度与产品(要素)相对价格关系

基于图 2－1 显示的产业国际分工内容，可以区分出三种全球化分工类型，从中揭示出全球价值链的形成和攀升机制及其相关的类型。

2.3.2　以最终产品贸易为主的全球价值链分工：全球价值链分工 1.0

在这种分工情形下，发达经济体和新兴经济体分别依据自身的比较优势进行产品生产、贸易。在历史上，这种国际分工盛行于信息技术全球范围普及应用之前，本章称之为全球价值链分工 1.0。发达经济体产品的技术创新能力较强，新兴产业和新技术兴起于发达经济体，通过竞争，新兴产业和新技术进入成熟阶段，主导技术形成。其中核心技术和相关次级技术形成了核心中间产品与次级中间产品，由此形成了分工复杂的中间产品生产和服务体系，又可称为经济体内中间产品价值链，支撑了最终产品的比较优势。

相比之下，新兴经济体的最终产品比较优势通常来自低成本的加工能力和

成熟技术吸收能力。从发达经济体吸收、转移那些进入成熟阶段的最终产品技术,进一步扩大最终产品生产规模,进而使最终产品成本和价格进一步降低,满足更大范围的市场需求。如果新兴经济体原来工业化水平较低,缺乏这些最终产品生产所需配套的中间产品,它们就会从发达经济体进口中间产品,通过实施逆向求解和技术许可、技术转化,形成最终产品的加工能力进而在促进最终产品技术进入标准化阶段的同时,通过自身研发逐步接近核心技术密集型中间产品的需求边际增强了。

大型新兴经济体虽然劳动力密集型、资源密集型最终产品具有比较优势,但是由于中间产品技术有限、价格竞争激烈等原因,这类产业的最终产品出口的相对价格要低于发达经济体最终产品。因此,新兴经济体一旦通过中间产品进口和逐步进口替代,提高了这些中间产品的相对价格或相对收益,进而吸引生产要素从发达经济体再配置到新兴经济体,引发新兴经济体产业结构高级化、城市化和工业化,在国内实现了最终产品产业价值链升级,这种价值链实际上是新兴经济体中间产品进口替代驱动的最终产品全球价值链。[①] 其中,发达经济体通过不断将创新和升级的中间产品出口到新兴经济体,在一定程度上限制了新兴经济体中间产品自主创新,但同时扩展了新兴经济体进口中间产品,进一步丰富中间产品生产体系,继而提升了新兴经济体吸收、转移发达经济体最终产品的能力,扩大了最终产品生产向新兴经济体转移和扩散。

发达经济体消费者由于劳动力技能、工资平均水平较高,对最终产品消费差异化偏好程度要显著高于新兴经济体消费者。在最终产品出口竞争中,发达经济体更有比较优势进行最终产品差异化、产品质量上的创新,新兴经济体则因为核心技术与次级技术密集度、相关中间产品分工程度相对较低,会更注重市场份额的竞争,最终导致产品同质化程度较高,缺乏定价能力,进而实现的附加值、利润率以及工资平均水平要低于发达经济体。从这个意义上说,分布于两类经济体的最终产品全球价值链实际上是产品横向差异化形成的全球价值链。

利用图 2-3 可以进一步揭示这种全球价值链攀升路径。在初始状态(E_0)下,新兴经济体实施开放型发展战略,进口大量中间产品,提高了两类经济体构成最终产品的中间产品相对价格,这进一步加大了新兴经济体最终产品的竞争压力,进而诱使新兴经济体通过技术学习,技术外溢等机制,提升劳动力技能平

① 这种全球价值链的形成和发展涵盖了钱纳里工业化阶段性发展理论,以及弗农所揭示的国际贸易中产品生命周期,本章将其视为一种类型,称为“钱纳里-弗农模式”的全球价值链。

均水平，以及产品质量和技术水平，进而表现为新兴经济体在全球价值链上攀升。在这个过程中，新兴经济体提高了自身在全球价值链的相对地位，通过路径 $E_0 \to T \to E_1$，达到新的均衡状态（E_1）。该路径形成的两类经济体劳动力相对工资线斜率上升，是指新兴经济体在中间产品大量进口和进口替代中劳动力相对稀缺，劳动力工资上升速度较快。如果新兴经济体劳动力工资增速与发达经济体同步，那么新的均衡状态会在原来相对工资线上的 E_1' 处。由此可以得出命题一。

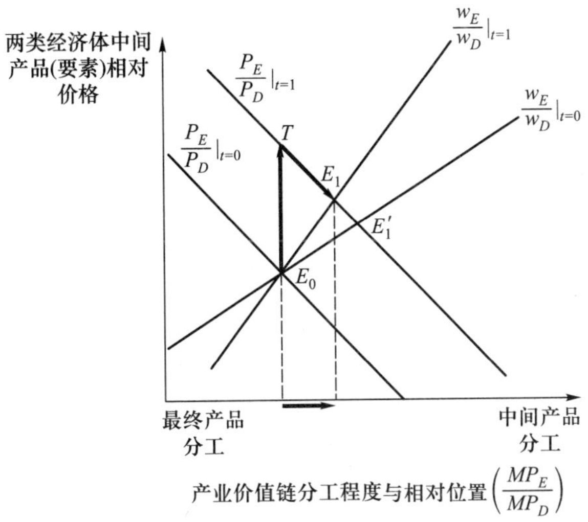

图 2－3　中间产品进口替代驱动的全球价值链升级路径

命题一：新兴经济体在攀升全球价值链中与发达经济体劳动力相对工资上升越慢（相对工资线斜率越低），攀升路径越长。

2.3.3　以中间产品内生产分工为主的全球价值链：全球价值链分工 2.0

这种分工情形的出现依赖于三个方面技术创新引起的中间产品成本变化。

一是信息技术应用不断创新、普及，国际贸易自由化程度进一步提升，降低了企业商务、内部管理、协调等交易成本，贸易自由化程度提升使得发达经济体企业的企业间中间产品生产与服务的投入产出链在发达经济体之间或在发达经济体与新兴经济体之间得以纵向分离。这样可以保留企业核心产品生产或服务，将次级、附属产品或服务分离到其他经济体进行生产和供给，在经济体间进行产品质量、技术创新、业务流程等协调、控制活动。这种纵向分离最突出的表现是发达经济体中有大量企业从有工厂企业转变成了无工厂企业，在国民统计上从制造业企业转变成了服务业企业。①“微笑曲线”描述了某些处在研发、设计和品牌营销等附加值较高的无工厂环节的企业在经济体间纵向分离形成的全球价值链的形状。相对而言,如果某些核心技术集成、质量较高的中间产品附加值较高,这些企业往往将研发、设计等无工厂环节配置到其他经济体,以充分利用其他经济体的知识密集型劳动力和相关生产能力,这类企业驱动的全球价值链形状不再是“微笑曲线”,而是一种倒U形曲线。②

二是新兴经济体经过中间产品进口替代驱动的最终产品全球价值链分工发展,形成了较为完整的中间产品生产和服务体系,产品创新、工艺创新以及为新产品与服务进行配套能力得到大大改善,生产加工和技术服务出错率大大降低。受新兴经济体最终产品定价能力、附加值较低的限制,中间产品和服务的投入成本和价格也较低。这就吸引了发达经济体企业将其中间产品加工过程对新兴经济体开放,通过委托加工、委托设计进入新兴经济体进行直接投资,让新兴经济体企业的中间产品生产和服务进入发达经济体企业主导的产品价值链。

三是全球贸易自由化程度不断提高,使企业产品销售市场范围(包括可销售的产品数量和产品质量)逐步扩大,企业面对的消费者差异化程度和市场竞争程度也在不断增加。信息技术应用不断创新让企业针对市场变化做出快速响应成为可能,也为企业针对消费者进行个性化定制带来了发展机遇。这些就要求企业产品制造能够在成本、质量、快速响应上具备竞争力,同时不断创新自身制造系统和商业模式。制造系统创新是要从传统的大规模生产和精益生产转向大规模定制生产,进而形成可重构制造系统,即在零部件、机器设备和工具、中间产品等制造系统构成部分具有专用柔性、可扩展性、可变换性、模块性、可集成性和可诊断性,尽可能缩短中间产品加工过程,增加中间产品零部件集成度。商业模式创新是指要形成敏捷的响应商业模式,以快速获得市场机遇,充分满足世界不同地区、不同消费群体的差异化需求。

在全球价值链设计上,企业要根据产品种类混杂程度高、每个型号产品批量

① 这在一定程度上降低了该经济体制造业在就业、附加值上比重,提高了服务业相应指标的比重。引自 Fontagné, L., Harrison, A. “The Factory-Free Economy: Outsourcing, Servitization and the Future of Industry”, NBER Working Paper, No. 23016 (2017)。

② 例如德国、瑞典等国家很多制造业企业将研发、设计等环节配置到东欧国家,原因是东欧国家高技能劳动力相对较多,可以从原来的生产率较低行业转移到这些生产率较高的全球价值链分工的行业中来。引自“Measuring and Analyzing the Impact of GVCs on Economic Development”, International Bank for Reconstruction and Development, In: The World Bank. Global: Value Chain Development Report, 2017。

小且变化频繁的特征，制造一个产品族中的多种产品。由于同一产品族中的所有产品具有基本相同功能，企业需通过模块化、集成化设计，将这些共同特征放在制造过程的初始阶段制造，而将决定产品差异化特征的部分放在制造过程后期阶段进行。[①] 新兴经济体凭借低劳动力成本和加工成本的优势，吸引发达经济体将工艺成熟的、模块化的产品制造、装配环节转移过来，例如计算机、半导体、汽车、原料药等产品，以带动相关产业的生产规模和进出口规模迅速增长。[②]发达经济体则一方面凭借着技术研发优势，设计模块化的装备和制造技术提供给新兴经济体，以避免新兴经济体技术成熟度低、出错率高的劣势；另一方面凭借拥有的品牌资源和消费者对高质量产品消费需求，通过差异延迟法模块化设计，控制总装或销售端，动态地、最大限度地满足消费者差异化需求。

在上述三方面的作用下，很多中间产品加工在发达经济体与新兴经济体之间多次来回，进而形成了“国内研发设计→研发设计外包→代工→进出口→再代工→再进出口→组装→再进出口→销售→新产品创新”的产品全球价值链和生命周期。这种产品生命周期不仅表现为弗农[③]所论证的产品技术从发达经济体兴起，成熟后向新兴经济体转移和扩散，而且在企业层面上体现为发达经济体和新兴经济体企业共同参与产品内生产分工的生命周期。不难看出，诱使产品内生产分工的实际上是新兴经济体巨大的低成本的加工制造能力和发达经济体企业的制造技术变革能力这两个内在因素，以及信息技术创新和贸易成本不断降低的这两个外部因素。可以说，这种产品内分工形成的全球价值链本质上是一种中间产品成本诱致的全球价值链。[④]本章将这种全球价值链称为全球价值链分工 2.0。

这种分工下，全球价值链攀升路径如图 2 - 4 所示，从初始状态（E_0）开始，发达经济体企业从新兴经济体找到了中间成本相对较低的供给来源，进而或者将大量中间产品外包给新兴经济体，或者直接投资办厂进行加工，以利用新兴经济体较低的劳动力成本以及其他要素。新兴经济体由此进入中间产品技术体系，

---

① 约拉姆·科伦：《全球化制造革命》，倪军，等译，机械工业出版社 2015 年版，第 60 ~ 80 页。

② 加里·皮萨诺、威利·史：《制造繁荣：美国为什么需要制造业复兴》，机械工业信息研究院战略与规划研究所译，机械工业出版社 2014 年版，第 67 页 。

③ Vernon, R. “The Product Cycle Hypothesis in a New International Environment”, *Oxford Bulletin of Economics and Statistics*, vol. 41, no. 4 (1979), pp. 255 - 267.

④ 本章对这种全球价值链定义的角度不同于杰瑞弗（1996），杰瑞弗从发达经济体企业主动地控制、协调、治理价值链上各环节之间交易关系的角度，将这种全球价值链区分为生产者驱动的全球价值链与大买家驱动的全球价值链。

从发达经济体引进先进的物化技术,分享中间产品物化的技术外溢。通过干中学,新兴经济体逐步增加了对高技能劳动力的使用,引发技能偏向的技术进步,进而使中间产品技术密集度逐步上升,中间产品相对价格、劳动力工资相对水平逐步上升,新兴经济体全球价值链呈现 $E_0 \to T \to E_2$ 的攀升路径。该新均衡状态所处的新兴经济体相对工资线斜率高于初始状态的斜率,这意味着新兴经济体劳动力工资增速较快。新均衡状态也可能落在 E_1' 处,或更低的水平上,维持较低的相对工资水平,诱致发达经济体将更多的中间产品加工任务转移给新兴经济体,这提高了新兴经济体在全球价值链上分工地位。从攀升路径分析中,不难得出命题二。

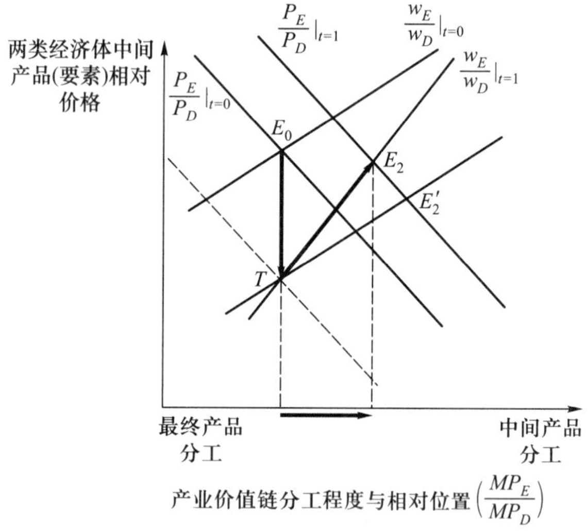

图 2-4　中间产品成本下降驱动的全球价值链升级路径

命题二: 劳动力资源丰富的大型新兴经济体在参与全球价值链分工过程中,所能集聚的中间产品种类、规模较大,能将中间产品加工大部分环节集中在该经济体内部完成,充分减少中间产品加工过境次数,尽可能多地节约相关的成本。动态地看,劳动力供给长期增长,使得上述过程还可以较长时期维持较低的劳动力相对工资优势。

2.3.4 中间产品创新驱动的全球价值链:全球价值链分工 3.0

发达经济体在将中间产品外包给新兴经济体之后,再进口这些中间产品,不仅降低了发达经济体内部中间产品和最终产品的成本,增强其产品竞争力,而且从外包的中间产品生产中释放出劳动力,包括高技能劳动力,在发达经济体内部行业内、行业间再配置,潜在地增加了发达经济体内部中间产品、最终产品的生产能力和创新能力。由于技术创新、设计创新、产品创新存在着规模递增的特征,新释放的高技能劳动力与已有的创新要素结合起来,将使行业创新能力显著增强,发达经济体企业可外包的中间产品数量、种类进一步增加,由发达经济体所主导的中间产品附加值或相对价格可能会进一步增加,发达经济体对全球价值链分工需求也进一步扩大。[①]

对于新兴经济体而言,以低成本中间产品加入全球价值链,体现在产业关联上,为新兴经济体内部中间产品技术学习提供了更多的来源,例如通过技术人员在外包的中间产品和新兴经济体内部中间产品生产之间流动,给新兴经济体内部中间产品升级和创新带来了技术溢出,而且也为新兴经济体内部中间产品配套提供了市场需求,进而引导新兴经济体内部中间产品创新逐步与发达经济体外包的中间产品创新对接,引发新兴经济体内部产业结构变迁,吸引劳动力向这些中间产品行业集中。其中高技能劳动力进一步增强了这些行业技术吸收能力和创新能力,引发技能偏向性技术进步,带来劳动力边际产出和工资上升。新兴经济体内部中间产品创新又进一步拓展和提高了其在全球价值链上地位。

体现在最终产品上,一方面新兴经济体以低成本中间产品加入全球价值链为新兴经济体内部最终产品生产的规模经济和创新提供了更多的、较低成本的中间产品来源;另一方面对新兴经济体内部最终产品的需求上升,为新兴经济体内部最终产品创新和质量提供了市场容量,进而拉动相关中间产品的创新。新兴经济体内部中间产品创新同时获得了要素供给、技术溢出、需求拉动三方面支持。

从劳动力在外包的中间产品生产与经济体内部中间产品、最终产品生产之间配置来看,新兴经济体凭借低成本劳动力优势虽然获得了越来越多的中间产品外包,但是这些中间产品生产所使用的技术以及引发的技术进步主要是低技能劳动力偏向的技术,仍然需要增加高技能劳动力的投入。这些劳动力很大部分来源于新兴经济体内部开展创新活动的部门,这种分布引发了高技能劳动力的竞争。由于外包中间产品的生产和创新的不确定性程度较低,高技能劳动力工资溢价明显,这在一定程度上导致了新兴经济体内部中间产品、最终产品创新

① 在图2-2中表现为中间产品相对价格线(P_E/P_D)向外移动,含义是在某一个相对价格水平下,由于发达经济体中间产品创新规模增长,可外包的中间产品数量和范围增加,延长了新兴经济体在全球价值链上的相对位置,进而有助于让发达经济体企业以更低的成本来实现创新带来的附加值。

所需的高技能劳动力增长缓慢，甚至数量减少。在一定时期内，这将对经济体内部中间产品、最终产品创新增长产生一定程度的抑制作用。

随着新兴经济体内部中间产品创新的需求上升，可能的创新规模和范围的扩大，企业对高技能劳动力需求和争夺加剧，高技能劳动力工资溢价进一步，将会使新兴经济体低劳动力成本优势逐步丧失，进而转变成依赖于高技能劳动力偏向的技术和中间产品创新优势，由此驱动全球价值链分工逐步从中间产品加工转移到产品、工艺创新上分工和合作。这种新形成的全球价值链，此处称之为全球价值链分工 3.0。

从全球价值链攀升路径看，从初始状态（E_0）开始，来自发达经济体和新兴经济体的中间产品创新，带来了对中间产品需求规模和范围进一步增长，引发新兴经济体劳动力需求增加和劳动力平均技能水平上升，及相对工资水平上升，全球价值链沿着$\left.\frac{w_E}{w_D}\right|_{t=0}$攀升，如图 2－5 所示，中间产品相对价格提高，假定提高到 T 处。由于劳动力成本和中间产品成本相对增加，在既定的贸易成本和信息技术条件下，引起部分中间产品生产回流到发达经济体或转移到成本更低的新兴经济体，进而沿着$\left.\frac{P_E}{P_D}\right|_{t=1}$路径攀升，形成 $E_0 \to T \to E_3$ 攀升路径，达到 E_3 处。新兴经济体中间产品参与全球价值链的程度降低，取而代之的是经济体内部中间产品规模、范围的扩大，这意味着新兴经济体内部价值链呈现集约边际和扩展边

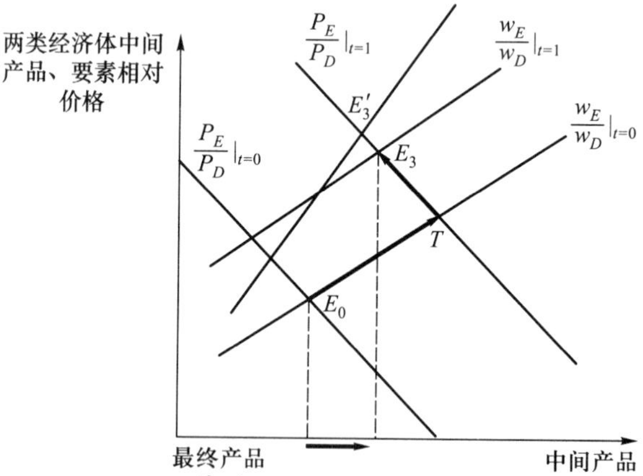

图 2－5　中间产品创新驱动的全球价值链升级路径

际的增长。如果新兴经济体劳动力稀缺程度上升,引起相对工资线斜率上升,中间产品经济体内部价值链进一步发展,全球价值链的参与程度进一步降低,均衡状态则落在 E_3'处。总之,可以推断得出命题三。

命题三:新兴经济体通过中间产品创新来攀升全球价值链中高端的伴生结果是经济体内部附加值程度上升,全球价值链的参与程度有部分降低。如果降低的部分是经济体内部中间产品转移到其他国家生产加工的部分,这部分受到经济体内部总部、相关企业或下游企业的控制和约束,新兴经济体就形成了以我为主导的全球价值链。

2.3.5 全球价值链分工中相互依赖的经济发展

如果把上文三种类型全球价值链的中间产品分工表现进行比较,就会发现中间产品分工呈现出阶段性发展的趋势,发达经济体与新兴经济体经济发展相互依赖性也呈现了阶段性变化。

一是中间产品经济体内部分工阶段。发达经济体和新兴经济体分别根据自身比较优势独立地完成中间产品作为制成品的全部制造过程。先进的技术物化在中间产品和最终产品中,通过进出口,从发达经济体扩散到新兴经济体。中间产品体系作为一个完整的技术体系,由核心技术产品与次级技术产品构成。之所以集聚在一个经济体内部完成加工制造过程,是因为技术上不可分、空间集聚效应、国际分工的交易成本高等因素导致的生产过程经济体内部集聚性。由于技术体系的不断演化创新,中间产品经济体内部分工发展终将受到经济体内部有限的劳动力、土地等要素稀缺,以及由此造成的劳动力成本、制造成本上升的限制。由于劳动力国际流动障碍以及"智力外流"的限制,在发达经济体,高技能劳动力密集度相对较高,这种分工发展的限制本质上是低技能劳动力相对成本偏高所产生的限制,这限制了最终产品市场扩展边际的扩张。在新兴经济体,则是高技能劳动力相对成本偏低(或者说需求不足)所导致的限制,这限制了产品质量和技术集约边际的提升。在这种分工下,发达经济体和新兴经济体经济发展受益于中间产品生产过程的国内集聚性,相互依赖于中间产品的进出口联系,最终又限制于中间产品生产过程国内集聚性。

二是中间产品内分工阶段。这个分工阶段之所以是一个发展阶段,是因为这种分工打破了中间产品生产过程国内集聚性,将中间产品生产过程中各环节任务在国际分工,使得分工的规模、种类成倍地增加。借助于两类经济体劳动力和中间产品配置相互依赖性的示意图,可以进一步揭示发达经济体和新兴经济体经济发展的相互依赖特征。如图 2 －6 所示，[①]发达经济体的经济发展表现为：利用新兴经济体低成本生产中间产品的优势，将低技能劳动力密集型的次级技术中间产品，以及能够与更多的核心技术进行集成的模块化中间产品转移或外包到新兴经济体加工，由此进一步提高要素和产业结构中高技能劳动力密集度（如图 2 －6 第 1 象限所示），在经济体内部增加了高技能劳动力供给和创新能力，高技能劳动力相对工资下降，引发对高技能劳动力的需求。由于创新能力强，发达经济体逐步获取更高的相对工资，由此产生的激励，促进了中间产品创新（如图 2 －6 第 2 象限所示）。发达经济体经济发展的限制从上一阶段中低技能劳动力高成本的约束逐步转变成经济体内部收入差距扩大对持续创新增长的限制。

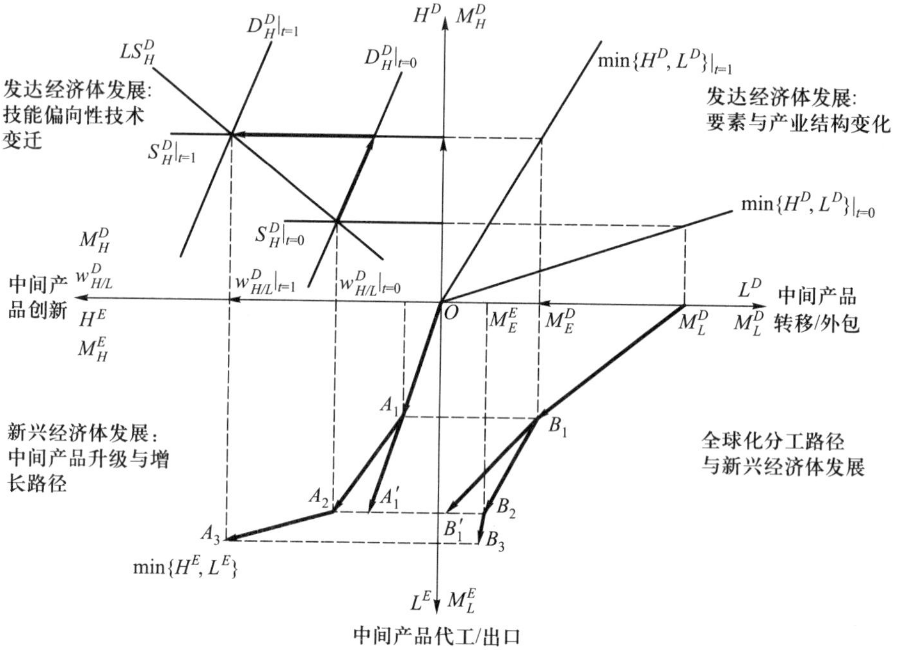

***D*-发达经济体，*E*-新兴经济体，*H*-高技能劳动力，*L*-低技能劳动力，*M*-中间产品，$w_{H/L}$-高技能劳动力相对工资溢价，LS_H-高技能劳动力长期供给，S_H-高技能劳动力短期供给，D_H-高技能劳动力短期需求**

图 2 －6　发达经济体与新兴经济体劳动力、中间产品配置相互依赖关系

---

① 假定作为核心技术载体的中间产品与作为次级技术载体的中间产品在一个经济体生产总体上是一种互补的关系，两者分别具有高技能劳动力密集型、低技能劳动力密集型的中间产品，一个经济体等产量曲线具有里昂惕夫形式。再假定中间产品创新更多地依赖于一个经济体中间产品生产投入的高技能劳动力密集度提高。

新兴经济体因接受发达经济体中间产品加工转移而扩大了劳动力就业，促进了相应的工业化增长（如图2-6第4象限$M_L^D \to B_1$），使外包的中间产品与内部中间产品关联性、竞争性增强，激发了内部中间产品企业掌握发达经济体核心技术的自主创新动力，这就使得新兴经济体出口的中间产品中内部加工比例逐步增加（如图2-6第4象限$B_1 \to B_2$）。由于中间产品外包和直接投资密集使用低技能劳动力偏向的技术和装备，对新兴经济体高技能劳动力投入密集度较低。此阶段，新兴经济体内部高技能劳动力供给随着高等教育发展而自然增长。当新兴经济体内部中间产品对核心技术吸收能力和自主创新能力增强时，新兴经济体对高技能劳动力需求增长，产出中高技能劳动力密集度逐步提升（如图2-6第3象限中从$O \to A_1$到$A_1 \to A_2$的阶段性变化）。由于高技能劳动力投入密集度提高，增强了高技能劳动力之间的技术、知识溢出需求和规模，尤其是通过"智力交流""智力回流"，发达经济体对新兴经济体的技术、知识溢出促进了新兴经济体内部中间产品创新强度和规模的增长（如图2-6第3象限中从$A_1 \to A_2$到$A_2 \to A_3$的阶段性变化），由此新兴经济体进入了中间产品创新驱动发展阶段。

反之，如果新兴经济体内部中间产品企业缺乏足够的技术吸收能力和自主创新能力，无法在中间产品代工与内部中间产品生产中建立广泛的技术关联，则新兴经济体有可能长期维持低成本代工地位。即中间产品出口中内部加工部分不变，甚至下降，参与全球化分工路径呈现为$M_L^D \to B_1 \to B_1'$。不仅如此，这种路径对高技能劳动力需求的增长缓慢，无法接受发达经济体中间产品创新的技术溢出和创新合作，中间产品升级路径陷入高技能劳动力低密集度的增长境地，呈现为$O \to A_1 \to A_1'$，缺乏发展阶段性变化。

三是中间产品创新驱动的分工阶段。进入该阶段，发达经济体和新兴经济体的经济发展的一个共同特征，是以自身的高技能劳动力和创新资源为依托，积极利用全球价值链分工，将研发活动分布到高技能劳动力禀赋较为丰富的经济体，这种研发活动既可能是针对当地市场需求进行的本地化研发，与本地企业争夺市场份额，也可能是出于在全球范围内合理化配置和雇佣的研发资源。两者不同之处在于，发达经济体在长期的技能偏向性技术进步中积累了丰富研发资源和经验，在发达经济体之间形成了开放的全球创新网络。凭借这些比较优势，发达经济体将侧重于利用全球创新资源迅速将创新成果商业化，并利用知识产权保护，控制新技术、新产品产业化的先导权、主导权。新兴经济体在该阶段，进入了本土市场需求快速增长时期，不仅吸引发达经济体将研发资源配置到新兴经济体，针对市场需求进行技术、产品创新，而且也为新兴经济体中间产品创新和创立自主品牌产品提供了巨大的需求空间。这意味着，新兴经济体进入了中间产品创新和低成本代工并存时期，在产业化创新上有比较优势。从长期看，新兴经济体在产业化创新中积累研发资本，提高研发能力，逐步在价值链中端与发达经济体面向新兴经济体的产品和技术展开竞争，在竞争中向产业价值链高端攀升。在现实中，表现为新兴经济体融入全球创新网络，与发达经济体争夺新技术、新产品产业化的先导权、主导权。产业化创新对高技能劳动力和研发资源产生巨大的需求，高技能劳动力密集型产业成为各经济体经济发展的重点和未来。由此，可以得出命题四。

命题四：发达经济体与新兴经济体中间产品创新驱动经济发展依赖于高技能劳动力和研发资源全球化配置和竞争。新兴经济体将由从发达经济体获取技术溢出的角色转变成全球创新网络的参与者、合作者、竞争者，构建以产业化创新主导中间产品全球价值链。产业化创新将受到劳动力成本上升的限制，而创新投入中资本和研发经费密集度将增强。

2.4 结论和政策含义

本章在贸易成本既定的假设下，构建了一个基于中间产品投入成本和劳动力成本在发达经济体与新兴经济体相对变化对中间产品生产价值链分割的影响机制。中间产品投入相对成本变化取决于各经济体在中间产品生产价值链的各个环节上控制出错率的能力、控制效率以及相应的技术进步率。发达经济体通过将中间产品生产中出错率较高的环节进行技术集成，降低了生产加工过程的出错率，以及环节之间相对成本，由此扩大了向新兴经济体外包的生产范围和规模，利用新兴经济体劳动力低成本，获取中间产品生产的规模经济和范围经济。发达经济体企业由此将更多的高级要素转向外包给新兴经济体生产之外的出错率较高的环节，包括对品牌营销环节，发挥在这些环节上技术和知识的比较优势。劳动力相对成本变化反映了新兴经济体和发达经济体劳动力技能相对差距的变化。随着中间产品的外包规模和范围扩大，技术学习和创新增加了高技能劳动力的需求和供给，劳动力技能相对差距在缩小，由此进一步吸引发达经济体将技术和知识密集型的中间产品生产、经营环节转移到新兴经济体，进一步扩大了新兴经济体参与中间产品全球价值链的程度，逐步进入了出错率较高的环节，实现了全球价值链上的升级。

不同的发达经济体或新兴经济体具有不同规模的人口、劳动力和产业体系，其中高技能劳动力供给和产品、工艺创新的潜力依赖于所在经济体创新体系对技术创新、扩散和溢出进行激励、促进的有效性，例如高等教育、金融结构提供的要素供给与该经济体在全球化分工与升级的需求匹配程度。即使各经济体通过各种贸易自由化的协定，大经济体和小经济体在中间产品全球化分工中也难以做到均质、均衡地配置和发展，大经济体凭借其内部生产和贸易部门的优势，能够获得更多的全球化分工发展收益。大型发达经济体，因其拥有丰富的高技能劳动力资源，能凭借有效的创新成果转化、产业化和扩散体制，与高等教育、科学与技术研究形成较高的匹配性，能够成为全球化分工的创新起源和扩散的枢纽，成为小型发达经济体和新兴经济体获取所需的高技能劳动力、研发资源和技术转化的来源。小型发达经济体通常在某些产业和科学、技术专业领域上存在明显的比较优势，在中间产品创新中，各经济体更加相互依赖，在全球范围内匹配与自身优势相适应的高技能劳动力、研发设计和生产加工能力，对知识产权保护、降低知识要素和主体自由流动的障碍与成本有较高的需求。对于大型新兴经济体，其能够凭借着内部巨大的生产和贸易规模，成为中间产品全球化生产加工的集散地，成为较为多样化的中间产品及其相关技术知识的来源，与内部生产和消费对接，对发达经济体中间产品外包有较高的黏性，对其他小型新兴经济体起到中间产品再外包的国际枢纽作用。相比之下，小型新兴经济体在中间产品全球化分工增长中获取的分工在扩展边际上受制于劳动力规模限制，在集约边际上受制于高技能劳动力和研发资源等高级要素稀缺的牵制。大型新兴经济体与其他经济体贸易成本降低、贸易自由化程度提高对中间产品全球化分工结构变化的影响要显著于小型新兴经济体，从中获取的分工收益有一定的乘数效应。因此，在中间产品和技术生命周期更迭中，大型新兴经济体更有可能从中间产品生产加工集散地和外包枢纽，向中间产品全球化分工中新技术、新产业发展的产业化中心与外包枢纽转变。

基于上述全球化分工中各经济体经济发展的机制分析，对于大型新兴经济体来说，不难得出如下的政策含义：① 大型新兴经济体对外开放作为一项长期政策，应不断地降低贸易成本与促进贸易自由化程度，在全球化分工中从中间产品生产加工参与阶段转向中间产品创新合作阶段，贸易政策创新重点应转向降低知识贸易壁垒，加强知识产权保护，促进知识贸易自由化程度。② 内部创新体系有效性成为大型新兴经济体进入中间产品创新驱动全球价值链分工阶段的政策制定首要对象。在短期，侧重于促进科研成果转化、产业化、扩散，在科研部门与企业部门优化研发资源配置，“引进来”与“走出去”并进，实现内部研发资源与发达经济体研发资源的组合和对接；在长期，加强市场对高技能劳动力供给与需求匹配的协调作用，适应市场需求，扩大内部高等教育对高技能劳动力供给，提高劳动力培养质量，完善高技能劳动力内部市场与国际市场联动与一体化程度。③ 增强中间产品投资、生产经营与技术更新的模块化水平，在新兴经济体与发达经济体之间形成以我为主导的全球价值链闭环。模块化水平提高一方面有利于大型新兴经济体，将中低端中间产品生产加工转移到小型新兴经济体，将更多的高技能劳动力向中间产品创新环节，获取中间产品创新产业化规模经济优势；另一方面有利于增强与发达经济体在新技术、新产品、新产业研发上合作和竞争，降低发达经济体将商业化、产业化阶段的新兴中间产品转移和外包的技术不确定与相应的生产成本。

3. 以产业化创新驱动产业转向中高端

3.1 攀升全球价值链中高端需要科技创新驱动

攀升全球价值链中高端实质是推动我国产业转向中高端。由于当今世界的先进产业大都形成了全球价值链，因此，在全球价值链上攀升中高端，实际上是我国产业水准进入世界前列的有效路径。正因为如此，我国建设创新型国家的目标明确，即2020年若干重点产业进入全球价值链中高端；2030年主要产业进入全球价值链中高端。

近年来，欧美发达经济体推出的产业升级目标可以作为我国产业结构中高端化的参照系。例如德国推出的工业4.0计划，是继机械化、电气化和信息技术之后，以智能制造为主导的第四次工业革命，将制造业向智能化转型。撇开三次产业结构的差距，可以发现中国的制造业处于低端水准，这突出表现在科技含量上。首先是产业档次处于低端。其次是在高科技产品的全球价值链上中国制造部分处于低端。最后是绿色化程度处于低端。低端产业结构与中高端产业结构的差距可以归结为产业的科技水平和科技含量的差距。

现代经济增长的实践证明，先行经济体的产业结构转型升级都是在科学技术取得重大突破的基础上实现的。我国的产业结构水准之所以长期处于低端，原因是已有的几次产业革命都同我国失之交臂。现在中国经济发展进入了新的历史阶段。一方面中国已经成为世界第二大经济体，在某些领域具有了领先的而不是跟随的科技和产业创新实力；另一方面经济全球化、信息化、网络化为各个国家提供了均等的科技和产业创新机会。在此背景下，我国完全可以通过科技和产业创新推动产业结构转向中高端。

产业转向中高端的基本驱动力是创新。长期以来，发展中经济体的创新路径基本上是跟随发达经济体，采取模仿和引进的创新方式。实践证明，只是模仿和引进，会在创新方式上永远落后于发达经济体；只有与发达经济体站在同一创新起跑线才能进入高端。这就需要我国与发达经济体进入共同的科技和产业创新领域。就战略性新兴产业来说，它是新兴科技和新兴产业的深度融合，既代表着科技创新的方向，也代表着产业发展的方向。对战略性新兴产业的培育，我国与发达经济体不仅处于同一起跑线，而且存在着国际竞争。所以，我国更需要自主创新,以最新的科学发现应用于产业创新,以占领世界产业的制高点。

现代国际产业竞争的重要特征是全球价值链之间的竞争。国际分工演变为高科技产品在不同国家的生产环节的分工,也就是根据各个国家的资源禀赋条件进行生产环节的分工。我国生产的许多高科技产品要么是替他国企业代工的,要么是仅参与加工装配环节的,要么是“贴牌”的,附加值都很低。在此背景下产业结构的中高端化就不是过去意义上的替代进口品,而是价值链攀升。一是在发达经济体主导的全球价值链上攀登价值链中高端。其途径包括:干中学,对关键高技术的引进消化吸收再创新;吸引跨国公司的关键技术和核心技术的研发机构进入中国本土。二是建立以我国跨国公司为主导的价值链。这需要自主创新,利用原创性科技成果推进产业创新。掌握并替代国外拥有的较高附加价值的核心技术和关键技术,应用新技术。只有这样,才能最终进入价值链的高端,提高产业附加值。

传统产业不等于夕阳产业,传统产业也可能转向价值链中高端。传统产业面广量大,产业结构中高端化不能丢弃传统产业。信息化和工业化融合推动工业结构的技术跨越,为传统产业提供了转向价值链中高端的路径。“互联网 +”就是代表性概念。现实中提升和改造传统产业还有“绿色化 +”。随着智能化技术的创新和应用,也可能出现“智能化 +”的效应。可以说,只要采用最新技术,再传统的产业都可以成为现代产业。

产业结构转向价值链中高端的路径为创新驱动确定了目标和任务,也牵动了创新理论本身的创新。

从熊彼特到弗里曼,他们都把创新的内涵概括为新发明、新产品、新工艺、新方法或新制度第一次运用到经济中去的尝试。[①] 与此定义相对应,人们长期把创新归结为技术创新。从 20 世纪后期出现以信息技术为代表的新科技革命以来,创新实践的出现对创新提出了新的内容。

首先是技术创新上升为科技创新。这反映了创新源头的变化。过去的技术创新主要是在企业中进行的。现在,技术进步的源泉更多地来源于科学发明。将当代最新的科学发现的成果迅速转化为新技术可以实现大的技术跨越。例如,新材料的发现,信息技术和生物技术的突破都能迅速转化为相应的新技术。这种以科学发现为源头的科技进步模式,体现了知识创新(科学发现)和技术创

① 史蒂文·N. 杜尔劳夫、劳伦斯·E. 布卢姆主编:《新帕尔格雷夫经济学大辞典》,经济科学出版社 2016 年版,第 925 页。

新的密切衔接和融合。对这种以科学发现为源头的技术创新现象的概括，就是科技创新。后来根据国家创新体系理论使用知识创新和技术创新的概念，弗里曼又提出产业创新概念。所有这些概念都已经得到广泛的采用。

其次是产业创新成为科技创新的终端。过去的技术创新着重在产品和工艺创新。现在的科技创新则落脚在产业创新。伴随新的科学发现而来的是新产业革命。如果说过去一项重大科学发现到产业上应用需要隔上数十年的话，那么现在的趋势是科技创新和产业创新几乎是同时进行的。例如，新的科技进展迅速催生了生物技术产业、新材料产业、新能源产业、环保产业等新兴产业。这就是通常说的高科技产业化。建立在新科技革命基础上的产业创新需要采用最新科技成果，这意味着这些产业技术含量更高，附加值更高，也更为绿色。

最后是提出产业化创新的新概念。2014 年年底的中央经济工作会议提出产业化创新的概念，强调创新要实，更多靠产业化的创新来培育和形成新的增长点，把创新成果变成实实在在的创新活动。产业化创新能否成为一个经济学概念提出来，其内涵是什么？这是需要结合我国实施创新驱动发展的实践进行理论概括的。这个概念如果得到肯定，就可以有效地解决长期存在的科技创新和产业创新的“两张皮”问题，推动产业结构转向中高端。

根据产业化创新的重要性程度，国家产业政策在产业组织方面就不能只是突出竞争政策，还必须包括产业化创新政策。原因是竞争政策不可能完全涵盖创新，在创新成为产业结构中高端的主要驱动力的背景下，产业化创新将越来越重要。

3.2 科技创新和产业创新需要产业化创新来衔接

科技创新是产业创新的先导，产业创新是科技创新的终端。但在我国的现实中，两者往往是脱节的。

我国的科技创新成果已经进入世界前列。根据 2015 年的数据，我国科技人力资源总量超过 7100 万，连续多年位列世界第一；研发人员超过 535 万，位居世界第一；研发投入强度达到 2.1%，连续多年超过欧盟国家的平均水平；发明专利申请量突破 100 万件，连续 5 年位列世界第一；国际科技论文数量连续 6 年居世界首位，被引数居世界第四位。① 这种状况与我国世界第二大经济体的地位

① 郭铁成：《创新驱动发展模式的关键支撑要素——学习习近平总书记关于创新发展的重要论述》，《学术前沿》2016 年第 3 期下，第 76～87 页。

是相称的。

但是,我国的产业水准总体上还处于低端。从产业类型看,发达经济体是在飞机制造、特种工业材料、医疗设备、生物技术等高科技领域占据更大份额;我国是在纺织、服装、化工、家用电器等领域享有领先地位;在新经济领域,一些新产业领域我国还没有跟上发达经济体的前进步伐。再从全球价值链分析,我国的产业只有规模的优势,没有价值链的优势,高科技产品的中国制造部分仍处于价值链低端。

我国的科技创新成果与产业水准之间有这么大的差距,主要说明我国产业创新能力不足,其根本原因是科技创新与产业创新之间缺少衔接,科技创新成果没有充分转化为现实的生产力。

与过去科技创新与产业创新“两张皮”分开进行不同,当今世界发展的趋势是科技创新和产业创新几乎同时进行。而且与科技创新日新月异相伴,产业更新速度也很快,几乎不过几年就会冒出个新产业,某些新产业没过几年就成为传统产业。像现在备受关注的第四次产业革命就是以智能化、信息化为核心,以大数据、云计算、人工智能、量子通信等前沿技术为代表的。之所以会出现如此大的技术跨越,主要原因是产业创新成为科技创新的终端,科学重大发现导致新产业的产生和已有产业的更新。

针对上述产业创新的国际差距,我国实施创新驱动的发展战略需要解决好科技创新和产业创新的衔接问题。产业化创新居于科技创新和产业创新之中,是两者的桥梁。产业化创新的内涵突出在四个方面。第一,在科学研究领域,与基础性研究强调自由探索不同,产业化创新强调以创新新产业技术为目标的科学研究,也就是以产业创新为导向的科学研究;第二,产业化创新的重点环节在科技创新成果转化为新产业技术环节,也就是孵化和研发新技术环节,目标是科技创新成果迅速转化为新产品或产业新技术;第三,从事产业化创新的主体包括科技领域的科学家与产业领域的企业家,两者协同创新新产业技术,体现知识创新和技术创新的对接;第四,产业化创新延伸到创新成果产业化阶段。就是说,产业化创新不只是停留在创新科技阶段,还要进入科技创业阶段,体现科技创新和科技创业融合。

产业化创新概念的提出也为建设和完善国家创新体系提出了方向。现有的国家创新体系理论明确国家创新体系包括知识创新和技术创新两大体系。国家创新体系理论强调,创新需要不同行为者(包括企业、实验室、科学机构与消费者)之间进行交流,并且在科学研究、工程实施、产品开发、生产制造和市场销售之间进行反馈。因此,创新是不同参与者和结构共同体大量互动的结果。[①] 这里所讲的各个创新阶段和参与者之间的互动还只是在科技创新范围内的创新活动。产业化创新被引入了国家创新体系,这就使国家创新体系的内容和目标更为明确实在。

产业化创新不只是概念,更重要的是机制。其基本功能是它以产业化为目标的科技创新能有效衔接知识创新和技术创新两大体系。具体表现在它具有的以下三大功能性机制。

① 产业化创新的协同机制。产业化创新既要依靠大学和科研机构的科学发现,又要依靠企业所掌握的市场需求和创新投入。两者的结合才能成功地进行产业化创新。按此要求,产业化创新的关键和重要路径是产学研协同创新,也就是产学研各方共同介入创新。知识创新主体大学及其科研人员的介入,解决创新的科学导向;技术创新主体的企业及企业家的介入,解决创新的产业化导向。这种协同也可以在很大程度上降低产业化创新的风险。

② 产业化创新有共同的研发平台。过去大学和企业一般是在各自的平台上分别进行科技创新和技术创新。两者通过技术转移来联系。而产业化创新则需要建立大学和企业共同进入的研发新技术的平台。在同一个平台上实现科学家和企业家的互动,共同研发产业创新的技术。这与技术转移是不同的过程。

③ 产业化创新需要有两个导向。一是产业化导向,其中包括市场的商业化价值的导向。二是科技水平导向,其中包括先进性的技术价值导向。由这两个导向结合产生的创意开发出的新技术新产业就可能占领产业和市场的制高点。

产业化创新的概念在实践中,或者可以给科技创新提供理念和方向,或者可以直接成为连接科技创新和产业创新的桥梁。根据我们的实证研究结果,不同行业产业化创新的需求不同,相应地,在不同行业产业化创新有不同的方式。[②]

一是知识创新带动型产业化创新。在生物技术、制药行业、航空航天产业和环保产业等高技术产业领域,产业化创新一般需要突破性创新,其创新模式以科学技术型为主导,更依赖于基础科学研究成果,因此在这类产业领域,企业和大学合作进行的产业创新更偏向于大学及其科学家的作用。产业化创新主要通过共建研发和孵化新技术平台进行。

---

① 经济合作与发展组织(OECD)编:《以知识为基础的经济》,杨宏进、薛澜译,机械工业出版社1997年版,第11页。

② 洪银兴,等:《产学研协同创新研究》,人民出版社2015年版,第6~7页。

二是技术创新带动型产业化创新。化工、新能源产业、电子及通信设备制造业等领域的技术进步虽然都依赖于突破性科技创新，但在突破性创新后，技术创新主要是对所取得的突破性进展进行不断地开发，其产业化创新更多是渐进性创新。这方面的创新速度很快，尤其是电子信息等行业的创新模式以互动式为主导，其速度就更快，就像软件和互联网企业需要不断地推出新产品、新服务一样。因此产业化创新更多地在企业内的研究院和研发机构进行。但会注重大学和科研机构在基础研究领域取得的新的研究成果，尤其重视从大学获取人才和培养技能型劳动力为创新下一代新技术和新产品做准备。

三是采用新技术型产业化创新。服装、食品、家具、零售等传统产业，也被称为中低技术产业，但这并不意味着它们没有产业化创新的机会。恰恰是这些因技术门槛低而竞争激烈的行业，更需要通过产业化创新来提升其竞争力。过去，传统产业的创新靠自身的技术改造，现在则要靠社会的科技进步，采用最新科技，例如应用数字化的机器设备，采用“互联网 +”，利用机器人，采用节能减排技术等。

产业化创新从提出研发新技术的创意开始，先后进入根据创意孵化新技术、创新成果实现产业化、创新成果进入市场等阶段，最终形成产业化创新路线图。这就是诺贝尔经济学奖得主费尔普斯所描述的：“现代经济把那些接近实际经济运行、容易接触新的商业创意的人，变成了主导从开发到应用的创新过程的研究者和实验者，而科学家和工程师往往被他们召集过来提供技术支持。”①具体地说，参与产业化创新的，有创新构想和创意的人士，也有根据创意进行新产品和新工艺开发的投资主体，例如天使投资人、风险资本家。这个过程还需要不同生产商的参加，并涉及各种市场推广，包括制定市场策略和广告宣传等活动；除此以外，还有终端客户的评价和学习。显然，产业化创新需要动员各个经济主体的介入。

在实践中，产业化创新包括以下方式。技术转移方式指的是在科技创新和产业创新在时间和空间上是分开进行的条件下，科技创新的成果通过技术转移的方式进入企业。这种转移通过技术交易来实现转让，而且常常是一次性的技术转移。这种技术转移方式的产业化创新现在仍有发展的空间，但其作用在逐步减弱。相比之下，产学研协同创新和科技创业显得更为重要。产学研协同创

① 埃德蒙·费尔普斯：《大繁荣：大众创新如何带来国家繁荣》，余江译，中信出版社 2013 年版，第 30 页。

新,即在科学家与企业家的协同中研发的新技术,并直接在企业中实现转化。科技创业,即科技人员带着创新成果直接创业。此外,还有商业模式创新。本章突出以下三种产业化创新方式。

3.3 产业化创新方式1:产学研协同创新

产学研协同创新不是一般的大学与企业机构之间的合作,而是产业、人才培养和研发功能的协同。

与通常的技术转移相比,产学研协同创新有如下特点:第一,大学和产业界有共同的研发平台,产学研各方进入共同的平台协同创新。协同创新平台有的建在大学,有的建在企业,还有相当多的建在政府主导的科技园。第二,有协同创新机制,科学家和企业家相互导向,科学发现和市场的需求互动。第三,协同创新平台不是一次性研发新技术,而是源源不断地开发新技术并通过进入平台的企业不断地进行产业化。

与下节要讲的科技创业相比,产学研协同创新是有组织的创新方式,更为高端。产学研协同创新是高校和企业有组织的行为,高校中的科学家(包括优秀的科学家)都能参与,高校中的基础研究成果可以源源不断地顺畅进入,而且适合现有的企业参与。创新成果能够迅速在参与的企业中转化,并实现产业化。

产学研协同创新是两个创新主体的协同。大学作为知识创新的主体,进入孵化新技术的平台,将科学新发现转化为新技术。企业作为技术创新主体也要进入孵化新技术的平台。这两个主体在同一个创新平台上互动合作,就使产业化创新的两个导向内化在这两个主体的互动中。企业家提出市场需求,科学家提供科技信息和科学发现。本来,科学家追求的是科学研究的学术价值,企业家追求的是研究成果的商业价值和市场前景。但进入协同创新平台后,两者追求的目标和角色就发生了转换。科学家带着知识创新的成果进入高新技术孵化阶段需要以产业化为导向,解决创新成果的商业价值,企业家带着市场需求进入高新技术孵化阶段是以科技水平为导向。由此产生相互导向,解决了学术价值和商业价值的结合问题,从而使创新成果既有高的科技含量,又有好的市场前景,并易于产业化。

在实践中,参与产学研协同创新的企业并不是创业企业,而是现有的企业。这些企业在创新平台上获取创新的技术并进行产业化。协同创新平台不仅要提供新技术,还要为采用新技术培训人才。因此,从产业化创新的视角定义产学研协同创新的内涵,就不是企业、大学和研究机构之间的机构意义的协同,而是产学研功能意义的协同。具体地说，产，指的是产业发展；学，指的是新技术、新产业人才的培养；研，指的是研发新技术。进入产学研平台的各方在这三个方面协同，就可能不断产生能够实现产业化的新技术，并且加快新技术产业化的进程。

根据上述关于产学研协同创新的特点，激励产业化创新的机制就不只是激励创新，还要激励协同，相应的体制机制建设涉及以下三个方面。

首先是建立产学研各方互利共赢的体制机制，形成创新的利益共同体。撇开产学研各方，产学研共同体以投资入股的方式，采取按股分红的利益分配机制。进入产学研平台的各方实际上都有特定的价值目标。这意味着要建立的互利共赢的体制机制不仅仅是收入分配机制，还需要建立适合各自价值目标的经济机制。不同于商业性的企业将科技水平及其成果价值作为追求的主要目标。科学家进入产学研协同创新平台是为了科学研究的延续以及获取延续科学研究所需要的资金，以最终充分实现科学研究的价值。相应地，科学家享有的知识产权就成为其参与创新收益分配的依据。而对企业来说，其追求的目标是创新收益最大化。因此企业应该成为协同创新平台的投资主体，当然，由于企业承担了对进入平台的科学家的延伸创新的投资，如果科学家创新不成功，企业也就是这部分投资的风险承担者。

其次是科技金融的支持。虽然产学研协同创新从研发一直延伸到创新技术进入产业化的阶段，但产学研协同创新的核心还是在研发新技术阶段。这个阶段需要有足够的资金把产学研各方凝聚进来。但是这个阶段离市场较远，信息不完全，相应的风险也大。在一般情况下，金融为了避险不敢进入这个阶段。即使进入协同创新平台的企业愿意投入，也需要金融的支持。由此建立从实验研究、中试到生产的全过程科技创新融资模式，实现科技创新和金融的深度融合。

最后是政府集成、组织和推动。大学及科学家，企业及企业家分属于不同的系统，各自追求的目标和考核指标不尽相同，而且各自在不同的轨道上运行。企业在市场轨道，大学并不在市场轨道。因此只是靠市场作用难以把它们引入协同创新平台。只有政府才有这种能力。根据中关村等科技园的经验，将知识创新和技术创新两大系统集成和衔接的主体是政府。政府通过建科技园，支持科技孵化器建设，为产学研协同提供引导性资金，并且制定相应的激励政策来组织和推动协同创新平台的形成和建设。这也就在实际上建设起国家创新体系。正因为如此，从产业化创新的视角，产学研协同应扩展为政产学研金的协同。

3.4 产业化创新方式 2:科技创业

创新驱动发展战略的实施,需要营造"大众创业、万众创新"的氛围。在"大众创业、万众创新"的热潮中,全国范围内几乎每分钟都在产生新企业,但从产业化创新角度考察的专指创办的科技企业。这应该是"大众创业、万众创新"的核心。而且"大众创业、万众创新"不是人人都去创业,而是指大众在创新创业中各尽所能,把创新和创业有机地衔接起来的创业。

所谓"大众创业、万众创新",指的是大众参与产业化创新。诺贝尔经济学奖得主费尔普斯在《大繁荣:大众创新如何带来国家繁荣》一书中对大众创新的表述就是:"把各种类型的人都变成创意者,金融家成为思考者,生产商成为市场推广者,终端客户也成为弄潮儿。"①受此启发,我把所谓的"大众创业、万众创新"定义为:各个创新创业的参与者在其中各尽所能。不仅要有创新构想和创意的人士提出创意,还要求围绕被接受的创意,企业、风险投资、甚至消费者等各方面参与并协同。"新产品和新工艺的开发过程需要不同投资主体的参与,例如天使投资人、超天使基金、风险资本家、商业银行、储蓄银行和对冲基金。这个过程还需要不同生产商的参加,如创业公司。大公司及其分支机构,并涉及各种市场推广,包括制定市场策略和广告宣传等活动。"②除此以外,还有终端客户的评价和学习。将这些方面合起来,可以说是"大众创新、万众创业"的含义。其前提是形成激励创新的制度。这样,有"大众"和"万众"参与的产业化创新将是科学家(创意者)、金融家和企业家的集合。

科技创业指的是科技创新者(包括大学生)带着孵化出的创新成果创办企业,也就是通过创业将科技创新的成果(新技术、新发明)产业化。在这里,创新和创业是融合在一起的。近年来,在机器人、无人机、3D 打印、生物技术等新产业领域都可以看到一大批这样的创业者。

产业化创新与一般的科学研究的创新不同,它不是单凭研究者的爱好,而是直接以产业创新为目标。既要依据科学发现提出新创意,又要孵化出新技术并将新技术产业化应用;既涉及科技创新,又涉及科技创业。在许多场合是科技创新者带着孵化出的创新成果创办企业。也有现有的企业将新技术进行产业化,

---

① 埃德蒙·费尔普斯:《大繁荣:大众创新如何带来国家繁荣》,余江译,中信出版社 2013 年版,第 30~31 页。

② 埃德蒙·费尔普斯:《大繁荣:大众创新如何带来国家繁荣》,余江译,中信出版社 2013 年版,第 38 页。

从而实现企业的转型升级。与产学研协同创新的方式不同，科技创业的产业化创新是越过了孵化和研发新技术阶段，把科技创新的成果，即孵化出的新技术通过创办企业的方式进行产业化。尽管在产业化过程中还会需要进一步创新和研发，但主要任务是创业和产业化。

产业化创新的发动者往往既不是实力雄厚的大企业，也不是对本行业熟悉的行业内企业，而是行业外的科技创业的小企业，也就是"草根企业"。对这种现象做出理论说明牵涉实施创新驱动发展战略的着力点的选择。特别是要研究以产业化创新起步的草根企业从小到大的成长之路。科技创业一般都是从小型科技企业起步的。新产业也往往产生于此。研究从20世纪后期产生新经济以来的产业化创新尤其是科技创业可以发现，产业化创新创业成功的往往是科技型小企业或草根企业，这可以说是对"大众创业、万众创新"效果的最好诠释，例如，率先进行电子信息技术产业化创新的是比尔·盖茨领导的微软，乔布斯领导的苹果。再比如，华为和中兴在20世纪八九十年代都还只是小企业，但两个企业在世界信息技术和产业革命的浪潮中抓住了时机，在信息技术的产业化创新上取得了突破；成立于1999年的阿里巴巴，最初也是小企业，但是它率先进行了互联网领域的产业化创新。

在产业发展史上，常常不是传统产业创造出替代自己的新产业。熊彼特当年在阐述其创新理论时就指出：创新通常可以说是体现在新的企业中，它们不是从旧企业里产生的。例如，并不是驿路马车的所有主去建造铁路。① 其原因可以用创新理论来说明。创新就是创造性毁灭。已有的产业部门（或者说传统产业）有工艺创新的动力，有降低消耗的创新动力，但不可能有以产业创新来毁灭自己的动力。资产的专用性，产业创新所产生的沉没成本，已有的市场都会成为包袱，阻碍对自己的产业创新。因此，产业创新往往产生在已有产业的外部。

科技创业既然是创办企业，就需要创办企业的基本要素，如资本和劳动。但科技创业的起始条件是知识、技术及其专利之类的科技成果。这是科技创业之源。创新创业过程虽然也需要物质资源的消耗和劳动的消耗，但更为重要的是智慧和创意。就如费尔普斯所说，创新所依赖的资源主要是人力资源，"基本要

① 约瑟夫·熊彼特：《经济发展理论——对于利润、资本、信贷、利息和经济周期的考察》，何畏、易家详，等译，商务印书馆1990年版，第74页。

素是想象力或创造力,对可能开发和推广的还没有人想到过的事物的构想"[①]。

虽然科技创业依靠知识资本和人力资本,但是创业也离不开物质资本。科技人员创业一般有技术和知识产权,但缺乏创业资本。由于科技创业存在风险,因此创办科技企业所需要的资本一般是风险投资。这样,科技创业的资本是以科技创新成果体现的知识资本、以创业家体现的人力资本和以风险投资体现的物质资本的集合。同一般的创业是以资本招(雇佣)劳动和技术不同,科技创业是以技术和知识产权招(雇佣)资本。这意味着在科技创业中,知识资本和人力资本也对创业起决定性作用。

科技创业的物质资本的主要形式是风险投资。硅谷成功之道除了靠近大学外,更为重要的是活跃着一批风投公司。可见支持科技创业的风险投资的重要作用。我国目前为支持科技创业,地方政府都会安排一部分支持性投入,但更多的还是要靠风险投资公司的投资。因此,顺畅的风险投资(创业投资)渠道,为有技术而缺资金的项目提供风险投资是科技创业得以成功的关键。没有活跃的风险投资,就不会有活跃的科技创业活动。特别需要指出的是,风险投资公司还有对科技创业者提供市场辅导的功能,这是科技创业者缺乏并且迫切需要的。创新创业所需要的风险投资,不只是资本本身,更重要的是创办新企业所需的经验和辅导。风险投资又称创业投资。风险投资者从研发和孵化新技术就开始进入,把创新和创业两个阶段黏合在一起。风险投资者的专业性在于,他们既专注于创新项目的市场,又专注于创新项目的科学价值,并且着力对创业企业的辅导和帮助,大大降低了产业化风险。就如奈特指出的:"在现代经济中新企业的创建和建成后企业的经营之间的分离趋势很明显。一部分投资者创建企业的目的是从企业的正常经营中得到收益。更多的人则期望从建成后的企业的出售中获得利润,然后再用这些资本进行新的风险投资活动。"[②]在现代经济中,虽然创业投资存在不确定性,但"相当多的且数目日益增加的个人和公司将其主要精力放在新企业的创建上"。[③] 其目的不是追求做股东取得股权收益,而是追求股权转让收益,即期望从建成后的企业的出售中退出,然后再用这些资本进行新的风

① 埃德蒙·费尔普斯:《大繁荣:大众创新如何带来国家繁荣》,余江译,中信出版社2013年版,第31页。

② 富兰克·H. 奈特:《风险、不确定性和利润》,王宇、王文玉译,中国人民大学出版社2005年版,第187页。

③ 富兰克·H. 奈特:《风险、不确定性和利润》,王宇、王文玉译,中国人民大学出版社2005年版,第187页。

险投资活动。这些风险投资者的存在可以说是现代经济充满创新活力的原因所在。

不可否认,无论是创新还是创业,都存在不确定性。这跟新创意孵化新技术阶段与市场较远相关。就如费尔普斯所说:“事实上,所有创新都有偶然或者随机的因素。在一定程度上,新产品开发成功和得到商业化应用都是概率问题。”“创新是走向未知的历程。”[①]科技创业并不都会成功。市场对科技创新到产业化创新有个筛选过程。据麦肯锡公司对硅谷科技创业的调研,每 10000 个商业创意会产生 1000 家企业,其中 100 家会得到风险资本,20 家可以上市,2 家最终会成为市场领先者。[②] 这意味着科技创业存在很大的不确定性,也就是存在创新风险。创新创业的风险大体有以下四种。一是创新技术选择的风险。如果创新的技术选择错误,或者是缺少创意,或者是研发失败,为此支付的投资就会石沉大海。随着产品生命周期的缩短和科技进步速度加快,创新成果被超越的风险大大增加。二是转化风险。新知识向新产品、新技术转化存在较大不确定性。其中包括中试风险。因中试设备与工艺流程不过关、材料不匹配、设计不合理、性能不稳定等原因,很容易导致中试失败。三是市场风险。表现在创业者对新产品市场规模和顾客接受度难以估量;新产品推向市场后,因外观、质量、性能不被顾客了解,或者由于人们的消费惯性, 新产品很难马上被市场所接受;创新成果迟迟不能推向市场固然会被竞争对手超越、失去创新价值,但过早推向市场也可能达不到预期效果。四是财务风险。在创业活动的大部分阶段,创新成果很难形成稳定的收入。创业者以净投入为主,需要得到源源不断的资金供给,对创业者的融资能力要求很高,任何一个环节中断,都可能导致创业活动失败。

产业化创新有这么大的风险,为什么还会有“大众”和“万众”参与呢? 这需要激励创新创业的体制机制,关键在创新收益和风险的分配。根据风险与收益对称的原则,高风险往往伴随着高收益。科技创业活动不成功则已,一旦成功,将会形成暂时的市场垄断,获得高收益。由此就提出科技创业的风险分担问题。从理论上讲,风险应该共担,但在实践中风险分担机制对不同的创新参与者应该是不同等的。为激励大众提出创意,鼓励科技创业,创意者的创意取得成功,科技成果实现产业化后,其价值必须得到实现,因此提出创意者和科技创业者应该

---

① 埃德蒙·费尔普斯:《大繁荣:大众创新如何带来国家繁荣》,余江译,中信出版社 2013 年版,第 36 页。

② 埃德蒙·费尔普斯:《大繁荣:大众创新如何带来国家繁荣》,余江译,中信出版社 2013 年版,第 38 页。

得到与之贡献相应的收益；如果创新不成功，只是承担其创意价值没有实现的风险，相对来说经济风险较小。带着创新成果进行创业的科技人员也是如此。而对风险投资者来说，创业项目是其选择的，风险投资收益有明显的收敛性，因此其应该承担全部的投资风险。风险投资公司之所以愿意承担风险，原因是其投资在多个创新创业项目上，其中某个或某几个项目一旦成功便会有大的收益，足够弥补其创业失败项目的支出。这就是风险大收益也大的含义。而对政府来说，通过建设科技园、孵化器和众创空间的方式对科技创业提供引导性投入。这也可以在一定程度上减轻风险投资者的风险压力。

当然，大众参与的创新创业并不会都成功，而成功的一般都是产业化创新成功的企业。产业化创新成功的科技型小企业，不仅能在市场竞争中胜出并迅速扩大规模，而且可以带动整个产业结构的提升。科技创业成功的企业并不只是一直采用创业时的技术，一般都会转向产学研协同创新的方式，以获取源源不断的更高端的技术，从而依靠创新的技术引领新产业的产生和成长。例如阿里巴巴以其互联网技术进入零售产生电子商务（网购），与腾讯等企业一起进入金融领域推动了“互联网金融”的发展，以“互联网＋”的技术推动了传统产业的转型升级。微软和苹果一跃超过老牌的福特等“百年老店”，领导了世界的信息技术革命。华为和中兴成为全球大的电信设备制造商和商用网络的巨头，极大地推动了我国产业结构的信息化。

面对科技型小企业引领的产业化创新，现有的大企业，如大型汽车企业，大型钢铁企业，大型化工企业，不会游离于“大众创业、万众创新”之外。除了自身的技术改造之外，还会分出（或者被挖走）一部分科技资源（包括科技人员和科技成果）支持科技型小企业的创新创业。不仅如此，有一部分大企业也正在根据上述创新规律探索产业化创新的道路，如海尔那样的大公司在企业内组成一个个按创意划分的创新团队，大企业可能由一个个从事产业化创新的科技型小企业组成。

3.5 产业化创新方式3：商业模式创新

产业化创新的最终落脚点是创新成果（技术和产品）的产业化。无论是产学研协同创新还是科技创业，目标都是要实现孵化和研发新技术的产业化。产业化涉及两个方面：一是采用新技术的产业迅速达到规模；二是充分实现新技术的潜在价值。这两个方面都依赖于有效的商业模式。

成功的创新不仅要靠领先的技术，而且还要有出色的商业模式创新相辅。

一方面,因技术创新而增加的成本可以通过商业模式的创新而得到消化;另一方面,发现一个新市场需要以相应的商业模式去开拓和扩大,这样,创新产品会因商业模式的创新而被市场接受,并能进一步扩大创新产品的市场。这意味着创新一种新技术需要同时创新商业模式,以充分实现其潜在价值。商业模式创新可以界定为:企业利用科技创新成果,适应市场环境所做的市场关系、市场行为和经营组织架构的调整,目标是使创新成果的市场价值最大化。商业模式创新可以形成一种核心竞争力。

在我国的实践中,创新技术产业化遇到的阻力对商业模式创新提出了强烈需求。第一,较一般的产品而言,新技术产品进入市场信息不对称现象更为严重,消费者对新技术的价值不能充分了解,将影响新技术产品潜在价值的充分实现。第二,新技术研发成本高,但新技术的复制成本接近于0,对知识产权的侵犯会使新技术研发成本得不到市场补偿,使创新者丧失创新的动力。第三,新技术产品普遍遇到的问题是成本太高,价格大都处于高位,市场一时难以接受。第四,新技术产品正因为“新”,往往是一枝独秀,缺乏配套,难以形成规模。克服这些阻力,除了外部环境的营造,商业模式的创新也非常重要。虽然不同的新技术可能有不同的商业模式,但对创新者来说,商业模式的目标都是发挥先行者优势。因此,创新商业模式需要从以下方面考虑。

第一,实施有效的知识产权战略。针对创新的新技术存在复制、剽窃之类的免费搭车现象,斯蒂格利茨指出:“如果不存在专利制度,那么研究者就无法从他们的创新上得到任何回报,因此研究工作也就十分有限。”①因此,严格的知识产权保护制度可以说是科技创新和创业的动力所在。但是只是保护知识产权,对创新者还是不够的。进行产业化创新还有进一步要求,就是进行知识产权营销,实现知识产权价值最大化。这也就是斯蒂格利茨所说的:“创新可以为其他人提供新的思想,这种新思想的价值可以被看作是创新的边际收益中的一部分。”②就是说,被保护的知识产权绝不是被锁在“保险箱里”的,还必须可以扩散,只要使用者支付报酬,就可以被其他人所用。这样,既可以增加创新者的收益,也可因其广泛使用而增加社会效益。

第二,抢先占领市场,并锁定顾客。“当从一种品牌的技术转移到另一种品

① 约瑟夫·E. 斯蒂格利茨:《社会主义向何处去——经济体制转型的理论与证据》,周立群、韩亮、余文波译,吉林人民出版社1998年版,第164页。

② 约瑟夫·E. 斯蒂格利茨:《社会主义向何处去——经济体制转型的理论与证据》,周立群、韩亮、余文波译,吉林人民出版社1998年版,第168页。

牌的成本非常高时，用户就面临锁定。”[①]先行创新者需要利用这种锁定顾客的方式来发挥先行者优势。锁定顾客的方式有两个层面：一是系统层面，也就是在技术层面上把消费者锁定，如微软的 Windows；二是销售层面，即以低价、补贴、服务等方式锁定最新技术和服务的消费者，如滴滴打车软件及支付宝的补贴。消费者在采用创新者的新技术后转向采用另一种技术会面临非常大的转移成本，这样就被锁定了。

第三，及时将先进技术转化为标准。市场上有句名言：三流企业卖产品，二流企业卖技术，一流企业定标准。在产业化创新中，制定新技术标准显得更为重要。因其不仅可以加速新技术的推广，还能为制定标准的创新企业扩大市场规模提供可靠保障。专利保护与标准化互动支撑新技术的创新和推广。就如夏皮罗和瓦里安所说：“因为标准通常会扩大市场规模，甚至对市场是否能够出现也非常关键。当一群创新者总体上可以从一个标准中获益时，他们总有办法制订一个协议来支持这种标准。正是由于这种原因，我们几乎每年都会看见数百种标准被推出。”[②]当然创新的先行者的先发优势在于成为标准制定者，创新者之间的竞争就成为争夺标准制定权的竞争。

第四，新产业的成本控制问题。创新的新技术产业化普遍遇到的问题是研发和生产成本高，由此导致产品市场价格高，难以被消费者接受，导致企业难以扩大生产规模。控制成本的主要途径在于进一步创新，发现降低成本的新技术和新材料。同时，为支持战略性新兴产业的成长，政府也要介入。政府不只是给予新产业技术研发必要的补偿和投入，同时也有必要对新产业产品的购买者提供必要的补贴，例如新能源汽车的购买优惠，采用新能源所必要的设备改造等。政府提供必要的补贴，有益于扩大新产业的市场。

第五，新产业形成集群和范围经济。任何创新技术实现产业化后，都不能单打独斗，需要在合作和兼容中形成规模经济。就一个地区来说，各种技术相近的新产业在科技产业园内形成集群，既可互补，又可相互学习，还能形成竞争，促进新产业的横向一体化和纵向一体化。就纵向一体化来说，企业自主研发推动的科技创新往往意味着新材料、新产品、新服务的出现，超出企业原有的价值活动范围。企业通过收购和兼并实现产品和服务的多元化，衍生新的产品和服务种

---

① 卡尔·夏皮罗、哈尔·瓦里安：《信息规则：网络经济的策略指导》，张帆译，中国人民大学出版社 2000 年版，第 92 页。

② 卡尔·夏皮罗、哈尔·瓦里安：《信息规则：网络经济体的策略指导》，张帆译，中国人民大学出版社 2000 年版，第 208 页。

类。企业可以将过去由其他企业经营的渠道价值活动和顾客价值活动整合进自身的价值活动,直接向消费者提供公司产品。企业在掌控销售的过程中,可以实现对顾客需求的快速反应,提供更好的售后服务,获取更多的创新价值。企业也可以将原本属于供应商的价值活动纳入企业内部,控制原材料的来源,节省交易成本和原料成本,将新材料创新价值收入囊中。横向一体化则可以实现在同类价值活动上的规模经济和范围经济,降低产品成本,巩固市场地位,创造并捕获更多价值。企业通过延长价值链增加了价值活动的深度和广度,拓展了企业与利益相关者之间的合作关系,可以节省信息搜寻成本和签约成本,提高创新产业的竞争优势和盈利能力。

以下是三个现代商业模式创新的典型案例。① 阿里巴巴推出了支付宝、云计算、阿里贷款等创新模式。② 苹果公司的商业模式可以说是集成创新模式。它通过各种技术的组合,优秀的外观、功能设计,完善的服务和独特的营销渠道占有了一席之地。苹果的产品具有体验性价值内容。③ 制造业企业海尔推行企业平台化,员工创客化,用户个性化模式。企业成为孵化器平台,员工组成无数创客群体,企业由一个个创新团队组成。全员创新、创造和分享价值。每个创新团队中包含研发、制造、营销的功能和人员。企业治理以选择创新项目为对象,风险投资和品牌为纽带。即使非企业的员工组织的创新团队被企业选中并提供风险投资和品牌也可进入该企业。创新团队及其员工不是终身服务于某个企业,而是项目负责制。

以上分析表明,商业模式创新不仅能有效解决科技创新目标导向,还能有效解决科技创新成果的及时转化,大大加快新科技产业化的进程。

3.6 产业化创新的动力:追求科技企业的整体价值

产业化创新的动力是什么? 科技创业同一般的企业运行所追求的目标是否相同? 熊彼特垄断理论说明了对创新成果的专利权垄断并取得相应的垄断收益是创新的动力。而在现代,创新成果并不都是在转让中获取收益,而是通过进行科技创业。因此产业化创新成果的价值评价和科技创业企业的运行目标问题出现了。一般的企业由资本和劳动组成,科技创业企业则是由创意和风险资本组成。一般的企业是物质资本雇佣劳动,追求资本所得(利润)最大化,而科技创业企业是以知识和创意吸引风险资本,追求的是企业整体价值的最大化。这也成为科技创新创业的各个参与者的动力。

一般产品的生产需要物质和劳动的消耗,其价值的实现路径就是产品的出售。而对产业化创新成果的价值来说,创新过程与生产过程不是同一个过程。创新创业过程虽然也需要物质资源的消耗和劳动的消耗,但更为重要的是智慧和创意。[①] 具体地说,产业化创新成果在以下四个方面与一般的生产过程有区别。

第一,创新所依赖的资源主要是人力资源,人力资源的基本要素是想象力或创造力。从事产业化创新的科技企业,是科学家的知识资本、企业家的人力资本和金融家的金融资本的集合。相应的创新成果的价值除了一般的劳动消耗外,主要部分是这三类资本价值在某种创新成果上的付出及相应的分配份额。如果要用劳动价值论来说明,这三类资本都是复杂劳动,比简单劳动能创造更高的价值。

第二,科技创业者一般是个团队。在团队里的科技人才是多方面专业人才的集合。科技创业不仅是组织科技创新活动,还要经营企业,参与市场活动。这意味着科技创业是各类人才的共同创业,除科技人才以外,还需要有经营管理、市场和销售人才。[②] 而且,这也是费尔普斯所发现的:"构思新产品的项目通常要先组建一个有创造力的团队,商业化生产和推广新产品的项目往往需要首先设立一家由若干人组成的公司。任何有团队工作经验的人都明白,团队产生新创意的能力远远超过单独的个人。"[③]

第三,科技创业的基本要素是知识资本和人力资本。根据新增长理论,知识的创新和积累是现代经济增长的重要因素。人力资本是现代经济增长的决定因素和永久动力。科技创业能否成功依赖于体现人力资本积累水平的企业家的创新素质和参与科技创新的科技人员的知识积累。

第四,在互联网时代的科技创新和创业既是分散的,又是相互合作的,因此参与者对创新价值有共享的要求。就如里夫金指出的:"伴随互联网成长起来的新一代人习惯于对创造力、知识、专业技能、甚至产品和服务的开放式共享,以促进社会总体财富的增长。"[④]

---

① "直到今天,政策制定者和评论家都分不清现代经济体、欠发达经济体和非现代经济体的差异。他们将所有国家的经济(包括高度现代的经济)都视为产品制造机器。只不过效率不同,某些国家只是在自然条件或政策上存在缺陷。但仔细观察,我们会发现现代经济体的某些独有特征,那就是创意。"参见埃德蒙·费尔普斯:《大繁荣:大众创新如何带来国家繁荣》,余江译,中信出版社 2013 年版,第 25 页。

② 麻省理工学院管理学家爱德华·罗伯茨在谈到高新技术企业取得成功的基本要素时指出:第一,优秀的企业是由团队造就的,而非个人。第二,在团队里,除了要有技术人才,还要有市场和销售人才。参见罗伯茨(Edward B. Roberts):《风险投资及运行机制:以搜狐为例》,选自廖理、汪韧、陈璐:《探求智慧之旅:哈佛、麻省理工著名经济学家访谈录》,北京大学出版社 2000 年版,第 252 页。

③ 埃德蒙·费尔普斯:《大繁荣:大众创新如何带来国家繁荣》,余江译,中信出版社 2013 年版,第 41 页。

④ 杰里米·里夫金:《第三次工业革命:新经济模式如何改变世界》,张体伟、孙豫宁译,中信出版社 2012 年版,第 224 页。

与追求价值增值为目标的一般的资本运行不同，由于科技创业是知识资本、人力资本和物质资本的集合。其运行目标就不单纯是物质资本的价值增值，而是科技企业的整体价值的增值。一方面，科技创新和创业是相互合作的，参与者对创新价值有共享的要求，也有实现自身价值的要求。创新的信息资源的共享导致创新成果的共享，参与者在创新收益中得到符合自身贡献的财务回报和非财务回报（主要是股权），其中包括提出创意者合法地取得创意收益（如专利收入），投资人得到投资收益。另一方面，从创新成果的财产权利分析，依靠创新成果创业的企业的股权结构不能只是投入的资金份额，还必须包括科技创业者的知识产权和人力资本股权。这样，科技创业的经济体是整个创业和经营团队，其中无论是哪一个参与者的收入，都依赖于整个创新成果及企业的整体价值，每个创新参与者只有在创新企业的整体价值提升中才能得到利益。科技创业成功，企业价值的整体提升就成为所有创业者的共同利益追求，即使风险投资者，也不能单纯作为资本所有者在其中获利，只有在创办的科技企业在上市或股权转让后才能得到自己的收益。

研究硅谷的科技创业机制可以发现，对科技创业者激励的主要形式是股权激励，如股票期权，股票期权不是经理人特有的，它还被视为吸引创新人才进入创新型企业的报酬，人才的知识资本和人力资本价值可以随着企业市场价值的提升而提高。股权激励的功能是将创业者的股权收入与企业在股票市场上的市场价值紧密联系起来，将来企业一旦上市或出售给大公司，企业潜在的市场价值便十分可观。因此，科技创业企业追求的目标是依靠创新提升企业的整体价值。

科技企业整体价值提升体现在资本市场上获得高的价值评价。资本市场发现和评价创新企业价值的功能，也能提供对科技创业者的激励。就如费尔普斯所发现的："如果在一个经济体里，人们没有创新的动力和激励，或无法获得创新的条件。""如果没有财产保护和盈利的激励，不管非财务性质的回报有多大，多数创业家都不愿冒风险。"[①]科技企业在资本市场上市后，不仅企业价值得到市场的评价，其创业团队成员以股票期权的价值也能得到市场评价。就如阿里巴巴以技术人员为主的创业团队在企业在美国上市的一夜之间成为亿万富豪，资本市场为科技创业者提供了获取企业股权收益的途径，从而成为激励科技创

① 埃德蒙·费尔普斯：《大繁荣：大众创新如何带来国家繁荣》，余江译，中信出版社 2013 年版，第 32～33 页。

业者成长的路径。

这样，不同于风险投资者，从建成后的企业出售中获利；不同于一般的资本所有者，只是追求企业利润最大化；不同于一般的经营者，只是追求经营规模最大化，科技创业企业家是追求企业的长期发展，追求科技企业的创新价值，也就是建立在创新基础上的企业整体价值的提升。

3.7 产业化创新成果价值的市场评价

根据上述科技创业企业的整体价值提升的目标，需要重新审视资本市场的功能。股票市场对产业化创新的功能是什么？通常的定义是企业从股票市场获取创业和扩大规模的资本。从产业化创新创业的角度去定义。股票市场的首要功能是对科技创业企业的价值发现和价值评价功能。科技创业企业的价值评价离不开市场。科技创业企业在资本市场募集的资本规模在很大程度上是对该企业价值的市场评价。就如阿里巴巴在美国上市募得巨额资本就是对其公司，也是对马云这样的企业家的最高评价。

在熊彼特那个时代，创新的真正实现或应用需要有足够能力的企业家完成筹集资本、组织新企业、开发潜在的新产品等必要的工作。其过程是缓慢的。而在现代，风险投资者大大加快了这个初创过程。根据硅谷和中关村等地的经验，这些地方不仅仅是科技企业靠近大学，更重要的是聚集了活跃的专事创新创业的风险投资公司，在这里，风险投资家以充足的资金和专家一样的水准，再加上敢冒风险的企业家精神筹集资本并进行资本运作。风险投资活跃的基本条件是存在像纳斯达克这样的创业板市场。“具有高度流动性且上市条件较为宽松的纳斯达克股票市场使创业企业首发上市的成功率大为提高，进而导致风险资本对高科技企业的投资。”①

根据威廉·拉让尼克的界定，股票市场对创新型企业有五个作用（5c）：一是创建（creation），股票市场具有鼓励资本流入创业企业的作用。二是控制（control），通过股票买卖，股票市场可以影响公司持股比例的集中程度，从而对谁来行使公司资源的战略控制发生影响。三是兼并（combination），股票市场使公司用股票而非现金作为并购的支付手段，从而控制另一家公司。四是薪酬（compensation），股票市场可以用把股票（期权）当作薪酬的方式吸引、保留、动

---

① 威廉·拉让尼克：《创新魔咒：新经济能否带来持续繁荣？》，黄一义、冀书鹏译，上海远东出版社2011年版，第64页。

员和激励员工。五是现金(cash),股票市场对公司现金的募集具有开源的作用。[1] 股票市场这五个作用就是在放大产业化创新成果价值,具体表现在以下产业化创新创业的三个阶段。

产业化创新创业的第一个阶段,需要资本市场引导社会资本流向初创的科技企业。通常认为,创业板股票市场的作用是为风险投资者转让创业企业的股权服务。其意义不仅如此,更为重要的是为创新科技企业的预期价值进行市场评价。产业化创新成功的企业只有在创业板市场上得到较高的预期市场价值评价,才可能获得更多的创业投资。科技企业在“年轻”时就上市(或转让股权),使科技企业因得到金融支持而实现跨越式成长。1971 年开张的纳斯达克创业板市场具有比主板市场宽松许多的上市条件,这使创新企业的首次公开发行上市变得更为容易,为风险投资提供顺畅的退出机制。风险投资者在股票市场把风险转让给了投机者并得到回报,也就使投入科技创新项目的资金在孵化出高新技术和企业后能及时退出以进入新的项目。这不仅吸引风险资本对科技企业的投资,而且能保证风险投资的可持续。[2] 例如思科原来是一家不为人知的高科技公司,依靠纳斯达克市场,在上市 17 个月后市值就攀升到全球之冠。[3]科技企业为激励创新和创业企业家、风险投资家和高技术人员,一般以股权(期权)形式支付薪酬。在公司上市时,这些为科技创业做出贡献的持有股权的人员能获得高额的回报,最典型的是脸书(Facebook)[4]。它之所以能出现风险投资大量流入产业化的创新和创业领域,创业板股票市场起到了决定性作用。

产业化创新创业的第二个阶段,主板市场对创业成功的科技企业的实际价值进行评价。如果说创业板市场是对初创科技企业的预期市场价值做出评价,那么主板市场则是对创业成功的科技企业价值做出评价。创业成功的科技企业

① 威廉·拉让尼克:《创新魔咒:新经济能否带来持续繁荣?》,黄一义、冀书鹏译,上海远东出版社 2011 年版,第 193 页。

② 英国前首相撒切尔夫人曾说过:“欧洲在高新技术方面落后于美国并非由于科技水平,而是由于在风险投资方面落后美国十年。”引自《硅谷创新的秘密》,http://news.sciencenet.cn/sbhtmlnews/2013/5/273446.shtm,2019 年 2 月 19 日。

③ 威廉·拉让尼克:《创新魔咒:新经济能否带来持续繁荣?》,黄一义、冀书鹏译,上海远东出版社 2011 年版,第 224 页。

④ 脸书是 2004 年才上线的草根互联网企业。一开始是得到天使基金提供的 50 万美元的融资,2005 年和 2006 年分别获得 1260 万美元和 2750 万美元的风险投资,后来微软和高盛也出手投资。最后于 2012 年 5 月 18 日晚上市,至 2015 年 4 月 20 日收盘,其市值达 2326.52 亿美元,2014 年营业收入达 125 亿美元,净利润近 30 亿美元。参见杨涛:《国外中小科技企业“找钱”,有招(国际视野)》,《人民日报》2015 年 4 月 22 日,第 23 版。

经过一定时期的运行，创新能力逐步释放，营利能力也明显显示。进一步要求是实现由小到大的规模扩张并且领跑产业升级。特别是许多小的甚至没有历史的草根科技企业在股票市场上能够超越历史悠久的大企业得到较高的市场评价并能募集到巨额资本，原因就在于主板市场的开放和公平，更为青睐企业的创新力。特别需要指出的是，主板市场对上市的科技企业比创业板市场有更为严格的条件，同时股票市场参与者众多，有能力为科技企业的市场价值做出客观的评价。在此条件下，这类企业上市，资本市场对企业给予较高的市场评价，使其募集到足额的社会资本，也就能迅速地实现由小到大的爆发性扩张，并有能力成为产业结构转向中高端的领跑者。我国的阿里巴巴在美国上市后，一跃成为全球最有价值的科技公司之一，在很短的时间内实现了由小到大的爆发性扩张。

产业化创新创业的第三个阶段则是先行实现产业创新的企业利用资本市场的资产重组机制，带动整个行业的提升。产业化创新的重要成果是创造出符合科技和产业发展方向的新兴产业。因此，需要放大产业化创新成果，以带动产业结构转向中高端。企业实现产业化创新并且其市场价值得到资本市场高的评价后，就要控制市场。企业控制市场的必要性在于公司上市后需要有足够的业绩来支撑。但是，产业化创新企业的成长面临一些挑战。一批创新乏力但规模较大的企业占用了大量的资源。在资源有限的背景下，过剩产能不化解，落后产能、污染产能以及高能耗产能不淘汰，产业创新、高科技产业化就都难以推进。创新企业成长还要面对同行业的竞争，竞争产生的费用会降低创新企业营利能力。这就需要市场存在一种机制，推动资源和市场向产业化创新成功的企业集中。资本市场就有资本集中的功能。资本集中路径就是在资本市场上推进企业之间的并购和资产重组。优势企业既有产业的技术优势，又有在股票市场提高市值并且募集巨额资本的规模优势，因而有足够的能力迅速壮大并成为行业“老大”。如微软收购有150年历史的大企业诺基亚。成立于1928年的世界财富百强企业之一摩托罗拉，先被谷歌收购，后被联想收购。这些案例说明股票市场的价值评价和价值实现的功能，以及在此基础上的资本集中可以放大产业化创新成果的价值。

如果对股票市场的功能有了上述认识，就需要进一步完善股票市场，解决好其价值发现和评价的准确性问题。股票市场的功能不能仅仅归结为筹资功能，更不能归结为股民的投机场所。当然，股票市场具有的上述发现和评价创新企业价值的功能是在规范运作基础上实现的。商品市场之所以具有发现和评价价值的功能，基本要求是公平竞争、信息充分和等价交换。股票市场要具有这种功能,除了这些要求外,还要求规范运作和上市公司披露准确的信息,以及严格的审计制度。21世纪初,美国出现安然、世通等大公司的首席执行官(CEO)财务造假以获取更高的股票期权收入,著名财务公司帮助造假,导致公司破产和华尔街股票市场濒临崩溃的事件。此类事件促使美国出台了较为严格的会计审计和对市场各个主体行为进行监控的制度。这说明只有在股票市场规范运作,并得到投资者高度信任后,才可能准确评价上市的科技企业的价值。

说到资本市场放大产业化创新成果价值,不能不指出金融家在其中的作用。金融家作为风险投资者,在选择有价值的创意作为投资对象方面有敏锐的眼光,并有足够的能力募集用作风险投资的社会资本。金融家作为投资银行家预见性的选择并推荐成长型科技企业上市帮助其在资本市场募集足够规模的社会资本。金融家作为产业资本和银行资本融合的金融资本家推动企业资产重组并引导结构调整。试想,没有这些充满活力的金融家,不可能有成功的产业化创新,资本市场也不可能有上述推动结构调整从而放大产业化创新成果价值的功能的。国内一些科教资源丰富的地区并没有成为产业化创新和科技创业的中心的问题在于缺乏足够活跃的金融活动。从根本上说是缺乏充满活力的金融家。因此,在推进产业化创新和产业结构中高端化中,金融投资功能需要进一步挖掘。其中包括:创新投资引导创新驱动,创业投资引导科技创业,并购投资引导企业重组,产业投资引导结构调整。

4. 推动产业创新的科技创新链和价值链

创新驱动经济发展的核心是科技创新驱动经济发展。科技创新以知识创新为起点，以高新技术产业化或者产业迈上中高端为终点，其间要经过相互衔接的多个阶段，从而形成创新链。研究创新链的不同阶段的创新内容及价值增值状况，对明确每个阶段科技创新的着力点具有十分重要的理论和现实意义。

4.1 科技创新的全过程和创新链

4.1.1 科技创新的起点和终点

研究科技创新的全过程，关键是准确确定其起点和终点。基于技术进步模式的改变，以及创新驱动的要求，现在对其起点和终点的认识同过去的理论不尽一致。这种改变对创新驱动战略的实施有重要意义。

已有的创新理论所界定的创新实际上是从孵化新技术开始的。如熊彼特提出的创新概念，明确认为创新是在企业中进行的，因此在他那里，创新是要素的新组合，归结为企业家功能。弗里曼根据熊彼特的创新概念，认为创新包括发明、创新和创新的扩散三重概念。发明是指为新的或改进的产品、工艺或制度而建立的新思想、图纸或模型，通常表达一种前所未有的构思。创新是指新发明第一次引入商业中去的全过程。创新的扩散是指创新的成果经过全体潜在采纳者之手扩散提高全社会生产率。[①] 根据弗里曼的定义，整个创新过程是从发明开始的。显然，熊彼特和弗里曼关于创新定义的背景是知识创新同技术创新是分开的。这就是说，如果只是讨论技术创新，创新链就是从新技术孵化或发明开始的。相应地，创新源头在企业。我们所讲的技术创新就是从研发新技术开始的。

但是，如果讨论当今时代的科技创新，创新链就不能只是从发明阶段开始，创新也不只是企业的职能，而是需要对创新起始阶段做出新界定。

在现代，技术进步路径已发生革命性变化：技术进步更多来源于科学的新发现。创新的源头由企业转到了科学研究领域，科学的新发现转化为新技术并直接推动技术创新。将当代最新的科学发现的成果迅速转化为新技术可以实现大的技术跨越。例如，新能源、新材料的发现，信息技术和生物技术的突破都迅速

① 《新帕尔格雷夫经济学大辞典》，第 2 卷，经济科学出版社 2000 年版，第 925 页。

转化为相应的新技术。现在所关注的新产业革命是以智能化、信息化为核心，以大数据、云计算、人工智能等前沿技术为代表，所有这些产业革命都是直接以新科技革命为基础的。这种建立在科技创新基础上的、以科学发现为源头的科技进步模式，体现了知识创新（科学发现）和技术创新的密切衔接和融合。

哈佛大学商学院克拉克教授将创新过程分为三个阶段：基础性创新—改良性创新—营销创新。首先是基础性创新。科学新发现产生重大的创新成果，它推翻了现有方法，根本地改变了技术的各个组成部分之间的关系，创造出全新的生产线，对技术和市场都会产生影响。其次是改良性创新。它是建立在新发现的成果和现有的市场之上的创新。改良性创新既可以是改变生产的手段和技术，改变产品的技术基础，改变产品的制造流程，也可能是产生新产品，一个重大的科学发现可能产生多项新技术；它每时每刻都在发生。最后是营销创新。当改良性创新趋于稳定后，增长就来自于营销创新，即寻找和扩大市场，包括改变营销渠道和方式等途径，改变产品与顾客之间的各种关系。当基础性创新产生新的突破后，又会打断原来的创新进程，开始新一轮的技术和市场创新。①

当今全球科技革命发展的主要特征是科技革命与产业革命深度融合。产业创新的核心技术来自基础研究阶段。产业创新已经由工程师时代进入科学家时代，也就是由解决工艺问题转变为解决重大科学问题。从“科学”到“技术”转化的基本要求是重大基础研究成果产业化。什么是核心技术？一是基础技术、通用技术，二是非对称技术、“撒手锏”技术，三是前沿技术、颠覆性技术。在这些领域，我们同国外处在同一条起跑线上。如果能够超前部署、集中攻关，这些领域很有可能实现从跟跑并跑到并跑领跑的转变。

将创新的起始阶段上延到基础研究阶段（即知识创新阶段）具有十分重要的理论和实践意义。这不仅提升了基础研究的重要性，更重要的是打破了知识创新和技术创新的边界，推动两者的有机衔接。创新驱动所需要的原创性技术、颠覆性技术来源于基础研究，基础性研究的原创性、颠覆性的思想也只有在进入创新体系中与孵化新技术阶段融合才能真正产生原创性、颠覆性技术并实现自身的价值。

基于以上分析，科技创新链不能只是从研发和发明开始，还应该从基础研究（即知识创新）开始，无论是颠覆性技术还是原创性技术，源头都在这个阶段。

① 克拉克（Kim B. Clark）：《企业技术创新的模式》，选自廖理、汪韧、陈璐：《探求智慧之旅——哈佛、麻省理工著名经济学家访谈录》，北京大学出版社2000年版，第282页。

与此相应,不只是企业,从事基础研究的大学及科学家都应进入科技创新链。

一般认为,只要有新的发明,或者获得发明专利,创新就算完成了。我们需要明确,科技创新的目的是什么?不在于满足科学家的某种兴趣,也不在于获得某种科研奖励。历史上不乏这样的案例:伟大的发明家穷困潦倒一世;科学家坐拥数不清的专利,却从未将专利成果变为惊人的销量。有这样一个案例:贝尔是一位发明家,但不能算是一位创新家。1867 年,他申请了“语音电报”的专利,并据此建立了全新的交流方式,但他未能把这项伟大的发明变为一桩生意。后来是西奥多 · 威尔创办了美国电话电报公司(AT&T),将贝尔的发明变成了一桩生意,建立起“贝尔系统”。[①]

从我国创新驱动发展的国家目标来说,创新要实,更多靠产业化的创新来培育和形成新的增长点。产业化创新的国家目标就是科技转化为现实生产力的目标。具体目标是实现产业创新,产业迈上全球价值链中高端。

我国的现状是:科技创新与产业创新水准的脱节。主要表现是科技创新成果进入世界前列,但产业水准基本处于中低端。科技和产业水平国际地位的差距说明,科技创新与产业创新之间缺少衔接,科技创新成果没有充分转化为新产业技术。

经济学的重要原理是,产品只有进入市场并被消费,生产过程才能说完成。同样,科技创新也不能仅仅满足于在实验室中培养出某种产品或技术。从理论上讲创新出的新技术新产品也是创新成果,是创新取得成功的重要一步。从我国的创新驱动战略考虑,仅仅是产生新的发明,或者发现一种新技术、新产品是不够的。新发明、新技术得到应用,并能推向市场并实现高新技术产业化,才能说创新阶段最终完成。就像比尔 · 盖茨的创新推动了软件产业,乔布斯的创新推动了智能手机产业,马云的创新推动了广泛应用的“互联网 +”产业。

4.1.2 科技创新链和创新的阶段

科技创新的全过程包括四个环节:上游环节,即知识创新环节,也就是基础研究环节,这是技术创新的源头。中游环节,即孵化新技术的环节。下游环节,即采用新技术的环节,或创新价值的实现环节。如果考虑到创新技术的产业化,则要再加个高新技术产业化的环节。这样,整个科技创新链如图 4 - 1 所示。

---

① 杰弗里 · A. 哈里斯:《创新的秘密——迪斯尼、乔布斯和尤努斯们是如何成功的》,叶硕、谭静译,译林出版社 2015 年版,引言第Ⅱ ~ Ⅲ页。

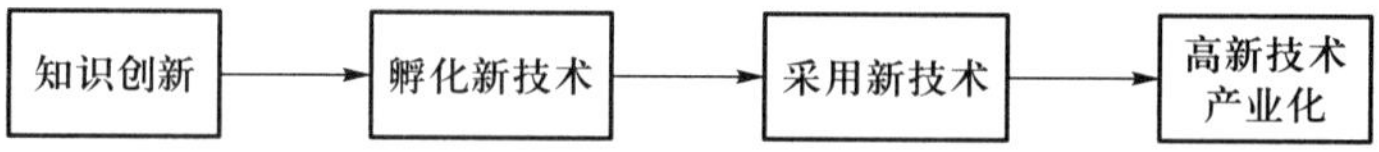

图 4－1　科技创新链

科技创新链的各个环节的创新的内容是不一样的。在上游和中游阶段都是科技创新。其中,上游阶段是基础性科技创新,中游阶段是应用性科技创新,也就是通常说的发明阶段。而下游阶段直至高新技术产业化,除了要进行改良性创新外,还要进行商业模式创新和市场创新。

第一是知识创新阶段。这是基础研究阶段的创新,处于科技创新链的最前端,是科技创新的源头。

现在我国的基础研究水平在国际上已经从跟踪阶段转向跟踪、并跑和领跑并存的阶段。基础研究被明确为科技创新的起点后,就需要提出明确的“顶天立地”的科研目标。所谓“顶天”,就是要进一步提升基础研究能力,参与国际和国内重大科学计划,不断产生引领性的世界级的基础研究成果。所谓“立地”,就是要有产业化科技创新的目标,攻关推动产业创新的原创性技术、前沿技术、颠覆性技术。

基于我国许多领域的基础研究与国际存在差距,基础研究要利用全球创新资源,进行开放式创新。相比新技术转移的各种限制,基础研究成果因信息和人员的流动的便利,国际转移的障碍明显要小。因此,依托研究型大学和科学院系统可以获取全球前沿创新资源。其路径包括吸引高端创新人才,提供研究平台和实验条件,建立国际联合实验室等。

第二是孵化新技术阶段,即研发新技术阶段的创新。虽然科技创新的起点在基础研究阶段,但孵化新技术阶段的重要作用丝毫没有降低。这个阶段就是从“科学”到“技术”转化的阶段。不可忽视的是,基础研究成为科技创新的起始阶段后赋予了研发阶段新的内容和活力。这个阶段是技术创新的起始阶段。新的创意,前所未有的构思变成新的产品或改进的产品,变成新的工艺。新技术、新产品是在这个阶段产生的。“大众创业、万众创新”也是从这个阶段开始的。

过去研发新技术主要有两个途径:一是专业化的应用性研究机构从事新技术的研发,二是企业内自建研发机构研发新技术。现在出现了两种新情况:一是从事基础研究的大学的科学研究延伸到这个孵化和研发环节。二是一批“创客”(包括大学生和科研人员)也进入了这个环节。他们在这里提出创意,寻求将其创意转化为新技术的企业,争取政府的研发投入和风险资本的投入。与此相应,产生了两个研发平台。一是众创空间,二是新技术孵化器。这两个平台既有政府建的,也有企业建的。主要任务是为高新技术和科技企业孵化提供场所、环境和条件,提供系统的培训和咨询,政策、融资、法律和市场推广等方面的服务和支持等。这些平台的建成大大提高了科研成果的转化率和转化成功率。

第三是采用新技术阶段的创新。这是科技创业阶段。一般说来,研发出的新技术被采用有三条道路:一是通过技术转移或者技术交易的方式被企业采用。二是在协同创新平台创新的技术被进入平台的企业直接采用。三是科技创业,研发出的新技术由科技人员用于创业,创办新企业,并成为新企业的主打产品。

前两条道路虽然都是在已有企业中进行的,但研发出的新技术实际上也有个同科技创业一样的以创新的技术创业的过程。因此把这个阶段统称为科技创业阶段。新技术、新产品被孵化出来后,飞出孵化器进入创业阶段,或者是以新成果创新企业,或者是参与孵化的企业采用新技术生产新产品。

这个阶段能否成功,标志着研发的新技术是否成功。这个阶段存在着不确定性和风险,需要由市场来检验。由于存在风险和不确定性,在这里风险投资家的作用凸显。即使是原有企业对采用新技术的投资,实际上也是风险投资。

这个阶段仍然需要创新。一是技术上的改良性创新,包括对采用的新技术进行适应市场的技术调试、改进,也可能基于创新成果继续开发出新技术;二是管理创新,包括商业模式创新和营销创新。在这里企业家的作用凸显。

第四是高新技术产业化阶段的创新。一般说来,科技创新到新技术被采用就已经结束,但在这里引入高新技术产业化阶段。一是要明确科技创新的落脚点在产业创新,不仅要培育出战略性新兴产业,还要求产业迈上全球价值链中高端。二是要给科技创新和创业成功的人士指出新的奋斗目标。这个阶段不是所有创新者都能进入的,只有创新创业成功者才能进入。对新技术的创新者来说,其创新的成果只有通过产业化达到规模,其创新投入才能得到高效益的回报。创新的技术在知识产权得到保护的前提下,会在全社会扩散,实现全社会的产业创新,创新价值才能完全实现。

4.1.3 科技创新各个阶段的收益和风险

一般说来,谁投资谁收益,反过来也可以说,谁收益谁投资,同时要承担投资风险。

创新的潜在收益区分为社会收益和私人收益。从总体上说,创新的阶段越是靠前,创新成果的社会收益越是明显,也就是创新收益难以收敛到某个私人投资者。通常所说的创新成果的外溢性主要就是指此。创新投资的阶段越是靠后，创新成果的私人收益便越是明显。也就是创新收益能够收敛到私人投资者（即企业性质的投资者）。中间阶段则是社会和私人收益兼有，越是靠前，社会收益越大；越是靠后，私人收益越大。

用信息经济学方法对创新投入的各个阶段做"风险－收益"比较：就风险程度来说，创新投入的阶段离市场越近，信息越是完全，风险越小；离市场越远，信息越不完全，风险越大。就投资的潜在收益来说，越是靠近市场，竞争越激烈，潜在收益越小。离市场越远，竞争越不激烈，潜在收益越大。

归结起来，科技创新成果从研发到进入市场全过程各个阶段的创新投入的风险和收益都是由高到低的，风险和收益是对等的。具体有以下方面。

在创新链的起始阶段，即基础研究阶段，其创新成果具有基础性、公益性和公共性。创新收益的外溢性是明显的。得益者是全社会，不可能完全收敛到某个私人投资者。这个阶段投资的风险也是最大的。私人投资者一般是不会轻易进入的。因此这个阶段的创新投入主体无疑是代表社会利益的政府，以及公共基金。当然不排斥希望获取创新成果的私人投资者提前进入。

在创新链的终点阶段，即创新成果产业化阶段，创新收益具有明显的收敛性，谁投资谁收益。而且这个阶段本身就在市场上，这个阶段的信息较其他阶段更为完全，风险最小。当然，这个阶段的竞争也最激烈。因此这个阶段的创新投资主体，毫无疑问是企业。

在创新链的起始阶段和终点阶段之间，还有研发新技术阶段和科技创业阶段。这两个阶段的风险和收益具有不同的特点。

在创新链的研发新技术阶段，创新收益和风险实际上不是单一的。从总体上说，研发的新技术，无论是自己采用，是转让，还是用于创业，都可能有明确的私人受益者，相应地就应该有明确的私人投资者，哪怕是风险投资者。而且，孵化出的新技术必须要具有商业价值和产业化价值，而能够确定其商业价值的只能是企业。因此，研发新技术的投资主体应该是企业。但是，第一，研发的新技术还是会有一定程度的外溢性，社会也可能得到一定的益处。第二，这个阶段离市场还是有距离，市场信息不完全，存在较大的风险，一般投资者为了避险而不敢进入。而这个阶段对整个创新过程是最为重要的。由此提出政府进入的必要性。政府作为社会利益的代表需要对众创空间和孵化器提供必要的引导性投入，当然不是包揽其全部投入。

创新链的科技创业阶段既是研发阶段的延伸，又是创新成果产业化阶段的开端。这是创新的中游和下游之间的连接阶段。创业收益无疑都归创业者。在这个阶段(包括企业采用新技术的初期阶段)存在较大的风险。但创业成功的潜在收益也很大。因此这个阶段的投资主要是创业者的投资和风险投资者的投资。为了激励科技创业,并降低其投资风险,政府主要是为之创造良好的投资环境,同时也为之提供较为优惠的风险投资(注意这是投资,而不是投入)及科技金融贷款的支持。

4.1.4 创新成果的价值形成及在创新链中的价值增值

创新成果的总价值是整个创新链的结果,创新链包含的每个阶段都会有创新价值形成,而且在创新链的上一个阶段向下一个阶段转变时,上一个阶段都可能取得相应的创新收益。

研发新技术阶段是形成创新成果价值的基本环节。此期间的创新价值形成,可借助马克思主义经济学中的价值分析方法,总价值为 $c+v+m$。在这里作为转移价值的 c 包括两个方面:一是知识创新成果。进入研发平台的科学家带进的知识是他们拥有的并可以对象化的知识。这些知识价值是巨大的,但对某个创新过程来说,这些知识的价值不可能一次性都进入,只能是部分地进入,这可以看作科学成果的转移价值。二是研发投入。在我国最近调整的国家统计口径中,研发投入已被列为固定资本形成。创新价值的新创造部分即 $v+m$ 部分,包含两个要素:一是创意,二是创新过程中的人力消耗。这样,创新成果的价值就包括新创意的价值,孵化新技术所需知识的价值,用于研发的人力和物力投入。所有这些就形成了创新成果的基础价值。由于某项新技术基本上是在研发新技术阶段产生的,因此,创新链中孵化新技术阶段处于价值链的高端。当然研发阶段的创新成果价值是潜在的,以后的各个阶段的创新行为,或者是实现创新成果的市场价值,或者是创新成果的增值。

由创新的研发阶段进入采用新技术阶段时,研发阶段创新成果价值的实现分两条途径。一个方面是创新成果在转让中实现价值,另一个方面是创新成果在创新者那里实现价值。价值实现的量在这两个途径中是不一样的。

先分析创新成果的转让。新技术实现价值的形式表现为知识产权报酬形式。新技术实现价值的路径有二。一是通过技术交易转让技术,实际上是将新技术一次性买断;二是以知识产权入股,创新者依其知识产权分享转让企业的股权和分享分红的方式实现价值。对创新者来说,新技术转让出去了,新技术最终实现价值的不确定性风险也转让出去了。问题是技术市场比商品市场的信息更不对称，就会产生两种情况。一种情况是价值低估。买方对新技术的价值并不充分了解，而且新技术正因为新，没有比较，交易时信息不完全，结果买方往往是低估新技术的价值。即使入股，所折的股权也常常是被低估的，因此新技术价值不能完全实现。尤其是知识产权保护不严格，会进一步降低其价值的实现。[①]当然，创新成果转让时规避风险也可在一定程度上抵消价值的低估。另一种情况，如果新技术的信息是完全的，尤其是其可能获得较高的市场价值的信息是明显的，买者也难以仿冒，其交易价格一定会很高，买者一定要付出比协同创新参与者更高的代价。

再分析创新成果在创新者那里实现价值，主要有两种场合。一种是参与产学研协同创新的企业将其创新成果在本企业中采用并实现其价值。另一种是科技人员带着创新成果进行科技创业。在这种场合，与创新成功转让不同，创新者的创新收益需要有个进一步的实现价值的过程，即科技创业。在科技创业阶段（包括企业采用新技术的初期阶段）风险是最大的。潜在收益也是最大的。正因为如此，风险投资者就应运而生。风险投资者搜寻到创新成果，对其创新者进行风险投资，推动创新者创业。这也属于创新者努力实现创新价值的范围。

风险投资者介入，其投入的资本无疑要作为 c 的部分叠加到创新成果价值中去。更为重要的是，风险投资者的目的是从企业股权转让中获利。为此，不仅要实现创新成果的潜在价值，还要使其市场价值最大化。他们不仅要对科技创业者进行市场辅导，也对创新成果进行适应市场的包装，把不确定性降到最低，使企业创业成功。所有这些行为都是使创新成果价值实现增值的行为。只要能取得成功，一般都能得到高收益。创业企业上市后的市场评价就是创新成果市场价值的现实表现。这就是说，利用创新成果创业的企业获得的创新收益不只是实现创新成果的潜在价值，还要实现创业企业整体的市场价值。

企业采用新技术阶段，其目标不仅是采用新技术，还要推进新技术产业化。在这个阶段，创新者，无论是产学研协同创新中的企业家，还是进行科技创业的科技人员都会采取一系列的价值增值行为。在此过程中，企业家可能理性地指导创新行为，通过不断地调整以适应市场目标。首先是要对创新成果继续进行改良性技术创新。其次是进行商业模式创新和市场营销创新。创新者在实现创

① “知识市场是市场的一种极端情况，在这种市场中买卖双方具有不对称信息，而且这种市场的行为方式与具有对称信息的市场的行为方式在性质上是不同的。”引自约瑟夫·E. 斯蒂格利茨：《社会主义向何处去——经济体制转型的理论与证据》，周立群、韩亮、余文波译，吉林人民出版社 1998 年版，第 172 页。

新成果价值过程中的创新行为，不仅实现了创新成果的价值，还是创新成果价值的增值服务。这样，创新成果在被采用并进入市场时，其价值在经过一系列的增值行为后包括如下部分：一是孵化出的新技术所包含的创新成果价值；二是改良性技术创新不断增大其技术含量（技术价值），从而增加的创新成果价值；三是创业投资（包括风险投资）及其创业行为所增加的价值；四是商业模式创新和市场营销创新所增加的价值。所有这些就形成了创新成果的总价值。

这样，从研发出的新技术到最终被采用并进入市场的全过程分析可知，某项创新成果的价值不能简单被理解为交易价值，而是需要被理解为经过多个阶段的最终价值。科技创业，风险投资，营销都是围绕这个创新成果来运行的。知识产权收益只是对创新者的报酬，不是创新成果的全部价值。创新创业全过程所有的努力都是要使创新成果价值最大化。创新成果的价值会由于上述创新而叠加。创新创业有风险，并不都是成功的，其间的各种努力都要规避风险。

4.2 科技创新各个阶段的对接

推动产业创新的科技创新链有多个阶段。要做到习近平要求的"打通从科技强到产业强、经济强、国家强的通道"[①]，关键是做好创新链各个阶段的无缝对接，建立有利于出创新成果、有利于创新成果产业化的机制。实践证明，对接越是做得好，创新越是有效。

4.2.1 知识创新和技术创新的对接

科技创新体系包括知识创新和技术创新。由于知识创新（即基础研究）已经成为技术创新的源头，知识创新和技术创新的对接就涉及两个层次的问题。

（一）知识创新以提供创新技术为导向

技术创新不能限于企业内部，需要得到从事知识创新的大学提供的有知识产权的原创性成果及其转化的新技术。创新的技术是否先进，就看作为源头的基础研究的成果是否达到先进水平。现在的新产业革命以智能化、信息化为核心，以大数据、云计算、人工智能等前沿技术为代表，以科技革命为基础。因此，技术创新与知识创新的对接，不仅要求提高基础研究水平，更要明确以为技术创新提供高水平的基础研究成果为明确的导向，尤其是培育原创性技术，颠覆性技术。

① 《十八大以来重要文献选编》，中央文献出版社 2016 年版，第 25 页。

目前我国同发达国家的科技经济实力差距体现在创新能力上。由跟踪转向并跑甚至领跑的科技创新的关键是在创新的源头上提高创新能力。包括科学新发现产生的原创性创新成果,对引进的先进技术的再创新,从而形成拥有自主知识产权的核心技术和关键技术。其着力点就是加大进入世界前沿的基础研究的力度,提高知识创新能力。其路径包括十八届五中全会要求的,实施一批国家重大科技项目,在重大创新领域组建一批国家实验室,中国的科学家提出并牵头组织国际大科学计划和大科学工程。依托这些项目和载体,可以产生突破性的重大知识创新成果。

既然已经明确知识创新成为技术创新源头,基础研究就要以技术创新所需要的核心技术、关键技术和原创性技术为导向。在知识经济条件下,基础研究的国际水平与技术创新所需要的技术水平是一致的。利用国际最新科学发现进行技术创新,可能实现技术的跨越,企业的技术创新就可能在许多领域得到当今世界最新科学技术的推动。

（二）产学研协同创新

知识创新和技术创新的无缝对接,还表现在科学成果及时并有效转化为新产品和新技术,推动新产业、新业态蓬勃发展。

长期以来,知识创新和技术创新两个创新体系是“两张皮”。大学和科研机构从事的科学研究与企业进行的技术创新是分开和脱节的。科学家和企业家之间的联系是中间梗塞的,信息不对称的。科学家的科研不知道技术创新需要,企业不知道从哪里得到所需要的新技术。科学家的科研到论文发表,获得专利就告完成;企业希望得到现成可用的技术。谁都不主动进入孵化新技术环节,致使科研成果的转化率很低。由此产生知识创新和技术创新的中间梗塞。

知识创新和技术创新对接就是要改变这种中间梗塞的状况。其主要路径是大学及科学家同企业及企业家共同进入创新平台,在创新平台内对接知识创新和技术创新,打破知识创新和技术创新的边界。创新的技术就不存在转移,而是协同创新的共同成果。

科学家和企业家在同一创新平台上直接交会和协同,需要两个方面的转型:一方面通过科技体制改革推动大学的知识创新延伸到孵化阶段,科学家的创新不限于创造知识,而是再往前走一步,将科学研究成果推向应用,参与孵化新技术。另一方面企业家通过企业改革推动企业的技术创新不停留在接受新技术转移的水平上,而是要将技术创新环节延伸到新技术的孵化创新阶段。这样就形成企业家和科学家的互动合作。

共建的协同创新平台和新技术孵化器,无论是建在企业,还是在大学和科学园,都是开放的。进入平台的新思想、新创意不只是科学家的科研成果,科学家还会根据企业家的需求,利用国内外的创新成果为之提供科学思想,从而在平台上源源不断地生产新技术。

大学的知识创新延伸到了孵化阶段,意味着大学的知识创新不限于创造知识(包括基础研究项目结项,发表学术论文,申请到国家专利等),还要向前走一步,将科学研究成果推向应用。在现实中,基础研究和应用研究之间的界限,科学和技术之间的区别已经模糊。对企业来说,企业的技术创新需要得到大学和科研机构开发的新技术。企业获取新技术固然可以通过技术交易的途径,但购买技术还有成本收益的考虑,而且企业获取新技术还有自身的特殊要求。因此相当部分企业将技术创新环节延伸到了大学提供的科研成果的孵化创新阶段。这样在孵化阶段,知识创新主体和技术创新主体交汇,就形成企业家和科学家的互动合作。

4.2.2 孵化新技术和采用新技术的对接

由创新的研发阶段进入采用新技术阶段涉及创新成果的转让和采用。参与产学研协同创新的企业直接采用协同研发的新技术是最有效的孵化新技术和采用新技术的对接方式。除此以外,还有两种对接方式:一是采取通过市场的技术转移;或者是以知识产权入股的方式采用新技术。二是科技人员带着创新成果进行科技创业。其中包括有风险投资者对其搜寻到创新成果的创新者进行风险投资,推动其创业。这里重点研究以下两种对接方式。

(一) 技术转移

所谓技术转移,是指科学知识、技术成果、科技信息和科技能力等通过各种途径从技术供给方向技术需求方转移的过程。国务院2017年9月印发的《国家技术转移体系建设方案》提出,力争到2025年全面建成结构合理、功能完善、体制健全、运行高效的国家技术转移体系,科技成果的扩散、流动、共享、应用更加顺畅。国家技术转移体系是促进科技成果持续产生,推动科技成果扩散、流动、共享、应用并实现经济与社会价值的生态系统。[①]

在市场决定资源配置的经济体制中技术转移主要通过技术市场进行。与此相关需要建立市场化的科技成果发现、筛选、定价和转化机制。问题是技术市场

① 《国务院关于印发国家技术转移体系建设方案的通知》,http://www.gov.cn/zhengce/content/2017-09/26/content_5227667.htm,2019年2月19日。

比商品市场的信息更不对称，就如诺贝尔经济学奖得主斯蒂格利茨说的："买方在得到信息之前，并不知道卖方要出售什么，同时一旦获得卖方的精确信息，那么他就不会再购买卖方的产品了。"[①]这就会产生以下两种情况。一种情况是创新价值低估。另一种情况是新技术的市场价值虚高，买者付出很高的价值，采用新技术后获得的市场价值难以消化其成本。或者是新技术信息虚假，企业采用新技术失败。

因此现阶段完善技术转移的市场机制突出需要解决三大问题。一是建立顺畅的转移机制。特别是建立在信息不完全条件下的科技成果发现机制，即需要者能够发现所需要的技术，新技术创新者能够发现需求者。实现顺畅的转移机制的路径包括建立集中性的技术交易场或者互联网平台，以及发展科技服务的中介，即科技"掮客"。二是完善新技术的评价机制。尤其是克服对科技成果评价过低的问题。三是充分调动新技术供给者研发和转移技术的积极性。除了在市场准确评价新技术价值的基础上获取应有的报酬，还可以寻求新技术入股的方式，共享新技术应用的商业收益。在这个过程中保护知识产权最为重要。

（二）科技创业

科技创新者带着孵化出的创新成果创办企业，实际上直接对接了孵化新技术和采用新技术。科技创业不仅是采用新技术，还要推进新技术产业化。在这个阶段，创新者无论是产学研协同创新中的企业家，还是进行科技创业的科技人员都会采取一系列的增值价值行为。在此过程中，企业家可能理性地指导创新行为，通过不断地调整以适应市场目标。

首先是继续进行技术创新。其必要性在于两个方面。第一，创新成果由于被用于创业，必须要进行改良性技术创新，创业者需要根据市场对创新成果的生产流程以及产品性能、外观等方面进行改良，甚至要从中衍生新的产品。第二，任何新技术都有生命周期。既然企业已经创办，创业者就不能停留在已有的创新成果上，还需要进行新的技术开发，推出源源不断的新产品、新技术，否则企业也难以长期存在。

其次是进行商业模式创新和市场营销创新。成功的创新不仅要靠领先的技术，还要有出色的商业模式创新相辅。原因有两方面。一方面，为技术创新而增加的成本可以因商业模式的创新而得到消化；另一方面创新的产品进入一个新

① 约瑟夫·E. 斯蒂格利茨：《社会主义向何处去——经济体制转型的理论与证据》，周立群、韩亮、余文波译，吉林人民出版社 1998 年版，第 171 页。

市场需要以相应的商业模式去开拓和扩大。这样,创新产品因商业模式的创新而被市场接受并得到扩大的市场。商业模式创新可以被界定为:企业利用科技创新成果适应市场环境,以及其市场行为和相应地经营组织架构的调整,目标是使创新成果的市场价值最大化。商业模式创新同技术创新一样可以形成创业企业的核心竞争力。

科技创业的基本要素是知识资本和人力资本。科技创业能否成功依赖于体现人力资本积累水平的企业家的创新素质和参与科技创新的科技人员的知识积累。这意味着科技创业特别要重视这两类资本的作用。在创新收益的分配中对知识资本和人力资本应该有更高的评价。其基本要求就是研发人员创新劳动同其利益收入对接,形成有利于创新成果研发、有利于创新成果产业化的新机制。

科技创业是有风险的,科技创业能否成功,很大程度上取决于创新创业者获得的激励。就如费尔普斯所说:“如果不能合法地取得商业创意的收益(如卖给某个企业家以取得分红,或者在能够获得专利保护时收取专利费或者出售专利),就不会有很多人构思和开发商业创意。如果企业家和投资人不能自由创建新企业、自由进入某个产业、自由出售企业的股份(如今主要通过公开发行),自由关闭企业(在无销路时),他们就不会对创意的开发进行投资……。总之,如果没有财产保护和原理的激励,不管非财务性质的回报有多大,多数企业家都不愿冒险”。[①]

另外,科技创业还有空间集聚的要求。经济活动的空间集聚可以产生经济的集聚效应。发展乡镇经济时的农村工业区,发展开放型经济时的开发区都具有明显的集聚效应。现在的科技创业同样需要这种集聚效应,这就体现在科技创业者进入科技创新园区。最为典型的是我国北京的中关村地区,深圳的虚拟大学园区,以及分布在全国各地的大学科技园区。大学科技园区既集聚大学的研究机构及科学家,又集聚科技型企业及企业家;既集聚研发新技术的孵化器,又集聚孵化出的新企业;既集聚活跃的创业者,又集聚风险投资者;既集聚市场和科技信息,又集聚政府的科技服务和公共服务。创新要素在这里的高度集聚,既有竞争,又有合作,还便于集成,必然会产生明显的集聚效应。实践证明,在科技园区创新创业成功的概率一般都很高。

---

① 埃德蒙·费尔普斯:《大繁荣:大众创新如何带来国家繁荣》,余江译,中信出版社 2013 年版,第 32 页。

4.2.3 科技创新和产业创新的对接

产业创新依托科技创新。科技创新是先导，产业创新是目标。科技创新和产业创新对接就是要求科技创新落脚在产业创新上。尤其是采用新技术阶段最终要以高新技术产业化为目标。

产业结构优化升级需要由有创新的新兴产业来带动。知识创新和技术创新以产业创新为目标，可能实现大的技术跨越，引发产业结构的革命性变化。

科技创新和产业创新对接的目标是科技创新和产业创新都必须高端，与发达经济体进入同一个创新起跑线。就如库兹涅茨所说的科技和产业的"时代划分是以许多国家所共有的创造发明为依据的。这是现代经济增长的一条特殊真理。"① 所以，要发展处于世界前沿的新兴产业，占领世界经济科技的制高点。在现阶段，无论是科技创新还是产业创新都应该瞄准具有划时代意义的创造发明，如清洁能源、新材料、生物技术、节能环保技术、新一代信息网络技术，尤其是正在兴起的智能技术及相关产业。

在我国经济进入新常态下，制造业的中高端化突出表现在三个方面。一是产业类型进入中高端，尤其是发展战略性新兴产业。二是高科技产品进入全球价值链中高端，改变高产值、低收益的状况。三是各个产业采用包括信息化、"互联网 +"、智能化和绿色化等在内的新技术。显然，产业结构的中高端化，是建立在产业和科技创新基础上的转型升级。所有这些，都是通过科技和产业的共同创新实现的。

对接科技创新和产业创新关键是建立产业化创新机制。产业化创新的概念是 2014 年年底的中央经济工作会议提出的，它强调更多靠产业化的创新来培育和形成新的增长点，把创新成果变成实实在在的创新活动。产业化创新作为产业创新的原动力，介于科技创新和产业创新之间。产业化创新突出的是科技创新的成果迅速转化为新技术、新产业，衔接市场需求与研发供给，培育和形成新的增长点。

产业化创新不只是概念，更重要的是机制。其基本功能是它以产业化为目标的科技创新能有效衔接知识创新和技术创新两大体系。具体表现在它所具有的以下三大功能性机制。一是产业化创新的协同机制。产业化创新既要依靠大学和科研机构的科学发现，又要依靠企业所掌握的市场需求。两者的结合才能

① 西蒙·库兹涅茨:《现代经济增长》，戴睿、易诚译，北京经济学院出版社 1989 年版，第 250 ~ 251 页。

成功地进行产业化创新。按此要求，产业化创新的关键和重要路径是产学研各方共同介入创新。二是产业化创新有共同的研发平台。研发平台主要建在孵化新技术的环节。在同一个平台上实现科学家和企业家的互动，共同研发产业创新的技术。三是产业化创新的利益共享机制。科学家和企业家共享产业创新的成果，尤其是科学家在其中的贡献要得到充分的评价和回报。

不同行业产业化创新对科技创新的需求不同，相应地，科技创新和产业创新对接方式也不尽相同。对接方式大致有以下三种类型。

一是在需要突破性科技创新来带动产业创新的领域采取知识创新带动型产业化创新方式。如在生物技术、制药行业、航空航天产业和环保产业等高技术产业领域，企业和大学合作进行的产业创新更依赖大学及科学家的作用。产业化创新主要通过共建研发和孵化新技术平台进行。

二是在需要持续不断进行科技创新的领域采取技术创新带动型产业化创新方式。如化工、新能源产业、电子及通信设备制造业等领域的技术创新主要是根据已取得的突破性进展不断地开发新技术。在这些产业的产业化创新更多是渐进性创新，创新的速度很快。因此产业化创新更多的是在企业内的研究院和研发机构进行，但也会注重大学和科研机构在基础研究领域取得新的研究成果，为创新下一代新技术和新产品做准备。

三是在被称为中低技术产业的领域采用新技术型产业化创新。服装、食品、家具、零售等传统产业因技术门槛低而竞争激烈，更需要通过产业化创新来提升竞争力。过去，传统产业的创新靠自身的技术改造，现在则要靠社会的科技进步，采用最新科技设备，例如应用数字化的机器设备，采用“互联网 +”手段，利用机器人，采用节能减排技术等进行创新。①

4.3 科技创新各个阶段的投资主体及其价值追求

创新的不同阶段有不同的投资主体。从整个创新链分析，科技创新的全过程是科学家的知识资本，金融家的金融资本和企业家的人力资本的集合。这三类资本在创新的不同阶段都有追求自身价值的要求。明确这点，对建立产学研各方互利共赢的体制机制，形成创新的利益共同体具有重要的意义。

4.3.1 孵化新技术阶段的知识资本投资

孵化新技术阶段的两个基本要素：一是知识创新成果，二是创意。因此，这

① 洪银兴，等：《产学研协同创新研究》，人民出版社 2015 年版，第 123 页。

两个方面也是孵化新技术阶段投资的重点。

首先,在基础研究成果成为技术创新源头的背景下,孵化新技术已经离不开从事基础研究的大学和科学家的进入。具体形式就是在孵化新技术的平台上产学研协同创新。需要明确进入孵化新技术平台的大学及科学家提供的是知识资本。在这里知识资本不是指知识的创造,而是指知识向技术的转化。知识资本的作用在新增长理论中有明确的规定。该理论将知识作为一个独立的要素引入增长模型,并认为知识的积累是现代经济增长的重要因素。知识不仅形成自身的递增效应,而且能够渗透于资本和劳动力等生产要素,使资本和劳动力等生产要素也产生递增收益,从而使整个经济的规模收益递增。推动技术进步的知识是厂商进行投资决策的产物,厂商为了实现技术进步必然要将投资投向知识部门,激励知识部门将知识转化为技术。这是效益最高的投资。

孵化新技术关键在大学、科研机构及科学家进入研发阶段。大学参与研发的目标与企业不完全相同,科技水平及成果价值是大学追求的主要目标。因此大学进入产学研协同创新平台的创新收益与一般的企业收益也不完全相同。创新收益主要是指大学科学研究价值充分实现,以及研发出的新技术的知识产权的归属或分享。因此,协同创新平台对大学及科学家的吸引力就是能够为之提供充分的延伸研究的资金及相关的条件,并且令其享有知识产权,以此参与创新收益分配。

孵化新技术的协同创新平台谁来建?大学和科研机构进入孵化新技术阶段只是承担延伸研究的功能,其孵化新技术的市场方向不明,而且缺乏足够的资金支持,显然无力成为投资主体。孵化新技术的主体只能由企业担任。过去把企业作为技术创新主体的地位界定为采用新技术的主体,这种技术创新的主体地位是不完全的。现在要克服知识创新和技术创新之间的断层,必须真正解决企业在孵化新技术阶段的主体地位。其必要性在以下三方面:① 技术创新的主要过程都是通过企业实现的;② 更为重要的是,孵化出的新技术必须要具有商业价值和产业化价值,而能够确定其商业价值的只能是企业;③ 孵化新技术需要足够的投资,这些投资可能通过高科技产品进入市场而得到回报。因此,孵化新技术的投资主体应该是企业。

其次,将创意用于创新的实践。形象地说创意就是新点子,或者说是新想法。创意是创新的前提,创新是创意的物化。孵化新技术是从某种创意开始的。因此费尔普斯认为,自主创新过程所依赖的是另外一套人力资源,"其基本要素是想象力或创造力,对可能开发和推广的还没有人想到过的事物的构想。如果没有想象出另外的途径、目标,或者没有想象到有价值的成果,那就不可能在现有知识的基础上获得很大进步”[①]没有创意也就不会有创新。现实中，创意可能有成千上万，但不可能将所有创意都付之创新实践。这意味着投资者要对创意进行选择，选择能够实现创新的创意。在费尔普斯看来，选择的关键在投资者的洞察力，费尔普斯所讲的“金融家成为思考者”就是要求投资者有洞察力，即看到哪个方向可以满足此前并不为人知的愿望或需要。这种洞察力被称为“战略眼光”。乔布斯的巨大成功就来自他杰出的创造力和洞察力。既然创意对孵化新技术如此重要，那么孵化新技术阶段的着力点就主要在以下两方面。一是要激励创意“把各种类型的人都变成了创意者”，二是投资者要把“那些接近实际经济运行、容易接触创新的商业创意的人变成了主导从开发到应用的创新过程的研究者和实验者，而科学家和工程师往往被他们召集过来提供技术支持。”[②]

明确了上述孵化新技术的两个基本要素，就要解决对基本要素的投资问题。知识形态的资本进入孵化新技术领域需要引导性投入，实际上是以知识招资本。不仅吸引企业的研发投入，还需要政府的投入。原因是以科学新发现孵化的新技术也有外溢性。创新投入的资本的边际生产率具有递增效应，能够提高全社会的生产率。这是知识生产和转化的正外部效应。创新投入资本的社会效益明显高于私人效益。而且，孵化新技术是风险投资，并不都能成功，私人投资往往望而却步。这种情况就提出了政府参与知识创新及其参与技术创新协同过程的要求。政府作为社会利益的代表有责任参与并支持知识生产和新技术研发。政府为了推动科技创新，向孵化新技术环节投资就十分必要。当然政府对建设孵化器之类的孵化新技术的投资是引导性的，不可能代替企业的投资。

4.3.2 由孵化新技术到采用新技术阶段的风险投资

虽然孵化新技术直至采用新技术主要依靠知识资本，但离不开物质资本。物质资本的主要形式是风险投资。

硅谷的成功之道是靠近大学，更为重要的是那里活跃着一批风投公司。他们一般从孵化新技术阶段就开始对所选择的项目进行投资，直至利用孵化的新技术进行科技创业。目前，为支持科技创业，我国地方政府都会安排一部分支持性投入，但更多的还是要靠风险投资公司的投资。因此，顺畅的风险投资（创业

① 埃德蒙·费尔普斯：《大繁荣：大众创新如何带来国家繁荣》，余江译，中信出版社 2013 年版，第 31 页。

② 埃德蒙·费尔普斯：《大繁荣：大众创新如何带来国家繁荣》，余江译，中信出版社 2013 年版，第 30 页。

投资)渠道,为有技术而缺资金的项目提供风险投资是科技创业得以成功的关键。没有活跃的风险投资,就不会有活跃的科技创业活动。就如奈特所指出的:“在现代经济中新企业的创建和建成后企业的经营之间的分离的趋势很明显。一部分投资者创建企业的目的是从企业的正常经营中得到收益。更多的人则期望从建成后的企业的出售中获得利润,然后再用这些资本进行新的风险投资活动。”在现代经济中,虽然创业投资存在不确定性,但“相当多的且数目日益增加的个人和公司将其主要精力放在新企业的创建上”①。其目的不是追求做股东取得股权收益,而是追求股权转让收益,期望从建成后的企业的出售中退出,然后再用这些资本进行新的风险投资活动。这些风险投资者的存在可以说是现代经济充满创新活力的原因所在。

各类资本在科技创业中的作用不是相等的。在科技创业初期,以科技成果和创意表现的知识资本起着主导作用。有了科技成果,有了创意,才会有创办企业的知识资本,而创业的物质资本是被知识资本招来的。这种作用会在科技创业的利益分享和风险分担中得到反映。从创新成果的财产权利角度分析,依靠创新成果创业的企业的股权结构不能只是投入的资金份额,还必须包括科技创业者的知识产权和人力资本股权。创业成功,知识资本以其知识产权和股权分享收益。

创新创业是有风险的。从理论上讲,创新创业的参与者应该共担风险,但共担风险不等于平均分担风险。在实践中,激励创新机制的设计对不同的创新参与者应该有不同等的激励。

首先,为激励大众提出创意,创意者的创意取得成功后,其价值必须得到实现,并获得相应的收益;如果创新不成功,创意者只是承担其创意价值没有实现的风险,相对来说经济风险较小。

其次,对实际承担创新失败经济风险的风险投资者需要明确,投资是高风险高收益的。风险投资收益有明显的收敛性,风险投资公司是风险投资的主体。风险投资公司之所以愿意承担风险,原因是他们在多个创新创业项目上进行投资,其中一个或几个成功项目的收益,足够弥补其他创新创业失败项目的支出。这就是风险大收益也大的含义。

由于创新的技术具有外溢性的特点,政府对创新应该有投入,政府通过建设科技园、孵化器和众创空间的方式提供引导性投入。这也可以在一定程度上减

---

① 富兰克·H. 奈特:《风险、不确定性和利润》,王宇、王文玉译,中国人民大学出版社2005年版,第187页。

轻风险投资者的风险压力。

4.3.3 从科技创业到高新技术产业化的人力资本投资

科技创业不只是组织科技创新活动,还要经营企业,参与市场活动。科技创业活动不仅仅是研发,还有经营管理、市场销售等方面的活动。因此创业者不只是科学家,更是企业家。企业家的人力资本功能,就不单纯是企业运行的物质资本的价值增值,而是包括创新成果在内的科技企业的整体价值的增值。企业运行成功,创新成果价值就能增值,运行失败,可能会使创新成果丧失殆尽。

为了与一般的企业家相区别,有必要将科技创业中的企业家称为科技企业家。科技企业家不仅具有一般企业家精神和素质,还有科学家的素养和视野。他们的科技创业具有长期性。他们以其科技成果招来物质资本,包括风险投资(创业投资)和各类贷款。他们招来的风险资本在初创成功在创业板市场上市后可能退出,但他们不能就此停止,还要继续经营企业。他们要把创新成果应用于企业,并把它推向市场,充分实现成果潜在价值,并进行进一步创新,包括对创新成果的改良性创新,以及商业模式创新、市场创新,实现产业化。所有这些行为都会使创新成果价值进一步增值,实现高新技术产业化。因此,科技企业家也是创新者。在这里,创新和创业是融为一体的。

虽然科技创业企业在创业时是以某项创新成果起步的,其运行也着力于该项成果的价值实现,但企业一旦创办就不只是经营这一项创新项目,还需要进一步研发新技术,甚至在企业中建立新技术孵化器。从企业的长期发展考虑,企业也可能需要进行转型,甚至在原有创新成果在即将进入生命周期的衰落阶段前创造性毁灭自己。这正是当年熊彼特所定义的企业家的现实体现。在这里,科技企业家的作用会进一步强化。

显然,在这个阶段的人力资本投资主要是激励创业者成为科技企业家。这种激励包括股权激励,创业参与者可以在创新企业的整体价值提升中得到利益。公司上市意味着持有企业股权的经营者和高技术人才为科技创业贡献而得到股权收益和巨额的回报。

一般靠物质资本组织起来的企业运行目标很明确,就是谋求资本利润最大化。而依靠科技成果创业的企业,一方面是知识资本、企业家人力资本和风险资本的集合;另一方面是整个经营团队创业的结果。科技创新和创业是融为一体的,参与者对创新价值有共享的要求,都有实现自身价值的要求。创新的信息资源的共享导致创新成果的共享,因此,其中无论是哪一个参与者的收入,都依赖于整个创新成果及企业的整体价值，每个创新参与者只有在创新企业的整体价值提升中才能得到利益。科技创业成功，企业价值的整体提升就成为所有创业者的共同利益追求，即使是风险投资者，也不能单纯作为资本所有者在其中获利。只有在创办的科技企业上市或股权转让后，风险投资者才能得到自己的收益。企业的知识资本和人力资本价值可以随着企业市场价值的提升而提高。创业者的收入与企业在股票市场上的市场价值联系紧密。企业一旦上市或出售给大公司，其潜在的市场价值十分可观。因此，科技创业企业家所追求的目标是依靠创新提升企业的整体价值。这样，科技创业企业家不同于风险投资者，从建成后的企业出售中获利；不同于一般的资本所有者，只是追求企业利润最大化；不同于一般的经营者，只是追求经营规模最大化；而是追求科技企业的创新价值。

基于以上分析，在科技创新创业的全过程中，各个主体有各自的价值追求和相应的功能发挥。知识资本追求创新成果价值的实现，通过创意和新的知识和技术进行科技创业。风险资本追求风险收益，期望从建成后的企业的出售中获得利润。科技企业家追求科技企业的成长和长期发展，在实现创新成果价值的同时不断创造科技企业的新动能。对科技创业中的各类资本的功能区分对现实的创新创业激励体制和政策的设计有重要的意义，如图 4－2 所示。

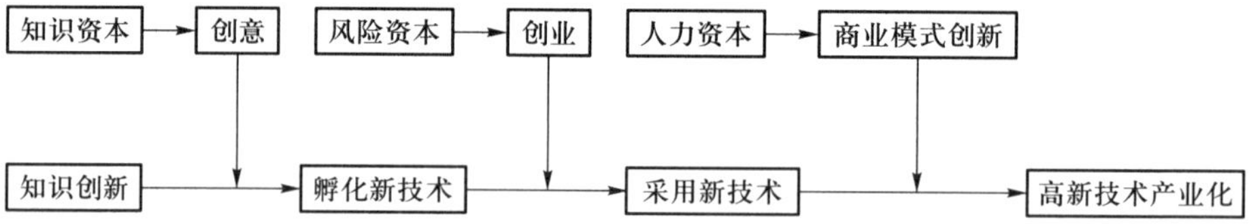

图 4－2　科技创业中各类资本的功能示意图

总的来说，创新由上游进入中游阶段以及由中游进入下游阶段，再由下游进入高新技术产业化阶段，关键在各个阶段之间的过渡以及相应资本的推动。具体地说，由知识创新阶段进入孵化新技术阶段，关键在科学研究成果的转化，在这里起作用的是知识资本。由孵化新技术转向采用新技术阶段，关键在科技创业，在这里起作用的是风险资本。由采用新技术阶段转向高新技术产业化阶段，关键在商业模式创新和市场创新，在这里起作用的是企业家的人力资本。科技创新的每个阶段参与各方都有价值追求。

分 论

1. 全球价值链发展的新趋势

1.1 引言

随着全球化的兴起与深入,全球价值链也经历了不同的发展阶段。在20世纪六七十年代,欧美发达经济体汽车和电子企业为了寻找成本更低的国家或地区来完成生产、制造或组装任务,纷纷走向海外设厂。这是生产者驱动全球价值链的起源。在20世纪七八十年代,欧美零售商、品牌企业和制造企业一起开始在全球寻找消费品的海外供应商,主要是服装、玩具等日常消费品。这是购买者驱动全球价值链的起源。过去,生产者驱动全球价值链和购买者驱动全球价值链也都常被称为制造业离岸外包。在进入21世纪后,随着全球互联网和新一代信息通信技术的进步,一方面是制造业离岸外包程度进一步提高,无论是生产者驱动全球价值链,还是购买者驱动全球价值链,它们都在广度和深度上有了长足的发展,将世界范围内越来越多的经济体和要素都纳入其影响范围;另一方面是服务业离岸外包逐步兴起,包括信息技术外包、商务流程业务外包、知识流程业务外包等。

全球价值链的布局调整,从根本上重塑了参与经济体的产业结构,改变了参与经济体之间的产业关联。在全球价值链下,世界各国都成为国际生产体系的参与者,各国企业共同分工,承担完整产品全过程中的生产制造业环节,和包括研发设计、物流配送、营销品牌等生产者服务环节。发达经济体跨国公司通过对外直接投资,不仅向发展中经济体,也向其他发达经济体,扩张其主导的全球价值链的影响范围。这推动了世界范围内外商直接投资规模的迅速扩张。

全球价值链对国际贸易的最大直接影响是导致中间产品贸易在世界贸易中的比重迅速上升。据统计,2009年中间产品的世界出口额首次超过最终产品和资本品的世界出口额;在非燃料的商品出口中,中间产品出口额的比重甚至已经达到51%。[①] 正是由于全球价值链对世界经济活动的重大影响,全世界经济组织和经济学家对全球价值链的关注程度逐渐上升。世界银行、世界贸易

① 韩永辉:《全球价值链衍化与价值链导向的政策选择——兼论两岸产业的应对策略》,http://www.sohu.com/a/225234341_662057,2018年3月9日。

组织、国际劳工组织等都强调从全球价值链视角来分析其关注领域的新变化、新现象。包括中国在内的诸多发展中经济体也更加重视制定合理的公共政策,发挥全球价值链对自身经济发展所产生的重大深远影响,更强调通过充分融入全球价值链,获取全球化红利,以实现经济的持续稳健发展。

全球价值链的演变有其自身规律。田文、张亚青和佘珉(2015)用“全球价值链重构”这一概念来界定全球价值链的演变,并借鉴米尔伯格和温克尔(Milberg and Winkler,2010)的划分方式,将全球价值链重构分为垂直重构和水平重构两种方式。前者是指全球价值链的中间产品供应层级数量减少;而后者是指特定层级中的供应商数量减少。前者意味着在经济危机后的衰退时期,全球价值链将从垂直非一体化向垂直一体化转变,导致全球价值链中来自发展中经济体的供应减少,外商独资企业出口受到的负面影响小于其他企业;后者意味着在经济危机后的衰退时期,由于需求下降,边际生产力低的供应商会被挤出市场。①

对于近年来全球价值链的新趋势,王中美(2012)认为全球价值链的发展趋向复杂化,难以简单归结出基本模式。② 虽然总体上是发达经济体向发展中经济体发包,并将最终产品进口回发达经济体,但路径不再那么清晰。很多情况下,跨境生产过程进一步碎片化,研发设计等生产性服务环节也被外包出去,组装环节细分并被分散到各地,最终销售地则有可能就是发展中经济体,尤其是东亚市场。金融危机以来,全球价值链呈现分散与集中两种看似对立,但实则统一的趋势。“分散”是指全球价值链主导者在全球范围内,更加分散地寻找更加便宜的供应商;“集中”是指全球价值链主导者更加集中地依赖更加专业化的供应商。石莉萍、戴翔和孙大伟(2016)将全球价值链分工演进新趋势概括为五点。第一,全球价值链正由制造业价值链向创新链发展;第二,全球价值链出现跨国公司“逆向创新”的战略调整;第三,全球价值链从制造业向服务业拓展延伸;第四,全球价值链进入高端回流、低端转移重塑阶段;第五,全球价值链深度演进推动全球经济新规则诞生。③ 马述忠、吴国杰(2016)则特别强调全球价值链四大

---

① 田文、张亚青、佘珉:《全球价值链重构与中国出口贸易的结构调整》,《国际贸易问题》2015 年第 3 期,第 3 ~ 13 页;Milberg, W., Winkler, D. E. “Trade Crisis and Recovery: Restructuring of Global Value Chains”, World Bank Policy Research Working Paper, No. 5234(2010).

② 王中美:《全球价值链的新趋势、新平衡与关键命题》,《国际经贸探索》2012 年第 28 卷第 6 期,第 105 ~ 114 页。

③ 石莉萍、戴翔、孙大伟:《全球价值链演进新趋势下我国产业发展机遇及对策》,《经济纵横》2016 年第 3 期,第 36 ~ 40 页。

发展新趋势分别是以价值链治理为方向,以产业升级为主要目标,以创新驱动为有效途径,以默会知识为核心价值。[①] 到目前为止,全球价值链的发展动力主要来自两方面。一是西方发达经济体跨国公司出于追求利润最大化的主动推动,二是发展中经济体出于自身经济发展考虑的积极参与。这两种发展动力在 2008 年经济危机后,都出现了一定的变化。发达经济体陷入国内经济困境,引领全球价值链进一步深化发展的能力有所下降,其经济战略在逐步调整中,推动全球化的意愿也有所减弱。发展中经济体经济实力上升,希望在全球化中获取更多的价值分配比例,希望在全球价值链中占据更加有利的竞争地位。在这两种动力的共同作用下,近年来全球价值链的发展出现了诸多新趋势。

1.2 发达国家的“再工业化”和制造业流程再造

1.2.1 “再工业化”的动因分析

在 2008 年全球金融危机以来,发达经济体重提“再工业化”的本质是促进制造业回归,即通过重塑实体制造经济,矫正以前以资本市场为主体,虚拟经济占主导,而制造业日趋空心化的趋势。具体而言,发达经济体通过拨款支持创新、补贴出口、设立投资基金等多种公共政策手段来推动“再工业化”,并试图通过税收等措施将制造企业拉回发达经济体,为发达经济体提供就业机会。

以美国为例,2008 年全球金融危机后,美国积极反思,认为制造业萎缩是导致其就业岗位流失、经常项目失衡的重要原因,所以在 2009 年,奥巴马政府推出《重振美国制造业框架》并签署《2009 年美国复苏和再投资法案》,提出总额为 7870 亿美元的经济刺激计划,其中包括增加 133 亿美元制造业科研投入;2010 年提出《制造业促进法案》,提出制造业总投资规模要达到 170 亿美元,恢复制造业过去十年失去的 560 万个就业岗位;2011 年推出《先进制造业伙伴计划》,提出强化关键产业的本土制造能力等措施;2012 年公布《先进制造业国家战略计划》和《全国制造业创新网络计划》。2017 年 1 月,特朗普正式就任美国总统后,实施了一系列“美国优先”的政策,鼓励并要求汽车等制造业回流,保护美国本土的制造业就业岗位。美国相关民间机构和行业协会也支持美国的“再工业化”战略。美国制造商协会在 2010 年发布《制造业发展战略:创造就业机会,提

① 马述忠、吴国杰:《全球价值链发展新趋势与中国创新驱动发展新策略——基于默会知识学习的视角》,《新视野》2016 年第 2 期,第 85 ~ 91 页。

升美国竞争力》报告,2011 年发布《美国制造业复兴计划:促进增长的四大目标》报告。概括起来,美国的“再工业化”包括六大动向:重视对制造业的研究;政府提高对制造业关注度;正确认识和处理制造业和服务业的关系;把提高制造业竞争力作为减少贸易赤字的重要措施,保持重要制造业的国际竞争优势;把解决资源环境问题作为发展制造业的重要方向;采取各种措施,降低制造业成本,提高生产效率。① 除美国之外,日本、英国、瑞典、法国和西班牙等国也在金融危机前后,陆续出台了支持“再工业化”的政策,而德国则是长期重视制造业发展,公共政策始终关注高端制造产业。

发达经济体提出“再工业化”主要出于两方面考虑。首先是对全球金融危机前虚拟经济过度发展的反思,其次是为应对全球价值链中发展中经济体,尤其是新兴经济体的崛起。发达经济体意识到在过去积极推动全球价值链发展的过程中,自身经济的发展由于过度“去工业化”,致使经济增长缺少制造业的支撑和拉动,导致经济增长出现下滑的趋势。故而,美国等发达经济体需要实施“再工业化”,发展先进制造业,为服务业的发展提供工业基础,同时通过发挥制造业和服务业的交互外部性来实现可持续的经济增长。②

更重要的是,发达经济体推动“再工业化”,是全球价值链和技术进步发展规律的客观要求。

(1) 全球价值链分工导致发达经济体内部利益分配差距加大,这是“再工业化”的基本动因。

生产加工与组装制造等环节外包到发展中经济体,这是全球价值链产生以来的主要趋势。其原因是发达经济体与发展中经济体之间的劳动、资本等生产要素禀赋与价格差异。按照要素禀赋理论,发达经济体资本丰裕而劳动稀缺,资本价格低而劳动价格高;发展中经济体劳动丰裕而资本稀缺,劳动价格低而资本价格高。全球价值链的发展过程就是发达经济体跨国公司不断在全世界寻找成本更低的生产基地,将原先企业内部的价值链环节外包到成本更低的发展中经济体。无论是简单技能要求环节,是中等技能要求环节的制造业外包,还是信息技术外包、商务流程业务外包和知识流程业务外包等服务业外包,都有助于跨国公司在整体上控制和降低其总成本,实现其利润的增长。可

① 金碚、刘戒骄:《美国“再工业化”的动向》,《中国经贸导刊》2009 年第 22 期,第 8 ~ 9 页。

② 黄永春、郑江淮、杨以文,等:《中国“去工业化”与美国“再工业化”冲突之谜解析——来自服务业与制造业交互外部性的分析》,《中国工业经济》2013 年第 3 期,第 7 ~ 19 页。

以想象，只要在世界范围内存在区域不同生产环节上的成本差异，跨国公司就可能将更多的国家和地区纳入全球价值链的范围，从而客观上推动全球价值链的发展。

发达经济体在全球价值链上，获取的整体利益无疑是最大的，但全球价值链带给发达经济体的这种整体收益在发达经济体内部的分配是不平衡的。发达经济体的跨国公司通过全球价值链将制造业或制造环节外包，导致原先的制造业工人失去就业岗位。随着发展中经济体接受外包能力的提升，全球价值链下的外包活动不断深化，不仅是简单技能的制造业岗位被转移到发展中经济体，而且中等技能的制造业岗位与部分中低技能的服务业岗位也被转移到发展中经济体。这一过程对发达经济体的中低技能劳动力而言，一方面是就业岗位逐步减少，另一方面即使就业岗位得以保留，收入也无法增长。所以不可否认的是，他们是发达经济体内全球价值链发展的直接受损者。同时，由于发达经济体没有建立全球价值链整体收益的社会共享机制，大多数全球价值链收益都被跨国公司及金融部门获得，无论发达经济体中低技能劳动者是处于制造业，还是服务业，并没有在再分配中获得足够的补偿。这种利益分配不均衡的格局最终导致这些受损的中低技能劳动者反对全球化，反对全球价值链，将其选票投给相应的政治团体和代表人。这些政治团体和代表人上台后改变原先的政策导向，原来积极推进全球化的政策导向由此开始转向[①]。要求制造业回流，保护本国制造业工人的就业岗位，这将成为西方发达经济体扭转全球价值链发展的重要公共政策导向。

(2) 发达经济体依靠技术进步再造制造业流程，摆脱对发展中经济体低成本劳动要素的依赖。

随着机器人技术的成熟、自动化技术的升级运用，发达经济体可以不依赖发展中经济体的简单劳动力和技术工人。制鞋行业就是一个典型案例，其全球价值链的分工特征是公司总部和研发中心在发达经济体，原材料和制造均在不同的发展中经济体，市场销售则面向全球市场。在制造过程中，鞋面制造原先需要大量人工做裁剪、拼接，是典型的劳动密集型制造环节，我国福建和一些东南亚国家都是完成该环节的主要地区。但随着鞋面制造的技术进步，跨国公司有可

① 在全球化过程中受损的“沉默的大多数”是在美国总统大选中支持特朗普的主要投票群体。他们的普遍特点是白人、制造业工人、技能水平不高、就业岗位受到全球价值链发展的威胁。在欧洲国家的大选中，也出现类似情况。所以可以预见，西方发达经济体在未来全球化进程中扮演的角色将可能弱化。

能用自动化、智能化的生产方式取代人工。

2012年,耐克发布了采用飞线(Flyknit)技术制造的新型球鞋。其鞋面生产原理是用一根聚酯纱线,即用涤纶做成的线形材料,编织成鞋面。这种自动化技术省去了人工裁剪、拼接等步骤,整个流程全自动化,只需要数字编织机按照设定的程序进行编织。由于涤纶弹性好、有强度、耐磨,但透气差,所以耐克将线与线交错编织,形成透气孔,解决不透气这一缺陷。通过采用飞线技术,耐克不仅保证了鞋面该有的包裹、支撑等特性,还节省材料、节省人力;对消费者来说,球鞋也更轻、更透气。近年来,耐克已经在全产品线上都应用飞线技术,从跑步鞋到篮球鞋,再到足球鞋,这样将技术横向扩展到各条产品线,发挥规模经济效应,降低成本。

阿迪达斯位于德国南部巴伐利亚州的高速工厂(Speedfactory)也已经投入运营。这家工厂由德国公司裕克施乐(Oechsler Motion GmbH)负责运营,以机器人自动生产为主,仅需要160个技术岗位。这家高速工厂的首款产品是一款名为"Futurecraft M. F. G."的跑鞋,它是第一双完全由机器人生产的运动鞋。首批产品共生产了500双,采用了三维运动和变形测量头(ARAMIS)动作捕捉技术,根据不同顾客个体的皮肤或骨头的压力和松弛度,设计出更合适的鞋子。

另外,柔性制造技术的成熟与运用也进一步为发达经济体制造业回流提供机会。自从1954年美国麻省理工学院第一台数字控制铣床诞生后,20世纪70年代初柔性自动化就进入了生产实用阶段。柔性制造技术能很好满足当前消费需求变化趋势的要求。消费者对产品功能、质量的要求越来越高,产品更新换代的周期越来越短,产品复杂程度也随之增大,传统的大批量生产方式受到挑战。在过去,只有产品品种单一、批量大,设备专用,工艺稳定、效率高,生产过程才能体现规模经济;而多品种、小批量生产下,设备的专用性低,生产过程无法实现规模经济。柔性自动化系统能提高制造业的柔性程度和生产效率,能在保证产品质量的前提下,缩短产品生产周期,降低产品成本,最终使中小批量生产能与大批量生产抗衡。同样以制鞋行业为例,在产品研发环节,耐克与梦工厂合作,借助他们的设计平台Nova① 来实现"超速原型设计",并实现更好的3D成像。目前耐克已经实现先在电脑里生成模型,再用3D打印的方式迅速小批量生产产品。

技术进步使得跨国公司采用自动化、智能化的生产方式代替了人工操作的

① Nova,译为"新星",是梦工厂下属的一家科技公司。

生产方式。自动化、智能化的生产方式直接提高了生产精度，提升了产品质量，更加符合消费者需求。而且用机器来替代人，规避了发达经济体劳动力要素价格高的成本劣势。这样，在发达经济体本土生产的总成本有了显著下降，明显缩小了在发达经济体本土和发展中经济体生产的制造成本差异，使得发展中经济体的低成本优势被削弱。事实上，如果综合考虑运输成本和制造成本，在全球价值链中，发达经济体本土生产与发展中经济体生产的总成本差异并不是想象中那么大。例如在汽车行业中，福特销往美国市场的 Fusion[①] 轿车分别在美国本土(密歇根)和墨西哥的两个工厂生产。在墨西哥，人力成本更低，在当地生产的零部件更便宜，但是运输成本更高，把成品运往美国的经销商处的运输成本就比密歇根工厂高。综合下来，Fusion 这款车，在墨西哥的生产成本只比在密歇根低 1200 美元。

1.2.2 发达经济体“再工业化”给发展中经济体带来的机遇

发达经济体“再工业化”给全球价值链上的发展中经济体的负面影响是发达经济体在“再工业化”在制造环节中形成和发展中经济体直接竞争格局，不利于发展中经济体通过积极融入全球价值链而获取全球化红利。

但不能否认，发达经济体“再工业化”也可能为发展中经济体带来相应的发展机遇。发达经济体“再工业化”给发展中经济体带来的机遇主要体现在以下两方面。

第一，发达经济体“再工业化”并不是意味着发达经济体会重新从事简单技能要求的制造环节，而是更强调引领未来制造业的发展方向，强调以各类新技术为支撑的先进制造业发展，包括新能源、新材料等新兴高科技行业，也包括以数控、节能和清洁生产等为特征的新生产方式。在此意义上，发达经济体“再工业化”不是要和发展中经济体抢低端工作岗位，而是由于技术进步、效率提高和生产流程改善使其有可能在本土，用更先进的生产方式去从事更加高端智能化的制造环节。换言之，发展中经济体依然能在全球价值链的简单劳动或低技能密集领域中占据不可替代的作用，而且随着发达经济体“再工业化”带来的制造业升级，发展中经济体在全球价值链中的发展空间被进一步打开。[②] 面对全世界多层次需求的广阔市场，发展中经济体反而可能进一步在中低端市场中提升或

① Fusion，福特在美国市场的一款车型，与在欧洲、亚洲市场的蒙迪欧是同款车型。

② 这是一种比较乐观的看法。发展中经济体企业能否借着发达经济体“再工业化”的制造业升级而抢占其空余的产业空间，这还需要依赖于其自身综合实力的提升等各方面因素。

巩固其市场地位。

第二,发达经济体"再工业化"会持续增加研发投资。在发展中经济体设立的研发机构已经成为跨国公司全球创新网络的重要组成部分。虽然在发达经济体"再工业化"过程中,跨国公司借助新一轮科技革命,将制造业生产线移回本土;但随着制造业与服务业融合,发达经济体跨国公司依然会在发展中经济体设立研发机构,加大在发展中经济体的研发投资,从多种角度试图重构全球价值链。[①] 在很多产业中,创新研发活动必须与当地市场、与制造组装活动紧密结合和互动。这些跨国公司就会在发展中经济体设立研发机构,加大在发展中经济体的研发投资,而不仅仅是对发展中经济体的制造组装投资。有数据表明,2010—2011 年,全球研发支出最多的 1000 家公司在印度和中国研发支出的增长达 27.2%,同期北美洲为 9.7%,欧洲和日本分别为 5.4%、2.4%。目前,跨国公司在中国设立的研发机构已超过 1500 家,雇佣超过 15 万名科学研究和技术开发人员。[②]

1.3 发展中经济体逐步向全球价值链中高端环节攀升

在过去相当长的时期中,主导全球价值链的发达经济体跨国公司利用不同经济体的要素成本差异,将其全球价值链向垂直专业化的方向分解并进入发展中经济体。贝格尔斯迪克等(Beugelsdijk, et al., 2009)使用 56 个东道国 1983—2003 年的美国分公司贸易流数据证实了全球价值链专业化方面的这种趋势。包括中国在内的发展中经济体融入全球价值链的程度大多是更多地承担全球价值链的组装制造等低端环节。[③] 说明发展中经济体充分利用自己在低技能劳动等初级要素上的禀赋优势,成为这些低端环节的主力军。进入全球价值链的低端环节虽然使得发展中经济体成功嵌入全球价值链,并获得与全球价值链共同成长的发展机遇,但众所周知,发展中经济体承担的低端环节在全球价值链中获得的价值相对微薄。这些微薄的低技能劳动报酬显然无法和发达经济体跨国公司通过主导全球价值链,占据中高端环节所获取的丰厚利润相比。

① 黄群慧:《全球价值链呈多极化发展新态势(大势所趋)》,《人民日报》2016 年 3 月 27 日,第 5 版。

② 黄群慧:《全球价值链呈多极化发展新态势(大势所趋)》,《人民日报》2016 年 3 月 27 日,第 5 版。

③ Beugelsdijk, S., Pedersen, T., Petersen, B. "Is There a Trend Towards Global Value Chain Specialization? —An Examination of Cross Border Sales of US Foreign Affiliates", *Journal of International Management*, vol. 15, no. 2(2009), pp. 126 - 141.

1.3.1 发展中经济体由全球价值链低端向中高端攀升

虽然理论上发达经济体跨国公司绝对主导全球价值链,通过契约关系控制或所有权直接控制全球供应商,严格管理后者的生产和供货,但是在实际运作中,这种理想状态难以始终维持。原因是,发展中经济体企业加入全球价值链并掌握生产、组装制造等环节的技能后,不会简单满足于微薄的加工费。寻求全球价值链中更高比例的价值分成的动机推动企业进入价值分配比例更高的中高端环节。此外,发展中经济体企业在其经营领域或环节中通过长期专业化投资而逐步成长,与全球价值链主导者之间的关系不再是简单的"服从与被服从"的关系,而可能成为较为平等的合作关系。例如当发展中经济体企业在产品组装环节形成巨大的代工产能,或者成为某个关键零部件的全球少数供应商之一时,它们就成为特定全球价值链上不可缺少的一环,有可能在谈判中向全球价值链主导者要求更高的价值分配比例①。

当前,尽管全球价值链的运作,特别是附加值的分配,仍然取决于来自发达经济体拥有关键技术、设计和品牌的跨国公司,但是在低端市场的部分发展中经济体也在通过技术溢出效应向全球价值链上端移动,它们正在成为某些基础原料、能源和设备的采购商。② 他们主要是在全球价值链上利用技术外溢效应,学习发达经济体跨国公司的产品技术、工艺技术和组织管理诀窍,再通过加大研发投入,进行消化吸收后的再创新。据测算,1996—2009 年,中国出口产品的技术含量提高了 85.7%,印度提高了 106.2%,南非提高了 89.0%,而美国和日本分别只提高了 52.7%和 45.6%。③

随着技术和管理水平的提升,发展中经济体主要采取对外直接投资的方式,打破全球价值链高端被发达经济体垄断的格局。一些新兴市场和发展中经济体企业逐步具有"走出去"主动整合全球价值链的能力,正成为主导全球价值链的新力量。发展中经济体的对外投资从 2000 年的 2666.44 亿美元增加到 2013 年

---

① 在俘获型全球价值链中,这种情况出现的可能性不大。因为全球价值链的主导者会提前预计到这种情况的出现,而先采取针对性的策略行动,在全球价值链的每个环节都会提前有意培养多个合格的替代厂商,例如拆分订单等,甚至会有意打压某家实力较强的供应商,而不会坐视一家供应商成为可能会威胁其谈判优势的寡头。

② 王中美:《全球价值链的新趋势、新平衡与关键命题》,《国际经贸探索》2012 年第 28 卷第 6 期,第 105 ~ 114 页。

③ 黄群慧:《全球价值链呈多极化发展新态势》,http://www.xinhuanet.com//world/2016 - 03/27/c_128837086.htm,2019 年 2 月 19 日。

的7783.72亿美元，占世界的比重从18.84%提高到53.61%。[①] 在2014年《财富》世界500强排行榜中，来自中国、智利、印度尼西亚、印度、委内瑞拉等16个新兴发展中经济体的跨国公司共139家，占世界500强数量的27.8%，营业收入和利润分别占到27.10%和24.71%。[②] 新兴经济体的企业已经不再仅仅从事全球价值链的生产制造环节，在传统上由发达经济体跨国公司主导的研发环节上的表现也十分活跃，日益成为研发全球化的主动参与者。

亚洲国家加入全球价值链的历程验证了发展中经济体向全球价值链中高端环节攀升的现实过程。第二次世界大战之后，亚洲地区经济体陆续通过加入全球价值链而走上经济增长的快速道。具体到东亚地区，最初是以日本为中心的“飞雁模式”，随后形成脱胎于该模式，且涵盖诸多发展中经济体的区域内国际生产网络。[③] 东亚生产网络的特征是空间分布非常广泛，包括众多不同收入水平的国家或地区，发展完善且特点鲜明，在一般机械、电子机械、运输设备、精密仪器等机械制造产业的企业内与企业间生产关系非常成熟。东亚生产网络的特征是，日本、韩国等在资本及技术密集型的零部件、中间产品生产环节负责前端工序和中间产品出口，而中国和其他发展中经济体从它们进口精密零部件和中间产品，并密集使用劳动力完成组装，最终中国和其他发展中经济体将组装完成的最终产品销往世界市场，包括亚洲市场。

1.3.2 中国在全球价值链中的地位提升

过去30年，随着中国经济崛起，以中国为核心的东亚新兴市场在发达经济体跨国公司主导的全球价值链中具有了价值链上的反制力与话语权。在产品方面，中国通过核心部件的进口、学习、模仿乃至创新，在产品内分工合作中积累了高端产品的生产经验和必备技能。从简单的加工装配业务发展到复杂部件生产，乃至提供高技术含量的产品设计服务，东亚生产网络内部的溢出效应推动了中国消费电子产品产业的快速升级[④]。中国向全球价值链中高端环节呈明显的

① 数据由作者根据各年《中国统计年鉴》计算得出。

② 数据根据财富中文网站世界500强排行榜整理得出，http://www.fortunechina.com/fortune500/c/2014-07/07/content_212535.htm，2018年9月11日。

③ 刘中伟：《东亚生产网络、全球价值链整合与东亚区域合作的新走向》，《当代亚太》2014年第4期，第126~156，160页。

④ 刘中伟（2014）也提出，随着欧美跨国公司对供应链风险的关注度提高，全球价值链中基于低生产成本考虑而盛行的离岸外包方式将逐渐转向基于低运输成本考虑的近岸外包方式，这可能会使得东亚生产网络融入欧美跨国公司主导全球价值链的程度下降。

攀升趋势。

第一,加工贸易是中国融入全球价值链的一种主要方式,中国加工贸易不断升级也意味着中国沿着全球价值链向中高端环节攀升。彭水军、袁凯华(2016)利用经济合作与发展组织(OECD)提供的投入产出数据库(WIOD),基于多区域投入产出(MRIO)模型测算了中国加工贸易的要素含量及其变化趋势。研究结果发现:通过不断提升国内服务含量,1995—2011 年加工贸易出口利得实现了由 22% 到 42% 的快速攀升;并且这种价值攀升并不是沿着特定的微笑曲线或哭泣曲线来攀升,而是以制造为支撑、以服务为动力,逐步实现由哭泣曲线到微笑曲线的跨曲线转型变迁。① 凯和唐(Kee and Tang,2016)利用中国工业企业数据和海关进出口数据,发现,2000—2007 年中国加工贸易出口企业用国内原材料和中间投入品来替代国内进口原材料和中间投入品,使得出口中的国内比重从 65% 上升到 70%。这种替代源于中国的贸易和投资自由化改革,国内原材料和中间投入品种类增加,且价格低廉,使得中国更深层次地融入全球价值链。但他们的研究由于受到样本数据年限的限制,无法得知 2007 年后中国加工贸易中国内比重变化趋势。②

第二,中国沿着全球价值链向中高端攀升的过程就是出口产品中本国制造业和服务业创造的价值占比提高的过程。③ 从附加值贸易的角度来分析,中国出口产品中既包含本土的制造业和服务业创造的价值,也包括外部制造业和服务业创造的价值。同时,中国出口产品中的外部制造业和服务业创造的价值主要来自日本、韩国、美国、德国等发达经济体。

第三,中国沿着全球价值链向中高端攀升的过程也是中国在全球生产线的上游度提高的过程。佐、玛诺瓦和余(Chor, Manova and Yu,2014)④利用 1992—2011 年中国工业企业数据、海关进出口数据和投入产出表计算中国制造业企业的上游度,发现了这一趋势。

---

① 彭水军、袁凯华:《全球价值链视角下中国加工贸易的升级演进》,《经济学家》2016 年第 10 期,第 96 ~ 104 页。

② Kee, H. L., Tang, H. "Domestic Value Added in Exports: Theory and Firm Evidence from China", *The American Economic Review*, vol. 106, no. 6 (2016), pp. 1402 - 1436.

③ 徐久香、拓晓瑞:《中国仅仅是制造大国吗——基于出口增加值测算角度》,《南方经济》2016 年第 6 期,第 51 ~ 65 页。

④ Chor, D., Manova, K., Yu, Z. "The Global Production Line Position of Chinese Firms", Industrial Upgrading and Urbanization Conference, Stockholm, 2014.

1.4 中国制造业整体成本上升,导致可能面对“脱链”困境

中国过去经济增长的成功经验就在于不断地主动积极融入全球价值链,这种外向型经济的发展道路的确促成了中国经济的起飞,现在中国已经成为名副其实的“世界工厂”“世界加工车间”。

在全球价值链的背景下,发达经济体将生产制造组装环节布局在中国,其关键原因就是中国制造业整体成本较低。制造业成本是一个综合概念,涵盖制造业企业在经营过程中发生的各项成本。具体来看,第一个原因是中国劳动力成本低于发达国家。据研究,2000 年初美国制造业人工成本是中国的 10 倍,在 2014 年缩小到 3 倍。① 第二个原因是中国的技术工人和产业配套体系完善,获取相应专业劳动力和专用设备的成本低于发达经济体。苹果公司总裁库克曾经在采访中提出,苹果选择在中国生产手机,并非因为低工资,而是因为中国拥有比美国更多的技工。美国长久以来已经停止培育那么多工种,而且相关机器、模具制造者也不多,不具备生产所需要的完整配套体系。第三个原因是外资过去在中国获得大量超国民待遇和政策优惠,这进一步降低了其整体成本。中国地方政府为吸引这些发达经济体跨国公司入驻,对其提供大量的低价甚至免费土地,对其给予大量补贴或税费减免,还对其办理进出口手续等行政环节提供便利。甚至还包括为了成功招商引资,放松对外资企业的环保要求等。这些地方政府的优惠措施都极大提高了跨国公司所主导的全球价值链的整体运营效率,降低了全球价值链的运行成本。

在当前形势下,中国国内制造业整体成本的上升无法避免,无论是劳动力成本,还是其他要素成本都呈现上升趋势。考虑到过去全球价值链下,跨国公司中有相当比例都对劳动力成本较为敏感,都是将劳动力密集生产组织环节转移到中国,中国劳动力成本上升显然会导致这些跨国公司将这些价值链环节转移到其他劳动力成本更低的国家和地区。劳动力成本敏感型跨国公司退出中国,的确可能导致中国陷入“脱链”困境,即中国在全球价值链中的融入程度明显下降。

① 张丽娟、王琳:《美国制造业对美经济的影响及展望》,《美国问题研究》2016 年第 2 期,第 118 ~ 134 页。

1.4.1 中国制造业整体成本上升

（一）国内劳动力成本上升

据报道，全球劳动力最廉价的6个国家是越南、柬埔寨、印度、菲律宾、印度尼西亚和泰国，而中国已经不在其中。[①] 魏浩、李翀（2014）发现即使按照国际货币基金组织的消费物价指数进行扣除，我国城镇单位实际工资水平在2007年增长13.1%，2008年增长11.7%，2009年增长12.8%；月工资从2005年的150美元上涨到2010年的350美元。工资数据表明，在2001—2010年，无论是与发达经济体相比，还是与发展中经济体相比，中国的小时劳动报酬增速都更快。劳动力成本敏感型行业的跨国公司已经开始将生产基地纷纷转移到越南、老挝等低工资的东南亚国家。例如耐克公司的鞋类生产量中，2001年我国所占比例为40%，位居世界第一，2005年该比例下降为36%，2010年继续下降到34%。与此同时，越南生产的比例从2001年的13%上升到2010年的37%，取代了中国第一的地位。与此互为支撑的另一个案例是，2017年2月印度卡纳塔克邦政府表示，欢迎苹果公司在班加罗尔开始初步生产运营。其背景是作为代工工厂的中国台湾纬创资通公司已经和苹果公司在班加罗尔合作建立组装手机的工厂，从2017年就开始组装生产苹果手机。[②]

（二）劳动力之外的其他要素成本在不断上升

劳动力成本或工资是整体制造成本的一部分，除此之外，整体制造成本还包括制造企业在经营过程中需要支付的税费，原材料、水电气、行政费用，员工住房公积金和租金等成本，还有企业经营的制度环境成本。在宏观经济整体持续处于L型底部后，全社会和媒体对国内制造业整体成本，或实体经济成本的关注和讨论热度明显提高，其基本结论都倾向于认为制造业整体成本上升，不仅是由于工资上涨，劳动力成本上升，也是由于除劳动力之外的要素成本也在上升。本章简要列举下列三个现实案例，以说明中国除劳动力外其他要素成本的上升趋势。

案例一：福耀玻璃曹德旺对中美制造业整体成本的对比。2016年12月中旬，福耀玻璃曹德旺在接受第一财经的采访中提出中国制造业综合税负比美国高35%，其计算依据是美国没有增值税，只有40%的所得税；美国电价是中国的

---

① 《全球劳动力最廉价的6个国家 中国已经不在其中》，http://mt.sohu.com/20160519/n450387001.shtml，2018年5月19日。

② 魏浩、李翀：《中国制造业劳动力成本上升的基本态势与应对策略》，《国际贸易》2014年第3期，第10～15页。

一半，天然气价格是中国的1/5。劳动力成本方面，蓝领工资是中国的8倍，白领工资是中国的2倍。但美国招不到年轻工人，只能招到年纪大的工人。另外，他还提出，中国制造业的劳动力工资上涨速度太快，同时，中国的过路费高，美国运输成本低于中国。[①] 2016年12月月底，曹德旺在接受国内媒体后续采访中，提供了美国通过降低要素成本来重振制造业，吸引制造业回流的具体措施。他提到在美国底特律考察时，当地政府表示，如果福耀玻璃在当地盖厂房，就将考察的空地送给他们。福耀玻璃在俄亥俄州以1500万美元购得当地约15万平方米的厂房，改造花费1500万美元，当地政府补贴3000万美元，基本上福耀玻璃不需要花钱。曹德旺的观点是，虽然美国劳动力成本高于中国，但是考虑电价、天然气价格、税负、国际运输成本等方面的因素，美国综合要素成本有优势。曹德旺还提到越南、柬埔寨等东南亚国家棉花价格每吨比国内便宜40%，电价、水价和气价均远低于国内，加上当地劳动力成本的优势，这些吸引纺织企业向东南亚国家转移。[②]

案例二：2015年波士顿咨询公司发布报告《全球制造业的经济大挪移》。该报告提出，中国制造业成本与美国相比，已经不具备优势。以美国为基准(100)，中国的制造成本指数是96。换言之，同样一件产品，在美国制造成本是1美元，那么在中国则需要0.96美元，双方差距已经极大缩小。该报告认为中国制造业面临很大的压力。10年前，中国的制造成本低，而如今成本水涨船高。这主要归咎于三个原因：一是中国工人的薪资提高了，依据经生产力调整后的工资水平，中国的时薪从2004年的4.35美元涨到2014年的12.47美元，涨幅达187%。二是汇率，2004—2014年，人民币兑美元的汇率升了35%。三是能源成本，中国的工业电力消耗，从2004年的7美元每千瓦时上升至2014年的11美元每千瓦时，而天然气每百万英热单位成本则从5.8美元升到13.7美元，涨幅138%。[③]

对于波士顿咨询公司提出“中国制造业成本已经接近美国”这一观点，也有研究者提出反驳的意见，认为该报告的成本竞争力指数计算方法存在明显不合理之处，存在误导的嫌疑。如果将总成本分为劳动力综合成本、电力成本和天然

① 《制造业回流美国靠谱吗？在美投资10亿美元的曹德旺这样说》，http://www.yicai.com/video/5183864.html，2018年12月16日。

② 《曹德旺回应跑路传闻：我没跑，我的事业重心在中国》，http://news.163.com/16/1226/21/C98AIM6H000187V5.html，2018年12月27日。

③ 《“中国制造”不再便宜，成本已接近美国》，http://data.163.com/15/0805/04/B07Q24I400014MTN.html，2018年8月5日。

气成本三部分，中美总成本中这三者比例显然不同，而波士顿咨询公司忽视这种差异。即使不考虑中美之间总成本构成比例上的差异，中国2014年的劳动力综合成本指数为10.2，美国是18.2；中国电力成本比美国高一些，而天然气成本比美国高很多。加总起来后，中国2014年三项成本和为16.4，而美国是20.8，中国三项成本和约为美国的80%。当然不可否认的是，从2004年到2014年，中国劳动力综合成本指数从4.5上升到10.2，天然气成本指数也从1.4上升到4.4，电力成本指数上升不大，从1.4上升到1.8。①

案例三：娃哈哈集团缴费情况的调查与结果公布。2016年12月月底，娃哈哈集团宗庆后在采访中表示，娃哈哈要交500多种费用。随后，财政部、国家发改委公布对娃哈哈集团及所属企业缴费情况的核查结果显示：2015年娃哈哈集团有支出数据的实际缴费项目为317项，剔除重复计算后的缴费项目为212项，共约7412.1万元。这些费用包括：一是政府性基金2项，全部为国家设立项目，共3456.43万元；二是行政事业性收费26项，其中国家设立22项，地方设立4项，共2185.25万元；三是国有资源有偿使用收入（排污权出让收入）1项，为国家设立项目，共372.91万元；四是经营服务性收费148项，共1236.30万元；五是协会商会会费、订刊费等其他收费35项，共161.17万元。财政部表示，2016年娃哈哈集团尚无全年数据，但从2016年1—9月数据看，较2015年同期在缴费项目和金额上，均有一定程度减少。这与我国近年来积极取消行政事业收费和政府基金收费的措施保持一致。②

由此可见，除劳动力成本之外，影响制造业整体成本的其他要素成本涉及范围非常广泛，包括能源成本、融资成本、原材料成本、物流成本、制度性交易成本。如果将政府的公共服务看作企业的一种投入要素，那企业为此支付的税费和非税费用也属于要素成本。③

1.4.2 制造业整体成本上升对外资产生的影响与全球价值链重构的可能性

无论是中国制造业劳动成本的上升，还是其他要素成本的上升，都会对中国

① 《骗子与傻子——中国制造成本接近美国?》，http://mt.sohu.com/20161219/n476341332.shtml，2018年12月19日。

② 该案例来自《两部委回应娃哈哈集团“缴费项目多达500多种”事件》，http://www.ce.cn/xwzx/gnsz/gdxw/201701/19/t20170119_19708301.shtml，2018年1月19日。

③ 有观点认为中国制造业缴纳的税费和非税费用过高，已经成为“死亡税率”。对此，2017年1月国家发改委主任徐绍史表示，我国宏观税负并不高，2016年通过简政放权、降税减费降低企业各类成本近1万亿元。

利用外资的规模和结构产生巨大的影响,从而导致中国在全球价值链中的地位变化。首先,成本上升会缩小中国利用外资的整体规模,在一定范围内可能会产生外资回流现象。其次,成本上升可能会对外资质量产生筛选作用,部分低水平外资会从我国转移出去,或者不会选择进入中国。较为乐观的看法是,这种筛选作用不是说外资全部退出中国市场,不是说把中国从外方主导的全球价值链中剔除,而是把外方全球价值链在全球范围内重新进行地区调整,改变中国在外方全球价值链中的地位,从中国转移走一部分低端的价值链环节,同时引进新的高端价值链环节。当然,对跨国公司是否会顺利将全球价值链的高端环节转移到中国的问题,需要进一步分析。这种转移依赖于国内中高端要素成本、企业生产率、创新体系等多方面因素的共同配合。所以,中国制造业劳动成本的上升可能会导致旧的低端价值链环节被挤出、被转移走,但是新的高端价值链环节没被吸引过来。这就相当于中国在沿着跨国公司主导的全球价值链升级的过程中,"升级阶梯"被抽走,中国制造业升级反而容易踏空。表现在中国各地的招商引资策略,虽然各地方政府都有意识地推动"腾笼换鸟"式的产业升级,但"笼"虽然腾空了,而目标中的"鸟",即更加高端的制造业产业或环节并不一定顺利地到来。这一现实困境的结果就是"脱链"。

"脱链"是否必然?从目前来看,虽然随着中国制造业整体成本上升和其他国际因素变化,全球价值链重构的发生是客观必然①,但实际数据说明这种全球价值链重构并没有在中国大规模出现,短期内还谈不上全面性、整体性的"脱链"。例如,加工贸易和中国融入全球价值链程度较深的机械产品、电子产品贸易等依然保持正增长,中国还在不断融入全球价值链。但是考虑到中国加工贸易增速减缓,这说明依然存在全球价值链重构导致中国融入程度下降,即"脱链"的可能性。

从具体的行业来分析,中国从事机电产品与高新技术产品价值链中的劳动密集型生产环节最有可能发生转移重构。中国在纺织、服装、鞋、箱包等传统劳动密集型产品方面仍然有比较优势,在全球经济周期波动中可能发生垂直重构和水平重构,而内需增长较大的汽车、集装箱、无线电话、部分金属材料等机电产品则可能存在生产向中国集中的全球价值链重构。目前中国制造业整体及内部各部门在全球价值链中的国际分工地位仍处于较低水平;无论是与内部其他部

① 田文、张亚青、佘珉:《全球价值链重构与中国出口贸易的结构调整》,《国际贸易问题》2015 年第 3 期,第 3～13 页。

门比较还是国际比较，中国“劳动密集型”制造业部门在全球价值链中的国际分工地位，明显高于“资本、技术密集型”和“资源密集型”制造业部门。① 另外，我国服务业还存在继续深度融入全球价值链的空间。我国服务业整体的全球价值链地位指数呈先下降后上升的趋势，但与其他国家相比差距仍然较大。分行业看，中国服务业各具体行业全球价值链地位指数在中国入世 5 年缓冲期之后呈上升趋势，但服务业整体和各具体行业的全球价值链地位指数都低于世界各国的平均值。②

从区域间全球价值链联系来看，中国与美国、日本、韩国、德国等的关联程度较高；但从趋势看，中国与美国、德国的关联程度在上升，与日本、韩国的关联程度在下降。伴随“脱链”现象的应该是中国招商引资的大幅下降，但是马飒、黄建锋(2014)通过比较中国与周边主要发展中国家招商引资的要素竞争力，发现相对于周边发展中国家，中国并未丧失招商引资的吸引力。③ 虽然中国制造业单位产出的劳动力成本优势从 2004 年开始逐步丧失，市场化水平(由商业自由度、金融自由度和知识产权保护度来衡量)缺乏竞争力，但市场规模竞争力很强，政府效率和基础设施的竞争力逐步上升。中国已经通过产出供给和投入需求两个渠道非常深入地融入全球价值链和产业链，但需要警惕中间产品生产主体企业(特别是外资企业)的撤出。④

① 周升起、兰珍先、付华：《中国制造业在全球价值链国际分工地位再考察——基于 Koopman 等的“GVC 地位指数”》，《国际贸易问题》2014 年第 2 期，第 3～12 页。

② 王厚双、李艳秀、朱奕绮：《我国服务业在全球价值链分工中的地位研究》，《世界经济研究》2015 年第 8 期，第 11～18，127 页。

③ 马飒、黄建锋：《劳动力成本上升削弱了中国的引资优势吗——基于跨国面板数据的经验分析》，《国际贸易问题》2014 年第 10 期，第 110～120 页。

④ 程大中：《中国参与全球价值链分工的程度及演变趋势——基于跨国投入－产出分析》，《经济研究》2015 年第 50 卷第 9 期，第 4～16，99 页。

2. 中国产业攀升全球价值链中高端的国内外背景

2.1 引言

第二次世界大战结束初期,发达经济体在世界经济中占绝对主导地位。20世纪60年代以后,发达经济体出于自身经济发展的需要,根据各自要素禀赋的差异,依次将劳动密集型产业、传统资本密集型产业向发展中经济体转移,自己发展资本、技术密集型产业和服务业。20世纪80年代以后,特别是90年代以后,随着经济全球化的兴起,要素流动性不断增强,发达经济体跨国公司开始在全球范围内配置生产要素,实行全球化生产,以充分利用各个国家和地区在不同环节的要素优势,实现要素配置效益的最大化。其表现形式是产品内分工不断发展深化,发达经济体不断地把劳动密集型、传统资本密集型环节向发展中经济体特别是新兴经济体转移,从而使发展中经济体不断融入国际分工体系,获得了经济发展的机遇,经济迅速崛起。

发展中经济体的整体性崛起是当代世界经济格局变化的一个重要特征。所谓整体性是指这种崛起涉及了绝大多数发展中经济体,覆盖了亚洲、拉美及非洲的众多新兴经济体。这些国家和地区普遍具有增长速度快、增长潜力大的特点,在世界经济决策中的影响力也在不断增加。其中最为引人注目的是以中国、巴西、俄罗斯、印度、南非为代表的金砖国家,以及以巴基斯坦、埃及、印度尼西亚、伊朗、韩国、菲律宾、墨西哥、孟加拉国、尼日利亚、土耳其、越南为代表的“新钻十一国”。这些新兴经济体的共同特点是经济发展总体上都处于上升期,经济贸易增长快速。根据有关国际机构统计,20世纪90年代以来,发展中经济体的经济增长速度明显高于发达经济体,新兴经济体的增长速度又高于一般发展中经济体。发展中经济体经济的快速发展使全球经济增长重心由发达经济体向新兴经济体转移,发展中经济体相对力量和对世界经济增长的贡献不断上升。例如在金融危机爆发前的2004—2008年,发达经济体对全球经济增长的贡献率(44%)已经低于发展中经济体(56%);在危机爆发后的2008—2012年,二者的差距进一步扩大至13%和87%。相应地,发达经济体和发展中经济体经济总量之比从20世纪80年代的约4∶1变为2014年前后的约2∶1。[①] 根据联合国贸易和发展会议预测,到2020

① 刘世锦、余斌、陈昌盛:《金融危机后世界经济格局调整与变化趋势》,《中国发展观察》2014年第2期,第18~19页。

年，主要发达经济体的国内生产总值（GDP）在世界生产总值中的占比将下降到约 36%，而金砖国家的比重将上升约 10 个百分点，达到 36% 左右，与主要发达经济体持平。中国的比重届时将超过 20%，成为全球最大经济体。到 2025 年，主要发达经济体的 GDP 在全球占比则可能降到 35% 以下，金砖国家可能突破 40%。到 2030 年，主要发达经济体的 GDP 在世界生产总值中的比重将进一步下降到 30% 多一点，而金砖国家的相应数据将超过 43%。中国经济在世界经济中的比重将超过 1/4。[①] 发达经济体和发展中经济体经济增长的对比表明，发展中经济体将在今后一段时期内充当世界经济增长的重要引擎，国际经济力量也将因此不断发生调整。

近年来，全球经济治理体系发生了一系列变化。在国际治理体系中，规则的制定权无疑是由参与成员的实力所决定的。奥兰·扬（Young，1994）曾明确指出，一个治理体系是一个不同集团成员就共同关心的问题制定集体选择的特别机制。[②] 在金融危机之前的国际经济治理体系中，发达经济体处于主导地位，发展中经济体处于从属地位。美国更是依靠其经济、科技、军事方面的实力处于霸主地位，对国际规则制定的干预甚至操纵更多考虑自己的利益，不可避免地损害他国利益。而国际货币基金组织、世界银行和世界贸易组织关税与贸易总协定（GATT）对世界货币秩序以及贸易发展实行了较为有效的治理。在国际货币体系方面，布雷顿森林体系和牙买加体系赋予了美元特殊地位，使美元享有世界货币地位却不必承担相应的义务。这种国际货币制度安排，使美国能够维持低储蓄高消费和高负债下的币值稳定。在国际贸易治理方面，GATT 主张自由贸易，反对贸易保护，通过主持多边贸易谈判，使关税壁垒不断降低，非关税壁垒受到约束。

金融危机爆发改变了国际治理中发达经济体绝对主导的局面，发展中经济体在国际治理中的话语权增加。在危机爆发之初，二十国集团（G20）一度成为国际经济治理的主要平台，曾就宏观经济政策、全球治理、发展等全球性议题进行协调，就诸多问题达成共识。在 G20 的推动下，国际货币基金组织和世界银行对提高新兴经济体和发展中经济体话语权也进行了份额与投票权改革，中国在国际货币基金组织和世界银行的投票权份额、在国际货币基金组织特别提款

---

① 联合国贸易与发展会议编：《2011 年贸易和发展报告》，http://unctad.org/en/Docs/tdr2011_en.pdf，2019 年 2 月 19 日。

② Young，O. *International Governance: Protecting the Environment in a Stateless Society*，Cornell University Press，1994，p.26.

权(SDR)的份额比重都有提高。

伴随着发展中经济体经济实力的提升,其在世界经济决策中的地位也在不断提高,对世界经济制度演进的影响力不断增强。长期以来,发达经济体凭借其强大的经济实力,垄断了世界经济与贸易的决策权,掌控着国际货币基金组织、世界银行等重要国际经济组织,力图将发展中经济体维持在它们所主导的国际分工体系中,维护自己的既得利益。由主要发达经济体和俄罗斯组成的八国集团(G8)就是维护其自身利益的重要平台。G8 国家领导人和财长定期召开会议,讨论其自身和世界经济发展的重要议题,对世界经济发展具有举足轻重的影响。后来该组织将俄罗斯排除在外,实际上变为七国集团(G7)。一方面,由于经济发展的不平衡,G7 中的有些国家如意大利在世界经济中的地位已经大大下降,充当世界经济领袖已经名不副实;另一方面,随着经济全球化的深入发展,各国经济日益融合,世界经济协调的范围不断扩大,手段日益复杂,G7 已经无能为力。因此,1999 年成立的 G20 在全球经济治理中的作用逐渐增强。

G20 由世界上 20 个主要发达经济体和发展中经济体组成。G20 成员人口约占全球总人口的 2/3,国内生产总值约占全球 90%,贸易约占全球 80%,在国际货币基金组织和世界银行所占的股权份额约 70%,它们对世界经济更具代表性,更能有效地履行全球经济治理职能。在 G20 中,发展中经济体与发达经济体共同参与全球经济治理,充分体现了发展中经济体在世界经济中地位的提升和对世界经济决策影响力的增强,标志着全球经济治理进入了一个新的阶段。G20 地位的变化意味着旧的国际经济合作体系的结束和新的合作体系的开始。

但是,G20 至今还只是一个政策协调平台,而非决策机构,不具备实施行动的约束力。由于发达经济体不会轻易放弃对全球经济事务的主导权,G20 决策机制化依然任重道远。目前无论从总体经济实力,还是从技术、资金、管理、教育发展水平,以及在国际分工中的地位来看,短期内发展中经济体还不能取代发达经济体在世界经济中的主导地位,发展中经济体还必须引进发达经济体的资金、技术,借鉴其经济制度中的合理成分,促进自身经济发展。例如,若以购买力平价法计算,2012 年主要发达经济体的 GDP 占世界生产总值的比重为 44.2%,其中,欧盟和美国的占比分别为 20.3% 和 18.6%,两者之和超过了世界生产总值的 1/3。[①] 而发展中大国中同期只有中国在世界生产总值中的比重超过 10%。

---

① 陈江生、庞博、邱丁:《当前的世界经济格局及其前瞻》,《中共中央党校学报》2013 年第 17 卷第 4 期,第 68 ~ 74 页。

由于G20缺乏一个有效的决策执行机制,在后危机时代其后续影响下降。G20要真正成为一个高效的国际治理组织还有待成员国尤其是新兴经济体和发展中经济体的共同努力。

2.2 攀升全球价值链中高端的国际国内背景

2.2.1 国际背景

对外开放,以开放促改革、以开放促发展是1978年以来中国经济发展的重要特征。开放水平的提高使得国际经济环境的变化对中国经济发展的影响日益加深。随着中国经济地位的变化以及与世界经济的日益融合,中国经济发展的国内外环境在不断发生变化,经济发展面临的不确定性也在增加。在当前全球价值链分工体系下,中国在相当部分全球价值链中处于低附加值的环节,贸易利益获得有限。如何促进中国在全球价值链中地位的攀升,增加中国的贸易附加值(TiVA),从而发展中国经济,在当前国际背景下意义重大。但是,当前仍然处于金融危机之后世界经济的调整期,中国攀升全球价值链中高端面临的国际环境复杂多变,既有有利的因素,也有不利的因素。

第一,世界经济增长缓慢,外部需求萎靡不振。自2001年加入世界贸易组织至2007年,借助外部需求的快速增长,中国对外贸易增速一直维持在20%~30%,也能够获得相当一部分的贸易利益。但2008年金融危机以后,虽然中国采取了一系列促进外贸发展的对策措施,但外贸增速并不如人意,这除了中国自2009年以后成为世界第一出口大国、外贸基数加大以外,另一个重要原因在于金融危机后世界经济特别是作为中国主要贸易伙伴的美国、欧盟和日本经济增速下降,中国贸易发展的国际需求环境充满不确定性。由于2008年金融危机的根本原因是经济长周期作用的结果,虽然危机爆发后G8、G20采取了一系列国际协调措施,短期内促进了2010—2011年世界经济与贸易的恢复性增长,但2012年后世界经济又陷入疲态,低速增长成为金融危机之后世界经济与贸易发展的基本态势。2012—2014年,全球贸易增速连续三年低于3%,年均增速仅为2.4%,远低于危机前7%左右的平均水平。危机爆发前5年,全球贸易量增速约为GDP增速的2倍,但危机后的2009—2014年,全球实际GDP增幅不到5%。[①]

第二,发达经济体的"再工业化"冲击。金融危机之后,以美国为代表的发

---

① 王涵:《2018全球宏观经济:各国政策切换之中,重构全球新格局》,https://www.gelonghui.com/p/161196,2018年1月4日。

达经济体认识到经济发展建立在高负债、高赤字的虚拟经济基础之上是难以为继的，必须重视实体经济的发展，为此纷纷推出“再工业化”战略，吸引高端制造业回流本土。在金融危机爆发前的10年，美国企业利润的40%来自虚拟经济。[①] 2009年11月，美国时任总统奥巴马提出美国经济要从过去维系在金融信贷上的高消费模式转向出口和制造业推动的成长模式，要重新平衡制造业和服务业。在2012年年度国情咨文中，奥巴马再度表示，要为美国经济长盛不衰制定蓝图，要以制造业为开端，促进制造业高技术发展，让制造业更具创造性、更加本地化和个性化，力图通过人工智能、机器人以及数字化制造重塑制造业竞争力。除美国之外，英国2011年投资4500万英镑支持九个创新制造中心建设；法国提出，工业占欧盟工业附加值的比重从2010年的13%增至2015年的15%；2013年年初，德国提出工业4.0计划，旨在通过智能制造，在新一轮工业革命中抢占先机。[②] 发达经济体的“再工业化”战略吸引的是制造业资本、技术密集高端环节的回流，不可避免地对中国产业结构升级、价值链提升产生负面影响。同时，从国际竞争格局看，随着中国经济发展水平的提高，中国在机械、电子产品等资本、技术密集型产品领域与发达经济体的竞争将逐渐加剧，中国战略性新兴产业的发展，全球价值链的攀升难以再寄希望于发达经济体的技术转移，而要更多地依靠自主创新。另外，在劳动密集型产品和劳动密集型环节领域，中国又面临其他发展中经济体的低成本竞争，本来就处于全球价值链分工体系中低附加值的产业链又要受到这些发展中经济体的挤压。

第三，进入后金融危机时代，保护本国市场和就业成为各国经济政策的主要诉求，贸易保护主义日趋活跃。当今的贸易保护主义除了传统的关税与非关税壁垒外，表现出两个重要特征：一是世界贸易组织对世界经济与贸易的协调能力下降，权威受到削弱，以互惠、对外歧视为主要特征的经济贸易区域化、集团化迅速发展。根据世界贸易组织统计，截至2014年1月，全球共签署区域贸易协定583个，涵盖贸易、投资、服务的自由化；二是以美国为代表的发达经济体试图在金融服务、竞争政策、政府采购、技术创新、劳工标准和环境标准等措施方面建立以其为主导的新的世界贸易与投资规则。它们对中国经济贸易发展也确实是一个挑战。这些规则在诸如服务业开放、农产品、知识产权、社会责任、环境与人权

① 赵玉睿：《从生产过剩到金融过剩的危机史》，https://www.wallstreetcn.com/articles/3335357，2018年6月12日。

② 刘世锦、余斌、陈昌盛：《金融危机后世界经济格局调整与变化趋势》，《中国发展观察》2014年第2期，第18～19页。

标准等方面与中国的现实利益存在冲突。一旦这些规则成为国际经济普遍规则，中国在全球价值链中的比较优势将大为削弱。尤其是美国在特朗普上台以后强调“美国优先”，要求买美国货，雇美国人，并且进一步推进“再工业化”。发达经济体通行的这些反全球化的保护主义政策，无疑对包括我国在内的发展中经济体的对外贸易和引进外资产生重大影响。

但是，当前的世界经济不可能将作为世界第一大贸易国和第二大经济体的中国排斥在外，当今世界范围内的经济贸易问题，如碳排放等，离不开中国的参与。尤其是由亚洲基础设施投资银行的成立，“一带一路”倡议的实施推动的区域经济合作，首先能够解决当前中国很多企业存在的产能过剩的问题，其次能够消化由于贸易顺差所带来的巨额的外汇资产，最后有利于扩大国际市场，为出口企业提供更多的外部需求。毫无疑问，这些都有利于中国企业攀升全球价值链中高端。

2.2.2 国内背景

我国的产业基本上是以资源禀赋的低成本劳动力和廉价的土地等物质资源的比较优势嵌入全球价值链的。因此长期以来我国企业在全球价值链中基本处在附加值低的低端。学术界对此有“低端锁定”说。以下的分析将说明，我国企业无论是低成本劳动力还是廉价的物质资源的资源禀赋比较优势都将失去，低端也难以锁定。

资源禀赋比较优势失去的主要表现是中国劳动力供给相对减少，劳动力价格上升。广义上可以用一国的总人口来衡量一国的劳动力供给，但是考虑到劳动力是具有劳动能力的人口，为了更准确地反映中国劳动力的供给情况，我们利用中国统计局统计的年龄段在 15 ~ 64 岁的人口数据来衡量中国的劳动力供给，并绘制了图 2 - 1 用来描述 2006—2015 年中国劳动力供给的变化情况。

通过图 2 - 1 我们发现，在 2010—2015 年中国的劳动力供给基本保持不变，2014 年和 2015 年有略微的下降，但是考虑到 2006—2010 年的劳动力供给的增加，可以说 2010 年以后中国的劳动力供给是相对减少的。

伴随着中国劳动力供给的相对减少，中国的劳动力价格在不断地上升。根据中国统计局的数据，我们绘制了表 2 - 1 用来反映 2006—2015 年中国劳动力价格的变化。

观察表 2 - 1，我们可以发现无论是国有单位，城镇集体单位，还是其他单位，在 2006—2015 年，这些单位的平均工资均是上涨的。以城镇单位就业人员的平均工资来看，2006—2015 年，中国的劳动力价格增长了近两倍。

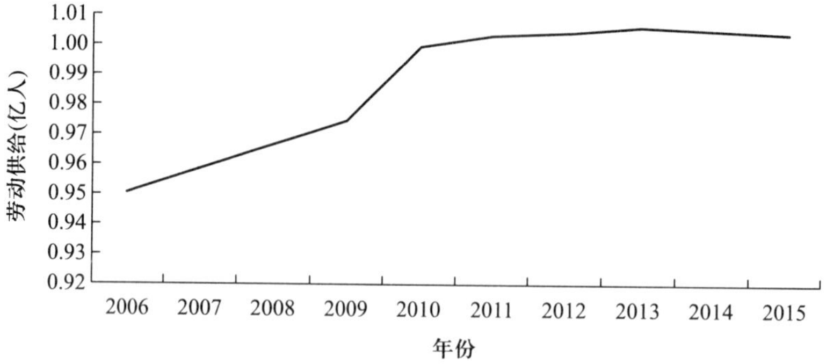

图 2－1　2006—2015 中国劳动力供给的变动情况①

表 2－1　2006—2015 年中国劳动力价格的变动情况②

年份	城镇单位就业人员平均工资(元)	国有单位就业人员平均工资(元)	城镇集体单位就业人员平均工资(元)	其他单位就业人员平均工资(元)
2006	20856	21706	12866	21004
2007	24721	26100	15444	24271
2008	28898	30287	18103	28552
2009	32244	34130	20607	31350
2010	36539	38359	24010	35801
2011	41799	43483	28791	41323
2012	46769	48357	33784	46360
2013	51483	52657	38905	51453
2014	56360	57296	42742	56485
2015	62029	65296	46607	60906

中国劳动力价格的上升,是经济发展的必然规律。根据国际经济学中的斯托尔珀－萨缪尔森定理,当一国发挥要素禀赋优势,生产密集使用其相对丰富要素产品并出口时,会导致要素供求和要素价格的变动。原先相对丰富而廉价的要素价格将上升,原先相对稀缺而昂贵的要素价格将下降。劳动力价格上升正是这一规律的体现。更为重要的是,中国的经济制度是以提高人民的生活水平、实现共同富裕为根本目的的,这也要求随着经济增长,逐渐提高劳动者工资水

① 数据来源:2006—2015 年《中国统计年鉴》中相应数据。
② 数据来源:2006—2015 年《中国统计年鉴》中相应数据。

平，增强人民相对购买力水平，让人民群众从经济增长中得到更多实惠。

中国工资水平的提高也不可避免地受到开放条件下国际示范效应的影响。根据美国波士顿咨询公司 2011 年的报告，2000—2005 年，中国工厂的工人平均工资和福利上升了 10%，2005—2010 年上涨 19%，而同期美国工厂工人的劳动力成本仅上升 4%。[①] 而就生产效率而言，中国的增速只有美国的一半。综合劳动力价格和生产效率两个因素，中国劳动力成本相对于美国已不具明显优势。相对于周边发展中经济体，中国劳动力成本更是处于劣势。2014 年，印度、印度尼西亚劳动力成本约为中国的 1/2，越南劳动力成本约为中国的 1/3，柬埔寨劳动力成本只有中国的 1/4。[②] 在劳动力价格上升的同时，中国劳动适龄人口的供给自 2012 年开始减少。自金融危机以来，由于中国制造业劳动成本优势的丧失，不少在中国的跨国公司以及国内一些劳动密集型企业陆续开始转移投资，将企业搬到劳动力价格更具优势的发展中经济体。

除了上述劳动力价格上升外，国际市场上劳动密集型产业产能过剩矛盾进一步加剧也是全球价值链低端难以锁定的一个重要表现。发展中经济体经济增长的起步阶段都靠廉价劳动力支撑。后果是国际市场上劳动密集型产业产能过剩，而且会以更低的成本竞相吸引全球价值链的主要利用劳动力的环节进入，对我国处于价值链低端的环节形成压力。

上述劳动力比较优势正在丧失的状况倒逼我国摆脱在全球价值链中被“低端锁定”的状况，对攀升全球价值链中高端提出了紧迫的要求。我国的发展水平也为我国向全球价值链中高端攀升提供了条件。

第一，人力资本的增加。在教育、人力资本方面的持续投入，高校毕业生人数的不断增加构成了中国新的比较优势。

根据图 2－2，总体而言，2006—2015 年中国普通高等学校毕业生平稳增长，2006 年，中国高等学校毕业生人数为 377.50 万人，到 2015 年高等学校毕业生人数达到 680.89 万人。而这些高质量的劳动力进入劳动市场，学习效应无疑会促使劳动力整体质量的提高。这对于中国攀升全球价值链中高端意义重大。

第二，科技水平提高，科研投入不断增加。根据中国统计局的数据，2006—2015 年中国的科研投入不断增加。首先，从研发人员数量来讲，研发人员全时

① The Boston Consulting Group. “Made in America, Again: Why Manufacturing Will Return to the U.S.”, http://image-src.bcg.com/Images/made_in_america_again_tcm9-111853.pdf, 2019 年 2 月 19 日。

② 吴敬琏、厉以宁、林毅夫，等：《读懂新常态 2》，中信出版社 2016 年版，“序”第 3 页。

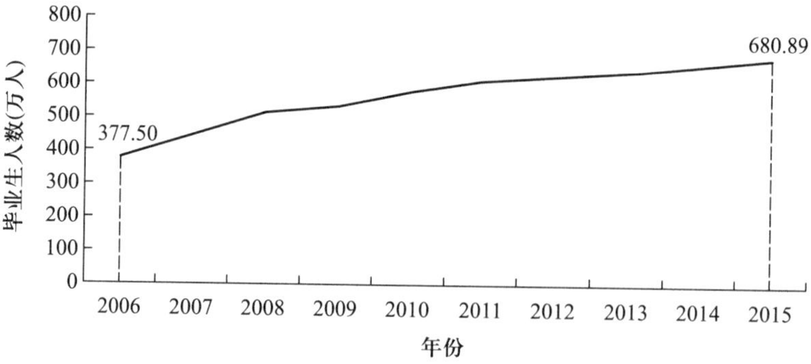

图 2－2　2006—2015 年中国普通高等学校毕业生人数①

当量在逐年增加，在 2006 年为 150. 25 万人年，到了 2015 年增长到 375. 88 万人年。其次，从研发经费支出来讲，研发经费支出同样在每一年都是增加的，在 2006 年为 3003. 10 亿元，到 2015 年增加到 14169. 88 亿元。最后从研发经费支出占 GDP 的比重来讲，研发经费支出占 GDP 的比重也在持续增加，从 2006 年的 1. 37% 增加到 2015 年的 2. 06%，如表 2－2 所示。科研投入的不断增加，有助于促进中国技术水平的提高，而技术水平的提高是中国攀升全球价值链中高端的一个重要条件。

表 2－2　2006—2015 年科研人员与科研投入的变化②

年份	研发人员全时当量（万人年）	研发经费支出（亿元）	研发经费支出占 GDP 的比重（%）
2006	150. 25	3003. 10	1. 37
2007	173. 62	3710. 24	1. 37
2008	196. 54	4616. 02	1. 44
2009	229. 13	5802. 11	1. 66
2010	255. 40	7063. 00	1. 71
2011	288. 30	8687. 00	1. 78
2012	324. 70	10298. 41	1. 91
2013	353. 30	11846. 60	1. 99
2014	371. 06	13015. 63	2. 02
2015	375. 88	14169. 88	2. 06

① 数据来源：2006—2015 年《中国统计年鉴》中相应数据。

② 数据来源：2006—2015 年《中国统计年鉴》中相应数据。

中国是一个发展中大国,外贸依存度较高,但是,在当前全球价值链分工体系下,中国一直处在全球价值链的低端,贸易利益低,而且资源消耗高,环境污染大。显然,中国要实现可持续发展,实现中华民族伟大复兴的中国梦,就不能在"低端锁定",以上两个方面说明从全球价值链的低端环节向中高端攀升既有紧迫性,又有可能性。

2.3 攀升全球价值链中高端的创新驱动背景

攀升全球价值链中高端的基本路径是创新驱动。我们特别要注意到,当前的全球价值链正在成为全球创新链。当我国试图从全球价值链的低端攀升到全球价值链的中高端时,必须注意到全球范围正在推进的产品、技术和商业模式创新。这种全球范围的创新背景为中国企业提供了学习的榜样。

2.3.1 产品创新的背景

一般而言,消费者的偏好是多样化的,因此如果能够在供给侧提供多样化的产品,企业就能够抢占市场,获得高额利润。如何提供满足消费者多样化偏好的新产品?这就需要企业在产品设计研发上进行创新。我们以苹果公司生产的手机(iPhone)为例,从销售量来看,2012 年,iPhone 的销量达到一个全新的里程碑,iPhone 的日销售数量达到了 37.8 万部,而到了 2015 年,iPhone 的销量更是达到了 2.3 亿部,如果以一年 365 天来计算,可以推算出每天卖出的 iPhone 数量高达 63.3 万部。若以季度来算,这个数字更加惊人,2016 年第一季度 iPhone 销售数量高达 7480 万部,一天平均卖出 82.9 万部 iPhone。[①] 借助于 iPhone 7 和 iPhone 7plus 的发布,2016 年第四季度,苹果又创下了一个新纪录,三个月卖出了 7830 万部 iPhone。从销售价格来看,2016 年第四季度,iPhone 的平均零售价一样达到新高,平均售价为 694 美元(约合人民币 4772 元)。与此同时,在过去的六年里,安卓智能手机的平均零售价直接下跌一半,从大约 440 美元(约合人民币 3026 元)跌到了 200 美元(约合人民币 1375 元)。[②] 巨大的销售量和高昂的零售价,使得苹果公司在 iPhone 产品中获得了巨大的利润。从全球价值链来看,苹果公司主要负责 iPhone 产品的设计和研发,而这一环节正是价值链中附

---

① 《iPhone 去年销量达 2.3 亿部 平均每天卖 63 万部(图)》,http://sc.people.com.cn/n2/2016/0304/c345529-27863327.html,2018 年 3 月 4 日。

② 《iPhone 均价和销量创下新纪录 苹果为啥这么厉害》,https://www.jiaheu.com/topic/253735.html,2019 年 2 月 19 日。

加值最高的一环，而零部件的生产和组装这一低附加值的环节都交给其他发达经济体或发展中经济体的企业来完成，因此 iPhone 产品利润中的绝大部分都由苹果公司获得。因此，中国要想攀升全球价值链，获得更大的贸易利益，可以从产品上进行创新，设计和研发出消费者偏好的商品。

2.3.2 技术创新的背景

产品创新离不开技术创新，仍以 iPhone 为例。新手机巨大的销量和带来的巨额利润离不开新技术的革新，iPhone 4 在 iPhone 3GS 的基础上创新地引入了多点触摸（Multi-touch）的触摸屏界面，并采用了全新的工业设计。iPhone 4S 采用了 iOS 5 系统，并与推特（Twitter）进行了整合。此外，iOS 5 系统中还推出了语音助手（Siri）。iPhone 5 引入了 iOS 6 系统，并与脸书（Facebook）进行了整合。iPhone 5S 的特点是“Home”键结合指纹扫描仪。iPhone 6 采用 4.7 英寸屏幕，iPhone 6 plus 使用5.5 英寸屏幕，成为苹果史上最大屏幕手机；内置64 位构架的苹果 A8 处理器，性能提升非常明显；同时还搭配全新的 M8 协处理器，专为健康应用所设计；加入“Touch ID”支持指纹识别，并首次新增近距离无线通信（NFC）功能；iPhone 6也是一款三网通手机，4G LTE 连接速度可达 150Mbps，支持多达 20 个 LTE 频段。iPhone 6S 屏幕采用高强度的 Ion – X 玻璃，处理器采用 A9 处理器，CPU 性能比 A8 提升 70%，图形性能提升 90%；摄像头对焦更加准确，CMOS 为了降噪采用“深槽隔离”技术，支持 4K 视频摄录；在数据连接方面，支持 23 个频段的 LTE 网络，和 2 倍速度的无线网络连接。iPhone 7 和 iPhone 7 plus 的“Home”键采用全新设计，添加了振动反馈。新 iPhone 的“Home”键不再是机械按键，而是力度感应键，能感知压力，可以提供触感反馈，响应度更高，不易被按坏；支持 IP67 防水防尘功能，双摄像头（iPhone 7 不具备），防抖功能，新增了速度更快的处理器；相机的处理器 ISP 吞吐量是原来的两倍；“Live photo”更加强大，开发者还可以调用 RAW 相机的应用程序编程接口（API）；前置摄像头升级到 700 万像素，支持防抖功能。可以说 iPhone 的成功离不开技术创新。因而推动中国攀升全球价值链，技术创新是一个重要的途径。

技术进步对于中国攀升全球价值链的重要性也不言而喻，以中国汽车产业为例，2014 年和 2015 年中国汽车市场销售量均为全球第一，2016 年 1—11 月中国汽车产销量分别完成 2502.7 万辆和 2494.8 万辆，同比分别增长 14.3% 和 14.1%，并分别高于上年同期 12.5 和 10.8 个百分点。经历了两年的产销增速放缓后,2016 年中国汽车产销量创历史新高。[1] 虽然中国一跃成为全球新车产销量第一大国,但在核心技术上,中国汽车工业与发达经济体仍存在一定差距。经过多年的发展,中国的汽车企业仍不具备生产出汽车中最为核心的发动机的技术。在中国生产的绝大部分汽车需要进口国外的发动机,中国的汽车产业仍处在拼接组装这个价值链附加值最低的一环。中国在从汽车大国向强国转型的过程中,核心技术的提升刻不容缓。

2.3.3 商业模式创新的背景

商业模式的选择,可能决定着一家企业的发展,甚至一个产业的兴衰。互联网的普及和信息技术的发展,催生了电子商务这一产业,孕育了阿里巴巴、京东商城和当当网等一些知名企业,传统的家电零售企业如苏宁和国美也纷纷开设线上购物平台苏宁易购和国美在线。

20 世纪 90 年代以来,随着信息通信技术的发展,互联网的普及,数据的收集、存储和传递变得更为容易。2011 年,全球知名咨询公司麦肯锡最早提出"大数据时代已经到来"。对于大数据,目前学界还没有一个统一的定义,一般而言,大数据具有数据范围大、数量大、价值高的特点。大数据能够真实地反映消费者的消费偏好、消费能力、消费需求、消费习惯等,从而为企业发现价值、创造价值和实现价值提供了新的基础和路径。早在 2012 年,沃尔玛就开始利用大数据来制定销售策略,这带来了当年 10% ~15% 在线销售的明显涨幅,增加收入为 10 亿美元。[2] 沃尔玛的大数据生态系统每天处理 TB 级的新数据和 PB 级的历史数据。其分析涵盖了数以百万计的产品数据和从不同的来源的数亿名客户。沃尔玛使用数据挖掘来发现销售数据的模式。数据挖掘可以帮助沃尔玛找到一种模式,该模式可以基于哪些产品需要一起购买或者购买某一特殊产品前还需要购买哪一产品的信息,向用户提供产品推荐,而这可帮助数百万名客户享受个性化的购物体验。同样,谷歌也通过跟踪用户的浏览记录来为用户量身定制广告,这样一方面能够节省成本,另一方面广告投放会更有效率。

在当前全球价值链的背景下,中国制造不仅面临发达国家的排挤,还面临发展中国家的竞争,压力巨大。而且很多出口企业并不是实力雄厚的大企业,它们

---

① 《2016 年我国汽车产销量再创历史新高,居全球第一!》,http://www.sohu.com/a/122123476_372828,2016 年 12 月 15 日。

② 《从啤酒和纸尿裤,你能想到什么?》,https://www.jianshu.com/p/a8349052a2a0,2018 年 10 月 28 日。

对政策制度的依赖性非常高,可能政策的一个微小的不利变化就能导致它们由盈余转向亏损,进而退出国际市场;相反一个好的政策调整也能够促进出口企业效率的提高,使得出口企业在国际竞争中更具优势,以至逐步走向全球价值链中高附加值的一端。

3. 全球价值链分工的新视角

3.1 引言

自20世纪90年代学界开始关注全球价值链发展状况和世界主要国家参与程度方面的研究,目前已有许多学者对这类问题进行了定量研究或案例研究。

赫梅尔等人(Hummels,et al. ,2014)利用他们定义的垂直分工参与率指标,对1968—1990年10个OECD国家总体贸易与垂直分工贸易的关系进行了探究。他们发现,在20余年间,垂直分工贸易占总贸易的比重从12.0%上升到了14.5%,增长了近20%,换句话说,垂直分工贸易在国际贸易中的地位明显上升;他们还发现,垂直分工贸易额占总贸易额的比重每上升1个百分点,贸易总额占产出比重便会上升约2.92个百分点,换句话说垂直贸易的发展显著地提高了国际贸易参与度。① 鲍尔温等人(2015)通过计算得出:2009年约一半的产出被用作中间产品,而进口中间产品约占总产出价值的16%,而如果同时考虑产品和服务的产出,这一比例约为8%。他们认为,这表明世界范围内的生产远未达到广泛的国际化。此外,他们还观察了1995—2009年世界制造业的分布情况,发现国际供应链(与全球价值链同义)呈现区域性(而非国际性),即实际上存在亚洲、欧洲和北美洲三个生产集团,中国、德国和美国是这些生产集团的中心(hub),而供应链贸易呈现向亚洲生产集团集中的趋势,与此同时,中国在这一生产集团中的作用在明显上升。② 这些结论支持了戈利耶等人(Gaulier,et al. ,2007)的观点,即中国在亚洲地区的生产活动当中逐渐处于中心地位,并且随着中国的发展,亚洲地区与北美自由贸易区(NAFTA)的贸易联系在减弱,亚洲发达经济体的贸易重心从北美洲、欧洲向中国转移。③

除了定量研究,也有学者进行了案例研究,比较经典的案例研究便是对于苹果公司产品的全球价值链描述。林登等人(Linden,et al. ,2007)最早对于便携

---

① Hummels,D. ,Jørgensen,R. ,Munch,J. ,et al. "The Wage Effects of Offshoring: Evidence from Danish Matched Worker-Firm Data",*The American Economic Review*, vol. 104,No. 6(2011),pp. 1597-1629.

② Baldwin,R. , Lopez-Gonzalez,J. "Supply-chain Trade: A Portrait of Global Patterns and Several Testable Hypotheses", *World Economy*, vol. 38, no. 11 (2015), pp. 1682-1721.

③ Gaulier,G. , Lemoine,F. ,Ünal-Kesenci,D. "China's Emergence and the Reorganisation of Trade Flows in Asia", *China Economic Review*, vol. 18, no. 3 (2007), pp. 209-243.

式多功能数字播放器(iPod)的全球分工进行了研究。① 2011 年,林登等人又对平板电脑(iPad)的全球生产进行了探究。邢和德尔迪特(Xing and Detert,2010)则进一步分析了 iPhone 的生产分工。②

表 3-1 iPhone 4 智能手机的零部件产地结构及价值组成③

产地	零部件	生产厂商	成本(美元)	占比(%)
中国台湾地区	触摸屏	Largan Precision	20.75	11.06
	相机	Wintek		
德国	基带(baseband)	Dialog	16.8	8.58
	电池管理(单元)	Infineon		
	收发器(transceiver)			
韩国	应用处理器	LG	80.05	42.69
	显示器	Samsung		
	内存(DRAM)			
美国	音频解码器	Broadcom	22.88	12.20
	连接(设备)	Cirrus Logic		
	GPS	Intel		
	存储	Texas Instruments		
	触摸屏	TriQuint		
	控制器			
其他	其他	Misc.	47.75	25.47
总计			188.23	100

从表 3-1 中不难看出,即便只考虑零部件供应,iPhone 手机的生产就已经涉及多个国家和地区,其中,韩国在零部件增值额中约占 42.69%,相比之下,美国仅占 12.20%:苹果公司虽然是美国企业,iPhone 虽然是美国企业设计,但仅从制造业的角度看,全球分工已经如此深入,以至于美国并不是 iPhone 零部件

① Linden, G., Kraemer, K. L., Dedrick, J. "Who Captures Value in a Global Innovation System? The Case of Apple's iPod", UC Irvine: Personal Computing Industry Center, (2007), https://escholarship.org/uc/item/1770046n.

② Xing, Y., Detert, N. "How the iPhone Widens the United States Trade Deficit with the People's Republic of China", Asian Development Bank Working Paper, No. 257 (2010).

③ Mattoo, A., Wang, Z., Wei, S. J. *Trade in Value Added: Developing New Measures of Cross-Border Trade*, World Bank Publications, 2013, p. 19.

的主要产地，iPhone 实际上是一件“来自世界的产品”。

罗威等人（Lowe，et al.，2010）也发现了类似的现象。他们对美国城际轨道交通车辆（Rail Vehicles for Intercity Passenger Rail and Urban Transit）的生产进行分析后发现，虽然美国的国产规则（Domestic Content Rules）保证该类产品约60%的部分来自美国国内，但高附加值的工序则主要是国外完成的。他们还发现，即便在美国国内完成的工序之间，也存在必须由海外完成的部分，而这些“断层”往往涉及复杂的机械结构和高超的技工能力。[①]

在另一篇文章中，罗威等人（2010）对美国新能源车用锂电池产业进行分析并发现，美国国内企业在该产业中主要负责最终的电池单元和电池组的组装，在考察的21家企业中，只有1家企业是在美国国内完成大部分生产工序的，大部分的企业需要从国外购买组装原件，并且许多关键部件是无法在美国国内生产的，只能从国外购买。表3-2反映了新能源车用锂电池组的部件来源及价值构成。[②] 可以观察到，锂电池组的生产涉及5个经济体，其成本中，约有69%的部分涉及全球生产。可以说，锂电池组也是一个典型的“世界产品”。

表3-2 锂电池组的部件来源和价值构成

锂电池组主要组件	主要提供方	在锂电池组总成本中的占比（%）
电池单元组件（cell component）		
容器、包装	日本，韩国，中国	6
阳极材料	日本，韩国	10
阴极材料	日本，韩国	3
电极箔	日本，韩国，中国，欧盟	1
电解液	日本，中国，欧盟	3
隔膜	日本，韩国，美国，中国	4
其他材料（安全阀等）	日本，美国，韩国	2

① Lowe，M.，Tokuoka，S.，Dubay，K.，et al. “US Manufacture of Rail Vehicles for Intercity Passenger Rail and Urban Transit”，CGGC Working Paper，（2010），https://www.researchgate.net/publication/242742755_US_Manufacture_of_Rail_Vehicles_for_Intercity_Passenger_Rail_and_Urban_Transit.

② Lowe，M.，Tokuoka，S.，Trigg，T.，et al. “Lithium-Ion Batteries for Electric Vehicles: The US Value Chain”，CGGC Working Paper，（2010），https://unstats.un.org/unsd/trade/s_geneva2011/refdocs/RDs/Lithium-Ion%20Batteries%20(Gereffi%20-%20May%202010).pdf.

续表

锂电池组主要组件	主要提供方	在锂电池组总成本中的占比(%)
锂电池单元		
电池制造劳动	日本,韩国,中国,欧盟,美国	16
组装		2
电子(部件)		
电子元件	日本,韩国,欧盟,美国,中国	8
电气器件		2
机械器件		12

全球价值链分工的兴起使得世界经济呈现许多新的特征。

联合国工业发展组织(UNIDO,2002)认为,全球价值链呈现许多新的组织特征:跨国企业在全球价值链中的地位不断上升;生产活动依据功能和工序在国家间进行分割;价值链不同环节的增值额和技术是不同的,因此对于参与者的技术能力有不同的要求。① OECD(2013)指出随着全球价值链的发展,国家的联系日益紧密,中间产品贸易也不断发展;企业与国家更多地在特定工序或任务上进行分工;跨国企业在全球供应链与销售链中起核心作用;经济发展,生产率增长更加依赖于高质量的中间投入品、合理的分工。② 巴克尔和米若多(Backer and Miroudot,2014)也认为,在全球价值链贸易中,生产过程呈现在全球范围内分散化的趋势,而国家间的分工更加集中在任务和特定商业环节而非产品上。③

一般来说,价值链贸易或者说生产分散化是通过垂直分工完成的,而国际垂直分工大多是基于中间产品贸易实现的,因此,全球价值链的扩展必然会伴随着垂直分工的深化和中间产品贸易的发展:对这两种现象进行观察基本就可以捕捉到全球价值链的发展状况:① 价值链贸易在国际贸易中的地位不断上升,这表现为垂直贸易占总贸易的比例不断上升以及中间产品贸易的扩张;② 价值链贸易呈现一定的区域化特征。其中,中国在东亚地区的价值链贸易中重要性不

① UNIDO. *Industrial Development Report* 2002:*Competing Through Innovation and Learning*,UNIDO Publishing, 2002,p. 85.

② OECD. *Interconnected Economies*: *Benefiting from Global Value Chains*, OECD Publishing, 2013, p. 152.

③ De Backer, K. , Miroudot, S. *Mapping Global Value Chains*, Social Science Electronic Publishing, 2014,p. 72.

断上升，逐渐占据核心地位，高技术产品的全球化生产趋势十分明显。

3.2 参与国际分工的劳动技能结构的视角

根据斯托尔珀－萨缪尔森定理，如果某国的低技能劳动力更加丰裕（例如大部分发展中国家），那么当该国参与国际分工后，根据比较优势，将会出口低技能劳动力密集型产品，进口高技能劳动力密集型产品。这就会提高低技能劳动力密集型产品的相对价格，而降低高技能劳动力密集型产品的相对价格。这样，低技能劳动者的工资上升，低技能劳动力大量流入出口部门，同时，高技能劳动者工资相对下降，高技能劳动力流入非出口部门。同样，由斯托尔珀－萨缪尔森定理，如果某国（发达国家）的高技能劳动力相对丰裕，高技能劳动力的报酬将上升，出口部门的高技能劳动力占比将提高。总结来看，相对丰裕的要素报酬上升，并向出口部门集中；相对稀缺的要素报酬下降，并向国内部门集中。因此，参与国际分工（实行贸易自由化）能够缓解国内收入差距，同时，发展中国家出口部门的低技能劳动者的占比将上升，发达国家出口部门的高技能劳动力占比也会上升。

但是，近年来，大量实证结果指向另一个事实，即不论发达国家还是发展中国家，贸易自由化均会导致主要产业（尤其是出口部门）中高技能劳动力的使用明显增加，与之对应，高技能劳动者的工资相对上升：换句话说，参与国际分工并没有带来收入分配的均等化，反而扩大了收入分配差距，提高了人力资本的回报。

20 世纪 80 年代以来，许多发展中国家放弃了贸易保护政策，大幅削减关税，如智利削减了 85% 的关税，印度削减了近 73% 的关税，墨西哥削减了 12.5% 的关税，这些举措极大地扩大了这些国家的开放程度，提高了它们参与国际分工的深度。

如果斯托尔珀－萨缪尔森定理成立，这一冲击应该导致高技能与低技能劳动者收入差距缩小。事实上，国际分工导致收入差距缩小，这一判断是基于劳动力需求相对变化这一前提的，即高技能劳动力需求相对下降、低技能劳动需求相对上升。但大量实证研究并没有观察到劳动力需求的相对变动。

如果斯托尔珀－萨缪尔森定理成立，实施贸易自由化后会出现两种现象。一是发展中国家将会出现大规模跨部门的劳动力重新配置，二是贸易自由化将导致发展中国家出口部门中，低技能劳动力占比上升。但与此相反，学者们考察的那些国家的大多数产业（包括出口部门）高技能劳动者占比均有上升。[①] 阿塔

① Kijima, Y. "Why Did Wage Inequality Increase? Evidence from Urban India 1983 – 99", *Journal of Development Economics*, vol. 81, no. 1 (2006), pp. 97 – 117.

纳西奥等(Attanasio,et al.,2004)[①]利用哥伦比亚的全国家庭调查数据计算发现,随着进口竞争日益激烈,哥伦比亚大部分行业的高技能劳动者占比几乎都在上升。这与技能偏向型技术进步相一致。此外,关税减免幅度较大的产业经历了更明显的技能偏向型技术进步,外国竞争刺激了技术偏向型技术进步,从而扩大了企业对高技能劳动力的需求。

事实上,不仅进口竞争会提高对于高技能劳动力的需求,出口企业往往也会表现出对于高技能劳动力更强的偏好,对高技能劳动力提供相对更高的工资。维胡根(Verhoogen,2008)考察了 1994 年比索危机(比索大幅贬值)对于墨西哥企业技能偏好的冲击,结果发现,初始期的大规模高生产率企业表现出更高的出口倾向,并且在这一危机中同时扩大出口、提高工资(尤其是白领工人的工资)[②];纳米尼等人(Namini,et al.,2013)利用 1990—1999 年智利的制造业数据也观察到,贸易自由化在短期内提高了高技能劳动力的报酬。[③]

类似的现象也出现在发达国家。如瓜达卢佩(Guadalupe,2007)利用 1982—1999 年英国制造业部门的就业数据,发现外来竞争的冲击能够提升可观测(observed)和不可观测(unobserved)技能劳动者(两者均可以被看作高技能劳动者)的收入。[④] 法尔维等(Falvey,et al.,2009)利用 1986—2000 年葡萄牙生产部门的雇主-雇员匹配数据,发现随着(进口)竞争激烈程度的增强,高技能劳动者的报酬上升。此外,他们还发现,进口竞争的激烈程度是技能升级的重要决定因素。[⑤] 陆和吴(Lu and Ng,2013)利用美国职衔大辞典(DOT,Dictionary of Occupational Titles)及当期人口调查(CPS, Current Population Survey)数据,发现面临激烈进口竞争的产业往往会倾向于雇佣更多的非常规劳动力(即高技能劳动力)。[⑥]

综上,斯托尔珀-萨缪尔森定理在很大程度上无法解释发达国家和发展中

① Attanasio,O. P.,Goldberg,P. K.,Pavcnik,N. "Trade Reforms and Wage Inequality in Colombia", *Journal of Development Economics*, vol. 74,no. 2(2004),pp. 331-366.

② Verhoogen,E. A. "Trade, Quality Upgrading, and Wage Inequality in the Mexican Manufacturing Sector",*The Quarterly Journal of Economics*, vol. 123, no. 2 (2008), pp. 489-530.

③ Namini,J. E.,López,R. A. "Factor Price Overshooting with Trade Liberalization: Theory and Evidence", *Scottish Journal of Political Economy*, vol. 60, no. 2 (2013), pp. 139-181.

④ Guadalupe,M. "Product Market Competition, Returns to Skill and Wage Inequality", *Journal of Labor Economics*, vol. 25, no. 3 (2007), pp. 439-474.

⑤ Falvey,R.,Greenaway,D.,Silva,J. "International Competition, Returns to Skill and Labor Market Adjustment",World Bank Policy Research Working Paper,No. 8365(2009).

⑥ Lu,Y.,Ng,T. "Import Competition and Skill Content in US Manufacturing Industries", *Review of Economics and Statistics*, vol. 95, no. 4 (2013), pp. 1404-1417.

国家高技能劳动力需求同时扩大的现象。戈尔德贝尔格和帕维克里克（Goldberg and Pavcnik,2007）总结了部分可能的解释。[①]

1）生产过程离岸化

这一解释着眼于生产过程对于不同国家的技术异质性。由于技术进步和制度改革，交易成本降低，发达国家将部分生产过程进行外包。具体来看，不同的生产过程可以分为常规和非常规两种，常规生产过程，并不需要较高的技能，往往可以被编码化[②]，这些生产过程只需“例行公事”，对于技能并没有特殊要求，因此通常可以被外包，而对技术要求较高的非常规工序则往往被留在国内。对于发达国家而言，进行外包的工序往往是低技能劳动力密集型的，这就会导致发达国家对于低技能劳动力的需求明显降低（相应地扩大高技能劳动力的需求），但对于发展中国家而言，承接的产业转移往往对于劳动者技能要求较高（即使在发达国家被看作技能要求较低），是高技能劳动力密集型工序，这就导致承接国对于高技能劳动力的需求提高。

2）外资流入的技能效应

赫克歇尔－俄林定理成立的前提是资本、劳动无法跨国流动。但近年来，资本的跨国流动规模不断扩大，与此同时，大量发展中国家也采取了广泛的外资吸引政策。对于发展中国家而言，外国资本在国内的使用需要大量的高技能劳动力。因此，全球化导致的资本跨国流动在很大程度上也能够解释发展中国家扩大的高技能劳动力需求。

3）技能偏向型技术进步

对于这一现象，还有一种解释认为，参与国际分工会导致特定产业发生技能偏向型技术进步，从而导致对于高技能劳动力需求发生变动。而关于贸易自由化与技能偏向型技术进步的关系，主要有以下两种观点。

伍德（Wood,1995）认为，面对外来竞争，国内厂商往往会选择通过加强研发投资，提高技术水平以保持竞争优势，即所谓的“防御性技术进步”（Defensive Technology Progress）。[③] 一般来说，这一情况往往会在中等收入国家发生。

---

① Goldberg, P. K., Pavcnik, N. “Distributional Effects of Globalization in Developing Countries”, *Journal of Economic Literature*, vol. 45, no. 1 (2007), pp. 39－82.

② Leamer, E. E., Storper, M. “The Economic Geography of the Internet Age”, *Journal of International Business Studies*, vol. 32, no. 4 (2001), pp. 641－665.

③ Wood, A. “How Trade Hurt Unskilled Workers”, *The Journal of Economic Perspectives*, vol. 9, no. 3 (1995), pp. 57－80.

阿西莫格鲁(2003)则从技术使用的角度解释两者联系。[1] 贸易自由化使得进口生产用、办公用设备的成本降低,提高了发展中国家对这些设备的使用率:事实上这可以看作某种形式的技术进步。而使用这些设备需要较高的技能:这也导致了对于高技能劳动力的需求扩张。

4）产出组合(Output Mix)

一般来说,本土企业往往会通过提高产品品质来“逃离竞争”。坎德瓦尔(Khandelwal,2010)就发现,一般而言,品质阶梯(Quality - ladder)较短的企业受到进口竞争冲击更大,原因在于其品质上升空间较小;[2]福尔摩斯和史蒂文斯(Holmes and Stevens,2010)则提出,相对于小企业,大企业更容易受到进口冲击。[3] 他们指出,大企业的产品更倾向于标准化,而小企业的产品则更倾向于定制,标准化产品的品质提升较为困难,而直接面向需求的定制产品则更容易提升品质。而高质量产品则需要更多的非常规技能(即要求较高的技能水平),因此通过这一渠道,进口竞争会增加企业对于高技能劳动力的需求。

除以上解释外,还有学者重点关注出口厂商的高技能劳动力需求,从厂商异质性角度给出了解释。

瓜达卢佩(2007)证明,如果产品市场并非完全竞争的,哪怕劳动力市场是完全竞争的,高技能劳动力仍然能够获得更高的工资:激烈的竞争将使得厂商利润对生产价格更为敏感。而假设高技能劳动力比低技能劳动力有更高的生产率,这也就意味着高技能劳动力更擅长以低成本进行生产。[4] 这样,激烈的竞争会导致对高技能劳动力的需求迅速增加,从而导致高技能劳动力的收入增加。赫尔普曼等人(Helpman,et al. ,2010)则从理论角度给出了开放程度(出口)与收入分配差距的关系:高生产率企业使用高技能劳动力的收益更高,因此,与低生产率企业相比,更有激励以搜寻、吸引高技能劳动力。经济开放程度增加会导

---

① Acemoglu,D. “Patterns of Skill Premia”, *The Review of Economic Studies*, vol. 70, no. 2 (2003), pp. 199 - 230.

② Khandelwal,A. “The Long and Short (of) Quality Ladders”, *The Review of Economic Studies*, vol. 77, no. 4 (2010), pp. 1450 - 1476.

③ Holmes,T. J. , Stevens,J. J. “An Alternative Theory of the Plant Size Distribution with an Application to Trade”,*Journal of Political Economy*,vol. 122,no. 2(2014),pp. 369 - 421.

④ Guadalupe,M. “Product Market Competition, Returns to Skill and Wage Inequality”, *Journal of Labor Economics*, vol. 25, no. 3 (2007), pp. 439 - 474.

致不同厂商收入的离差扩大。[①] 具体来说,生产率较高的企业更倾向于参与出口,收入上升,反之亦然,这也就导致高生产率厂商能够负担工资的提高,低生产率企业工资下降,从而使得劳动报酬差异增大。

此外,值得注意的是,经济开放导致的高生产率厂商收入上升,一方面进一步激励其增加高技能劳动力的使用;另一方面也提高了其对高技能劳动力的吸引力。这样,高技能劳动力更加倾向于进入高效率的出口企业,以获得更高的报酬;而低技能劳动力则逐渐流入低效率的(非出口)企业,获得的报酬相对降低。

总之,参与国际分工会同时带来分配结构和就业结构的变化,即收益向高技能劳动力流动,而高技能劳动力向出口部门流动。不过,随着开放程度的提升,大部分企业都参与国际分工后,这一趋势会逐渐减弱。

近年来,也有不少国内学者针对中国的出口与就业结构(工资结构)进行了考察。如周申等人(2012)计算发现,1993—2007 年中国的工业产品出口带动的非熟练就业增长了约 2.8 倍,而带动的熟练就业增长了约 5 倍。而从具体部门来看,不论是资本技术密集型还是劳动密集型产业,对于劳动力的拉动均倾向于高技能劳动力,相比之下,资本技术密集型产业对于高技能劳动力的就业拉动能力更强。[②] 唐东波(2012)利用中间产品进口份额概念,计算发现来自 OECD 国家的中间产品进口会提高高技能劳动力的就业比例,具体来说,垂直化专业份额每上升 1%,会带来高技能劳动力就业比例上升约 0.386%。而考虑到现阶段价值链贸易中,我国的主要中间产品进口来自发达国家,因此可以推测,参与价值链贸易会使得企业对于高技能劳动力需求上升。[③] 张川川(2015)使用 2005 年人口"小普查"调查数据计算发现,虽然出口显著地促进了低教育水平劳动者的就业,并且显著地提高了制造业从业者的工资水平,但对于高教育组的影响是低教育组影响的 1.6 倍,换句话说,出口提高了高技能劳动力的相对工资水平。[④] 张志明、代鹏(2016)发现,1995—2009 年附加值出口(Value - added Export)对高技能劳动力就业的拉动作用增长势头明显(增长了约 2.5 倍),且资本、技术

---

① Helpman, E., Itskhoki, O., Redding, S. "Inequality and Unemployment in a Global Economy", NBER Working Paper, No. 14478 (2008).

② 周申、李可爱、鞠然:《贸易结构与就业结构:基于中国工业部门的分析》,《数量经济技术经济研究》2012 年第 29 卷第 3 期,第 63 ~ 75,101 页。

③ 唐东波:《垂直专业化贸易如何影响了中国的就业结构?》,《经济研究》2012 年第 8 期,第 118 ~ 131 页。

④ 张川川:《"中等教育陷阱"? ——出口扩张、就业增长与个体教育决策》,《经济研究》2015 年第 12 期,第 115 ~ 127、157 页。

密集型行业对于高技能劳动力就业的拉动能力更强。①

综上所述，不论是发达国家还是发展中国家，参与国际分工会导致高技能劳动力的收入上升，而造成这一现象的原因在于对高技能劳动力的需求上升，尤其是出口企业会倾向于雇佣大量高技能劳动力。总之，参与国际分工会导致高技能劳动力向出口部门集中。

3.3 参与国际分工的技术创新视角

参与国际分工对技术进步的影响要分别从发达国家和发展中国家的视角进行分析。在一个简单的李嘉图比较优势理论框架下，发达国家由于具有技术比较优势，高技术部门营利能力较强，要素流向具有比较优势的高技术部门，最终，发达国家的高技术产业会发展地更快。而在发展中国家，情况则相反，低技术部门具有比较优势，发展迅速，而高技术部门发展则逐渐落后。

来自发展中国家的竞争将会刺激发达国家的高技术产业发展。布鲁姆等人（Bloom, et al. ,2015）发现，来自中国的竞争促进了欧盟国家产业内的技术进步，而没有扩大产业间的技术差距。研究给出的解释是在发达国家，低技术部门受到发展中国家同类低成本产品的竞争，部分厂商退出市场，要素流出低技术部门，但这并不一定导致该部门的萎缩，事实上幸存的厂商为了继续生存，则会充分利用发达国家较为丰富的高生产率、高技术要素进行创新。而原先低技术产业中的创新活动也会更加活跃。因此整体上来看，发达国家的产业内技术进步明显，而产业间的技术差距并没有扩大。②

从市场规模角度看，首先，自由贸易扩大了产品市场，因此，进行创新所必须付出的固定成本可以被扩大的市场规模所摊平，从而增强了企业的创新激励；其次，自由贸易也能够使国内企业获取国外的知识，从而提高企业的创新能力③，这一机制可能在参与全球生产网络和使用进口中间产品时发生，不过对于发达国家而言，这并不是创新的主要推动力量。

① 张志明、代鹏：《中国增加值出口的就业结构效应——基于 WIOD 数据与 MRIO 模型的分析》，《中南财经政法大学学报》，2016 年第 3 期，第 133 ~ 141 页。

② Bloom, N. , Draca, M. , Reenen Van, J. "Trade Induced Technical Change: The Impact of Chinese Imports on Innovation, Diffusion and Productivity", *The Review of Economic Studies*, vol. 83, no. 1(2016), pp. 87 – 117.

③ Coe, D. T. , Helpman, E. "International R&D Spillovers", *European Economic Review*, vol. 39, no. 5 (1995), pp. 859 – 887.

从微观层面上看,进口竞争对发达国家企业技术能力的影响主要通过两种途径产生,即产品集转移和生产过程离岸化。

对于产品集转移,伯纳德等人(2010)调查了贸易自由化对异质性多样化产品企业的影响,面对低工资国家的竞争,发达国家的企业会将自己的产品集向高技术端进行转移。① 值得一提的是,布鲁姆等人(2015)发现,面对低工资国家的竞争,这些企业不仅会将产品集向已有产品的高技术端转移,还会通过创造新产品维持其竞争优势。②

贸易自由化也就意味着将生产过程进行全球分割的成本降低,发达国家企业将低技术的生产过程转移到生产成本更低的国家③,而国内留下高技术的生产过程,从而导致留下的生产活动呈现生产率和技术密集度相对较高的状态。这也会导致国内市场中高生产率要素的增加从而对厂商进行研发投资产生激励(因为适用于复杂研发过程的高生产率要素相对增加了)。因此,生产过程的全球化布局实际上有利于促进发达国家厂商的研发活动。不过,富克斯(Fuchs,1996)指出,如果研发地点与生产地点相隔距离过长,研发活动也许会受到不利影响,尤其是当企业进行生产过程革新的能力受到研发部门与生产部门距离影响时,这一因素的负面效应会更为明显。④

阿西莫格鲁等人(2016)发现,从1991—2007年,美国计算机及电子产品行业的专利数量有明显增长。这些行业往往是与中国竞争最激烈的行业,与此相对,与中国竞争较少的行业,如化工制造业,专利活动则明显减弱。⑤ 表面上看,来自中国的竞争刺激了在位企业进行专利开发,但剔除这些行业的固有专利活动趋势(时间趋势)后,来自中国的竞争反而明显抑制了在位厂商的专利活动。一个可能的解释是,面临竞争的企业往往会进行防御性(保护性)专利开发以保

---

① Bernard, A. B., Redding, S. J., Schott, P. K. "Multiple-Product Firms and Product Switching", *The American Economic Review*, vol. 100, no. 1 (2010), pp. 70 – 97.

② Bloom, N., Draca, M., Reenen Van, J. "Trade Induced Technical Change: The Impact of Chinese Imports on Innovation, Diffusion and Productivity", *The Review of Economic Studies*, vol. 83, no. 1(2016), pp. 87 – 117.

③ Grossman, G. M., Rossi – Hansberg, E. "Trading Tasks: A Simple Theory of Offshoring", *The American Economic Review*, vol. 98, no. 5 (2008), pp. 1978 – 1997.

④ Fuchs, E. R. H. "Global Manufacturing and the Future of Technology", *Science*, vol. 345, no. 6196 (2014), pp. 519 – 520.

⑤ Acemoglu, D., Autor, D., Dorn, D., et al. "Import Competition and the Great US Employment Sag of the 2000s", *Journal of Labor Economics*, vol. 34, no. S1 (2016), pp. S141 – S198.

存已有知识。[①]

如果这种解释成立的话，对于后进厂商并不算好消息。考虑在现代技术中，关键技术瓶颈是普遍存在的，换句话说，大量的研发活动就依赖于对瓶颈的解决。在位企业肯定会尽力保护已有的技术瓶颈，这样，虽然表面上看来，这些企业的研发活动被抑制，但事实上没有突破瓶颈的后进厂商的赶超难度则会加大。因为瓶颈被控制，而如果没有突破瓶颈，后续的研发活动几乎无从谈起。

也有大量的实证研究表明，进口竞争事实上刺激了发达国家厂商（通过技术、管理创新实现）的生产率提升。布加梅里等人（Bugamelli, et al., 2008）通过对意大利制造业企业的考察发现，使用欧元后，这些企业将其经营重点转向上游或下游环节，如研发、设计、营销等。这些活动能够给予企业一定的市场势力并远离成本竞争。值得一提的是，这一趋势在传统的低技能领域更为明显。[②] 克罗曼和索伦森（Kromann and Sorensen, 2015）利用2005—2010年丹麦企业数据研究发现，来自中国的竞争直接刺激了丹麦企业进行自动化投资。他们还注意到，广泛运用自动化的企业相对于其他企业表现出更强劲的生产率增长。[③] 布鲁姆等人（2016）利用欧盟国家1996—2007年的面板数据，发现两个关键事实：首先，面临中国的进口竞争激烈的企业，往往会加强专利活动，提高信息技术的使用密度，同时，它们也会增加研发投入，提升管理水平和技能要求；其次，中国的进口竞争降低了低技术企业的存活概率，面对中国的竞争，拥有较少专利或全要素生产率水平相对更低的企业往往比高技术企业衰退（退出市场）地更快。他们认为，2000—2007年中国向欧洲的出口对于欧洲企业的专利增长、信息技术使用，以及生产率上升的贡献率约为15%。[④]

综上所述，发达国家企业对于进口竞争的反应是很明显的：不论是通过收缩经营，进行防御性研发活动，还是通过管理、技术、产品、生产流程等方面的创新，提高生产率，维持竞争优势，向价值链高处攀升，这两类行动给发展中国家的后

① Acemoglu, D., Autor, D., Dorn, D., et al. "Import Competition and the Great US Employment Sag of the 2000s", *Journal of Labor Economics*, vol. 34, no. S1 (2016), pp. S141 - S198.

② Bugamelli, M., Schivardi, F., Zizza, R. "The Euro and Firm Restructuring", NBER Working Paper, No. 14454(2008).

③ Kromann, L., Sorensen, A. "Automation, Performance and International Competition: Firm-Level Comparisons of Process Innovation", *Journal of Computational Physics*, vol. 198, no. 1(2015), pp. 265 - 277.

④ Bloom, N., Draca, M., Reenen Van, J. "Trade Induced Technical Change: The Impact of Chinese Imports on Innovation, Diffusion and Productivity", *The Review of Economic Studies*, vol. 83, no. 1(2016), pp. 87 - 117.

进企业向价值链高处攀升设置了不小的障碍，前者阻碍了后进企业的研发活动，后者拉大了技术差距。因此发展中国家的企业，有必要积极寻求对策，克服这一障碍。

接下来考察参与国际分工对于发展中国家（尤其是我国）企业创新的影响。我们主要关注参与全球价值链对发展中国家企业创新能力的影响。值得一提的是，与创新能力直接相关的概念是升级。所谓升级，是指当地企业加入全球价值链分工，从国际性企业学习提高竞争能力，并据此在全球价值链中改善企业所处位置。升级是获得持续收入增长的必要条件，其中关键因素是创新能力以及保证产品和工艺的持续发展。

理论上说，发展中国家的企业通过承接全球价值链中的生产与组装环节参与全球市场，有利于企业提高技术能力，促进经济成长。具体来说，这一促进效应可能通过以下渠道实现：① 发展中国家的企业通过代工，低成本甚至免费获得产品设计、技术或流程改良等方面的知识；② 发展中国家的企业能够获得发包商提供的消费者对于产品的要求情况，发包商也会向这些企业提供关于生产、流程改良的相关知识；③ 发达国家的企业会为联系较为紧密的发展中国家企业提供直接的技术培训和指导，使其符合技术、质量要求；④ 由于当前世界市场的需求变动极为迅速，各国对于商品的质量以及环境要求不断提高，为了保持竞争优势，发达国家的企业往往会在一定程度上协助发展中国家企业形成自主创新能力，从而提高价值链整体的反应能力，适应不断变动的外部环境。①

卡普林斯基和莫里斯（Kaplinsky and Morris，2001）给出了四种可能的基于价值链的升级模式，分别是：① 流程升级，提高内部流程的效率，使得这些流程优于竞争者。这些流程既可以是价值链环节内的（如更有效的存货管理），也可以是价值链环节间的（如更有效的运输能力）；② 产品升级，创造新产品，或以比竞争对手更快的速度改进现有产品，这也需要同时对价值链环节内和环节间的流程进行创新；③ 功能升级，通过改变企业的功能提高附加值。主要通过改变企业的功能构成或改变企业在价值链上的活动重心来实现；④ 价值链升级，向新的价值链移动。他们认为，从国际经验上看，升级路径往往表现为“流程升级→产品升级→功能升级→价值链升级”。② 换句话说，存在某种内生机制，使

① 刘志彪、张杰，等：《全球化中中国东部外向型经济发展：理论分析和战略调整》，中国财政经济出版社 2009 年版，第 130 页。

② Kaplinsky，R.，Morris，M. *A Handbook for Value Chain Research*，IDRC，2000，p. 158.

得参与全球价值链的企业能够自发地提升创新能力，实现升级。

有学者注意到，发展中国家参与全球价值链不一定能够自发地实现技术升级。张兴瑞（2011）区分了参与全球价值链对于从属者的两种效应：经济增长效应和结构封锁效应。前者是指参与全球价值链对于经济成长有促进作用，而后者则是指参与全球价值链很有可能抑制企业的创新能力，使得企业在价值链中被长期锁定在低端，难以向高处攀升。[①] 形成“低端锁定”现象。

关于全球价值链中从属企业的“低端锁定”问题。刘志彪、张杰等（2009）指出，从主导企业方面来看，产生“低端锁定”的原因有三点。

1）全球价值链中的主导企业虽然会对从属企业进行技术转移，帮助其改良工艺，提高生产率和产品质量，以维持最终产品的竞争力。但无差别的技术转移则会加速从属企业的成长，帮助其实现自主创新能力。而一旦从属企业“羽翼丰满”，进行自主研发和创新，则会直接与原主导企业进行竞争，威胁其市场地位。因此，在技术转移时，主导企业会进行筛选，一旦从属企业的技术升级可能威胁到主导企业的核心利益时，主导企业便会“隔离”与“阻断”这种技术转移和技术溢出，相当于在升级过程中设置技术隔离带，使得产业升级仅限于产品和工艺升级，从属企业则被限制于“代工→出口→微利化→品牌、销售终端渠道与自主创新能力缺失→价值链攀升能力缺失”的路径中。

2）主导企业将从属企业纳入其全球供应链中，从属企业在供应链中除了负责订单的生产外，不要冒什么风险而且没有什么责任。换句话说，主导企业为从属企业解决了许多从属企业在正常市场环境需要考虑的问题。长此以往，就会导致从属企业主企业家精神和创新意识的退化，加深从属企业对于主导企业的依赖。

3）在全球价值链环境中，主导企业往往掌握了关键核心技术和行业标准话语权，而国际大买家也往往掌控了国际终端市场的销售通路。因此，即便从属企业摆脱了对于主导企业的依赖，开始独立研发创新并寻求开拓国际市场，也会直接遭遇主导企业设置的专利和标准壁垒，或是遭到国际大买家的挤压，难以形成足够的竞争力。[②]

兰宏（2013）基于从属企业的视角总结了“低端锁定”形成的原因。他认为，

① 张兴瑞：《全球价值链分工双面效应下中国县域产业升级研究——基于长三角地区全国百强县的实证》，复旦大学博士学位论文，2011 年。

② 刘志彪、张杰，等：《全球化中中国东部外向型经济发展：理论分析和战略调整》，中国财政经济出版社 2009 年版，第 95～100 页。

自主研发设计需要高额的投入，研发的最终结果无法预期，风险难以量化，而承接主导企业的技术输出则成本低，风险小，因此发展中国家企业很少有激励去进行自主研发，相反会产生对于主导企业技术输出的依赖，减少自主研发的投资。①

在当前的价值链分工模式下，发展中国家的从属企业很可能会面临"低端锁定"。考虑到价值链贸易在我国对外贸易当中占有重要地位，我国出口企业面临的"低端锁定"是不可忽视的问题。

综上所述，可以得出发展中国家参与国际分工有三方面效应。

1）参与国际分工会扩大对于高技能劳动力的需求，提高高技能劳动力的工资，同时使得高技能劳动力向出口部门移动，出口企业在获取金融资源方面也表现出更大的优势。

2）发展中国家参与国际分工刺激了发达国家的企业进行技术转型（或是进行关键技术保护，或者进行大规模的研发活动），从而对发展中国家的后进企业进行技术赶超造成了阻碍。

3）当前的价值链贸易形式很可能会导致发展中国家企业面临"低端锁定"，技术能力被锁定，自主创新能力低下。

① 兰宏：《全球价值链下的学习障碍和低端锁定研究》，华中科技大学博士学位论文，2013年。

4. 企业在全球价值链中攀升路径的比较分析

4.1 引言

我国企业正逐步向全球价值链的中高端攀升①,大多数产业嵌入全球价值链的程度呈现上升趋势。国内企业如何应对全球价值链发展变化是新形势下我国经济发展过程中的一个非常重要的问题,这既跟国内形势(比如,劳动力成本迅速上升和经济增长速度下滑)有关,也跟国际形势(比如,贸易障碍的提高)有关。从一定程度上来说,这对我国来说是一个非常紧迫的问题。在价值链攀升的过程中,我国企业有两条不同的攀升路径。②

第一条路径就是,在既有的全球价值链中谋求更高端的链条位置,通过高端化实现产业升级和链条升级,但是在升级的过程中容易受到链主的打压,控制既有全球价值链的链主就是想要我国企业"锁定"在某个低端位置上。在劳动力成本迅速上升的情况下,已经嵌入全球价值链的国内企业面临着很大的困境,如果不能进行有效的产业升级和链条升级,很有可能被劳动力成本更低的一些发展中国家(比如,东南亚的一些国家)的企业替代和淘汰。这条路径的问题就转变为:如何才能在既有国外链主的阻挠和封堵下进行价值链的攀升?

第二条路径就是,在既有的全球价值链之外,组织和创造新的全球价值链。新的全球价值链的链主是我国企业,是由我国主导的全球价值链。我国企业想要成为新链主是需要付出成本的,这种成本不仅涉及如何才能让需求和供给有效对接,而且涉及通过什么样方式来组织和控制价值链条。这条路径的问题就转变为:以我为主导的全球价值链或者叫以国内链主为主导的全球价值链的形成受到哪些因素的影响?

为了表述上的方便,我们把第一条路径下的攀升称为渐进式攀升,把第二条路径下的攀升称为激进式攀升。另外,不管是在第一条路径下还是在第二条路径下,既有的全球价值链都是国外链主主导的全球价值链。为了表述上的方便,

① 樊茂清、黄薇:《基于全球价值链分解的中国贸易产业结构演进研究》,《世界经济》2014 年第 37 卷第 2 期,第 50 ~ 70 页。

② 洪银兴:《产业化创新及其驱动产业结构转向中高端的机制研究》,《经济理论与经济管理》2015 年第 11 期,第 5 ~ 14 页。

我们后面会反复使用“既有的全球价值链”这个术语。尽管有很多文献对两条路径都进行了研究，但是这些文献在进行研究时要么聚焦于渐进式攀升，要么聚焦于激进式攀升，很少有文献把两种攀升路径放在一个统一的框架下进行分析，更缺乏对这两种攀升路径的比较分析。本章打算填补现有文献的缺漏之处。

我们先来看探索渐进式攀升路径的相关文献。张小蒂和朱勤(2007)认为，为了打破在全球价值链上的不利局面，我国企业需要在“环”“链”“群”三个层次上构建“良性互动”。[①] 牛卫平(2012)认为发展中国家的企业容易陷入国际外包陷阱，需要鼓励有条件的企业进行逆向外包。[②] 刘维林(2012)认为，单纯基于功能视角的价值链延伸并不能跳出“低端锁定”，我国企业在攀升时需要采用多样化和迂回式的策略，避免与国外链主形成正面竞争。[③] 简晓彬和周敏(2013)发现，企业规模的壮大对我国企业的价值链攀升是有利的。[④] 李强和郑江淮(2013)发现研发水平的提高、人力资本的增加以及制度环境的改善对我国企业的价值链攀升起促进作用。[⑤] 王海杰和李延朋(2013)基于产权经济学的角度认为，全球价值链中的弱势企业可以通过关键资源能力的重组和提升，借助实施策略性冲击实现价值链攀升。[⑥] 刘维林(2015)认为，我国企业在攀升时要瞄准利润空间更大的产品附加值，而不是瞄准利润空间更小的服务附加值，要立足于产品架构，掌控关键模块。[⑦] 王岚和李宏艳(2015)认为，我国企业需要以提升嵌入位置为抓手引导我国企业向高增值环节攀升。[⑧]

我们再来看探索激进式攀升路径的相关文献。张杰和刘志彪(2007)认为，

① 张小蒂、朱勤：《论全球价值链中我国企业创新与市场势力构建的良性互动》，《中国工业经济》2007 年第 5 期，第 25 ~ 32 页。

② 牛卫平：《国际外包陷阱产生机理及其跨越研究》，《中国工业经济》2012 年第 5 期，第 109 ~ 121 页。

③ 刘维林：《产品架构与功能架构的双重嵌入——本土制造业突破 GVC 低端锁定的攀升途径》，《中国工业经济》2012 年第 1 期，第 152 ~ 160 页。

④ 简晓彬、周敏：《开放条件下制造业价值链攀升的影响因素研究——基于江苏制造业行业面板数据的分析》，《商业经济与管理》2013 年第 1 期，第 58 ~ 69 页。

⑤ 李强、郑江淮：《基于产品内分工的我国制造业价值链攀升：理论假设与实证分析》，《财贸经济》2013 年第 9 期，第 95 ~ 102。

⑥ 王海杰、李延朋：《全球价值链分工中产业升级的微观机理：一个产权经济学的观点》，《中国工业经济》2013 年第 4 期，第 82 ~ 93 页。

⑦ 刘维林：《中国式出口的价值创造之谜：基于全球价值链的解析》，《世界经济》2015 年第 38 卷第 3 期，第 3 ~ 28 页。

⑧ 王岚、李宏艳：《中国制造业融入全球价值链路径研究——嵌入位置和增值能力的视角》，《中国工业经济》2015 年第 2 期，第 76 ~ 88 页。

发展中国家要想摆脱在全球价值链中被俘获的困境，需要基于国内市场培育自己的国内价值链(DVC)，然后由国内价值链向全球价值链进行转变。为了打破发达国家的俘获型“结构封锁”关系，我国企业需要利用本土市场需求结构的转换实施激进式攀升。① 通过在东部地区已有的全球价值链的基础上构建国内价值链，并把链条延伸到中西部地区，可以缩小区域差距。② 刘志彪(2011)认为专业化市场和领导型企业是我国构建国内价值链的主要机制和方式。③ 易顺和韩江波(2013)认为，我国需要基于东部地区和中西部地区的“中心－外围”格局构建由本土大型企业作为链主的国内价值链。④ 张少军和刘志彪(2013)发现，国内价值链并没有跟全球价值链成功对接，我国企业需要利用国家的大国优势和企业的在位优势，延长全球价值链在国内的环节，让延长出来的环节跟我国企业主导的国内价值链对接。⑤ 洪银兴(2015)认为，可以通过建立以我国跨国企业为主导的全球价值链来攀升和突破，要实现这样的攀升和突破需要发挥自主创新的作用。⑥

通过上述分析可见，现有的文献并没有使用博弈论进行正式的模型分析，本章打算在模型分析上有所突破。

洪银兴(2015)指出了驱动产业结构向中高端攀升的两种不同机制。从思想上来说，本章内容可以看成是对洪银兴(2015)提出的两种不同机制的模型化。本章可能的贡献包括以下两个方面：① 把基于两条攀升路径识别出来的变量囊括进我们的博弈模型中，形成一个统一的理论分析框架；② 对不同攀升路径进行了比较分析，找到了影响最终选择的决定因素。我们的主要结论如下：不同攀升路径的选择跟以我为主导的全球价值链上创新的市场效应、两种不同全球价值链上不同的市场规模和竞争者数量以及既有的全球价值链上创新的效率

① 张杰、刘志彪：《需求因素与全球价值链形成——兼论发展中国家的“结构封锁型”障碍与突破》，《财贸研究》2007年第6期，第1～10页。

② 张少军、刘志彪：《全球价值链模式的产业转移——动力、影响与对中国产业升级和区域协调发展的启示》，《中国工业经济》2009年第11期，第5～15页。

③ 刘志彪：《重构国家价值链：转变中国制造业发展方式的思考》，《世界经济与政治论坛》2011年第4期，第1～14页。

④ 易顺、韩江波：《国内价值链构建的空间逻辑及其实现机制——基于“中心－外围”格局视角的探讨》，《学习与实践》2013年第12期，第38～46页。

⑤ 张少军、刘志彪：《国内价值链是否对接了全球价值链——基于联立方程模型的经验分析》，《国际贸易问题》2013年第2期，第14～27页。

⑥ 洪银兴：《产业化创新及其驱动产业结构转向中高端的机制研究》，《经济理论与经济管理》2015年第11期，第5～14页。

参数有关,跟固定的创新成本以及创新投入资金的关系不是很明确。

4.2 模型

在本章中,我们沿用徐宁等(2014)的模型设定,假设某个国内企业既可以参加到某个发达国家主导的既有的全球价值链,也可以发起组织我国主导的全球价值链,[①]即假定企业可以选择进行渐进式攀升,也可以选择进行激进式攀升,但不能同时选择两种攀升路径。当这个企业参与到既有的全球价值链时,我们需要注意以下几点:① 该企业面对的是已经成熟的国外市场和国内市场(特别是国外市场),不需要花费市场开拓成本;② 该企业的创新会受到国外链主的阻挠,这种阻碍主要体现为由于控制权分配不均导致研发后的收益大部分被国外链主攫取,这实际上就是不完全合同理论里面的"敲竹杠问题";③ 该企业不能有效利用国家创新政策在企业发展方面的扶持。当这个企业发起组织我国主导的全球价值链时,我们需要注意以下几点:① 该企业面对的是尚未成熟的国外市场和国内市场(特别是国内市场),比如国内市场存在由地方政府引致的市场分割问题,因此需要花费市场开拓成本;② 该企业在创新方面不会遇到"敲竹杠问题",研发的收益全部归自己所有;③ 该企业可以有效利用国家创新政策在企业发展方面的扶持。虽然在"模型"部分囿于模型本身的局限,我们不会讨论国家创新政策的作用,但是我们在"结语和政策建议"部分会讨论国家创新政策的作用。

4.2.1 企业在渐进式攀升路径上的选择

我们假定既有的全球价值链上有多个环节,进入既有的全球价值链需要花费一定数量的固定成本 K。其中,我国企业在某个环节上生产产品 G_1,该产品面临的国际市场需求函数为 $P_{G_1}=a_1-Q_{G_1}$,该环节上有 n 个企业进行竞争,P_{G_1} 为产品 G_1 的价格,Q_{G_1} 为 n 个企业生产产品 G_1 的总产量,生产该产品的边际成本为 c_{G_1}。而既有的全球价值链上另有一个较高端的环节,生产产品 G_2,该产品面临的市场需求函数为 $P_{G_2}=a_2-Q_{G_2}$,该环节上有 $m(m<n)$ 个企业进行竞争,P_{G_2} 为产品 G_2 的价格,Q_{G_2} 为 m 个企业生产产品 G_2 的总产量,生产该产品的边际成本为 c_{G_2}。我国企业有两个选择:创新和不创新。企业选择创新不仅可以降低当前产品的生产成本,还可以使其进入既有的全球价值链更高端的环节,使得其

① 徐宁、皮建才、刘志彪:《全球价值链还是国内价值链——中国代工企业的链条选择机制研究》,《经济理论与经济管理》2014 年第 1 期,第 62 ~ 74 页。

生产产品 G_2。我国企业的创新需要投入的资金量为 F,可以用作两种用途。若要进入更高端的环节,还需要投入固定的资金 $I_G(I_G<F)$,剩余的资金 $F-I_G$ 则用来降低产品 G_1 的生产成本,降低程度为 $\beta(F-I_G)$,即 $c'_{G_1}=c_{G_1}-\beta(F-I_G)$,其中 β 表示创新的效率参数,β 越大,创新的效率越高。这时该企业可以同时在既有的全球价值链上的两个环节进行生产,生产产品 G_2 的企业数量变为 $m+1$。如前所述,进入既有的全球价值链需要花费一定数量的固定成本 K。无论在既有的全球价值链中的哪个环节上生产,该企业在市场竞争阶段的收益都要被抽走一定的比例,实际拿到的利润 $\widetilde{\pi}_1=\alpha\pi_1-K\ (0<\alpha<1)$;如果该企业参与了创新,那么其实际利润为 $\widetilde{\pi}_1=\alpha\pi_1-K-F$。其中,$\widetilde{\pi}_1$ 表示该企业的实际利润,而 π_1 表示在被抽走利润前该企业在市场竞争阶段的利润。$1-\alpha$ 用来反映该企业的利益被既有的全球价值链上的国外链主攫取的程度。

在这里,我们假设国际市场足够大,即 a_1 和 a_2 比较大。具体地,我们做如下的假设:$a_1>\mathrm{Max}\left\{(n+1)\sqrt{K/\alpha}+c_{G_1},\dfrac{(n+1)^2}{2n\alpha\beta}+c_{G_1}-n\beta(F-I_G),\dfrac{n\beta(F-I_G)}{n-1}+c_{G_1}\right\}$。这个假设中大括号里面的三个式子是通过后面的计算得到的,这样的假设可以保证我们的分析具有经济学意义。

整个博弈分为两个阶段:在第一阶段,该企业选择是否创新;第二阶段,在创新(或者不创新)之后该企业与其他企业进行市场竞争。我们采用逆推归纳法来求该博弈的子博弈完美纳什均衡(SPNE)。

若该企业不进行创新,则该企业的利润函数为:

$$\pi_1=\left(a_1-q_1-\sum_{i=2}^{n}q_i-c_{G_1}\right)q_1 \tag{1}$$

我们可以发现上式的一阶条件为 $\dfrac{\partial\pi_1}{\partial q_1}=a_1-c_{G_1}-2q_1-\sum_{i=2}^{n}q_i=0$。因为每个企业都是同质的,利用对称性,我们可以得到 $q_1^*=\dfrac{a_1-c_{G_1}}{n+1}$。根据(1)式,我们可以求得 $\pi_1^*=\left(\dfrac{a_1-c_{G_1}}{n+1}\right)^2$。在既有的全球价值链的某个初始环节中,该企业获得的实际利润为:

$$\widetilde{\pi}_{1G}^*=\alpha\pi_1^*-K=\alpha\left(\frac{a_1-c_{G_1}}{n+1}\right)^2-K \tag{2}$$

由于 $a_1 > (n+1)\sqrt{K/\alpha} + c_{G_1}$，我们有 $\widetilde{\pi}_{1G}^* > 0$。也就是说，即使企业在既有的全球价值链的某个初始环节中不进行创新，该企业也可以获得正利润，但是这个利润可能比较微薄。

若该企业进行创新，则该企业在市场竞争中的利润有两部分构成，第一部分为产品 G_1 上所取得的利润 π_{11}，第二部分为产品 G_2 上取得的利润 π_{12}。

该企业生产产品 G_2 的利润函数为：

$$\pi_{12} = \left(a_2 - q_{12} - \sum_{i=2}^{m+1} q_{i2} - c_{G_2}\right) q_{12} \tag{3}$$

我们可以发现上式的一阶条件为 $\dfrac{\partial \pi_{12}}{\partial q_{12}} = a_2 - c_{G_2} - 2q_{12} - \sum_{i=2}^{m+1} q_{i2} = 0$，利用对称性我们可以得到 $q_{12}^{\#} = \dfrac{a - c_{G_2}}{m+2}$。根据(3)式，我们可以得到：

$$\pi_{12}^{\#} = \left(\frac{a_2 - c_{G_2}}{m+2}\right)^2 \tag{4}$$

该企业生产产品 G_1 的利润函数为：

$$\pi_{11} = \left(a_1 - q_{11} - \sum_{i=2}^{n} q_{i1} - c'_{G_1}\right) q_{11} \tag{5}$$

上式的一阶条件为：

$$\frac{\partial \pi_{11}}{\partial q_{11}} = a_1 - c'_{G_1} - 2q_{11} - \sum_{i=2}^{m} q_{i1} = 0 \tag{6}$$

其他企业 $i(i \geqslant 2)$ 的利润函数为 $\pi_{i1} = \left(a_1 - \sum_{j=1}^{n} q_{j1} - c_{G_1}\right) q_{i1}$，其一阶条件为：

$$\frac{\partial \pi_{i1}}{\partial q_{i1}} = a_1 - c_{G_1} - q_{i1} - \sum_{j=1}^{m} q_{j1} = 0 \tag{7}$$

由对称性，我们可以得到 $q_2 = \cdots = q_n$。根据(6)式和(7)式，当 $i \geqslant 2$ 时，我们可以得到：

$$q_{11}^{\#} = \frac{a_1 - c_{G_1} + n(c_{G_1} - c'_{G_1})}{n+1} = \frac{a_1 - c_{G_1} + n\beta(F - I_G)}{n+1} \tag{8}$$

$$q_{i1}^{\#} = \frac{a_1 - c_{G_1} - (c_{G_1} - c'_{G_1})}{n+1} = \frac{a_1 - c_{G_1} - \beta(F - I_G)}{n+1} \tag{9}$$

将(8)式和(9)式代入(5)式，我们可以得到：

$$\pi_{11}^{\#}=\left(\frac{a_1-c_{G_1}+n\beta(F-I_G)}{n+1}\right)^2 \tag{10}$$

根据(4)式和(10)式,我们可以得到如果企业进行创新,那么其实际的利润为:

$$\widetilde{\pi}_{1G}^{\#}=\alpha(\pi_{11}^{\#}+\pi_{12}^{\#})-K-F=\alpha\left\{\left[\frac{a_1-c_{G_1}+n\beta(F-I_G)}{n+1}\right]^2+\left(\frac{a_2-c_{G_2}}{m+2}\right)^2\right\}-K-F \tag{11}$$

对比(2)式和(11)式,当$\widetilde{\pi}_{1G}^{*}>\widetilde{\pi}_{1G}^{\#}$时,处于既有的全球价值链上某个初始环节中的企业不会选择进行创新;当$\widetilde{\pi}_{1G}^{*}<\widetilde{\pi}_{1G}^{\#}$时,处于既有的全球价值链上某个初始环节中的企业就会选择创新以获得更多的利润。令 $\Delta\pi_{1G}=\widetilde{\pi}_{1G}^{\#}-\widetilde{\pi}_{1G}^{*}$,易知$\Delta\pi_{1G}$越大表示该企业越倾向于选择创新。将 $\Delta\pi_{1G}$对 F 求偏导,我们可以得到$\frac{\partial\Delta\pi_{1G}}{\partial F}=\frac{2n\alpha\beta[a_1-c_{G_1}+n\beta(F-I_G)]}{(n+1)^2}-1>0$;将 $\Delta\pi_{1G}$对 I_G 求偏导,我们可以得到$\frac{\partial\Delta\pi_{1G}}{\partial I_G}=-\frac{2n\alpha\beta[a_1-c_{G_1}+n\beta(F-I_G)]}{(n+1)^2}<0$;将 $\Delta\pi_{1G}$对 n 求偏导,我们可以得到$\frac{\partial\Delta\pi_{1G}}{\partial n}=\frac{2(F-I_G)\alpha\beta[n\beta(F-I_G)-(n-1)(a_1-c_{G_1})]}{(n+1)^3}<0$;将 $\Delta\pi_{1G}$对 m 求偏导,我们可以得到$\frac{\partial\Delta\pi_{1G}}{\partial m}=-\frac{2\alpha(a_2-c_{G_2})^2}{(m+2)^3}<0$;将 $\Delta\pi_{1G}$对 a_1 求偏导,我们可以得到$\frac{\partial\Delta\pi_{1G}}{\partial a_1}=\frac{2n\alpha\beta(F-I_G)}{(n+1)^2}>0$;将 $\Delta\pi_{1G}$对 c_{G_1} 求偏导,我们可以得到$\frac{\partial\Delta\pi_{1G}}{\partial c_{G_1}}=-\frac{2n\alpha\beta(F-I_G)}{(n+1)^2}<0$;将 $\Delta\pi_{1G}$对 a_2 求偏导,我们可以得到$\frac{\partial\Delta\pi_{1G}}{\partial a_2}=\frac{2\alpha(a_2-c_{G_2})}{(m+2)^2}>0$;将 $\Delta\pi_{1G}$对 c_{G_2}求偏导,我们可以得到$\frac{\partial\Delta\pi_{1G}}{\partial c_{G_2}}=-\frac{2\alpha(a_2-c_{G_2})}{(m+2)^2}<0$。

根据上面的分析,我们可以得到命题一。

命题一:在渐进式攀升路径上,产品 G_2 的价值链环节的进入成本越小,生产产品 G_2 的竞争者越少,产品 G_1 和 G_2 的市场规模越大,创新资金数量越多,生产产品 G_1 的竞争者数量越少,生产成本越小时,企业越倾向于进行创新。

令 $\Delta\pi_{1G}>0$,即$\widetilde{\pi}_{1G}^{\#}-\widetilde{\pi}_{1G}>0$,此时该企业将会选择创新,该不等式等价于:

$$\alpha\left(\frac{a_2 - c_{G_2}}{m+2}\right)^2 + \alpha\frac{n\beta(F - I_G)[n\beta(F - I_G) + 2(a_1 - c_{G_1})]}{(n+1)^2} > F \qquad (12)$$

其中,(12)式左边第一项为创新开拓新市场后所产生的新的利润,左边第二项为降低商品的生产成本所带来的利润的增加额,而(12)式右边的项则表示创新所需的支出额。(12)式的经济学含义是,当创新带来的收益大于其成本的时候,企业会选择创新。

为了方便分析,我们不妨令:$f(a_1, a_2, c_{G_1}, c_{G_2}, \beta, n, m, F, I_G) = \left(\frac{a_2 - c_{G_2}}{m+2}\right)^2 + \frac{n\beta(F - I_G)[n\beta(F - I_G) + 2(a_1 - c_{G_1})]}{(n+1)^2}$。通过求偏导,我们可以得到:$\frac{\partial f}{\partial a_1} > 0$,$\frac{\partial f}{\partial a_2} > 0$,$\frac{\partial f}{\partial c_{G_1}} < 0$,$\frac{\partial f}{\partial c_{G_2}} < 0$,$\frac{\partial f}{\partial \beta} > 0$,$\frac{\partial f}{\partial m} < 0$。也就是说,产品 G_1 和 G_2 的市场规模越大,生产成本越小,创新的效率参数 β 越大,G_2 产品市场的竞争者越少,创新所带来的净效益也就越大,此时企业越倾向于创新。我还可以得到$\frac{\partial f}{\partial F} > 0$,即创新支出越多,其带来的净效益也就越大,但是我们要注意,创新支出本身也是一种成本,创新支出增加意味着成本也在增加。

4.2.2 企业在激进式攀升路径上的选择

类似地,我们假设企业在激进式攀升路径上也有两种选择,即创新与不创新,且进入的固定成本也是 K。激进式攀升路径意味着我国企业会成为全球价值链的链主。所谓的激进式价值链攀升并不是说我国的企业要和既有的全球价值链的链主"拼个你死我活",而是说我国的企业基于我国的实际情况开拓出一条新的全球价值链并成为链主。该企业除了可以选择在渐进式攀升路径上在某个环节生产的产品 G_1,还可以在以我为主导的全球价值链上的某个环节生产产品 N_1,该产品的国内市场需求函数为 $P_{N_1} = b_1 - Q_{N_1}$,生产该产品的边际成本为 c_{N_1},有 k 个企业在该环节进行竞争。但是国内市场由于地方政府的市场分割等原因,有待进一步开拓。在未开拓前,产品 N_1 的市场规模为 b_{10}。若该企业进行创新,假设其创新资金数量与上面相同,仍然为 F,创新分为两部分。我们首先看第一部分,该企业投入固定的资金 I_N 以进入以我为主导的全球价值链的顶端,成为垄断企业,生产产品 N_2,边际成本为 c_{N_2},该产品的市场需求函数为$P_{N_2} = b_2 - Q_{N_2}$。我们再来看第二部分,剩余的资金 $F - I_N$ 用来开拓产品 N_1 的市场规模,开拓后的市场规模为 $b_1 = b_{10} + \bar{b}(F - I_N)$。在以我为主导的全球价值链中,我们假设：① N_1 的国内市场规模比较大，即 $b_{10} > (k+1)\sqrt{K}$；② 创新的市场效应比较大，即 $\bar{b} > \frac{1}{2(F-I_N)}\left[\sqrt{(b_{10}-c_{N_1})^2+2(k+1)^2(F-I_N)}-2(b_{10}-c_{N_1})\right]$；③ 企业的利润不会像在渐进式路径中那样被价值链更高端的链主抽走，不存在"敲竹杠"问题。类似地，在以我为主导的全球价值链中的博弈分为两个阶段：第一阶段，该企业选择是否进行创新；第二阶段，在该企业选择进行创新（或不创新）之后该企业与其他企业进行市场竞争。同样地，我们采用逆推归纳法来求出其子博弈完美纳什均衡。

若该企业不进行创新，那么它将与其他企业在生产产品 N_1 的市场中进行古诺博弈，且此时该产品的市场规模为 b_{10}。该企业的利润函数为：

$$\pi_1 = \left(b_{10} - \sum_{i=1}^{k} q_i - c_{N_1}\right) q_1 \tag{13}$$

(13) 式的一阶条件为 $\frac{\partial \pi_1}{\partial q_1} = b_{10} - \sum_{i=1}^{k} q_i - c_{N_1} - q_1 = 0$，根据对称性我们可以得到 $q_1^* = \frac{b_{10} - c_{N_1}}{k+1}$。进一步，我们可以得到：

$$\pi_{1N}^* = \left(\frac{b_{10} - c_{N_1}}{k+1}\right)^2 - K \tag{14}$$

由于 $b_{10} > (k+1)\sqrt{K}$，所以我们有 $\pi_{1N}^* > 0$，即若企业在以我为主导的全球价值链中不创新，那么其也能获得正利润，但是这个利润可能很微薄。

若该企业进行创新，我们分为两个部分来讨论。我们首先看第一部分，该企业通过投入一定量的资金 I_N 使得其进入以我为主导的全球价值链的顶端，生产产品 N_2，并在该产品市场具有垄断地位。该企业的市场需求函数为 $P_{N_2} = b_2 - Q_{N_2}$，据此我们可以得出其最大化的利润为：

$$\pi_{12}^{\#} = \frac{(b_2 - c_{N_2})^2}{4} \tag{15}$$

我们再来看第二部分，该企业用剩余的资金 $F - I_N$ 用作开拓市场，那么市场规模变为 $b_1 = b_{10} + \bar{b}(F - I_N)$，与上面类似，该企业在这一部分的利润为：

$$\pi_{11}^{\#} = \left[\frac{b_{10} + \bar{b}(F - I_N) - c_{N_1}}{k+1}\right]^2 \tag{16}$$

结合(15)式和(16)式，我们可以求出，在以我为主导的全球价值链上该企业进行创新时获得的利润：

$$\pi_{1N}^{\#}=\left[\frac{b_{10}+\bar{b}(F-I_N)-c_{N_1}}{k+1}\right]^2+\frac{(b_2-c_{N_2})^2}{4}-K-F \tag{17}$$

如果 $\pi_{1N}^{*}>\pi_{1N}^{\#}$,那么企业将不会进行创新;若 $\pi_{1N}^{*}<\pi_{1N}^{\#}$,企业将进行创新。令 $\Delta\pi_{1N}=\pi_{1N}^{\#}-\pi_{1N}^{*}$,$\Delta\pi_{1N}$越大表示在以我为主导的全球价值链上该企业越倾向于创新。将 $\Delta\pi_{1N}$对 F 求偏,我们可以得到$\frac{\partial\Delta\pi_{1N}}{\partial F}=\frac{2\bar{b}[b_{10}-c_{N_1}+\bar{b}(F-I_N)]}{(k+1)^2}-1>0$;将 $\Delta\pi_{1N}$对 I_N 求偏导,我们可以得到$\frac{\partial\Delta\pi_{1N}}{\partial I_N}=-\frac{2\bar{b}[b_{10}-c_{N_1}+\bar{b}(F-I_N)]}{(k+1)^2}<0$;将 $\Delta\pi_{1N}$对 k 求偏导,我们可以得到$\frac{\partial\Delta\pi_{1N}}{\partial k}=-\frac{2\bar{b}(F-I_N)[2(b_{10}-c_{N_1})+\bar{b}(F-I_N)]}{(k+1)^3}<0$;将 $\Delta\pi_{1N}$对 b_{10}求偏导,我们可以得到$\frac{\partial\Delta\pi_{1N}}{\partial b_{10}}=\frac{2\bar{b}(F-I_N)}{(k+1)^2}>0$;将 $\Delta\pi_{1N}$对 c_{N_1}求偏导,我们可以得到$\frac{\partial\Delta\pi_{1N}}{\partial c_{N_1}}=-\frac{2\bar{b}(F-I_N)}{(k+1)^2}<0$;将 $\Delta\pi_{1N}$对 b_2 求偏导,我们可以得到$\frac{\partial\Delta\pi_{1N}}{\partial b_2}=\frac{b_2-c_{N_2}}{2}>0$;将 $\Delta\pi_{1N}$对 c_{N_2}求偏导,我们可以得到$\frac{\partial\Delta\pi_{1N}}{\partial c_{N_2}}=-\frac{b_2-c_{N_2}}{2}<0$。

根据上面的分析,我们可以得到命题二。

命题二:在激进式攀升路径上,进入以我为主导的全球价值链的顶端所需要的资金越少,该企业的创新资金越多,生产产品 N_1 的竞争者越少,产品 N_1 和 N_2 的市场规模越大,生产成本越小,该企业越倾向于进行创新。

令 $\Delta\pi_{1N}>0$,即 $\pi_{1N}^{\#}-\pi_{1N}^{*}>0$(此时该企业会选择进行创新),该不等式等价于:

$$\frac{(b_2-c_{N_2})^2}{4}+\frac{\bar{b}(F-I_N)[2(b_{10}-c_{N_1})+\bar{b}(F-I_N)]}{(k+1)^2}>F \tag{18}$$

(18)式的左边第一项为该企业进入垄断市场后所能带来的利润,左边第二项为开拓 N_1 的国内市场后所能带来利润的附加值。(18)式的右边表示创新所付出的成本。我们不妨设:

$$\varphi(b_{10},b_2,\bar{b},c_{N_1},c_{N_2},F,I_N,k)=\frac{(b_2-c_{N_2})^2}{4}+\frac{\bar{b}(F-I_N)[2(b_{10}-c_{N_1})+\bar{b}(F-I_N)]}{(k+1)^2}。$$

通过求偏导,我们可以得到:$\frac{\partial\varphi}{\partial b_{10}}>0,\frac{\partial\varphi}{\partial b_2}>0,\frac{\partial\varphi}{\partial\bar{b}}>0,\frac{\partial\varphi}{\partial c_{N_1}}<0,\frac{\partial\varphi}{\partial c_{N_2}}<0,\frac{\partial\varphi}{\partial I_N}<0,\frac{\partial\varphi}{\partial k}<0$。也就是说,产品 N_1 和 N_2 的市场规模越大,生产成本越小,创新的市场效

应越大，进入垄断市场所需要的创新资金的数目越小，生产产品 N_1 的竞争者越少，创新所带来的净效益就越大。我们还可以得到：$\frac{\partial\varphi}{\partial F}=\frac{2\bar{b}[b_{10}-c_{N_1}+\bar{b}(F-I_N)]}{(k+1)^2}$，因为$\bar{b}>\frac{1}{2(F-I_N)}[\sqrt{(b_{10}-c_{N_1})^2+2(k+1)^2(F-I_N)}-2(b_{10}-c_{N_1})]$，所以$\frac{\partial\varphi}{\partial F}>1$，这意味着一单位创新成本能够带来大于一单位的收益，这时创新资金投入的上升会增加企业的利润。

4.3 比较分析

首先，我们来看我国企业的选择：第一步，该企业选择进入既有的全球价值链还是进入以我为主导的全球价值链；第二步，该企业在已选定的价值链上选择是否进行创新；第三步，该企业根据自己的选择与其他企业进行竞争。其步骤如下图 4-1 所示，其中 GVC1 表示既有的全球价值链，GVC2 表示以我为主导的全球价值链。

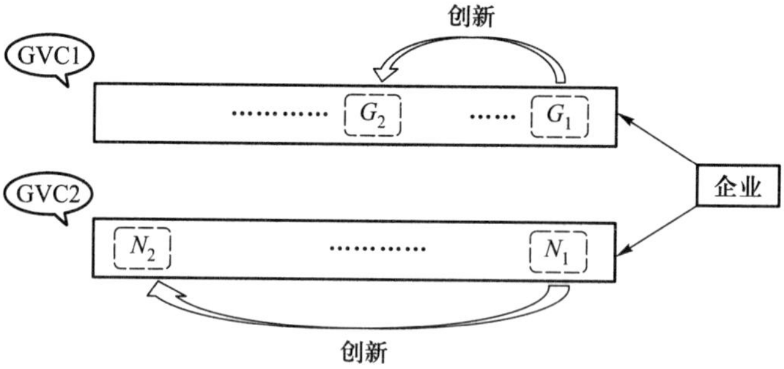

图 4-1　企业在两种全球价值链上的攀升路径

分论

令 $\pi_{1G}=\mathrm{Max}\{\tilde{\pi}_{1G}^*,\tilde{\pi}_{1G}^\#\}$，$\pi_{1N}=\mathrm{Max}\{\pi_{1N}^*,\pi_{1N}^\#\}$。很显然，当 $\pi_{1G}>\pi_{1N}$时，该企业会选择在渐进式攀升路径中既有的全球价值链上的某个环节进行生产；当$\pi_{1G}<\pi_{1N}$时，该企业会选择在激进式攀升路径中的以我为主导的全球价值链上的某个环节进行生产。令 $\Delta\pi=\pi_{1N}-\pi_{1G}$。当 $\Delta\pi<0$ 时，该企业会选择基于既有的全球价值链的渐进式路径；当 $\Delta\pi>0$ 时，企业会选择基于以我为主导的全球价值链的激进式路径。下面我们来讨论一下可能影响该企业的价值链攀升路径选择的一些因素。

1）以我为主导的全球价值链上创新的市场效应$\bar{b}$

从(17)式我们可以看出只有当下式成立时，$\pi_{1N}^\#$才会大于 π_{1N}^*：

$$\bar{b} > \frac{1}{F-I_N}\left[(k+1)\sqrt{\left(\frac{b_{10}-c_{N_1}}{k+1}\right)^2+F-\frac{(b_2-c_{N_2})^2}{4}}-(b_{10}-c_{N_1})\right]=\underline{b} \quad (19)$$

当$\bar{b} \leqslant \underline{b}$时，这时若企业选择在以我为主导的全球价值链上进行生产，那么其不会选择创新，因为这时不创新的利润大于创新的利润。如果$\bar{b} \geqslant \underline{b}$，那么我们有$\pi_{1N}=\pi_{1N}^{\#}$，$\Delta\pi=\pi_{1N}^{\#}-\pi_{1G}$。因为$\frac{\partial \pi_{1G}}{\partial \bar{b}}=0$，所以我们有$\frac{\partial \Delta\pi}{\partial \bar{b}}=\frac{\partial \pi_{1N}^{\#}}{\partial \bar{b}}>0$，这表明在以我为主导的全球价值链中创新的市场效应$\bar{b}$越大，企业越倾向于选择以我为主导的全球价值链。

2）市场规模a_1、a_2、b_{10}和b_2

在这里，我们假定(19)式成立，即该企业在以我为主导的全球价值链上可以获得正利润。我们知道，$\Delta\pi=\pi_{1N}^{\#}-\pi_{1G}$。由于$\frac{\partial \pi_{1G}}{\partial b_{10}}=0$和$\frac{\partial \pi_{1G}}{\partial b_2}=0$，所以我们有$\frac{\partial \Delta\pi}{\partial b_{10}}=\frac{\partial \pi_{1N}^{\#}}{\partial b_{10}}>0$，$\frac{\partial \Delta\pi}{\partial b_2}=\frac{\partial \pi_{1N}^{\#}}{\partial b_2}>0$，这意味着国内市场规模越大，该企业越倾向于在以我为主导的全球价值链上进行生产。同样地，我们有$\frac{\partial \pi_{1N}^{\#}}{\partial a_1}=0$，$\frac{\partial \widetilde{\pi}_{1G}^{*}}{\partial a_1}>0$，$\frac{\partial \widetilde{\pi}_{1G}^{\#}}{\partial a_1}>0$，这意味着产品$G_1$的市场规模越大，该企业越倾向于选择既有的全球价值链。由命题一我们知道，a_1和a_2越大，该企业在既有的全球价值链上越倾向于创新，所以我们可以得到下面的结论：当$a_1<(n+1)\sqrt{\frac{1}{\alpha}\left\{\left[\frac{b_{10}-c_{N_1}+\bar{b}(F-I_N)}{k+1}\right]^2+\frac{(b_2-c_{N_2})^2}{4}-F\right\}}+c_{N_1}=\underline{a}_1$时，该企业会选择在以我为主导的全球价值链上进行生产；当$\underline{a}_1<a_1<\frac{1}{2}\left\{\frac{(n+1)^2}{\alpha n\beta(F-I_G)}\left[F-\alpha\left(\frac{a_2-c_{G_2}}{m+2}\right)^2\right]-n\beta(F-I_G)\right\}+c_{G_1}=\bar{a}_1$时，该企业会选择在既有的全球价值链上进行生产而且不进行创新，而当$a_1>\bar{a}_1$时，该企业会选择在既有的全球价值链上进行生产而且进行创新。

需要说明的是，上述结论考虑的是$\underline{a}_1<\bar{a}_1$的情形。我们还需要考虑另外一种情况。当$\underline{a}_1>\bar{a}_1$时，根据上述结论，我们可以得到：当$a_1<\underline{a}_1$时，企业会选择在以我为主导的全球价值链上进行生产；当$a_1>\underline{a}_1$，企业会选择在既有的全球价值链上生产且进行创新。在这种情况下，不存在企业在既有的全球价值链上生产且不进行创新的情形。

3）既有的全球价值链上创新的效率参数 β

由于 β 只与 $\widetilde{\pi}^{\#}_{1G}$ 有关，且根据命题一我们知道 $\frac{\partial \widetilde{\pi}^{\#}_{1G}}{\partial \beta}>0$，所以我们可以得到既有的全球价值链上创新的效率参数越大，企业越倾向于在既有的全球价值链上生产且进行创新。

4）竞争者数量 n、m 和 k

我们仍然假定（19）式成立。由命题二可知，产品 N_1 的竞争者越少，该企业在以我为主导的全球价值链上创新所获得的利润也就越大。由（2）式可知，产品 G_1 的竞争者越少，$\widetilde{\pi}^{*}_{1G}$ 越大。由命题一可知，产品 G_1 和 G_2 的竞争者越少，该企业在既有的全球价值链上进行创新所获得的利润也就越大。因此我们可以得出，当 k 足够小时，企业会选择在以我为主导的全球价值链上进行创新；当 m 足够小时，企业会选择在既有的全球价值链上进行创新；当 n 足够小时，企业会选择进入既有的全球价值链而非以我为主导的全球价值链，且在既有的全球价值链上进行创新。比如，当 $n<\frac{a_1-c_{N_1}}{\sqrt{\frac{1}{\alpha}\left\{\left[\frac{b_{10}-c_{N_1}+\bar{b}(F-I_N)}{k+1}\right]^2+\frac{(b_2-c_{N_2})^2}{4}-F\right\}}}-1=\bar{n}$ 时，$\widetilde{\pi}^{*}_{1G}>\pi^{\#}_{1N}$，该企业会选择在既有的全球价值链上进行生产，但是并不能确定该企业在既有的全球价值链上是否进行创新，然而当 n 小于某个值时（我们没有求出该值），该企业就会在既有的全球价值链上进行创新。若 $n>\bar{n}$，我们也不能确定企业在哪条价值链上进行生产，需要做进一步的讨论，而这里讨论太过复杂，因此就不再赘述。

5）固定的创新成本 I_G 和 I_N 以及创新投入资金 F

根据命题一，我们可以知道 $\frac{\partial \widetilde{\pi}^{\#}_{1G}}{\partial I_G}<0$，即在既有的全球价值链上创新的固定成本越小，该企业越倾向于在既有的全球价值链上进行创新。同样地，根据命题二，我们可以知道，在以我为主导的全球价值链上创新的固定成本 I_N 越小，该企业越倾向于在以我为主导的全球价值链上进行创新。因此，当 I_N 足够小时，企业会选择在以我为主导的全球价值链上进行创新，而当 I_G 足够小时，企业会在既有的全球价值链上进行创新。

根据命题二，我们可以知道 $\frac{\partial \pi^{\#}_{1N}}{\partial F}>0$，且 $\frac{\partial \widetilde{\pi}^{\#}_{1G}}{\partial F}>0$，所以不能确定创新资金投

入的增加对企业的价值链选择会有何种影响。但是有一点可以确定，当 F 足够大时，必定有 $\pi_{1N}^{\#} > \widetilde{\pi}_{1G}^{*}$，且 $\widetilde{\pi}_{1G}^{\#} > \widetilde{\pi}_{1G}^{*}$，即创新的利润要大于在既有的全球价值链上不创新时所获得的利润，这时企业会选择进行创新。

6）趋势判断

结合实际情况，此处对两种路径选择的趋势进行判断。

① 随着我国互联网电商平台的日益崛起，在以我为主导的全球价值链上创新的市场效应会趋向于增大，这会让以我为主导的全球价值链逐渐成为可行的路径选择。

② 随着国内市场分割程度的逐步降低和市场一体化程度的逐步提高，国内市场规模会倾向于扩大；另外，随着近期逆全球化趋势的增强，国际市场规模会倾向于缩小。这两种趋势都会促使企业倾向于选择以我为主导的全球价值链。

③ 随着我国经济实力和科技实力的大幅提升，既有的全球价值链上的国外链主会更加努力“阻击”该链条上我国企业的“攀升”，极力通过规模“门槛效应”的限制和技术“外溢效应”的封锁等手段降低我国企业在既有的全球价值链上创新的效率，试图将我国企业“锁定”在全球价值链的低端。这会促使我国有雄心的企业选择以我为主导的全球价值链。

④ 根据前面的趋势判断，既有的全球价值链上我国企业的数量会倾向于减少，这对选择继续留在既有的全球价值链上的我国企业是有利的。另外，选择进入以我为主导的全球价值链的我国企业的数量会增加，它们之间的竞争效应会增强。通过既有的全球价值链和以我为主导的全球价值链之间的竞争，我国企业的攀升路径选择会达到一个动态均衡。

⑤ 随着我国政府对“大众创业、万众创新”的推进，我国企业创新的固定成本应该会在一定程度上降低，创新投入资本应该会在一定程度上增加，总体上来看应该有利于我国企业选择进入以我为主导的全球价值链。

4.4 结语和政策建议

本章对我国企业在全球价值链中不同的攀升路径进行了比较分析。我们考虑了两种攀升路径。在渐进式攀升路径中，我国企业在既有的全球价值链上通过创新向高端环节攀升。在激进式攀升路径中，我国企业在既有的全球价值链之外构造以我为主导的全球价值链。我们发现，不同攀升路径的选择跟以我为主导的全球价值链上创新的市场效应、两种不同全球价值链上不同的市场规模和竞争者数量以及既有的全球价值链上创新的效率参数有关,跟固定的创新成本以及创新投入资金的关系不是很明确。

本章只是提供了分析我国企业在价值链攀升路径的一个比较视角。实际上,价值链攀升的过程要比我们的分析复杂得多,这种复杂性可以体现在多个方面。第一,渐进式攀升路径和激进式攀升路径之间存在竞争关系和共生关系。第二,价值链治理中的一些因素会影响攀升路径的选择。第三,社会资本对价值链攀升路径的选择会产生一定的影响。比如,陶锋(2011)发现,社会资本不仅会对技术创新起直接作用,还会通过隐性知识溢出起间接作用。①

根据本章比较分析得到的结论,政府需要在以我为主导的全球价值链上提升创新的市场效应并扩大市场规模,在这两点上做文章,围绕这两个点设计相应的政策。这些政策的设计需要围绕提升企业能力、网络化、制度和基础设施四个领域展开,促进我国企业主导的全球价值链的构建。

在论述我国企业在创建以我为主导的全球价值链时,本章重点强调和分析了创新所需资金、生产某个低端环节的产品的竞争者的数量、低端环节的产品,以及高端环节的产品的市场规模以及生产成本,政府可以在其中很多方面发挥作用。比如,就创新所需资金来说,政府可以在融资方面提供支持;就市场规模来说,政府可以在市场推广方面提供支持;就创新方式来说,政府可以在产学研合作方面提供支持。国家创新政策和创新战略会对以我为主导的全球价值链的形成产生一定的影响,为了有效促进以我为主导的全球价值链的形成,国家创新政策和创新战略需要对有条件率先形成的产业进行具体针对性的支持。国家需要在发展战略层面上高度重视以我为主导的全球价值链的形成。虽然推动形成以我为主导的全球价值链的主体是我国的企业,但这绝不仅仅是一家企业所要解决的问题,而是整个国家需要协助企业解决的问题。

① 陶锋:《国际知识溢出、社会资本与代工制造业技术创新——基于全球价值链外包体系的视角》,《财贸经济》2011 年第 7 期,第 78 ~ 83 页。

5. 攀升全球价值链中高端的大国优势

5.1 引言

正如《世界发展报告 2002》指出的，在国际市场上大多数发展中国家的竞争优势主要源于丰富的劳动力和富饶的土地两个方面。对于中国这样一个发展中大国而言更是如此。本章将人口红利和广阔空间优势以及以此为基础形成的丰富市场规模和旺盛内需等优势统称为“大国优势”。因此，这是一个动态变化且外延广泛的概念，其内涵随经济发展阶段不同会有所变化。

改革开放以来，中国抓住“生产过程分散化和碎片化”特征与跨国公司以“全球配置价值增值环节”动机推动全球价值链(Global Value Chain，简称 GVC)的历史性机遇，利用人口红利和市场规模的“大国优势”①，成为全世界劳动密集型产品或高技术行业劳动密集型生产工序的主要承接地，对外贸易尤其是货物贸易呈现几何级数式增长，以及连续几十年保持高速经济增长，并成功完成从低等收入阶段向中等收入阶段的跨越。

与全球价值链推动发展中国家经济规模总量扩张相伴而生的国际利益分配不均、国内收入分配差距拉大等问题引起了人们的极大关注。从国与国之间的包容性程度看②，日益全球化的产品内分工方式未必使世界各国均衡受益③，全球价值链不同工序技术含量和出口附加值含量的差异，导致对接到全球价值链

---

① 本章将后金融危机时代中国基于人口红利和广阔空间形成的丰富市场规模和旺盛内需实现中国与世界经济再平衡的过程称为“大国优势”。李君华、欧阳峣:《大国效应、交易成本和经济结构——国家贫富的一般均衡分析》，《经济研究》2016 年第 51 卷第 10 期，第 27 ~ 40 页；刘志彪:《基于内需的经济全球化:中国分享第二波全球化红利的战略选择》，《南京大学学报》(哲学 · 人文科学 · 社会科学)2012 年第 49 卷第 2 期，第 51 ~ 59，159 页。

② 国别间的包容性程度既包括成功参与全球价值链分工经济体间的包容性程度，也包括参与全球价值链分工经济体与未能参与全球价值链分工经济体间的包容性程度，但由于本章考察的是相对于发达经济体，深度参与全球价值链分工的中国经济的包容性状况，因此，本章的国别间包容性程度如不加说明即特指成功参与全球价值链分工经济体间的包容性程度。

③ 卓越、张珉:《全球价值链中的收益分配与“悲惨增长”——基于中国纺织服装业的分析》，《中国工业经济》2008 年第 7 期，第 131 ~ 140 页。

不同点位上的经济体所获收益存在显著差距。[①] 统计表明，中国贸易出口的技术水平和附加值含量远低于美日等发达国家。[②] 更为严重的是，跨国公司对试图攀升全球价值链中高端的后发国家企业采取的封锁和阻截策略[③]进一步固化了这种增长绩效日益分化的格局；从各国内部的包容性程度看，在要素禀赋结构、生产工序要素密集度和偏向性技术进步的作用下，全球价值链分工还会对参与国的增长公平性和发展普惠性产生复杂的影响机理。基于以上现实背景，如何推动让发展中国家低收入群体受益并提高他们消费能力的包容性经济增长成为政府和学界关心的课题。关于中国如何攀升全球价值链中高端进而实现包容性增长的问题，已有研究强调了基于人口和需求规模形成的“大国优势”，加快构建以中国本土市场需求为基础的国内价值链（Domestic Value Chain，简称DVC）的网络体系和治理结构的紧迫性和必要性。[④] 一方面，构建国内价值链是中国本土企业突破全球价值链链主“低端封锁”进而实现可持续发展的关键举措。在发达国家“高端回流”和发展中国家“中低端分流”的双重挤压下中国制造面临着严重的冲击，通过国内价值链形成的内部联系和外部依赖，不仅可以虹吸国际先进的高级生产要素为我所用，增强中国本土企业的内生增长能力，改变中国本土企业发展主动性不足的弊端，[⑤]还将通过沿海地区与中西部地区间投入产出关联增强而对国内产业结构优化和区域及产业部门间的协调发展产生促进效应。[⑥] 另一方面，在后金融危机时代，发达国家消费市场疲软和中国本土市

---

① 以苹果手机的利润分配为例，从事研发的美国获得近六成利润，从事核心零配件供应的韩国分得4.7%利润，从事组装加工的中国供应商通过劳动力仅获得1.8%的利润份额。资料来源：《卖出一台iPhone手机中国仅获得利润1.8%》，http://news.163.com/15/0315/11/AKOCAUA500014AED.html，2019年2月19日。

② 倪红福：《中国出口技术含量动态变迁及国际比较》，《经济研究》2017年第52卷第1期，第44～57页。

③ Humphrey, J., Schmitz, H. “Chain Governance and Upgrading: Taking Stock”, In: Schmitz, H. (ed.), *Local Enterprises in the Global Economy*: Issues of Governance and Upgrading, Edward Elgar Publishing, 2004, pp. 349－381；刘志彪、张杰：《从融入全球价值链到构建国家价值链：中国产业升级的战略思考》，《学术月刊》2009年第41卷第9期，第59～68页。

④ 刘志彪、张杰：《从融入全球价值链到构建国家价值链：中国产业升级的战略思考》，《学术月刊》2009年第41卷第9期，第59～68页。

⑤ 刘志彪：《基于内需的经济全球化：中国分享第二波全球化红利的战略选择》，《南京大学学报》（哲学·人文科学·社会科学）2012年第49卷第2期，第51～59，159页。

⑥ 刘志彪、张杰：《从融入全球价值链到构建国家价值链：中国产业升级的战略思考》，《学术月刊》2009年第41卷第9期，第59～68页。

场需求旺盛的现实背景为中国本土企业国内价值链构建创造了有利的外部条件。[①] 任保全等人(2016)通过构建包含国内外市场分割生产投资和水平型生产投资的开放经济模型发现内需不足和制度障碍是导致长期以来中国本土企业国内价值链构建缺失的主要原因。[②] 企业构建国内价值链的积极性依赖于构建国内价值链比嵌入全球价值链低端具有更大的收益激励空间,而在本土市场规模产生的"激励效应"和"不确定性效应"以及"本土市场效应"下,内需吸引发达国家跨国公司进入所引发的竞争动态、技术外溢和合作创新效应,能够促进中国本土企业自主创新能力提高,进而增强企业在市场竞争中的盈利能力。[③]

已有文献为深化对在全球价值链分工背景下如何实现包容性经济增长的理解提供了丰富的理论基础和经验证据,但主要停留在对为何需要构建和如何构建国内价值链等理论层面的推演,以及对"大国优势"如何影响发展中国家本土企业竞争力等案例的探讨,忽略了对在目标市场"由外转内"背景下发展中国家国内外企业基于本土市场展开全球价值链竞争的影响效应研究。"大国优势"如何助力发展中国家本土企业构建国内价值链?发达国家跨国公司进入是否会导致发展中国家本土经济重蹈 20 世纪 80 年代"市场换不来技术"的覆辙?全球价值链和国内价值链的竞争动态又将如何对国别间的经济增长收敛特征和各国内部的收入分配结构产生影响?截至目前,这些问题尚没有得到充分的研究,而这将是本章的研究重点。

相对于已有文献,本章的创新之处主要表现为三个方面:第一,通过严谨的数理模型揭示了"大国优势"引发"价值链竞争",进而揭示了影响发展中国家本土经济增长和收入分配结构的作用机理,深化和完善了现有关于产品内分工和包容性增长的理论;第二,将反映"产品内分工"特征的"工序生产函数"纳入基于李嘉图框架和熊彼特式创新的内生增长模型,再现了发展中国家国内外企业基于全球价值链和国内价值链展开竞争的动态市场机制,这是对相关前沿文献的一个补充;第三,本章的理论模型表明在全球价值链和国内价值链竞争背景下"大国优势"将有助于中国包容性经济增长实现,这为政府部门提供了政策制定的依据。

---

① Brandt, L. , Thun, E. "The Fight for the Middle: Upgrading, Competition, and Industrial Development in China", *World Development*, vol. 38, no. 11 (2010), pp. 1555 - 1574.

② 任保全、刘志彪、任优生:《战略性新兴产业技术创新的驱动力:出口还是本土市场需求》,《财经科学》2016 年 12 期,第 77 - 89 页

③ Brunner, J. K. ,Zweimüller, J. "Innovation and Growth with Rich and Poor Consumers", *Metroeconomica*. vol. 56, no. 2 (2005), pp. 233 - 262.

5.2 理论模型:基于本土市场展开全球价值链和国内价值链竞争

5.2.1 模型构建

本章根据基于李嘉图框架和熊彼特式创新的内生增长模型,把反映垂直专业化分工的生产过程和包含国内外厂商基于本土市场竞争的市场机制的动态作用过程界定如下:假设存在两个国家,发达国家(用 n 表示)和以中国为典型代表的发展中国家或称为本土国家(用 d 表示),发达国家高技能劳动力数量为 H_n,低技能劳动力数量为 L_n,本土国家高技能劳动力数量为 H_d,低技能劳动力数量为 L_d,两国要素禀赋满足 $H_n/L_n > H_d/L_d$。为了抢占本土国家旺盛的中端消费市场,两国企业各自针对本土国家中端消费者需求偏好进行产品的生产和销售。两国企业分别处于不同的价值链之中并都位于价值链的高端,其中,发达国家企业位于全球价值链高端,本土国家企业位于国内价值链高端,各自利用价值链完成最终产品的生产。最终产品的种类既定,每一种类型的最终产品都存在多个质量阶梯。最终产品的生产是一个历经多阶段的过程,且下一阶段中间产品生产的进行以上一阶段中间产品的完成为前提,每一阶段的生产都需要低技能劳动力的投入,生产过程中劳动力会犯错误,犯错率 λ 满足泊松分布特征,内生地决定于最终产品部门为降低犯错率所做的努力以及最终产品部门具有的生产规模。最终产品质量的改进由独立的研发部门来完成,研发过程不存外部性,创新率 τ 也满足泊松分布特征,内生地决定于研发部门雇佣的高技能劳动力投入数量。由于两国企业是基于本土国家市场展开竞争,为了解本土国家市场偏好和降低生产成本,发达国家跨国公司在雇佣来自母国的高技能劳动力来降低犯错率的同时,不得不雇佣本土国家高技能劳动力来完成研发。此外,为了降低产品价格,发达国家跨国公司会把部分低端环节通过外包或外商直接投资的方式由本土国家低技能劳动力完成,剩余环节生产由发达国家低技能劳动力完成,即发达国家企业利用全球价值链完成生产。由于不存在劳动力的国别间流动,本土国家企业只能雇佣本土高技能劳动力来升级最终产品质量和降低生产过程中的犯错率,并雇佣本土国家自身低技能劳动力来完成生产,即本土国家企业利用国内价值链完成生产。因此,在均衡状态下,两国研发部门和本土国家最终产品部门对高技能劳动力的共同需求与本土国家高技能劳动力供给实现本土国家高技能劳动力市场出清,两国中间产品部门对本土国家低技能劳动力需求与本土国家低技能劳动力供给实现低技能劳动力市场出清,发达国家跨国公司中间产品部门对发达国家低技能劳动力需求与发达国家低技能劳动力供给实现发达国家低技能劳动力市场出清。跨国公司最终产品部门对高技能劳动力需求与发达国家高技能劳动力供给实现发达国家高技能劳动力市场出清。

1）消费部门

假定本土国家代表性家庭存在无限生命特征，每个家庭拥有高、低两种技能类型的劳动供给，高技能劳动力数量固定为 $H_{d,t}$，低技能劳动力数量为 $L_{d,t}$，家庭部门跨时期偏好的效用函数为：

$$U_{d,t} = \int_t^{\infty} e^{-\rho(\tau-t)} \log D_\tau \mathrm{d}\tau \tag{1}$$

其中，家庭瞬时效用函数为 $D_\tau = \left[\int_0^1 \left(\sum_m q_{m,i} x_{m,i,\tau}\right)^\beta \mathrm{d}i\right]^{1/\beta}$，$x_{m,i,\tau}$ 为时点 τ 代表性家庭对第 i 最终产品第 m 代产品的需求量，$q_{m,i}$ 为第 i 最终产品第 m 代产品的质量。假设第一代产品的质量为1（即 $q_{0,i}=1$），任意两代产品的质量差异为 μ，则 $q_{m,i}=\mu^m$。对于代表性家庭而言，各时期的最优决策是将消费支出平均分配到不同中间产品并购买每种类型产品中经质量调整后价格最低的产品（即性价比最高的产品），以实现效用的最大化，即：

$$\begin{aligned} &\min \int_0^1 p_{m,i,t} x_{m,i,t} \mathrm{d}i \\ &s.t. \left[\int_0^1 \left(\sum_m q_{m,i} x_{m,i,\tau}\right)^\beta\right]^{1/\beta} \leqslant D_\tau \end{aligned} \tag{2}$$

求解(2)式可知产品的需求价格弹性和部门间的替代弹性都为 $1/(1-\beta)$，则理性的最终产品厂商的最优定价策略将满足：

$$p_{m,i,t} = \delta p_{m-1,i,t} \tag{3}$$

其中，当 $1/\beta > \mu$ 时，$\delta=\mu$；当 $1/\beta < \mu$ 时，$\delta = 1/\beta$，下文中的 δ 含义相同。其经济学含义是对于提升了产品质量的企业而言，其最优定价格策略将是在采取生产成本 μ 倍和根据需求价格弹性采取成本加成策略间权衡。① 当创新是质量

---

① 定价策略背后的经济学逻辑如下：为表述方便，我们将实现了质量提升的厂商称为“领先者”，而其他厂商称为“追随者”，当追随者价格为 $\tilde{p}_{i,t}$，说明该价格是保证追随者利润非负情形下的最低价格。对于领先者而言，其最优定价是根据 $MR=MC$ 原则实行成本加成定价，即 $p_{i,t}=\tilde{p}_{i,t}/\beta$。如果 $1/\beta<\mu$，意味着 $p_{i,t}<\mu\tilde{p}_{i,t}$，由于理性消费者关注的产品的性价比（即经质量调整后的价格水平的高低），那么此时领先者在最优定价策略下会获得全部的市场需求，利润也会达到最大。如果 $1/\beta>\mu$，意味着 $p_{i,t}>\mu\tilde{p}_{i,t}$，此时领先者的市场需求量为零，最优定价策略应该为 $p_{i,t}=\mu\tilde{p}_{i,t}$。

提升很大的激进式创新时，企业会采取成本加成的定价策略，当创新是质量小幅提升的非激进式创新时，企业应该采取生产成本 μ 倍的定价策略。如把代表性家庭的支出标准化为1，即 $E=1$，则代表性家庭对最终产品的需求函数为：

$$x_{m,i,t}=\begin{cases}1/p_{m,i,t}, & q_{m,i}=\mu_i^m\\ 0, & q_{m,i}\neq\mu_i^m\end{cases} \tag{4}$$

2）生产部门

假定两国生产者处于完全竞争的市场结构，产品的生产需要历经 $s\in(0,1]$ 个连续的阶段，对于 $s\in(0,1)$ 阶段生产的产品，我们称之为是中间产品，当$s=1$ 时完成的产品称之为是最终产品。每一阶段的完成需要一单位低技能劳动力投入和一单位上一阶段的中间产品投入，为了降低生产成本，发达国家跨国公司会把部分低端环节 $s\in(0,s']$ 通过外包或外商直接投资方式利用本土国家低技能劳动力来完成，剩余的高端环节 $s\in(s',1)$ 由发达国家低技能劳动力来完成，反映了发达国家利用全球价值链完成生产的特征。本土国家企业利用本土低技能劳动力来完成最终产品全部环节的生产，反映了本土国家企业利用国内价值链完成生产的特征。劳动力在生产过程中会犯错误，犯错率为 $\lambda_c>0(c=n,d)$。为表述方便，假设中间产品无限供给，即$p_{i,t}(0)=0$，如果某一阶段生产过程中发生错误，该阶段中间产品全部报废，即本土国家企业各阶段产品价格和数量关系为：

$$p_{i,d,t}(s+\mathrm{d}s)=(1+\lambda_d\mathrm{d}s)p_{i,d,t}(s)+w_{l,d,t}\mathrm{d}s \tag{5}$$

$$x_{i,d,t}(s+\mathrm{d}s)=(1-\lambda_d\mathrm{d}s)x_{i,d,t}(s) \tag{6}$$

同理，发达国家跨国公司各阶段产品价格和数量关系为：

$$p_{i,n,t}(s+\mathrm{d}s)=\begin{cases}(1+\lambda_n\mathrm{d}s)p_{i,n,t}(s)+w_{l,d,t}\mathrm{d}s, s\in(0,s']\\ (1+\lambda_n\mathrm{d}s)p_{i,n,t}(s)+w_{l,n,t}\mathrm{d}s, s\in(s',1]\end{cases} \tag{7}$$

$$x_{i,n,t}(s+\mathrm{d}s)=(1-\lambda_n\mathrm{d}s)x_{i,n,t}(s) \tag{8}$$

(6)式和(7)式两边同时对 s 全微分，再结合 $p_{i,d,t}(0)=0$ 条件，可以得到本土国家企业各阶段产品的价格和数量为：

$$p_{i,d,t}(s)=(-w_{l,d,t}/\lambda_d)+w_{l,d,t}e^{\lambda_d s}/\lambda_d \tag{9}$$

$$x_{i,d,t}(s)=\lambda_d e^{\lambda_d(1-s)}/[\delta w_{l,d,t}(e^{\lambda_d}-1)] \tag{10}$$

同理，可得发达国家跨国公司各阶段产品的价格和数量为：

$$p_{i,n,t}(s)=\begin{cases}(e^{s\lambda_n}w_{l,d,t}-w_{l,d,t})/\lambda_n, s\subset(0,s']\\ [(e^{s\lambda_n}w_{l,n,t}/\lambda_n\cdot e^{s'\lambda_n})(w_{l,s,t}/w_{l,n,t})][w_{l,n,t}/w_{l,s,t}-1+e^{s'\lambda_n}]\\ -w_{l,n,t}/\lambda_n, s\in(s',1]\end{cases} \tag{11}$$

$$x_{i,n,t}(s)=\frac{\lambda_n e^{\lambda_n(1-s)}}{\delta\phi},\phi=w_{l,n,t}\left[e^{\lambda_n(1-s')}-\frac{w_{l,d,t}}{w_{l,n,t}}e^{\lambda_n(1-s')}+\frac{w_{l,d,t}}{w_{l,n,t}}e^{\lambda_n}-1\right] \quad (12)$$

假设两国企业犯错率内生地决定于两个主要因素：一是生产厂商为降低犯错率而进行的高技能劳动力投入，高技能劳动力投入越多，犯错率越低①；二是劳动力参与生产的产品数量，即市场规模越大，犯错率越高②。两国企业犯错率的函数特征为：

$$\lambda_c=b_c\theta_{c,t}^{\alpha}/H_{1,c,t}, \quad c=n,d \quad (13)$$

其中，n 表示发达国家，d 表示本土国家，θ 为市场份额③，市场均衡状态下满足 $\theta_{n,t}+\theta_{d,t}=1$，$H_{1,n,t}$为发达国家跨国公司为降低犯错率投入的来自母国的高技能劳动力数量，均衡状态下有 $H_{1,n,t}=H_{n,t}$，$H_{1,d,t}$为本土国家企业为降低犯错率所投入的来自本土国家的高技能劳动力数量。为了确保最终产品生产厂商的利润为正，设 $\alpha>1$④。b_n 和 b_d 分别为两国企业的犯错率降低效率，设 $b_n<b_d$，即发达国家高技能劳动力在降低犯错率方面更有经验，犯错率降低效率越高，其实质反映了生产效率，意味着中间产品环节的生产效率越高。当国内外企业就最终产品在本土市场展开伯川德竞争时，意味着 $p_{i,n,t}(s=1)=p_{i,d,t}(s=1)$，结合(11)式、(13)式得到：

$$\frac{(e^{\lambda_d}-1)w_{l,d,t}}{\lambda_d}=\frac{\left[\left(1-\frac{w_{l,d,t}}{w_{l,n,t}}\right)e^{\lambda_n(1-s')}+e^{\lambda_n}\left(\frac{w_{l,d,t}}{w_{l,n,t}}\right)-1\right]w_{l,n,t}}{\lambda_n} \quad (14)$$

再把(3)式、(4)式和(13)式分别代入两国企业的利润函数 $\pi_{i,t}^c=(\delta p_{i,t}^c-p_{i,t}^c)x_{i,t}^c-w_{h,c,t}H_{1,c,t}$，得到均衡状态下，在给定犯错率和劳动力工资水平条件下，两国企业选择最优的市场份额和犯错率关系式满足：

$$\theta_{c,t}=[(\delta-1)\lambda_c/(\alpha\delta b_c w_{h,c,t})]^{1/(\alpha-1)} \quad (15)$$

$$\lambda_n/\lambda_d=[(w_{h,n,t}/w_{h,d,t})(b_n/b_s)(\theta_n/\theta_d)]^{\alpha-1} \quad (16)$$

3）研发部门

由于发达国家高技能劳动力并不了解本土国家消费者的消费偏好，因此，为

---

① 可以理解为是厂商为各生产阶段的低技能劳动力按一定比例配备的技术指导。

② 这是因为犯错率是指绝对值而非相对值。随着市场份额的提高，生产经验的增加，企业的犯错概率可能会下降，但并不意味着犯错次数在下降。

③ 由于国内外企业都是基于同一市场竞争，市场占有率和市场规模对于犯错率的经济学含义并未有实质的差异。

④ 由本章的(26)式可以看出。

了能够开发出符合本土国家需求偏好的产品,发达国家跨国公司会雇佣本土国家高技能劳动力进行产品研发,设在时间段 $\mathrm{d}t$ 内进行研发的投资强度为 τ_n,投资强度 τ_n 的完成需要 a_n 单位的劳动力投入。对本土企业研发采取相同的变量设置,设投入强度 τ_d 的完成需要 a_d 单位的劳动力投入。假定 $a_n > a_d$,意味着创新成功概率相同情形下,跨国公司需要更多的本土国家高技能劳动力投入①。用 $H_{2,d,t}$表示发达国家跨国公司对本土国家高技能劳动力的需求数量,$H_{3,d,t}$表示本土国家企业对本土国家高技能劳动力的需求数量,有 $H_{2,d,t} = \tau_n a_n$,$H_{3,d,t} = \tau_d a_d$。用 $v_{c,t}$表示创新成功带来的价值,由两国企业的零利润条件 $v_{c,t} = w_{h,d,t} a_c$ 和无套利条件 $r_t v_{c,t} = \pi_{c,t} + \dot{v}_{c,t} - \tau_{c,t} v_{c,t}$得到两国创新率关系式:

$$r_t + \tau_n = (\theta_n/\theta_d)(a_d/a_n)(r_t + \tau_d) \tag{17}$$

5.2.2 动态一般均衡求解

以上是各部门在某个时期最优决策的条件。从动态均衡角度看,通过最终产品市场出清条件、生产过程中各阶段中间产品市场出清条件,本土国家高、低技能劳动力市场出清条件,发达国家高、低技能劳动力市场出清条件,以及一系列静态决策条件,我们可以得到,在动态一般均衡状态下,发达国家跨国公司的犯错率和市场份额,本土国家企业的犯错率和市场份额,发达国家、本土国家的创新率和经济增长率等。

首先,根据本土国家消费部门终生效用最大化和消费支出的约束条件,利用汉密尔顿函数求解动态最优一阶条件,由支出标准化 $E_t = 1$,得到动态均衡状态:

$$r_t = \rho \tag{18}$$

分论

然后,由(13)式得到发达国家高技能劳动力市场出清条件:

$$H_{n,t} = b_n \theta_n^{\alpha} / \lambda_n \tag{19}$$

由(13)式和 $H_{2,d,t} = \tau_n a_n$,$H_{3,d,t} = \tau_d a_d$,得到本土国家高技能劳动力市场出清条件:

$$a_n \tau_n + a_d \tau_d + b_d \theta_d^{\alpha} / \lambda_d = H_{d,t} \tag{20}$$

由(10)式和(12)式,本土国家低技能劳动力市场出清条件,$\int_0^1 x_{i,d,t}(s)\,\mathrm{d}s + \int_0^{s'} x_{i,n,t}(s)\,\mathrm{d}s = L_{d,t}$,以及发达国家低技能劳动力市场出清条件,$\int_{s'}^1 x_{i,n,t}(s)\,\mathrm{d}s =$

① 可以认为是发达国家跨国公司和本土国家高技能劳动力存在沟通摩擦所致。由于发达国家跨国企业文化、语言差异等,发达国家跨国公司需要对雇佣的本土国家高技能劳动力给予更多培训才能达到和本土国家企业同样的生产效率。

$L_{n,t}$，得到：

$$\frac{w_{l,n,t}}{w_{l,d,t}}=\frac{L_{d,t}}{L_{n,t}}-\frac{e^{\lambda_n}-e^{\lambda_n(1-s')}}{e^{\lambda_n(1-s')}-1}-\frac{[e^{\lambda_n}-e^{\lambda_n(1-s')}]\delta}{(e^{\lambda_n(1-s')}-1)L_{n,t}} \tag{21}$$

由(15)式和(17)式得到：

$$\theta_d^{\alpha}/\lambda_d=(a_s/b_s)(r_t+\tau_d)/(\alpha-1) \tag{22}$$

最后，根据由(14)式、(16)式、(17)式、(18)式、(19)式、(20)式、(21)式、(22)式以及 $\theta_{n,t}+\theta_{d,t}=1$ 组成的方程组，分别对 $\{\theta_n,\theta_d,\lambda_n,\lambda_d,\tau_n,\tau_d,w_{l,d,t}/w_{l,n,t},w_{h,d,t}/w_{h,n,t},r_t\}$ 进行求解。结果如下节内容所示。

5.3 数值模拟结果及分析

上节的理论模型得到了大国优势（人口规模 H_t 和 L_t）、价值链竞争（反映发达国家跨国公司驱动全球价值链能力的 s'）与包容性增长（反映国别间经济增长收敛状况的 τ_d/τ_n[①] 和一国内部收入分配差距的 $w_{h,d,t}H_{d,t}/w_{l,d,t}L_{d,t}$）之间的函数关系。但由于它是一个复杂的非线性关系，很难得到非线性方程组的解析解，进而无法使用微分方法透彻分析三者之间的实际关系。为此我们将使用 MATLAB7.0 软件对方程组结果进行数值模拟。

5.3.1 大国优势对包容性增长的影响效应

大国优势的表征之一是人口规模，而人口规模的扩张可能是由高技能劳动力数量增加所致，也可能是由低技能劳动力数量增加引起。因此，本部分分别考察两种情形下本土国家市场规模扩张（$H_{d,t}$增加或 $L_{d,t}$增加）对包容性增长（国别间的包容性状况和一国内部的包容性状况）的影响，以确保所得结论的稳健性。假定 $H_{n,t}=1.144$，$L_{n,t}=0.871$[②]，$\rho=0.04$，$a_n=1$，$b_n=1$，$a_d=0.2$，$b_d=1.5$，$\alpha=2$[③]。以上各参数保持不变，当本土国家高技能劳动力数量可变时，固定 $L_{d,t}=7.529$，当本土国家低技能劳动力数量可变时，固定 $H_{d,t}=0.097$[④]。两种情形下

① 由于在熊彼特式创新的模型框架下，一国在均衡状态下的经济增长率和创新率相同，所以两国创新率的比值也就反映了两国经济增长的收敛性。

② 劳动力数量单位为亿人，是根据美国劳工部公布的2000—2015年高、低技能劳动力数量均值。其中，高技能劳动力数量是指拥有大专及以上学历的人，低技能劳动力是指拥有大专以下学历的人。

③ 其中，ρ 的取值参考了傅晓霞和吴利学的设定，其他参数取值是根据模型设定中相关的参数的经济学含义及数量关系进行的设定。参见傅晓霞、吴利学：《偏性效率改进与中国要素回报份额变化》，《世界经济》2013年第36卷第10期，第79～102页。

④ 劳动力数量单位为亿人，是根据中国统计年鉴公布的原始数据计算的2000—2015年劳动力数量均值。

的数值模拟结果分别见表5-1和表5-2。表格最右边两列的结果反映了大国优势对包容性增长的影响，其中，τ_d/τ_n 反映了两国间的包容性增长状况①，$\widetilde{w}_{l,d,t}L_{d,t}/\widetilde{w}_{h,d,t}H_{d,t}$反映了一国内部的包容性增长状况②。从模拟结果可以看到，当大国优势表现为高技能劳动力人口增加引发市场规模扩张时，随着 $H_{d,t}$的增加，虽然两国创新速度 τ_n 和 τ_d 都得到了提升，但 τ_d 得到的提升更快，意味着国别间包容性增长的实现。随着 H_t 的增加，$\widetilde{w}_{l,d,t}L_{d,t}/\widetilde{w}_{h,d,t}H_{d,t}$呈现递减趋势，意味着本土国家内部收入分配差距的拉大。当大国优势表现为低技能劳动力人口增加引发市场规模扩张时，随着 $L_{d,t}$的增加，τ_d/τ_n 不断增加，而$\widetilde{w}_{l,d,t}L_{d,t}/\widetilde{w}_{h,d,t}H_{d,t}$不断下降，同样意味着国别间经济增长收敛的实现和国内收入分配差距的扩大。据此，我们得到命题一。

表5-1 本土国家高技能劳动力规模扩张

$H_{d,t}$	λ_n	λ_d	θ_n	τ_n	τ_d	$\frac{w_{l,d,t}}{w_{l,n,t}}$	$\frac{w_{h,d,t}}{w_{h,n,t}}$	$\frac{\tau_d}{\tau_n}$	$\frac{\widetilde{w}_{l,d,t}L_{d,t}}{\widetilde{w}_{h,d,t}H_{d,t}}$
0.10	0.5911	2.2124	0.8209	0.0636	0.0731	0.2006	11.4943	1.1494	1.3140
0.15	0.5200	2.2036	0.7699	0.0847	0.1463	0.1956	9.5057	1.7273	1.0328
0.20	0.4581	2.1953	0.7227	0.1013	0.2310	0.1916	8.3682	2.2804	0.8619
0.25	0.4038	2.1876	0.6784	0.1141	0.3251	0.1883	7.6570	2.8493	0.7406
0.30	0.3556	2.1804	0.6367	0.1238	0.4272	0.1855	7.1994	3.4507	0.6466
0.35	0.3127	2.1738	0.5970	0.1307	0.5361	0.1832	6.9013	4.1018	0.5710
0.40	0.2743	2.1677	0.5592	0.1353	0.6511	0.1812	6.7159	4.8123	0.5078
0.45	0.2399	2.1621	0.5223	0.1379	0.7713	0.1794	6.6181	5.5932	0.4535
0.50	0.2090	2.1569	0.4881	0.1385	0.8962	0.1779	6.5920	6.4708	0.4064
0.55	0.1811	2.1522	0.4544	0.1375	1.0254	0.1766	6.6313	7.4575	0.3646
0.60	0.1561	2.1479	0.4219	0.1349	1.1584	0.1755	6.7249	8.5871	0.3275

① 在均衡状态下，一国经济增长率和创新速度相同。因此，两国创新速度的相对状况就反映了两国经济增长的收敛状况。

② 是由两国高技能劳动力相对工资水平除以两国低技能劳动力相对工资水平得到，即 $\widetilde{w}_{h,d,t}/\widetilde{w}_{l,d,t}=(w_{h,d,t}/w_{l,d,t})(w_{l,n,t}/w_{h,n,t})$，那么，在发达国家技能溢价状况给定情形下，$\widetilde{w}_{h,d,t}/\widetilde{w}_{l,d,t}$实质就反映了本土国家高、低技能劳动力的相对工资水平。

表 5-2　本土国家低技能劳动力规模扩张

$L_{d,t}$	λ_n	λ_d	θ_n	τ_n	τ_d	$\frac{w_{l,d,t}}{w_{l,n,t}}$	$\frac{w_{h,d,t}}{w_{h,n,t}}$	$\frac{\tau_d}{\tau_n}$	$\frac{\tilde{w}_{l,d,t}L_{d,t}}{\tilde{w}_{h,d,t}H_{d,t}}$
7.60	0.5938	2.2327	0.8227	0.0619	0.0698	0.1974	11.6959	1.1276	1.3224
7.65	0.5924	2.2458	0.8218	0.0617	0.0703	0.1951	11.7096	1.1394	1.3140
7.70	0.5911	2.2587	0.8209	0.0615	0.0708	0.1929	11.7371	1.1512	1.3046
7.75	0.5898	2.2716	0.8200	0.0614	0.0712	0.1907	11.7509	1.1596	1.2966
7.80	0.5886	2.2842	0.8191	0.0612	0.0717	0.1885	11.7786	1.1716	1.2869
7.85	0.5873	2.2968	0.8183	0.0610	0.0722	0.1864	11.7925	1.1836	1.2792
7.90	0.5861	2.3092	0.8174	0.0608	0.0726	0.1844	11.8203	1.1941	1.2705
7.95	0.5849	2.3215	0.8165	0.0606	0.0731	0.1824	11.8343	1.2063	1.2632
8.00	0.5837	2.3337	0.8157	0.0605	0.0735	0.1804	11.8624	1.2149	1.2542

命题一：当全球价值链和国内价值链基于本土国家市场展开竞争时，给定其他条件不变，大国优势对国与国之间包容性增长的实现产生促进效应，对一国内部包容性增长的实现产生消极效应，并且这种影响效应不受劳动力市场技能状况的影响。

大国因其市场规模之大而成为一种优势的经济学原理，这最早可以追溯到亚当·斯密的分工作为经济增长的唯一源泉会受到市场容量限制的观点。市场规模扩张——劳动分工深化——市场规模进一步扩张这一自我持续的过程将会促进长期内的经济增长。

在外需疲软而内需旺盛的背景下，本土国家国内市场需求吸引发达国家跨国公司进入带来的技术外溢、规模经济和集聚经济效应、竞争加剧引发了本土国家新老企业更替的门槛效应。这种效应不仅能够促进本土国家生产率提升，还可以通过“贸易创造型投资”推动本土国家经济增长。同时，更接近本土国家居民需求偏好的优势还使本土国家企业实现“创新逆袭”成为可能，为本土国家企业突围全球价值链封锁提供契机。这些都使本土国家经济增长实现向发达国家的收敛成为可能。但是，在发达国家跨国公司进入利用全球价值链和本土国家企业主导的国内价值链展开直接竞争过程中，本土国家内部高、低技能劳动力收入分配结构会受到工资效应和供给效应两方面的综合作用。一方面，发达国家跨国公司利用全球价值链把低端工序外包给本土国家企业的过程，实质上增加了对本土国家低技能劳动力的需求，由此引致低技能劳动力工资的上涨。另一方面，发达国家跨国公司利用本土国家高技能劳动力开展研发活动，也会促进本土国家技能溢价的上涨。当人口规模表现为低技能劳动力供给增加时，如果工资上涨速度慢于低技能劳动力供给速度，那么就会出现低技能劳动力收入分配结构的恶化。当人口规模表现为高技能劳动力供给增加时，意味着低技能劳动力群体绝对收入的提高，但高技能劳动力供给增加引发技能溢价的降低，反而会刺激本土国家内外企业追加研发的动机，进而促进技能溢价的大幅上涨，由此导致高、低技能劳动力收入分配结构的恶化。

5.3.2 价值链竞争对包容性增长的影响效应

正如第5.2节中理论模型所指出的，本土国家企业和发达国家跨国公司分别基于国内价值链和全球价值链进行生产，给定本土国家企业利用国内价值链生产的情形下，发达国家跨国公司外包到本土国家的生产工序越多（即驱动全球价值链能力越强），发达国家跨国公司成本节约越有效，两国企业的价格竞争程度越激烈。因此，下面将考察 s' 对一国包容性增长的影响。

假定 $H_{n,t}=1.144$，$H_{d,t}=0.097$，$L_{n,t}=0.871$，$L_{d,t}=7.529$，$\rho=0.04$，$a_n=1$，$b_n=1$，$a_d=0.2$，$b_d=1.5$，$\alpha=2$。以上各参数保持不变，只有发达国家跨国公司驱动全球价值链能力可变，数值模拟结果参见表5－3。从表5－3最右边两列的数值模拟结果看，发达国家跨国公司驱动全球价值链能力越强，即发达国家跨国公司配置到本土国家完成的生产工序越多，发达国家技术创新速度越快，而本

表5－3　发达国家跨国公司利用全球价值链能力的影响

s'	λ_n	λ_d	θ_n	τ_n	τ_d	$\frac{w_{l,d,t}}{w_{l,n,t}}$	$\frac{w_{h,d,t}}{w_{h,n,t}}$	$\frac{\tau_d}{\tau_n}$	$\frac{\widetilde{w}_{l,d,t}L_{d,t}}{\widetilde{w}_{h,d,t}H_{d,t}}$
0.15	0.4854	3.4243	0.7439	0.0465	0.1089	0.1245	13.7363	2.3419	0.7035
0.20	0.4954	3.3035	0.7515	0.0479	0.1053	0.1286	13.5135	2.1983	0.7386
0.25	0.5066	3.1715	0.7599	0.0495	0.1013	0.1337	13.2802	2.0465	0.7814
0.30	0.5192	3.0260	0.7693	0.0513	0.0968	0.1401	13.0208	1.8869	0.8352
0.35	0.5336	2.8634	0.7799	0.0533	0.0916	0.1485	12.7389	1.7186	0.9048
0.40	0.5505	2.6792	0.7922	0.0557	0.0855	0.1598	12.4224	1.5350	0.9985
0.45	0.5707	2.4662	0.8066	0.0586	0.0782	0.1760	12.0773	1.3345	1.1311
0.50	0.5958	2.2130	0.8241	0.0622	0.0691	0.2010	11.6550	1.1109	1.3386
0.55	0.6285	1.8995	0.8464	0.0670	0.0570	0.2451	11.1607	0.8507	1.7046
0.60	0.6750	1.4848	0.8772	0.0738	0.0397	0.3449	10.5263	0.5379	2.5432

土国家创新速度反而减慢，表现为当 s' 从 0.15 增加至 0.60 时，发达国家创新率 τ_n 从 0.0465 上升到 0.0738，本土国家创新率 τ_d 从 0.1089 下降到 0.0397，τ_d/τ_n 的不断下降意味着国与国之间不平等程度的加剧。从本土国家的平等程度看，$\widetilde{w}_{l,d,t}L_{d,t}/\widetilde{w}_{h,d,t}H_{d,t}$ 和 s' 呈现同步变动趋势，随 s' 的增加，$\widetilde{w}_{l,d,t}L_{d,t}/\widetilde{w}_{h,d,t}H_{d,t}$ 也呈现不断上涨趋势，意味着国内收入差距的缩小。据此，我们得到命题二。

命题二：当全球价值链和国内价值链基于本土国家市场展开竞争时，给定其他条件不变，跨国公司驱动全球价值链能力对国与国之间包容性增长的实现产生消极效应，对本土国家内部包容性增长的实现产生促进效应。

发达国家跨国公司驱动全球价值链能力越强，意味着发达国家跨国公司利用本土国家低技能劳动力成本降低的效果越显著，资源配置效率提升和生产效率提高必然带来发达国家经济更快速增长。虽然在这一过程中本土国家劳动力也会在一定程度上享受到国际分工深化带来的净增长效应，表现为本土国家低技能劳动力通过全球价值链低端参与劳动密集型活动分享到发达国家跨国公司成本节约的好处，以及本土国家高技能劳动力通过发达国家跨国公司研发活动本地化行为分享到发达国家跨国公司的部分创新收益和资源再配置收益。原因是跨国公司把节约的资源配置到技术或资本密集型生产工序或研发活动，会引发对本土国家高技能劳动力需求的增加和技能溢价的上涨。但相对于发达国家跨国公司的利润获得而言，本土国家劳动力分享的收益显然有限，否则发达国家跨国公司就没有动机采取“为他人作嫁衣”的外包策略。

从本土国家内部的收入结构看，收入分配差距将取决于发达国家跨国公司外包促进低技能劳动力工资上涨的直接效应与资源再配置引发高技能劳动力溢价上涨的间接效应二者的角逐。如果发达国家跨国公司将利用外包节约下来的资源更多配置到技术或资本密集型环节，意味着对本土国家高技能劳动力的引致需求有限，那么将有利于高、低技能劳动力收入分配差距的缩小；如果发达国家跨国公司将利用外包节约下来的资源更多配置到研发环节，那么很可能推动高技能劳动力技能溢价的大幅上涨，由此导致高、低技能劳动力收入分配差距的扩大。

5.3.3 影响“大国优势”和“价值链竞争”效应的外部条件分析

由前文可知，“大国优势”和“价值链竞争”是在一国经济增长过程中，国别间的包容性和一国内部的包容性状况产生的方向相反的两种影响效应。因此，通过“大国优势”和“价值链竞争”的耦合机制，实现国别间经济增长收敛和一国内部收入分配差距缩小，将是推动本土国家经济包容性增长实现的关键举措。

但是，需要注意的是这一结论依赖于其他条件不变的假定。由于在发达国家跨国公司进入并引发市场竞争的过程中，本土国家企业是直接与发达国家跨国公司发生关系的微观主体，也是对增长绩效和收入分配产生直接作用的经济单元，所以下面将重点考察本土国家企业创新效率和生产效率变动对结论的影响，以确保研究结论的稳健性和可靠性。

首先，考核本土国家研发效率对包容性增长的影响。假定 $H_{n,t}=1.144$，$H_{d,t}=0.097$，$L_{n,t}=0.871$，$L_{d,t}=7.529$，$\rho=0.04$，$a_n=1$，$b_n=1$，$b_d=1.5$，$\alpha=2$，$s'=0.5$。以上各参数保持不变，只有本土国家研发效率 a_d 可变①，数值模拟结果见表 5-4。从表 5-4 最右边两列结果可以发现，随着本土国家企业研发效率提高（即 a_d 逐渐变小），发达国家创新率 τ_n 不断降低，而本土国家企业创新率 τ_d 不断上升，意味着两国经济增长收敛的实现。同时，本土国家收入分配差距随本土国家企业研发效率的提高也呈现不断缩小的趋势。

表 5-4 本土国家研发效率的影响

a_d	λ_n	λ_d	θ_n	τ_n	τ_d	$\frac{w_{l,d,t}}{w_{l,n,t}}$	$\frac{w_{h,d,t}}{w_{h,n,t}}$	$\frac{\tau_d}{\tau_n}$	$\frac{\tilde{w}_{l,d,t}L_{d,t}}{\tilde{w}_{h,d,t}H_{d,t}}$
0.05	0.5945	2.3784	0.8247	0.0574	0.3743	0.2009	11.7371	6.5209	1.3286
0.10	0.5913	2.2124	0.8224	0.0584	0.1724	0.2007	11.6144	2.9521	1.3413
0.15	0.5880	2.2120	0.8202	0.0593	0.1051	0.2004	11.4943	1.7723	1.3533
0.20	0.5848	2.2117	0.8180	0.0602	0.0715	0.2002	11.3895	1.1877	1.3643
0.25	0.5817	2.2113	0.8157	0.0611	0.0514	0.2000	11.2740	0.8412	1.3769
0.30	0.5785	2.2109	0.8135	0.0620	0.0380	0.1997	11.1732	0.6129	1.3873
0.35	0.5754	2.2105	0.8113	0.0629	0.0284	0.1995	11.0742	0.4515	1.3983
0.40	0.5723	2.2102	0.8091	0.0638	0.0212	0.1993	10.9649	0.3323	1.4108
0.45	0.5692	2.2098	0.8069	0.0647	0.0156	0.1990	10.8696	0.2411	1.4210

其次，考核本土国家生产效率对包容性增长的影响。假定 $H_{n,t}=1.144$，$H_{d,t}=0.097$，$L_{n,t}=0.871$，$L_{d,t}=7.529$，$\rho=0.04$，$a_n=1$，$b_n=1$，$a_d=0.2$，$\alpha=2$，$s'=0.5$。以上各参数保持不变，只有本土国家企业生产效率 b_d 可变②，数值模拟结

① 由前文模型构建中参数 a_d 的经济学含义可知，这是一个反向指标，即该参数值越大，意味着研发效率越低。

② 由前文模型构建中参数 b_d 的经济学含义可知，这是一个反向指标，即该参数值越大，意味着犯错率降低效率越低。

果见表 5－5。从表 5－5 最右边两列结果可以发现，随着本土国家企业生产效率提高（即 b_d 逐渐变小），发达国家创新率 τ_n 不断下降，而本土国家创新率 τ_d 不断上升，这意味着两国经济增长收敛的实现。同时，本土国家收入分配差距随本土国家企业研发效率的提高也呈现不断缩小的趋势。根据表 5－4 和表 5－5 的模拟结果，我们可以得出命题三。

表 5－5　本土国家生产效率的影响

b_d	λ_n	λ_d	θ_n	τ_n	τ_d	$\frac{w_{h,d,t}}{w_{h,n,t}}$	$\frac{w_{l,d,t}}{w_{l,n,t}}$	$\frac{\tau_d}{\tau_n}$	$\frac{\widetilde{w}_{l,d,t}L_{d,t}}{\widetilde{w}_{h,d,t}H_{d,t}}$
1.10	0.5115	2.2025	0.7649	0.0498	0.0980	12.7389	0.1951	1.9679	1.1888
1.25	0.5437	2.2066	0.7887	0.0544	0.0865	12.1212	0.1973	1.5901	1.2634
1.50	0.5863	2.2118	0.8190	0.0605	0.0711	11.3766	0.2003	1.1752	1.3666
1.75	0.6190	2.2157	0.8415	0.0653	0.0592	10.8578	0.2027	0.9066	1.4490
2.00	0.6450	2.2186	0.8590	0.0692	0.0496	10.4822	0.2048	0.7168	1.5165
2.25	0.6662	2.2209	0.8730	0.0723	0.0417	10.1833	0.2064	0.5768	1.5732
2.50	0.6838	2.2227	0.8844	0.0750	0.0351	9.9502	0.2079	0.4680	1.6218
3.00	0.7112	2.2255	0.9020	0.0791	0.0247	9.6061	0.2102	0.3123	1.6984
3.50	0.7318	2.2275	0.9150	0.0823	0.0168	9.3545	0.2121	0.2041	1.7599

命题三：在“大国优势”引发本土国家企业和发达国家跨国企业分别基于国内价值链和全球价值链竞争本土国家市场的背景下，本土国家企业研发效率和生产效率提升，将有助于本土国家与发达国家间的包容性增长，以及本土国家内部包容性增长的同时实现。

5.4　结论和启示

本章从在后金融危机时代发达国家市场疲软而内需规模旺盛的现实背景出发，考察了本土国家市场引致发达国家跨国公司基于全球价值链和本土国家企业利用国内价值链进行价值链竞争所产生的经济影响效应和社会福利效应。数值模拟结果显示，内需规模和价值链竞争对两国经济增长、收入分配和社会福利产生了非线性的影响效应，并且这种效应还会受到本土国家劳动力供给结构、本土国家研发效率和犯错率降低效率等外部条件的影响。本章得到的主要研究结论和启示有以下三点。

① 内需优势能够为中国经济增长收敛、高技能劳动力分配状况和整体社会

福利提升产生促进效应。无论人口规模扩张类型是表现为高技能劳动力数量的增加,还是低技能劳动力数量的增加,数值模拟结果都显示了同样的影响效应,证明了结论的稳健性。考虑到短期内人口数量很难得到有效扩张,通过完善国内软硬件基础设施吸引海外高素质人才回国可以成为发挥内需规模优势的重要举措。

② 发达国家驱动全球价值链能力越强,越不利于中国经济增长收敛的实现和整体社会福利的提升。既然这种影响效应主要是因为发达国家与中国企业资源配置能力差异导致,那么通过推动中国企业立足国内价值链攀升全球价值链高端来谋求资源的全球配置将成为应对发达国家跨国公司竞争的关键。也就是说中国企业必须清醒地认识到,成为国内价值链主导者仅有助于短期内竞争力的提升并不能确保长期竞争优势的维持。

③ 内需规模和价值链竞争的影响效应还受到劳动力供给结构、研发效率、生产效率等诸多外部条件的复杂影响。增加劳动力技能含量,推动劳动力供给结构朝着高技能劳动力密集型转变,提高研发部门的创新效率和生产部门的生产效率,能够强化内需规模扩张对经济增长和社会福利产生的积极效应。为此,加大对人力资本的培育力度以提高劳动力的技能含量,同时进一步降低制度性交易成本以提高生产和研发过程中效率,都将是必不可少的重要措施。

6. 中间产品研发投入、技术外溢与全球价值链分工地位攀升

6.1 引言

全球价值链分工体系以“生产的全球解构”与“贸易的全球整合”为鲜明特征，同一产品的生产过程被分割为多个环节与区段，由不同国家的企业协作完成，而这些不同的价值链环节则通过企业之间频繁的进出口贸易，尤其是中间产品贸易被有机地整合在一起。[①] 由于生产过程是由知识密集度、技术密集度以及附加值由低到高的任务或环节序列组成的，这些环节在国家间的分布及收益分配就取决于各国在特定生产环节上对应的技术优势或生产能力（如要素禀赋）。相比较而言，美日等发达国家拥有较强的技术优势或人力资本禀赋优势。因此，那些研发、设计和技术较为复杂、需要大量高技能劳动力和研发人员密集投入的环节，就更多的由发达国家掌控或在内部分解、配置，从而使发达国家牢牢占据全球价值链的高端，获取绝大部分的分工收益。广大发展中国家凭借低技能劳动力密集型制造的比较优势，吸引发达国家相关生产环节或中间产品的外包或直接投资，在全球价值链分工中处中低端，获取的分工收益也相对有限。长期如此，广大发展中国家很有可能面临“低端锁定”或陷入中等收入陷阱的危险，极不利于产业结构的转型升级。蒂莫等人（Timmer，et al. ，2014）发现西方发达国家利用全球价值链分工实现了“强者越强”，即高技能劳动力在制造业全球价值链中的附加值份额显著上升（平均增长 5%），而中国只增长了 2%，显著低于巴西、印度等发展中国家。[②]

在这些背景下，学术界开始关注全球价值链分工地位的衡量及提升。在全球价值链分工地位的衡量方面，现有文献一是用出口技术复杂度来表示，考察融入全球价值链对特定行业国际分工地位的影响。[③] 二是用国际分工地位指数来表示，通过比较特定行业作为中间产品提供者和需求者的相对重要性来衡量其

---

① Gereffi, G. , Fernandez Stark, K. “The Offshore Services Value Chain: Developing Countries and the Crisis”, World Bank Policy Resaerch Working Paper, No. 5262(2010).

② Timmer, M. P. , Erumban, A. A. , Los, B. , et al. “Slicing Up Global Value Chains”, *The Journal of Economic Perspectives*, vol. 28, no. 2(2014), pp. 99 – 118.

③ Hausmann, R. , Hwang, J. , Rodrik, D. “What You Export Matters”, *Journal of Economic Growth*, vol. 12, no. 1 (2007), pp. 1 – 25.

在全球价值链中的位置。[①] 而第二种基于附加值构建的国际分工地位指数已得到普遍认同。关于全球价值链分工地位提升影响因素方面,学者观点不一。

杰瑞弗(1999)认为,嵌入由发达国家主导的全球价值链分工体系可以自动实现本土企业的价值链升级。[②] 但全球价值链分工体系的形成,并未在分散生产的同时实现收益的对应分散,[③]发展中国家在通过不断嵌入全球价值链以实现产业升级的过程中,由于对出口导向型产业发展路径的依赖以及局限于自身的比较优势,被跨国公司"俘获"而牢牢锁定在低附加值的加工制造环节。[④] 这些前期研究为后续学者研究全球价值链分工地位提升,尤其是研究类似中国这类基于国际代工的出口导向型的发展模式如何向价值链高端攀升提供了警示和借鉴。戴翔等(2017)指出发展中国家可以依托本土市场规模的扩大,充分发挥本土市场效应诱发价值链高端生产环节的梯度转移,实现全球价值链的攀升;[⑤]吕越等(2016)、马述忠等(2017)研究发现金融约束的缓解可以带动产业在全球价值链中的升级;[⑥]张幼文(2015)强调本土要素的升级和培育,尤其是劳动力素质的提高,对于中国实现全球价值链的攀升具有重要作用;[⑦]杨高举和黄先海(2013)研究发现国内的技术创新以及物质资本和人力资本等要素的协同性提升,是提高中国高技术产业国际分工地位的关键性内部动力;[⑧]黄永春等(2013)则认为大力发展生产性服务业尤其是高级生产性服务业,对中国攀升全球价值

---

① Koopman, R., Powers, W., Wang, Z., et al. "Give Credit Where Credit Is Due: Tracing Value Added in Global Production Chains", NBER Working Paper, No. 16426(2010);王岚:《融入全球价值链对中国制造业国际分工地位的影响》,《统计研究》2014 年第 31 卷第 5 期,第 17 ~ 23 页。

② Gereffi, G. "International Trade and Industrial Upgrading in the Apparel Commodity China", *Journal of International Economics*, vol. 48, no. 1 (1999), pp. 31 - 50.

③ Kaplinsky, R., Morris, M. *A Handbook for Value Chain Research*, IDRC, 2000.

④ Gramer, C. "Can African Industrialize by Processing Primary Commodities? The Case of Mozambican Cashew Nuts", *World Development*, vol. 27, no. 7(1999), pp. 1247 - 1266; Humphrey, J., Schmitz, H. "China Governance and Upgrading: Taking Stock", In: Schmitz, H. (ed.), *Local Enterprises in the Global Economy: Issues of Governance and Upgrading*, Edward Elgar Publishing, 2004, pp. 349 - 381.

⑤ 戴翔、刘梦、张为付:《本土市场规模扩张如何引领价值链攀升》,《世界经济》2017 年第 40 卷第 9 期,第 27 ~ 50 页。

⑥ 吕越、罗伟、刘斌:《融资约束与制造业的全球价值链跃升》,《金融研究》2016 年第 6 期,第 81 ~ 96 页;马述忠、张洪胜、王笑笑:《融资约束与全球价值链地位提升——来自中国加工贸易企业的理论与证据》,《中国社会科学》2017 年第 1 期,第 83 ~ 107,206 页。

⑦ 张幼文:《中国开放型发展道路的特性——质疑"廉价劳动力比较优势战略"》,《学术月刊》2015 年第 47 卷第 3 期,第 74 ~ 82 页。

⑧ 杨高举、黄先海:《内部动力与后发国分工地位升级——来自中国高技术产业的证据》,《中国社会科学》2013 年第 2 期,第 25 ~ 45,204 页。

链具有支撑与引领作用;[①]黄群慧和贺俊(2013)强调要依托自主创新能力的提高来促进价值链攀升。[②] 上述文献集中强调通过企业内部比较优势或技术优势的重塑提升企业的生产率或技术创新能力,增强企业价值创造的能力,进而改善企业在全球价值链中的分工地位。

许多研究表明生产率或技术创新能力的提高亦可以通过对外直接投资、中间产品进口等外部渠道获得,进而也可能成为价值链攀升的重要影响因素。对外直接投资能够显著提高企业在全球价值链体系中的分工地位,促进企业产品升级和功能升级。[③] 现有关于中间产品投入的研究更多的还是集中于进口中间产品对全要素生产率或创新的影响,中间产品投入之所以能够影响生产率或技术创新就在于中间产品中嵌入了大量的研发知识。罗默(Romer,1990)、格鲁斯曼和赫尔普曼(Grossman and Helpman,1991)等人的研究较早模型化中间产品贸易,并引入内生增长理论。[④] 在实证研究方面,开创性研究来源于施莫克勒(Schmookler,1966)、格里利兹和利希滕贝格(Griliches and Lichtenberg,1984),他们发现嵌入研发知识的中间产品的使用与生产率之间呈现显著的正相关。[⑤] 随后的大量研究从国家层面、行业层面以及更微观企业(工厂)层面研究中间产品技术溢出的生产率效应。这些研究大部分囿于国家间或产业间贸易数据尤其是可靠的世界投入产出表的获得,只能使用全部双边进口中间产品占外国 GDP 比重加权平均的外国研发存量作为获取外部技术知识的衡量。

基于此,本章的研究主题是中间产品投入所产生的技术溢出作为提升技术创新能力的外部途径是否会成为实现价值链攀升的重要因素?为此,本章借鉴西岗等人(Nishioka,et al. ,2012)的做法,利用 WIOD 最新公布的数据,测算出世

① 黄永春、郑江淮、杨以文,等:《中国"去工业化"与美国"再工业化"冲突之谜解析——来自服务业与制造业交互外部性的分析》,《中国工业经济》2013 年第 3 期,第 7 ~ 19 页。

② 黄群慧、贺俊:《"第三次工业革命"与中国经济发展战略调整——技术经济范式转变的视角》,《中国工业经济》2013 年第 1 期,第 5 ~ 18 页。

③ 刘斌、魏倩、吕越,等:《制造业服务化与价值链升级》,《经济研究》2016 年第 51 卷第 3 期,第 151 ~ 162 页。

④ Romer, P. M. "Endogenous Technological Change", *Journal of Political Economy*, vol. 98, no. 5 (1990), pp. 71 – 102; Grossman, G. M., Helpman, E. *Innovation and Growth in the Global Economy*, The MIT Press, 1991.

⑤ Schmookler, J. "Invention and Economic Growth", *Economic History Review*, vol. 20, no. 1 (1966), p. 135; Griliches, Z., Lichtenberg, F. "Interindustry Technology Flows and Productivity Growth: A Reexamination", *Review of Economics & Statistics*, vol. 66, no. 2 (1984), pp. 324 – 329.

界主要经济体的制造业行业所使用的中间产品所嵌入的研发存量。① 本章利用此研发存量来研究中间产品技术溢出与价值链分工地位之间的关系，并区分了不同的研发存量来源的差异性影响以及技术密集度不同行业的异质性影响。WIOD 划分了 56 了个行业，本章选取了其中 18 个制造行业作为样本，代码为 c5 ~ c22，分别为食品、饮料及烟草产品制造业（c5），纺织品、服装及皮革制品制造业（c6），木材、软木制品的制造及草编制品和编制材料制造业（家具除外）（c7），纸及纸制品制造业（c8），记录媒介的印刷和复制业（c9），焦炭和精炼石油产品制造业（c10），化学品及化工产品制造业（c11），基本医药产品和医药制剂制造业（c12），橡胶及塑料制品制造业（c13），其他非金属矿物制品制造业（c14），基本金属制造业（c15），金属制品制造业（机械设备除外）（c16），计算机、电子产品及光学设备制造业（c17），电气设备制造业（c18），机械设备制造业（c19），汽车、挂车和半挂车制造业（c20），其他运输设备制造业（c21），家具及其他制造业（c22）。其中，高技术制造业有 c17，中高技术制造业有 c11、c12、c18、c19、c20、c21，中低技术制造业有 c10、c13、c14、c15、c16，低技术制造业有 c5、c6、c7、c8、c9、c22。

6.2 世界主要国家中间产品技术溢出的特征性事实

6.2.1 国家间制造业研发存量比较

如图 6 – 1 所示，世界制造业总研发存量主要分布在高、中高技术行业领域。其中，计算机、电子产品及光学设备制造业的研发存量占比达到 28.43%，然后依次排列是基本医药产品和医药制剂制造业（12.94%），汽车、挂车和半挂车制造业（12.51%），其他运输设备制造业（10.39%），机械设备制造业（8.57%），化学品及化工产品制造业（6.64%）以及电气设备制造业（5.00%）。

这些高、中高技术行业的研发存量主要来自德国、日本、英国、法国与美国 5 个国家（本章简称 G5 国家）。这些国家的总研发存量占比均超过 50%，而在电气设备制造业，中国的研发存量占比与 G5 国家总研发存量占比相当。就中美比较

① Nishioka, S., Ripoll, M. "Productivity, Trade and the R&D Content of Intermediate Inputs", *European Economic Review*, vol. 56, no. 8 (2012), pp. 1573 – 1592. 相比于原有的外部知识获取的衡量方法，西岗等人（2012）提出的测算方法具有以下的优势：第一，该方法能够识别出特定行业使用中间产品中嵌入研发存量具体来自哪些行业、哪些国家；第二，该方法不仅考虑了产品生产中直接消耗的中间产品，而且还考虑到产出生产中的递归投入，即为了生产所使用的中间产品而需要消耗另一些中间产品，因此，能够全面衡量出所投入中间产品包含的全部研发内容。

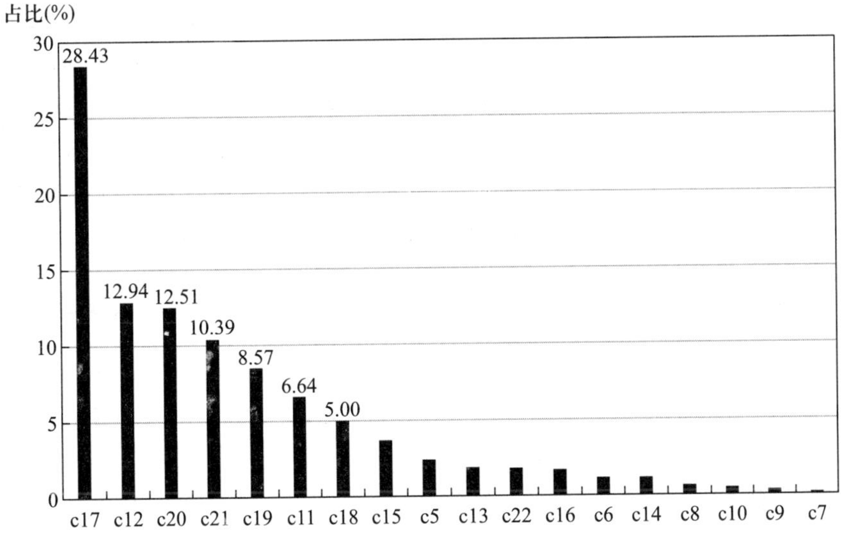

图 6－1　2013 年各行业世界研发存量占世界总研发存量的比重①

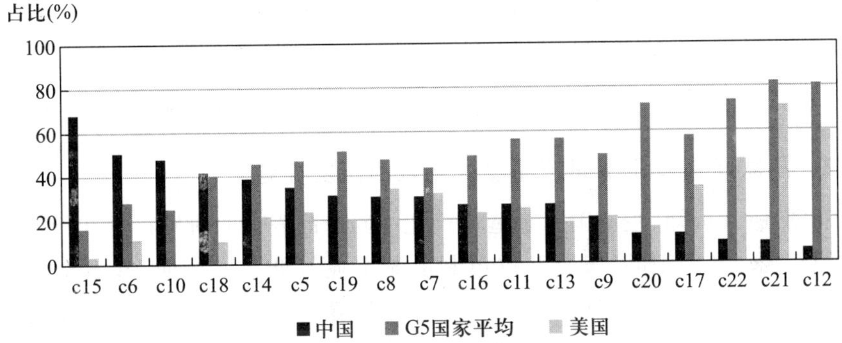

图 6－2　2013 年中国、美国、G5 国家各行业研发存量占该行业世界总研发存量的比重

而言，美国在基本医药产品和医药制剂制造业，计算机、电子产品及光学设备制造行业，其他运输设备制造业行业的研发存量占比明显高于中国；中国则在食品、饮料及烟草产品制造业，纺织品、服装及皮革制品制造业，橡胶及塑料制品制造业，其他非金属矿物制品制造业以及基本金属制造业的研发存量占比超过美国。这些说明在世界高、中高技术行业领域，G5 国家尤其是美国拥有强劲的研发能力和技术势力，在这些产品的价值链分工中占有高端位置。（见图 6－2）

① 每一行业世界研发存量是每一个行业所有国家的研发存量相加；世界总研发存量是所有行业所有国家研发存量加总。

世界高、中高技术行业的总研发存量主要来自 G5 国家，很大一部分是因为这些国家的研发强度高（见图 6 – 3），例如在基本医药产品和医药制剂制造业，计算机、电子产品及光学设备制造业，以及其他运输设备制造业行业，G5 国家平均的研发强度明显高于中国以及非 G5 国家的平均水平；而在电气设备制造业，机械设备制造业以及汽车、挂车和半挂车制造业等其他中高技术行业领域，G5 国家平均研发强度也略高于中国及非 G5 国家平均水平。

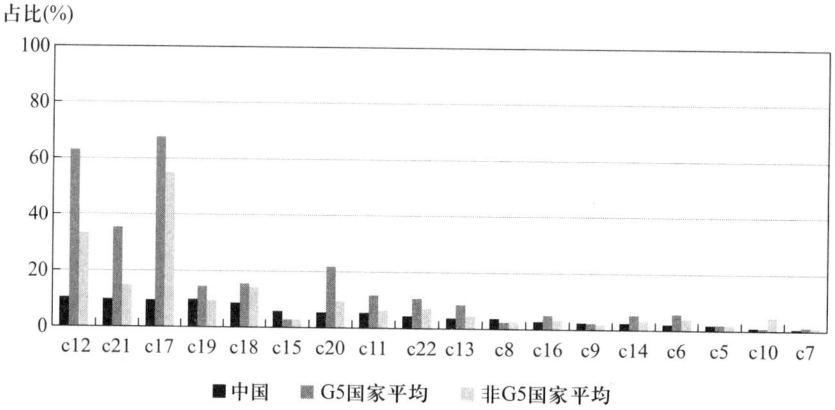

图 6 – 3　2013 年中国、G5 国家、非 G5 国家各行业研发强度

6.2.2　国家间制造业中间产品投入嵌入的研发存量

从图 6 – 4 可知，主要国家制造业行业中间产品嵌入的研发存量在行业分布上差距较大。在纺织品、服装及皮革制品制造业等低技术行业，基本金属制造业，金属制品制造业等中低技术行业以及在计算机、电子产品及光学设备制造业，电气设备制造业，机械设备制造业，汽车、挂车和半挂车制造业等高技术、中高技术行业，中国投入使用的中间产品嵌入的研发存量高于美国、G5 国家平均水平。这一方面是因为中国在这些行业的中间产品投入强度较高，另一方面中国在高技术、中高技术行业之所以拥有较高的研发存量很大原因是这些行业中国的进口中间产品的比例较高，主要来自 G5 国家，这些国家在这些行业的研发强度又是明显较高的，从而导致中国这些行业中间产品投入嵌入的研发存量明显提高。

具体到一国国内中间产品、国外中间产品嵌入的研发存量占该国总研发存量而言，中国与美国制造业都是国内中间产品嵌入的研发存量占比占主导，两国之间的占比差距不大，基本都占到 70% 以上。但在计算机、电子产品及光学设备制造业两国存在较大的差距，美国在此行业的国内中间产品嵌入的研发存量

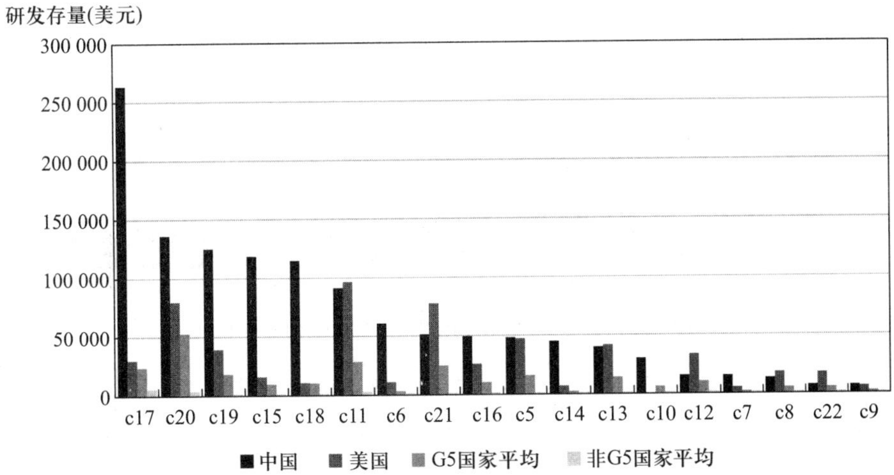

图 6－4 2013 年中国、美国、G5 国家和非 G5 国家中间产品包含研发存量

占比达到 74.14%，中国占比 58.49%，相应的美国和中国的国外中间产品嵌入的研发存量占比分别为 25.86%、41.51%。非 G5 国家制造业细分行业的国内中间产品嵌入的研发存量占比明显低于国外中间产品嵌入的研发存量占比。（见图 6－5、图 6－6）

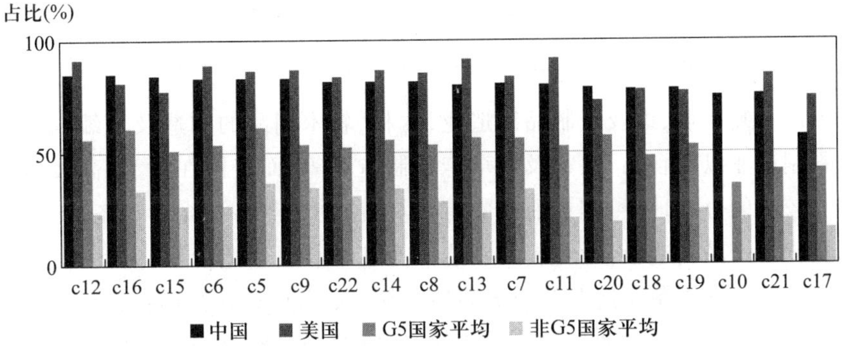

图 6－5 2013 年中国、美国、G5 国家和非 G5 国家中间产品研发存量占比

6.2.3 制造业国际分工地位

图 6－7 显示的是利用全球价值链分工地位指数计算出的 2013 年中国、美国及 G5 国家平均和非 G5 国家平均的全球价值链分工地位指数。由图 6－7 可知，中国与美国的全球价值链分工指数的高低在行业分布上拥有较大差异，中国全球价值链分工指数较高的大都分布在低技术行业，比如排在前列的是记录媒

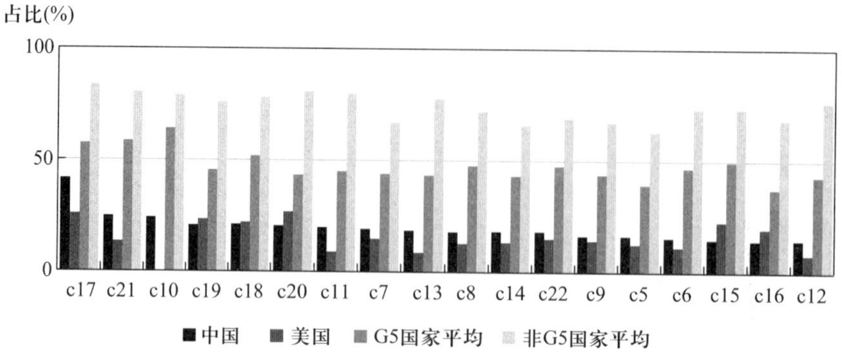

图 6－6　2013 年中国、美国、G5 国家和非 G5 国家来自国外中间产品存量占比

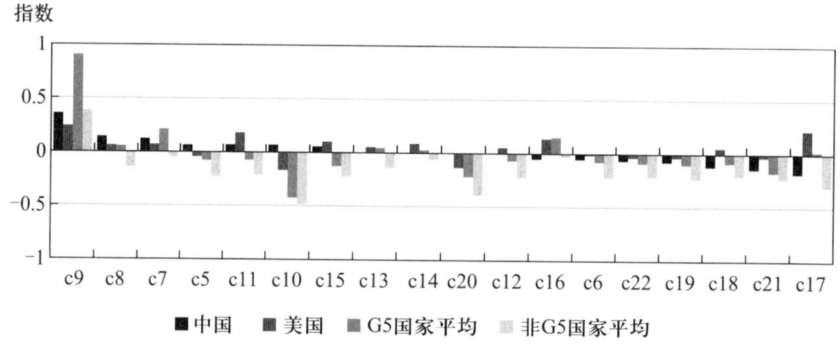

图 6－7　2013 年中国、美国、G5 国家和非 G5 国家与全球价值链分工指数

介的印制和复制业，纸及纸制品制造业，木材、软木制品的制造及草编制品和编织材料制造业以及食品、饮料及烟草产品制造业等，而美国在高、中高技术行业中拥有较高的分工地位，排在前列的有计算机、电子产品及光学设备制造业，化学品及化工产品制造业，金属制品制造业及基本金属制造业等，尤其在计算机、电子产品及光学设备制造业领域美国拥有绝对的分工位置。而在其他的中高技术行业，除了汽车、挂车和半挂车制造业，美国的全球价值链分工地位指数也多高于中国。上述分析表明，与美国相比，中国在中高技术制造领域可能仍然处于较低的分工位置，技术势力与国家竞争力等有待继续加强。与 G5 国家和非 G5 国家的平均全球价值链分工地位指数相比，中国在绝大部分制造业行业都拥有绝对的较高的分工地位。

就国内附加值结构而言，在一些高、中高技术行业领域，例如电子产品及光学设备制造业，电气设备制造业，机械设备制造业以及其他运输设备制造业，中国出口产品主要通过最终产品出口实现国内附加值占主导地位；而美国在计算机、电子产品及光学设备制造业，电气设备制造业等行业领域附加值的创造主要是通过中间产品出口实现的，这也表明中国在中高技术行业领域主要还是通过加工组装等技术含量不高的最终产品贸易实现附加值。（见图6－8、图6－9）

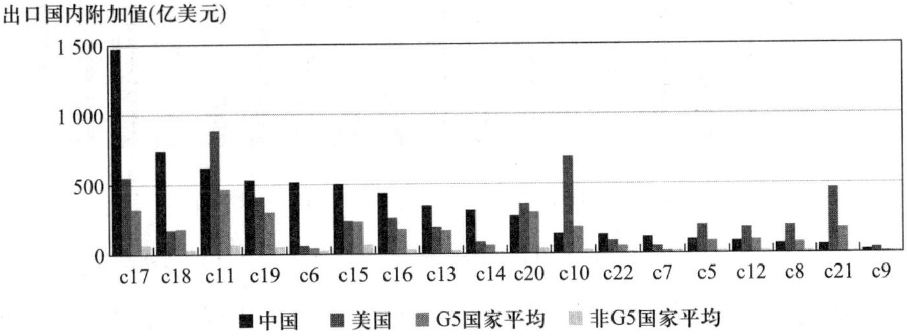

图6－8　2013年中国、美国、G5国家和非G5国家中间产品出口国内附加值

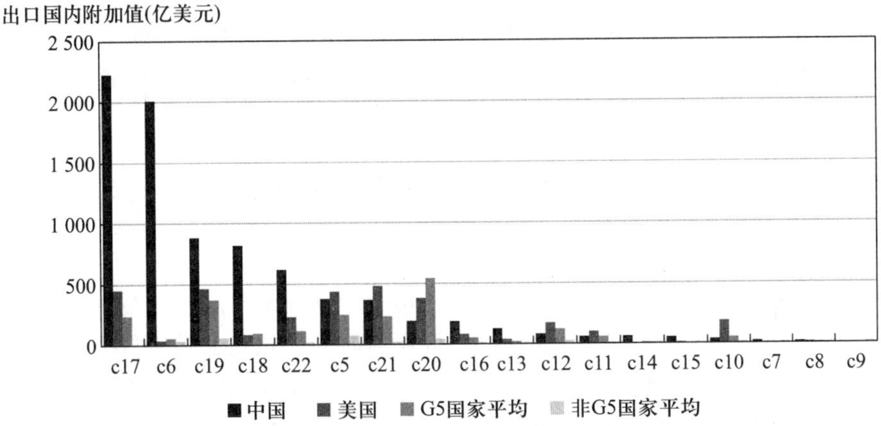

图6－9　2013年中国、美国、G5国家和非G5国家最终产品出口国内附加值

就国内附加值率（DVAR）而言，中美两国之间的差距也较大。在高、中高技术行业，美国制造行业的单位出口附加值均高于中国（见图6－10），尤其是在计算机、电子产品和光学产品制造行业，中国的单位出口附加值（0.69）远远低于美国（0.90）；而中国在低技术行业（纸和纸制品制造业，记录媒介物的印制和复制业除外）以及中低技术行业（焦炭和精炼石油产品制造业）和中高技术行业（基本医药产品和医药制剂制造业）的单位出口国内附加值高于美国。

由此可见，一方面，中国在高、中高技术行业领域的国内附加值创造能力还比较不足，大都可能还依靠传统的低等要素投入等粗放型发展方式创造附加值，

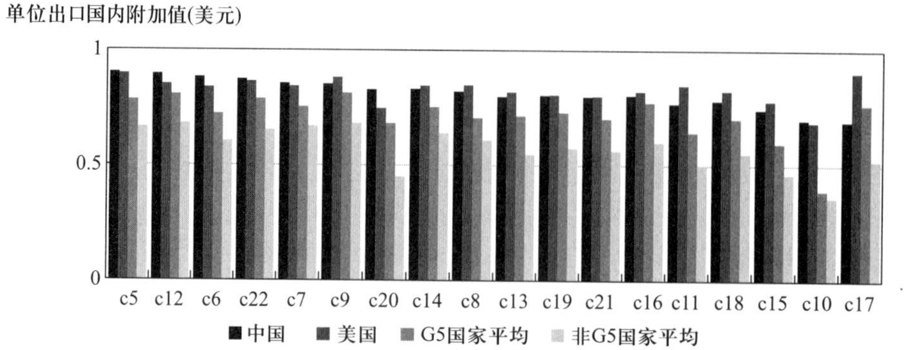

图 6－10　2013 年中国、美国、G5 国家及非 G5 国家单位出口国内附加值

技术势力与研发能力可能还比较薄弱；另一方面，印证了中国在高、中高技术行业全球价值链分工体系中处于附加值较低的劳动密集型等环节。结合国内附加值结构与国内附加值率来看，例如在高技术行业的计算机、电子产品和光学产品制造业，中国创造的国内附加值（37.17 亿美元）远大于美国（9.96 亿美元），但中国在此行业的国际分工地位指数与国内附加值率远远低于美国，这说明中国在这些行业呈现“大而不强”的局面。

6.3　研发存量影响全球价值链分工地位的计量分析

根据相关文献的理论分析，本节建立如下基准回归模型：

$$GVC\_position_{cit} = \alpha_0 + \alpha_1 F_{cit} + \alpha_2 X_{ict} + \delta_c + \mu_i + \gamma_t + \varepsilon_{cit}$$

其中，下标 c、i 和 t 分别表示国家、行业与时间。被解释变量 *GVC_position* 代表全球价值链分工地位（位置）；F 表示使用的中间产品中所包含的研发内容；X 为其他控制变量，包括全球价值链嵌入（参与）程度（*GVC_participation*）、行业自身的研发强度（*R&D*）、人力资本（*HC*）、制度质量（*inst*）、经济发展水平（*per_gdp*）、外商直接投资存量与 GDP 的比重（*FDI*）。δ、μ、γ 分别表示国家、行业以及时间固定效应，ε_{cit} 为随机误差项。

6.3.1　指标度量

被解释变量：全球价值链分工地位（$GVC\_position_{cit}$）。基于贸易附加值分析框架，根据库普曼等（Koopman，et al.，2010）构建的全球价值链地位指数来衡量一国特定产业在全球价值链分工中的地位。具体计算公式表示为：

$$GVC\_position_{ic} = \ln\left(1 + \frac{IV_{ic}}{E_{ic}}\right) - \ln\left(1 + \frac{FV_{ic}}{E_{ic}}\right) \tag{1}$$

在(1)式中，i 表示行业，c 表示国家，IV_{ic}表示 c 国 i 产业的间接出口附加值，表示 c 国 i 产业的中间产品出口到别国，经该国加工后又出口给第三国所包含的 c 国价值增值；FV_{ic}表示 c 国 i 产业出口中所包含的国外附加值。E_{ic}表示 c 国 i 产业的出口总值。上述所有指标均可以基于 WIOD 最新发布的世界投入产出表，通过贸易价值增值分解框架计算而得。

该指标的基本思想是当一国特定产业处于全球价值链的上游环节时，就会通过向他国供应原材料或中间产品，参与全球生产分工。这样一来，该国间接出口附加值(IV_{ic})占总出口的比例就会高于国外附加值(FV_{ic})的比例；相反，当处于全球价值链的下游环节时，就会进口大量来自他国的中间产品来生产最终产品，此时 IV_{ic}会低于 FV_{ic}。库普曼等(2010)在全球价值链指数相关研究中也指出，某国处于全球价值链高端时，会利用自己的技术、研发能力为他国提供中间产品，而当某国处于全球价值链低端的加工装配环节时，将进口大量来自别国的中间产品生产最终产品。① 因此，该指标越大，说明一国越容易向其他国家提供中间产品参与价值链生产，越靠近价值链上游环节，分工地位越高。

具体分解国家－产业在全球价值链上的国内附加值与国外附加值可以由以下的投入产出模型测度：

$$\begin{bmatrix} X_1 \\ \vdots \\ X_G \end{bmatrix} = \begin{bmatrix} A_{11} & \cdots & A_{1G} \\ \vdots & \ddots & \vdots \\ A_{G_1} & \cdots & A_{GG} \end{bmatrix} \begin{bmatrix} X_1 \\ \vdots \\ X_G \end{bmatrix} + \begin{bmatrix} Y_1 \\ \vdots \\ Y_G \end{bmatrix}$$

其中，$X_j(N\times 1)$是各国总产出向量，$\boldsymbol{A}_{jg}(N\times N)$为投入产出系数矩阵，$Y_j(N\times 1)$表示各国自己生产并用于本国消费或出口的最终产品向量。可以将上式转换为矩阵运算，其中矩阵 $\boldsymbol{B}$ 即为完全消耗系数矩阵。

$$X=(1-\boldsymbol{A})^{-1}Y=\boldsymbol{B}Y$$

$$\boldsymbol{B}=\begin{bmatrix} B_{11} & \cdots & B_{1G} \\ \vdots & \ddots & \vdots \\ B_{G_1} & \cdots & B_{GG} \end{bmatrix} = \begin{bmatrix} I-A_{11} & \cdots & A_{1G} \\ \vdots & \ddots & \vdots \\ A_{G_1} & \cdots & I-A_{GG} \end{bmatrix}^{-1}$$

另外，j 国生产的直接附加值系数矩阵 $\boldsymbol{V}_j=I-\sum_{i=1}^{G}A_{ij}$。$I$ 是元素为 $11\times N$ 列向量。故 G 国 N 部门的直接附加值系数矩阵可表示为：

① Koopman, R., Powers, W., Wang, Z., et al. "Give Credit Where Credit Is Due: Tracing Value Added in Global Production Chains", NBER Working Paper, No. 16426(2010).

$$\boldsymbol{V}=\begin{bmatrix}\hat{V}_1 & \cdots & 0\\ \vdots & \ddots & \vdots\\ 0 & \cdots & \hat{V}_G\end{bmatrix}_{GN\times GN}$$

矩阵$\hat{\boldsymbol{V}}_j$是矩阵$\boldsymbol{V}_j$的对角矩阵形式。最后,将总值出口矩阵定义为$\boldsymbol{E}$,$\boldsymbol{E}$的表示形式如下:

$$\boldsymbol{E}=\begin{bmatrix}\hat{E}_1 & \cdots & 0\\ \vdots & \ddots & \vdots\\ 0 & \cdots & \hat{E}_G\end{bmatrix}_{GN\times GN}$$

矩阵$\hat{\boldsymbol{E}}_j$为$N\times N$为对角矩阵,对角元素是S国N部门的总值出口。最终可得各国出口附加值矩阵$\boldsymbol{VBE}$为:

$$\boldsymbol{VBE}=\begin{bmatrix}V_1B_{11}\hat{E}_1 & \cdots & 0\\ \vdots & \ddots & \vdots\\ 0 & \cdots & V_GB_{GG}\hat{E}_G\end{bmatrix}_{GN\times GN}$$

出口附加值矩阵$\boldsymbol{VBE}$对角元素为本国吸收的附加值,非对角元素为其他国家吸收的附加值。横向非对角元素之和表示i国各产业出口的间接附加值(IV_i),是由i国将中间产品出口给S国,S国再加工后出口到另一国所实现的;而纵向非对角元素之和为进口附加值(FV_i),表示该国出口价值中由国外中间产品所创造的附加值。

$$IV_i=\sum_{i\neq g}V_iB_{ig}\hat{E}_g$$

$$FV_i=\sum_{g\neq i}V_gB_{gi}\hat{E}_i$$

解释变量为中间产品技术溢出。在内生增长理论模型中,国际贸易被认为是技术溢出的主要渠道。一国的全要素生产率不仅取决于该国的研发投入,还依赖于国际贸易中进口产品内含的研发存量。① 国内外许多学者不断尝试利用贸易数据来测算进口产品内含的研发存量,其中较为有代表性的是利希滕贝格等(Lichtenberg,et al.,1998)利用双边贸易数据构造了技术溢出的测算方法,该

① Coe, D. T., Helpman, E. "International R&D Spillovers", *European Economic Review*, vol. 39, no. 5 (1995), pp. 859-887.

方法较为细致全面地刻画了通过贸易所引致的技术溢出，并迅速得到推广，之后许多相关研究都以该文研究为基石。[①] 但可能囿于投入产出数据的可得，这些方法只考虑了产品生产中直接消耗的中间产品，并没有考虑到产出生产中的递归投入，即为了生产所使用的中间产品而需要消耗另一些中间产品，因此，并不能够全面衡量出所投入中间产品包含的全部研发内容。本章为了得出国内中间产品以及进口中间产品内含的研发存量，借鉴一郎和马拉（Nishioka and Ripoll，2015）的做法，利用投入产出表来全面衡量任一行业所使用的中间产品中包含的研发存量。[②] 具体的分解方法如下：

定义 $\boldsymbol{Q}$ 为总产出矩阵

$$\boldsymbol{Q}=\begin{bmatrix} Q_1 & \cdots & 0 \\ \vdots & \ddots & \vdots \\ 0 & \cdots & Q_G \end{bmatrix}_{GN\times GN}$$

在这里 $\boldsymbol{Q}$ 就表示为 $NG\times NG$ 的对角矩阵。生产总产出 $\boldsymbol{Q}$ 需要直接消耗中间产品 AQ，而在投入－产出中要考虑其递归投入，即生产 AQ 的中间产品也需投入使用 $A*\mathrm{AQ}$，依次类推，直至最初的生产阶段。因此，生产总产出 $\boldsymbol{Q}$ 所消耗的直接与间接中间投入为：

$$\mathrm{AQ}+\sum_{n=1}^{\infty}\boldsymbol{A}^{n}(\mathrm{AQ})=(I-\boldsymbol{A})^{-1}(\mathrm{AQ})$$

单位产出中包含的研发存量（S_j/Q_j）表示为 $\boldsymbol{D}_j$，$1\times N$ 的列向量。总体研发存量按永续盘存法计算所得，即：$S_{jt}=(1-\delta)S_{j,t-1}+R_{jt}$。初期实际研发存量 $S_{j0}=\dfrac{R_{j0}}{\delta+g_j}$。其中，$\delta$ 表示知识资本的折旧率，借鉴科和赫尔普曼（Coe and Helpman，1995）设定为 15%。[③] R_{cit} 表示实际商业研发支出。g_j 表示实际商业研发支出的平均增长率。则 G 国 N 部门的单位研发存量系数矩阵可表示为：

---

① Lichtenberg，F. R.，Potterie，B. V. P. D. L. "International R&D Spillovers：A Comment"，*European Economic Review*，vol. 42，no. 8（1998），pp. 1483－1491.

② Nishioka，S.，Ripoll，M. "Productivity，Trade and the R&D Content of Intermediate Inputs"，*European Economic Review*，vol. 56，no. 8（2012），pp. 1573－1592.

③ Coe，D. T.，Helpman，E. "International R&D Spillovers"，*European Economic Review*，vol. 39，no. 5（1995），pp. 859－887.

$$\boldsymbol{D} = \begin{bmatrix} \hat{D}_1 & \cdots & 0 \\ \vdots & \ddots & \vdots \\ 0 & \cdots & \hat{D}_G \end{bmatrix}_{GN \times GN}$$

矩阵$\hat{\boldsymbol{D}}_j$是矩阵$\boldsymbol{D}_j$的对角矩阵形式。最终,中间产品投入包含的研发存量定义为$\boldsymbol{F}$。

$$\boldsymbol{F} = \boldsymbol{D}(I - A)^{-1}(AQ)$$

其他控制变量采用的具体指标如下:全球价值链参与程度(*GVC_participation*),用库普曼等(2010)构建的全球价值链嵌入程度指标:$GVC_{participation} = \frac{IV_i + FV_i}{E}$表示,即间接出口附加值($IV_i$)与国外附加值($FV_i$)的总和与出口总值的比值;①行业本身的研发强度采用该行业研发投入存量与附加值的比重表示;人力资本(*HC*)采用劳动力平均受教育年限及教育回报率;制度质量(*inst*)用全球治理指标体系(*Worldwide Governance Indicators*)中的相关数据进行衡量;经济发展水平用经购买力平价核算的国家实际人均 GDP(*per_gdp*)来表示;还有外商直接投资存量与 GDP 的比重(*FDI*)。

6.3.2 数据来源及处理

用于核算全球价值链分工地位指数的相关数据均来自 WIOD 2016 年最新公布的世界投入产出表,该表包含了 44 个国家和地区 56 个行业 2000—2014 年的投入产出数据。根据前面的分类,在 WIOD 划分的 56 个行业中,本章研究的样本为 c5 ~ c22,用于计算中间产品包含的研发内容的各行业投入的中间产品也来自世界投入产出表,而商业研发支出来自 OECD 按 ISIC Rev. 4 的分类数据。该数据库记录了 OECD 国家和部分非 OECD 国家和地区的研发支出数据,有的国家时间范围可向前延伸至 1987 年,但为了保证数据的完整性和可得性,本章最终计算出 28 个国家 2009—2013 年的研发支出存量。初期研发支出的确定由各国所能获得的最早的研发支出数据决定,因此国家间的初期值可能不一致。如果实际的初期研发支出为零或数据缺失,则视初期的研发存量为零。这 28 个国家分别是澳大利亚、奥地利、比利时、加拿大、中国、捷克、德国、丹麦、西班牙、爱沙尼亚、芬兰、法国、英国、匈牙利、爱尔兰、意大利、日本、韩国、荷兰、挪威、波

① Koopman, R., Powers, W., Wang, Z., et al. "Give Credit Where Credit Is Due: Tracing Value Added in Global Production Chains", NBER Working Paper, No. 16426(2010).

兰、葡萄牙、罗马尼亚、斯洛伐克、斯洛文尼亚、瑞典、马耳他、美国。在控制变量所用数据中，人均实际 GDP 来自世界银行提供的世界发展指标（WDI）数据库；人力资本数据来源于佩恩表（Penn World Table version 8.0）；制度质量数据来自全球治理指标体系（Worldwide Governance Indicators），包括腐败、控制能力民主化程度、政府治理效率、管制质量、法律制度、政局稳定性六个指标；外商直接投资存量数据来自联合国贸发会议数据库。

6.4 实证结果及分析

6.4.1 总体回归

本节利用 2009—2013 年世界 28 个国家 18 个制造业行业的面板数据进行实证检验，由于所选行业并不是随机抽取的，同时为控制个体效应可能带来的估计偏误，本节首先采取固定效应对计量模型进行估计。另外，由于本节样本涉及不同的国家和行业，故面板数据存在截面相关与异方差的可能性，而赫卡尔（Hoechle，2017）指出此时若采用固定效应与随机效应等传统估计所得出的基于标准差的统计推断是非有效的。[①] 所以本节采用一种称为"Driscoll - Kraay 标准误"的固定效应模型进行回归分析以克服面板数据存在的截面相关以及异方差等弊端。为避免变量间可能存在的多重共线性导致估计结果丧失有效性，本节先进行最小二乘（OLS）回归，然后计算各变量的方差膨胀因子（VIF）。结果显示，变量中 VIF 的最大值为 4.22，小于 10 的临界值，说明变量间不存在明显的多重共线性问题。在实际回归时，由于控制了不随行业变化的人均 GDP 等变量，可以用来反映时间变化趋势，故在实际回归中不再加入时间虚拟变量，以避免高度线性相关。[②] 本节还考虑了中间产品嵌入的研发存量对不同国内附加值结构的影响。根据王直等（2015）的出口核算框架，各国出口中的附加值结构反映了各国在全球价值链中所处的位置，如果一国中间产品出口实现的国内附加值呈上升态势，表明其制造业正由全球价值链低端向中高端攀升。[③] 因此，利用中间产品出口中由本国中间产品创造的部分（*DVAS - INT*）和最终产品出口中由

---

① Hoechle, D. "Robust Standard Errors for Panel Regressions With Cross-Sectional Dependence", *The Stata Journal*, vol. 7, no. 3（2007）, pp. 281 - 283.

② 孙早、许薛璐：《前沿技术差距与科学研究的创新效应——基础研究与应用研究谁扮演了更重要的角色》，《中国工业经济》2017 年第 3 期，第 5 ~ 23 页。

③ 王直、魏尚进、祝坤福：《总贸易核算法：官方贸易统计与全球价值链的度量》，《中国社会科学》2015 年第 9 期，第 108 ~ 127，205，206 页。

本国中间产品创造的部分（*DVAS* − *FIN*）代替全球价值链地位指数（*GVC* − *position*）进行回归。具体的回归结果见表 6 − 1。

表 6 − 1　中间产品嵌入的研发存量对全球价值链分工地位的影响

	(1)	(2)	(3)	(4)	(5)	(6)
	GVC − *position*		*DVAS* − *INT*		*DVAS* − *FNT*	
Lnrd	−0.0376* (−2.78)	−0.103*** (−15.23)	−0.0264* (−2.78)	−0.0712*** (−14.52)	−0.00471** (−4.30)	−0.0105** (−4.78)
$Lnrd^2$		0.00531*** (8.21)		0.00363*** (8.87)		0.000468** (4.88)
gvcparticipation	0.0699 (1.47)	0.0931 (1.92)	0.543*** (18.01)	0.559*** (18.19)	−0.999*** (−106.69)	−0.997*** (−103.87)
hc	−0.445* (−2.80)	−0.470* (−3.02)	−0.307* (−2.83)	−0.324* (−3.04)	0.00456 (0.96)	0.00235 (0.44)
inst	0.00307** (4.68)	0.00313** (4.45)	0.00215** (4.76)	0.00219** (4.55)	−0.000416 (−1.43)	−0.000411 (−1.47)
lnper_gdp	−0.0216 (−1.10)	−0.0231 (−1.14)	−0.0148 (−1.09)	−0.0157 (−1.13)	0.00645** (3.89)	0.00632** (3.95)
fdirate	0.0359** (4.30)	0.0364** (4.63)	0.0247** (4.20)	0.0250** (4.51)	−0.00378 (−2.13)	−0.00374 (−2.07)
lnitselfrd	0.0173*** (14.80)	0.0166*** (13.39)	0.0119*** (13.68)	0.0114*** (12.38)	0.000950 (2.20)	0.000891 (1.92)
_cons	1.557** (3.58)	1.817** (4.65)	1.081** (3.63)	1.259** (4.68)	0.920*** (34.69)	0.943*** (32.07)
国家固定效应	控制	控制	控制	控制	控制	控制
行业固定效应	控制	控制	控制	控制	控制	控制
N	2377	2377	2377	2377	2377	2377

注：***、**、* 分别表示通过 1%、5%、10% 的显著性水平检验。

表 6 − 1 中第（1）和第（2）列显示的是中间产品嵌入的研发存量对全球价值链分工地位的影响。其中，第（1）列显示中间产品嵌入的研发存量与全球价值链分工地位之间呈现显著的负相关，但第（2）列回归结果表明两者之间并非只是单纯的线性关系，而是存在显著的 U 形非线性关系，即随着中间产品嵌入研发存量的增加，制造业价值链分工地位呈现先下降后上升的趋势，当中间产品嵌

入的研发存量超过一定的阈值之后，中间产品技术溢出对全球价值链指数表征的制造业国际分工地位的提升具有显著的促进作用。

就全球价值链指标构建本身来看，该指标的上升主要受两种因素影响，一是间接出口附加值的提高；二是该国出口产品中包含国外进口中间产品价值的下降。当企业投入中间产品中嵌入的研发存量较少时，企业进行学习模仿或再创新的空间有限，对提升自身出口产品的单位价值创造能力不足，反而这时候企业为避免因提高生产率或降低成本而进行研发创新所面临较大风险的不确定性，外包中间产品生产可能是其最优的选择。因此，在初期，中间产品技术溢出所导致的对间接出口附加值的提升幅度可能远远小于进口中间产品价值的下降，从而最终所获得的边际回报是下降的，对国际分工地位的提升起到抑制作用。但当企业投入中间产品嵌入的研发存量增加到一个相对较高的水平时，企业所能学习模仿或再创新的空间大幅增加，这时候一方面企业本身生产出口产品的单位价值创造能力就会显著提升；另一方面，随着企业技术优势的提升，一些更高端的生产环节向国内转移，企业在全球价值链分工中为他国提供中间产品的能力不断提高，获取参与国际分工收益的广度与能力提升；转入高端环节或阶段后，企业在很大程度上就可以减少对中间产品进口的需求，出口产品中包含进口中间产品价值就可能大幅下降，最终就导致中间产品技术溢出有利于制造业国际分工地位的提升。

表 6 – 1 中第(3)(4)列以及第(5)(6)列显示，中间产品嵌入的研发存量与中间产品出口和最终产品出口实现的附加值之间都呈现显著的 U 形关系，表明只有当制造业投入的中间产品嵌入的研发存量达到一定程度时，中间产品技术溢出才有利于实现国内附加值的扩大。

6.4.2 不同来源中间产品嵌入研发存量的差异性影响

虽然本章的基准回归已经得出在中间产品中嵌入的研发存量与全球价值链分工地位之间呈现显著的 U 形关系，但没有区分不同中间产品来源中所嵌入的研发存量对全球价值链分工地位的不同影响。为了检验差异性影响，本章将总体中间产品嵌入的研发存量分解为三组类型，本行业中间产品嵌入研发存量和其他行业中间产品嵌入的研发存量；国内中间产品嵌入的研发存量和国外中间产品嵌入的研发存量；G5 国家中间产品嵌入的研发存量与非 G5 国家嵌入的研发存量。所有的回归结果列示表 6 – 2、表 6 – 3和表 6 – 4。

表 6-2　不同中间产品嵌入的研发存量的差异影响

	本行业		行业外	
	Lntra	*Lntra*^{2}	*Lnter*	*Lnter*^{2}
GVC - position	-0.0139		-0.0414***	
	(-2.30)		(-9.08)	
	-0.0104**	-0.0006	-0.1070***	0.0059***
	(-3.79)	(-0.95)	(-10.18)	(6.90)
DVAS - INT	-0.0096		-0.0288***	
	(-2.30)		(-9.19)	
	-0.0071**	-0.0005	-0.0740***	0.0041***
	(-3.56)	(-1.02)	(-10.26)	(6.94)
DVAS - FIN	-0.0025**		-0.0049***	
	(-5.05)		(-7.17)	
	-0.0017**	-0.0001***	-0.0110***	0.0005***
	(-3.69)	(-6.68)	(-6.94)	(4.26)
国家效应	控制	控制	控制	控制
行业效应	控制	控制	控制	控制
N	2376	2376	2376	2376

注：***、**、* 分别表示通过 1%、5%、10% 的显著性水平检验。

表 6-3　不同中间产品嵌入的研发存量的差异影响

	国内		国外		国内(剔除 G5)	
	Lndome	*Lndome*^{2}	*Lnfore*	*Lnfore*^{2}	*Lndome*	*Lndome*^{2}
GVC - position	0.0054***		-0.0733***		0.0047***	
	(3.47)		(-16.21)		(5.83)	
	0.0040**	0.0011***	-0.0717***	-0.0001	0.0036*	0.0009
	(2.53)	(4.37)	(-6.02)	(-0.14)	(2.54)	(2.52)
DVAS - INT	0.0037***		-0.0501***		0.0032***	
	(3.47)		(-16.10)		(5.78)	
	0.0028**	0.0007***	-0.0498***	-0.00003	0.0025*	0.0006*
	(2.57)	(4.13)	(-6.06)	(-0.05)	(2.68)	(2.29)

续表

	国内		国外		国内（剔除 G5）	
	Lndome	*Lndome*^{2}	*Lnfore*	*Lnfore*^{2}	*Lndome*	*Lndome*^{2}
DVAS - FIN	-0.0007*** (-2.95)		-0.0076*** (-10.89)		-0.0007* (-2.59)	
	-0.0007*** (-3.15)	0.0001 (1.25)	-0.0092*** (-5.04)	0.0002 (0.98)	-0.0008* (-2.44)	0.00002 (0.40)
国家效应	控制	控制	控制	控制	控制	控制
行业效应	控制	控制	控制	控制	控制	控制
N	2377	2377	2377	2377	1948	1948

注：***、**、* 分别表示通过 1%、5%、10% 的显著性水平检验。

表 6-4　不同中间产品嵌入研发存量的差异影响

	G5 国家		非 G5 国家		非 G5 国家，不包括本国	
	LnG5	*LnG5*^{2}	*LnnonG5*	*LnnonG5*^{2}	*LnnonG5*	*LnnonG5*^{2}
GVC - position	-0.0636*** (-14.74)		-0.0271*** (-6.76)		-0.0552*** (-5.69)	
	-0.0517*** (-5.27)	-0.0013 (-1.36)	-0.0899*** (-9.57)	0.0054*** (7.37)	-0.0764*** (-12.00)	0.0024* (2.75)
DVAS - INT	-0.0435*** (-14.62)		-0.0192*** (-6.96)		-0.0377*** (-5.57)	
	-0.0360*** (-5.34)	-0.0008 (-1.23)	-0.0619*** (-9.57)	0.0037*** (7.28)	-0.0522*** (-11.62)	0.0016* (2.68)
DVAS - FIN	-0.0065*** (-9.89)		-0.0039*** (-6.54)		-0.0069*** (-12.89)	
	-0.0071*** (-4.75)	0.00006 (0.44)	-0.0092*** (-6.54)	0.00046*** (4.16)	-0.0067* (-2.52)	0.00003 (-0.11)
国家效应	控制	控制	控制	控制	控制	控制
行业效应	控制	控制	控制	控制	控制	控制
N	2377	2377	2377	2377	1948	1948

注：非 G5 国家（不包括本国）的回归样本中删除了 G5 国家。所有回归中均控制了国家和行业固定效应以及加入了相应的控制变量。***、**、* 分别表示通过 1%、5%、10% 的显著性水平检验。

从表 6-2 回归结果得知，行业内中间产品嵌入的研发存量与行业间中间产品嵌入的研发存量对制造业国际分工地位的影响显著不同。行业内中间产品嵌入的研发存量与全球价值链分工地位之间负相关，但并不显著，在加入二次项之后，行业内中间产品嵌入研发存量的一次项回归系数显著为负，但二次项回归系数并不显著，说明行业内中间产品嵌入的研发存量与全球价值链分工地位之间只存在线性关系。行业间中间产品嵌入的研发存量与全球价值链分工地位之间并非只是单纯的线性关系，而是存在显著的 U 形非线性关系，当行业间中间产品嵌入的研发存量提升到一个相对较高的水平时，继续获取的中间产品技术溢出将显著促进全球价值链分工地位的提升。就对出口中的国内附加值的影响而言，行业内中间产品嵌入的研发存量与出口中的国内附加值之间只是负相关，但不显著，而行业间中间产品嵌入的研发存量与出口中的国内附加值之间是显著的 U 形关系。至于对出口中的国外附加值的影响，行业内中间产品技术溢出对出口中的国外附加值是显著的负向影响，而行业间中间产品技术溢出也与其是显著的 U 形关系。

从表 6-3 回归结果得知，国内中间产品嵌入的研发存量与国外中间产品嵌入的研发存量对全球价值链分工地位的影响效果截然相反。国内中间产品嵌入的研发存量显著有利于全球价值链分工地位的提升，而国外中间产品嵌入的研发存量却显著抑制了全球价值链分工地位的提升。就对中间产品出口实现的国内附加值影响而言，国内中间产品嵌入的研发存量对中间产品出口实现的国内附加值是正向促进作用，但国外中间产品嵌入的研发存量对其是负向阻碍作用。而就对最终产品出口实现的国内附加值而言，国内、外中间产品嵌入的研发存量均不利于其附加值的扩张。由于非 G5 国家内部中间产品嵌入的研发存量占比高于国外中间产品嵌入的研发存量占比，这明显不同于 G5 国家，因此，本节删除了 G5 国家样本重新回归。回归结果显示其系数符号和统计显著性并没有发生本质变化。

由于世界绝大部分国家制造业进口中间产品嵌入的研发存量大部分都来自 G5 国家，故认为有必要区分 G5 国家中间产品和非 G5 国家中间产品嵌入的研发存量对全球价值链分工地位的影响。从表 6-3 的回归结果可知，G5 国家中间产品嵌入的研发存量对全球价值链分工地位、中间产品出口实现的国内附加值以及最终产品出口实现的国内附加值均产生显著的负向效应，而来自非 G5 国家或剔除本国的非 G5 国家中间产品嵌入的研发存量与全球价值链分工地位、中间产品出口实现的国内附加值以及最终产品出口实现的国内附加值之间均呈现显著的 U 形关系。

纵观上述回归结果可以得知,国外中间产品技术溢出的负向作用主要来自 G5 国家。这是因为发达国家会限制本国高技术中间产品的出口①以及对专利技术的垄断和掌控,对其他国家实施一定的“技术封锁”,②从而阻碍其他国家充分吸收和利用国外中间产品来提高技术水平,使其他国家被锁定或俘获在全球价值链分工的低端位置,形成对发达国家进口中间产品的严重依赖。

6.4.3 不同技术密集度行业类型回归

OECD 按照《欧盟经济活动分类标准第一版》(NACE1)统计分类将 18 个制作业划分为高技术制造业、中高技术制造业、中低技术制造业和低技术制造业四大类,但由于高技术制造业只包含计算机、电子及光学产品制造业,故本节将高技术制造业与中高技术制造业合并为高技术行业,进而分别检验这三大类制造业行业中间产品技术溢出对全球价值链分工地位的影响。具体的回归结果列于表 6-5,有四个方面。

表 6-5 不同技术密集度行业中间产品嵌入研发存量的影响

	(1)	(2)	(3)	(4)	(5)	(6)
	低技术行业		中低技术行业		高技术行业	
Lnrd	-0.0146 (-1.37)		-0.0090 (-0.38)		-0.0537*** (-5.48)	
Lnrd/Lnrd^2	-0.1310*** (-8.95)	0.0096*** (12.19)	-0.0344 (-2.10)	0.0022** (3.16)	-0.149*** (-30.41)	0.0075*** (7.93)
Lntra	0.0053 (0.58)		0.0095** (3.49)		-0.0419*** (-5.88)	
Lntra/Lntra^2	-0.0198 (-2.16)	0.0036*** (22.82)	0.0097** (3.63)	-0.0005 (-0.99)	-0.0732*** (-52.96)	0.0031** (4.87)
Lnter	-0.0187 (-2.03)		-0.0088 (-0.33)		-0.0632*** (-7.44)	

① 鞠建东、马弘、魏自儒,等:《中美贸易的反比较优势之谜》,《经济学(季刊)》2012 年第 11 卷第 3 期,第 805~832 页。

② 王敏、冯宗宪:《全球价值链、微笑曲线与技术锁定效应——理论解释与跨国经验》,《经济与管理研究》2013 年第 9 期,第 45~54 页。

续表

	(1)	(2)	(3)	(4)	(5)	(6)
	低技术行业		中低技术行业		高技术行业	
$Lnter/Lnter^2$	-0.111***	0.0085***	-0.0491	0.0034***	-0.135***	0.0065***
	(-10.64)	(11.94)	(-1.99)	(9.30)	(-36.85)	(7.48)
Lndome	0.0045**		0.0132**		0.0054***	
	(3.88)		(3.59)		(5.57)	
$Lndome/Lndome^2$	0.0043**	0.0013**	0.0133***	0.0024*	0.0058***	0.0010**
	(3.72)	(4.98)	(9.86)	(2.85)	(10.29)	(3.70)
Lnfore	-0.0684***		-0.0555		-0.0849***	
	(-7.25)		(-1.85)		(-17.51)	
$Lnfore/Lnfore^2$	-0.151***	0.0082***	-0.0417**	-0.0013	-0.0720***	-0.0012
	(-14.98)	(6.61)	(-3.43)	(-0.71)	(-11.82)	(-1.51)
LnG5	-0.0613***		-0.0366		-0.0759***	
	(-6.22)		(-1.12)		(-11.09)	
$LnG5/LnG5^2$	-0.101***	0.0046**	-0.0231	-0.0015	-0.0523***	-0.0024*
	(-14.54)	(3.89)	(-1.73)	(-0.69)	(-9.04)	(-3.10)
LnnonG5	-0.00497		-0.0129		-0.0402**	
	(-0.57)		(-1.03)		(-5.13)	
$LnnonG5/LnnonG5^2$	-0.0927***	0.0077***	-0.0335**	0.00183**	-0.137***	0.0081***
	(-7.65)	(9.64)	(-3.54)	(4.96)	(-18.30)	(14.59)
LnG5（不包括本国）	-0.0707***		-0.0371		-0.0757***	
	(-10.14)		(-1.15)		(-13.54)	
	-0.0898***	0.0024*	-0.0260	-0.0013	-0.0379***	-0.0042***
	(-9.50)	(2.88)	(-1.29)	(-0.91)	(-7.56)	(-13.35)
LnnonG5（不包括本国）	-0.0384***		-0.0511*		-0.0658***	
	(-4.79)		(-2.69)		(-10.96)	
	-0.1025***	0.0081***	-0.0684**	0.0019*	-0.0835***	0.0019
	(-8.62)	(5.47)	(-3.79)	(2.79)	(-11.49)	(2.02)
国家效应	控制	控制	控制	控制	控制	控制
行业效应	控制	控制	控制	控制	控制	控制
N	782	782	619	619	976	976

注：***、**、*分别表示通过1%、5%、10%的显著性水平检验。

① 从总体中间产品嵌入的研发存量回归结果来看，低技术和高技术制造业细分行业之间并没有本质不同，但中低技术行业的回归结果略有不同。低技术和高技术行业的总体中间产品嵌入的研发存量与全球价值链分工地位之间呈显著的U形关系，而在中低技术行业中两者显示不显著的负向线性关系。

② 本行业中间产品嵌入的研发存量对全球价值链分工地位的影响在三种不同技术密集度行业中存在差异，在低技术行业中两者之间虽显示正向关系但不显著，加入二次项后的U形关系也不显著；在中低技术行业中两者表现出显著的正向线性关系；在高技术行业中两者之间呈现显著的U形非线性关系。

③ 行业间的回归结果显示低和高技术制造业细分行业之间并没有本质不同，但中低技术行业的回归结果却有不同。在低技术和高技术行业，随着中间产品嵌入的研发存量的增加，制造业全球价值链分工地位先下降后逐渐上升；在中低技术行业中两者之间呈现负向关系但不显著。

④ 从国内中间产品嵌入的研发存量回归结果来看，三种类型技术行业都显示获取更多的国内中间产品嵌入的研发存量能够有利于制造业国际分工地位的提升，国外中间产品嵌入的研发存量的影响效应存在差异，在低技术行业中两者之间是显著的U形关系，在中低技术行业中两者之间是不显著的，在高技术行业中两者之间呈现显著的负向关系。

就区分G5国家与非G5国家中间产品嵌入的研发存量的回归结果而言，在低技术行业中不管是来自G5国家还是来自非G5国家，中间产品嵌入的研发存量都与全球价值链分工地位之间呈现显著的U形关系；但在中高技术行业中，来自G5国家中间产品嵌入的研发存量与全球价值链分工地位之间均显示负向关系，只是前者是不显著的，后者是显著的；来自非G5国家中间产品嵌入的研发存量与全球价值链分工地位之间呈现显著的U形关系，且这些关系在剔除G5国家后回归并没有发生本质变化。可见，在中低技术与高技术行业中来自G5国家中间产品嵌入的研发存量对制造业国际分工地位有锁定与俘获效应。

6.4.4 对产业间技术溢出的进一步区分

从上述回归结果得知，本行业与行业间中间产品嵌入的研发存量的影响效应有所不同，而国外中间产品嵌入的研发存量对全球价值链分工地位的不利影响主要来自G5国家，因此，本节认为有必要进一步区分来自本国本行业、来自本国其他行业以及来自G5国家本行业、来自G5国家其他行业中间产品嵌入的研发存量对全球价值链分工地位的影响，具体的回归结果列示表6－6。

表 6－6　行业内、外中间品嵌入的研发存量的进一步区分

	(1)	(2)	(3)	(4)	(5)	(6)	(7)	(8)
lnG5intra	－0.013*** (－19.30)	－0.0082*** (－8.98)						
lnG5intra^2		－0.0009** (－4.07)						
lnG5inter			－0.052** (－3.58)	－0.064*** (－28.69)				
lnG5inter^2				0.0013 (0.80)				
lndomeintra					0.0050*** (16.62)	0.0068*** (10.77)		
lndomeintra^2						0.0005** (4.26)		
lndomeinter							0.0018 (0.43)	－0.0068* (－2.34)
lndomeinter^2								0.0019** (3.53)
lngvcparticipation	0.0677 (1.25)	0.0688 (1.27)	0.103* (2.65)	0.105* (2.64)	0.0594 (1.03)	0.0632 (1.09)	0.0564 (0.91)	0.0689 (1.06)
hc	－0.438* (－2.71)	－0.433* (－2.65)	－0.440* (－3.07)	－0.448** (－3.28)	－0.417* (－2.61)	－0.420* (－2.59)	－0.430* (－2.65)	－0.436* (－2.66)
inst	0.0028** (3.71)	0.0028** (3.66)	0.0029** (4.53)	0.0029** (4.50)	0.0027** (3.69)	0.0026** (3.53)	0.0026** (3.53)	0.0027** (3.23)
lnper_gdp	－0.038 (－2.14)	－0.040 (－2.17)	0.0044 (0.23)	0.0066 (0.37)	－0.0479* (－2.65)	－0.0505* (－2.55)	－0.0526 (－2.29)	－0.0543 (－2.09)
fdirate	0.0367** (3.87)	0.0363** (3.86)	0.0345** (4.15)	0.0347** (4.20)	0.0376** (3.83)	0.0376** (3.81)	0.0403** (4.19)	0.0381** (4.14)
lnitselfrd	0.0124** (4.62)	0.0122** (4.42)	0.0128*** (5.64)	0.0126*** (6.24)	0.0035 (1.16)	0.0021 (0.97)	0.0104** (4.76)	0.0089*** (5.40)
国家效应	控制	控制	控制	控制	控制	控制	控制	控制
行业效应	控制	控制	控制	控制	控制	控制	控制	控制
N	2377	2377	2377	2377	2377	2377	2377	2377

注：***、**、* 分别表示通过 1%、5%、10% 的显著性水平检验。

表6-6中第(1)、(2)列显示的是来自G5国家本行业中间产品嵌入的研发存量对全球价值链分工地位的影响,结果表明两者之间呈现显著的负向关系;第(5)、(6)列显示的是来自本国本行业中间产品嵌入的研发存量对全球价值链分工地位的影响,结果显示两者之间呈现显著的正向关系,对比表6-3中的回归结果得知,行业内中间产品嵌入的研发存量对全球价值链分工地位的不利影响主要来自G5国家的锁定效应。第(3)、(4)列显示来自G5国家其他行业中间产品嵌入的研发存量与全球价值链分工地位之间存在U形关系,但二次项系数不显著;第(7)、(8)列显示来自本国其他行业中间产品嵌入的研发存量与全球价值链分工地位之间呈现显著的U形关系,对比表6-3中两者之间显著的U形关系,再次表明了来自G5国家的中间产品嵌入的研发存量抑制了中间产品技术溢出效应的进一步发挥。本部分的回归结果再次证明了G5国家中间产品嵌入的研发存量对制造业国际分工地位有锁定与俘获效应。

6.5 结论和启示

长期以来,尤其是加入世界贸易组织之后,中国创造的外贸增长奇迹实质上就是通过融入发达国家主导的全球价值链分工体系实现的产业发展。然而,受制于初期要素禀赋以及其他一系列因素的影响,中国一方面以"低端嵌入"的方式融入全球价值链,另一方面却未能有效实现价值链攀升,以至于一直处在全球价值链分工的低端,突出表现就是大额总量背后的低国内附加值,尤其是高技术行业的附加值率偏低。随着2008年金融危机后全球经济进入深度调整期以及中国经济发展步入新常态,寻求开放发展战略的转型升级,实现价值链的攀升是中国实现经济转型升级、保持较好较快增长的必要举措之一。本章从获取技术进步的外部渠道出发,研究了通过中间产品投入中嵌入的研发存量是否有利于全球价值链分工地位的提升。

本章利用WIOD 2016年公布的世界投入产出表,测算了2009—2013年世界28个主要国家18个制造业行业所使用的中间产品中嵌入的研发存量和全球价值链分工地位指数,在此基础上实证检验了不同来源的中间产品嵌入的研发存量与全球价值链分工地位指数之间的关系。

结果表明,总体中间产品投入嵌入的研发存量与全球价值链分工地位指数之间呈现显著的U形关系,表明随着获取的中间产品技术溢出越多,制造业国际分工地位呈现先下降后上升,且中间产品技术溢出与中间产品出口和最终产品出口实现的国内附加值之间都是U形关系,表明当制造业投入的中间产品嵌入的研发存量达到一定程度时,中间产品技术溢出才有利于实现国内附加值的扩大;进一步检验了不同来源的中间产品嵌入研发存量的异质性效应,结果显示产业内技术溢出不利于全球价值链分工地位的提升,但在统计上不显著,而产业间技术溢出与全球价值链分工地位之间也呈现显著的U形关系;国内中间产品与国外中间产品技术溢出与全球价值链分工地位之间的关系明显不同,前者是显著的线性正向关系,后者是显著的线性负向关系,而将国外中间产品技术溢出分解为来自G5国家和非G5国家的回归结果发现,国外中间产品技术溢出的负向作用主要来自G5国家,控制世界绝大部分研发存量的G5国家对其他国家的价值链分工地位存在锁定与俘获效应。

本章更进一步区分了来自本国本行业、来自本国其他行业以及来自G5国家本行业、来自G5国家其他行业中间产品嵌入的研发存量对全球价值链分工地位的影响,结果进一步证实了行业内中间产品嵌入的研发存量对全球价值链分工地位的不利影响主要来自G5国家的锁定效应。

本章验证了不同技术密集度制造行业的中间产品嵌入的研发存量对全球价值链分工地位的不同影响,结果表明不同来源的中间产品技术溢出在低、中低和高技术行业中确实存在一定的差异,而且在中低与高技术行业中来自G5国家中间产品嵌入的研发存量对制造业国际分工地位的锁定与俘获效应明显。

本章为中国转变贸易发展方式,逐步降低对G5国家中间产品的依赖,增强中国国内中间产品的生产和供给能力提供了一些证据。由于本章采用的是产业层面的数据,估计结果可能受到加总偏误和内生性问题的影响,有待今后利用更微观数据加以进一步研究。

7. 互联网嵌入全球价值链

7.1 引言

联合国教科文组织、世界银行以及各国政要普遍意识到信息通信技术发展不平衡所带来的数字鸿沟(Digital Division)问题的严重性。他们认为国际互联网在网络时代具有促进落后地区发展的潜力,如果不能有效缩小信息通信基础设施的差距,数字鸿沟很可能成为全球化进程中各国发展不平衡的新根源。进入21世纪,尽管中国、俄罗斯、巴西、印度等新兴市场国家互联网普及率迅速提升,但数字鸿沟问题在世界范围内仍然十分严峻。根据世界经济论坛《2015年全球信息技术报告》中的数据显示,自2012年以来,排名前10%的国家进步幅度是后10%的两倍,数字鸿沟不但没有消失,反而在扩大,“信息贫困”导致落后地区无法享受信息通信技术带来的巨大社会经济效益。①

国际贸易是经济增长的发动机,互联网对国际贸易乃至经济增长的促进关系,一直都是国内外学术界研究的热点问题。在既有的文献中,大量研究基于贸易引力模型的框架,分析互联网发展如何通过降低交易成本扩大贸易规模。比如,互联网通过降低交流成本和搜寻信息的成本,形成贸易创造效应。② 互联网能够降低企业生产成本、组织管理成本,包括企业与上、下游供应商之间,生产者与消费者之间的物流运输成本,③提升出口企业的生产效率。另外,在异质性贸易理论模型④的框架中,互联网分别通过降低企业的固定成本和可变成本,使国际贸易扩展边际和集约边际增长。总之,互联网作为信息社会重要的基础设施,成为一国出口比较优势的来源,互联网发展对各国贸易流量的增长显然具有显著的促进作用。

---

① 《世界经济论坛发布〈2015年全球信息技术报告〉》,http://www.cnb2bnet.net/nd.jsp? id=149,2019年2月19日。

② Bakos, J. Y. “Reducing Buyer Search Costs: Implications for Electronic Marketplaces”, *Management Science*, vol. 43, no. 12 (1997), pp. 1676-1692; Anderson, J. E., Wincoop, E. V. “Trade Costs”, *Journal of Economic Literature*, vol. 42, no. 3 (2004), pp. 691-751.

③ 李海舰、田跃新、李文杰:《互联网思维与传统企业再造》,《中国工业经济》2014年第10期,第135~146页。

④ Melitz, M. J. “The Impact of Trade on Intra-Industry Reallocations and Aggregate Industry Productivity”, *Econometrica*, vol. 71, no. 6 (2003), pp. 1695-1725.

然而,互联网通过何种机制来影响全球价值链贸易增长,一国互联网基础设施改善又能给全球价值链分工地位的攀升带来何种作用,在现有研究中却较少涉及。随着对全球价值链分工和贸易研究的深化,现阶段国际贸易研究的关注重点围绕着增加值贸易逐步展开。大多数发展中国家都日益参与到了全球价值链的活动中。全球价值链是发展中国家获得技术、积累技能、为长远产业升级创造机会的重要途径。而发达国家凭借其跨国公司等优势资源,占据价值链的高端,处于主导地位,获取更多的价值增值。因此,围绕着价值链主导权的竞争与合作,将是未来国际产业竞争的主要格局。对于融入全球价值链分工体系的中国而言,如何抓住互联网时代发展的重大机遇,实现"互联网 +"的转型发展和创新融合,通过互联网引导"大众创业、万众创新",发挥企业在价值链各增值环节中作用,对于中国从制造大国向制造强国转变,进而打破由发达国家长期主导的国际分工,从全球价值链低端向中高端攀升具有重要意义。

7.2 理论阐释与命题假说

经济全球化和信息通信技术的高速发展,推动了全球生产服务体系的形成,使跨国公司价值链不断向全球拓展延伸。价值链各环节的可分解性、中间产品的可贸易性、资源配置的分散化程度都越来越高,全球价值链的广度和深度都得到扩展。现阶段在全球价值链的升级路径和驱动因素等方面互联网的价值创造方式仍是一个新的研究话题,本章先从以下三个方面对互联网与全球价值链嵌入之间的关系进行理论阐释。

7.2.1 基于专业化分工视角

互联网的"黏合剂"作用能够深化专业化分工,使全球价值链中的各环节突破时空的局限,在世界各地同时进行。各国在价值链参与过程中可以凭借各自的比较优势,将资源集中在最具竞争力的环节工序上,推动分工高度精细化,从中获取更多收益。

鲍尔温(2012)将全球价值链划分为四个层级:产品、阶段、职业与工序,其中工序是价值链中最基础的分工"单位",是优化价值链参与的关键。① 在工序分工中,互联网的协调功能能够加快指令、信息等的传递,实现价值链各组成部分的有效链接。同时,信息技术使单个劳动者更易执行更多的工序,实现各工序

① Baldwin, R. "Global Supply Chains: Why They Emerged, Why They Matter, and Where They Are Going", CEPR Discussion Paper, No. 13(2012).

的计算机化，并将此嵌入机械制造过程中，在此基础上，一个单独操作机械的工人可以执行过去需要一组专业工人来完成的任务。信息化生产不但促进了分工的高度精细化，拓宽了价值链的生产环节，而且提升了各环节操作效率，优化了价值链的参与。

从交易费用经济学来看，物联网、云服务以及人工智能技术的使用，大幅改善了制造活动中装配环节和检测环节的工艺流程效率；物流和运输服务则利用互联网技术降低了生产组织和销售所需的运输成本，提高商品流动效率；电子商务大大简化了制造业企业和消费者之间对接的环节，电子支付显著提高了销售和交易效率。弗洛伊德和维因霍尔德（Freund and Weinhold，2002）通过实证检验发现，美国互联网发展水平使得服务业在整个价值链上为制造业提供了更完善的信息服务、咨询服务和管理服务等，价值链参与者的交易费用随着原本需要内部生产的服务转向从外部市场采购而逐渐下降，价值链各环节得以高效快速运转。[①]

互联网发展能够有效约束机会主义行为而降低交易成本。在信息化时代，互联网使信息更加透明化，交易者声誉更容易被传播，交易者的违约成本更高。特定的交易双方也许只有进行单次交易的需要，但在整个虚拟的交易空间中，存在众多交易者，会不断进行各种交易者组合的重复博弈。若是有交易者选择欺骗，其不良声誉会很快被传播开来，并通过网络迅速放大，几乎终止了自身的所有交易可能。因此，在“互联网＋”背景下，交易者为了获取最大的利益，会选择约束自己的机会主义行为。当价值链中的交易环节均处于均衡状态时，交易效率较高，促进价值链各环节高效运行。当然不排除在个人对个人（P2P）交易中出现的欺骗行为。

在参与价值链过程中，各参与者主要基于异质化价值创造理论形成自己的竞争优势。从价值链中具体企业的角度来说，价值链各个环节的价值创造能力不尽相同，企业通过差异性与相对成本优势，获取和维护其在价值链中的竞争优势。现阶段，消费者的需求已不再局限于有形产品的基本功能，个性化需求日渐增长，为消费者提供异质化产品甚至“整体解决方案”，成为众多价值链参与者的制胜所在。而在价值链中，通常由附加值最高的环节来决定产品的异质化程度，也就是进入微笑曲线的两端：价值链的上游环节，如研发设计等；以及价值链

---

① Freund，C.，Weinhold，D. “The Internet and International Trade in Services”，*The American Economic Review*，vol. 92，no. 2 (2002)，pp. 236 – 240.

的下游环节，如营销服务等。

7.2.2 基于服务嵌入视角

格兰诺维特（Granovetter，1985）将互联网嵌入价值链的方式划分成两类，分别为关系性嵌入和结构性嵌入。① 互联网在嵌入制造业价值链过程中，将日益专业化的服务要素引进制造业价值链中，推动制造业价值链配置效率与经营效率的提升，促进企业从低附加值的制造加工环节向高附加值的研发、营销等环节攀升。

互联网关系性嵌入制造业价值链，通过规模经济效应提升价值链运营效率。波特（Porter，1985）将价值链的各种活动分为“基本活动”与“支持性活动”两大类。② 基本活动的外包能够带来外部服务的规模经济效应，企业因而可以获得规模报酬递增效应，进而维持其在价值链中的竞争力。价值链中的经营生产需要保持协调性与连续性。互联网关系性嵌入价值链后，通过与制造业价值链经营环节中的同类项相合并，对价值链整个生产体系的空间协调等产生重要影响。在降低企业交易成本的前提下，通过规模经济效应带动价值链生产效率提升，从而有助于企业进一步重点发展核心竞争力，实现价值链攀升。

互联网结构性嵌入制造业价值链，通过资源配置效应促进价值链升级。此时，互联网在功能上直接嵌入制造业价值链，作为生产过程的中间投入品，与价值链的其他要素、环节相匹配发生作用。首先，互联网结构性嵌入使得信息交流更加通畅，价值链各环节之间的融合程度加深，生产效率得到提升；其次，制造业价值链能够以较低成本便捷高效地获取通过市场体系无法获取的关键知识与信息；最后，结构性嵌入制造业价值链中的互联网，在嵌入支持性活动后，能为价值链注入更多的智力支持，提升价值链的整体资源配置效率，促进价值链升级。

7.2.3 基于价值链竞争优势视角

互联网的发展，使服务成为产品异质化的最主要因素，推动了“制造业服务化”，实现了价值链升级。尽管上游环节是决定产品异质化程度最为关键的因素，但信息通信服务业的快速发展，提升了技术的扩散速度，使产品技术含量导向的异质性空间不断缩小，因此，各价值链参与者开始从产品经营向客户经营转

---

① Granovetter, M. “Economic Action and Social Structure: The Problem of Embeddedness”, *American Journal of Sociology*, vol. 91, no. 3 (1985), pp. 481 – 510.

② Porter, M. E. *Competitive Advantage: Creating and Sustaining Superior Performance*, Free Press, 1985, pp. 88 – 120.

变，服务成为价值链的主导环节。

互联网有助于价值链参与者挖掘出消费者的衍生需求并据此提供相应的服务，创新性地将服务与产品相结合，实现对微笑曲线底部的跨越，在价值链参与中获取更高的附加值收益。在此过程中，互联网主要促进价值链发生如下三点变化。

① 竞争焦点转移。价值链的服务化转型意味着重点发展产品延伸下来的支持与关联服务，通过个性化定制等服务，实现消费者的利益最大化，价值链竞争焦点从传统的制造能力、研发能力转变为对服务环节以及消费者衍生需求的有效把控，注重产品特性与服务要素的匹配度。

② 创新模式转变。将"服务性生产"作为创新主导思想，在新技术研发时，注重消费者对于新技术的接受度与适应性，改进商业模式，在产品研发过程中融入消费者的创意，通过"自下而上"的新型创新流程促进价值链中各创新要素的激发。

③ 生产组织模式转变。组织模式从围绕实物资源转向围绕服务需求，价值链参与者开始关注产品要素供应商、消费者、服务要素供应商等不同主体之间的相互协同，通过整合资源而向方案提供商角色转型，实质上就是以消费者体验为重点的新型资源组织模式。在此服务化转型过程中，价值链的价值增值逻辑同样发生变化，由"大规模生产同质产品—拓宽渠道—以市场营销吸纳顾客"变为"围绕产品提供差异化服务—提升顾客体验—通过口碑效应吸纳顾客"。

7.3 变量选取、模型及数据

7.3.1 被解释变量的选取

为了全面衡量一国在全球价值链中的特定地位，本节参考 OECD 于 2013 年测算公布的关于全球价值链的三个指标作为被解释变量，即全球价值链参与度（*GVCP*）、全球价值链长度（*GVCL*）以及最终需求距离（*GVCD*），其中，全球价值链参与度描述了一国参与垂直分工生产的程度，*GVCL* 描述了价值链长度，并凸显了价值链的国内外组成部分，最终需求距离则描述了一国在价值链中的位置，并对其主要影响因素进行回归检验。

1）全球价值链参与度

全球价值链中最受关注的问题应该就是一国在垂直分工生产中参与的程度。库普曼等人（2010）使用国家间投入产出（ICIO）模型来研究全球价值链中的附加值，其出发点是将总出口按国家来源分解为各国附加值份额①，全球价值链参与度指数的计算就是建立在此基础上。采用如下矩阵公式计算：

$$\boldsymbol{VBE}=\boldsymbol{V}\cdot(\boldsymbol{I}-\boldsymbol{A})^{-1}\cdot\boldsymbol{E}$$

$\boldsymbol{V}$ 是每个国家与行业附加值份额向量的对角线，$\boldsymbol{B}=\boldsymbol{V}\cdot(\boldsymbol{I}-\boldsymbol{A})^{-1}$是里昂惕夫逆矩阵，$\boldsymbol{E}$ 为总出口向量。

当 **VBE** 矩阵列向量中的价值增加，并且没有来自国内行业的贡献时，就能获得国外行业对本国出口的贡献（出口中的进口成分），以此除以每个国家的总出口就能得到 **VS** 份额向量；将所有的行向量相加（忽略国内的行业），则可以测得国内生产的中间产品对第三国出口的贡献度，以此除以每个国家的总出口就能获得 **VS**1 份额向量。② 然后用 **VS** 和 **VS**1 除以国家 i 的总出口 E_i，用总出口中所占份额来表示全球价值链的参与度。

2）全球价值链参与长度

全球价值链参与长度是衡量一国参与的全球价值链的生产分割程度。生产阶段数量指数由法利（Fally，2012）提出，是使用国家的投入产出矩阵来计算美国经济的生产阶段数量的方法。③ 全球价值链参与长度指数的计算基于如下：

$$\boldsymbol{N}=\mu\cdot(\boldsymbol{I}-\boldsymbol{A})^{-1}$$

$\boldsymbol{N}$ 是所有国家 i 和行业 k 指数的列向量，μ 是单位列向量，$\boldsymbol{I}$ 是单位矩阵，$\boldsymbol{A}$ 是 **ICIO** 矩阵中的技术系数矩阵，$(\boldsymbol{I}-\boldsymbol{A})^{-1}$是里昂惕夫逆矩阵，并且该指数的计算类似于投入产出文献中后向关联的计算。在 **ICIO** 矩阵中，可以获得特定国家的每个行业使用的投入品价值。

3）最终需求距离

在全球价值链中，评估了一国参与价值链的深度与长度后，还要评估一国在价值链中所处的位置。位于价值链上游环节的国家主要负责生产原材料或者是在生产起始阶段投入使用的无形资产（如研发、设计），而处于下游环节的国家则主要进行加工产品的装配或者是专注于客户服务。安特拉斯等人（Antras et

① Koopman，R.，Powers，W.，Wang，Z.，et al. "Give Credit Where Credit Is Due：Tracing Value Added in Global Production Chains"，NBER Working Paper，No. w16426（2010）.

② Hummels，D.，Ishii，J.，Yi，K. M. "The Nature and Growth of Vertical Specialization in World Trade"，*Journal of International Economics*，vol. 54，no. 1（2001），pp. 75－96.

③ Fally，T. "Production Staging：Measurement and Facts"，University of Colorado－Boulder Working Paper，（2012），https://are.berkeley.edu/~fally/Papers/Fragmentation_US_Aug_2012.pdf.

al. ,2012)引入了一个关于“上游度”的测量指标,即最终需求距离指数。[1] 从某特定国家的单个行业角度来说,最终需求距离指数衡量了该行业生产的商品或服务在到达最终消费者前,还要经历多少生产阶段,它的增加意味着一国在价值链起始阶段的投入品生产方面更专业化。最终需求距离指数的计算与之前全球价值链参与度和全球价值链参与长度指数的推导类似,都是基于跨国家的投入产出框架进行计算,计算公式如下:

$$\boldsymbol{D}=\mu\cdot(\boldsymbol{I}-\boldsymbol{G})^{-1}$$

$\boldsymbol{D}$ 是所有国家 i 和行业 k 指数的列向量,μ 是单位列向量,$\boldsymbol{I}$ 是单位矩阵,$\boldsymbol{G}$ 是产出系数矩阵,$(\boldsymbol{I}-\boldsymbol{G})^{-1}$ 在投入产出文献中被称为产出逆矩阵或是高斯(Ghose)逆矩阵,最终需求距离指数的计算与 ICIO 模型中前向关联的计算类似。

7.3.2 解释变量的选取

解释变量为互联网发展水平(INT)。OECD 最早采用国际互联网主机数量来衡量各国互联网发展水平的差距,因为互联网上的信息绝大部分来自国际互联网主机。然而,该指标仅能反映各国互联网硬件的接入情况,无法准确反映各国互联网的使用情况。世界银行近年来采用互联网用户数、固定电话用户数、移动电话用户数三个指标来衡量全球各国互联网发展的差距,这类指标能更好地反映近年来互联网使用从一般互联网到固定宽带,直到手机移动互联网三种不同阶段的技术变迁。本章根据世界银行全球宏观数据库提供的数据,选取固定宽带互联网用户数(每百人)(X_{i1})、移动电话用户数(每百人)(X_{i2})、一般互联网用户数(每百人)(X_{i3})三个因素,用三者的几何加权平均数来衡量一国或地区互联网发展和使用水平,具体计算方法如下:

$$INT_i=(X_{i1}\cdot X_{i2}\cdot X_{i3})^{1/3}$$

7.3.3 控制变量的选取

① 经济发展水平($PGDP$),采用人均国内生产总值衡量。一国经济发展水平与其国内生产结构、产业链整体水平等存在一定关系,经济大国主导着全球贸易和投资的流向,经济规模越大,专业化分工获得的收益也越大。大规模生产和消费的能力对全球价值链的各个环节形成强大的制约,同时也会对全球价值链的参与状态产生影响。

---

① Antràs, P. ,Chor,D. ,Fally,T. ,et al. “Measuring the Upstreamness of Production and Trade Flows”, *The American Economic Review*, vol. 102, no. 3(2012),pp. 412 –416.

② 人均资本存量(*CAP*),采用资本存量与劳动力总数的比重来衡量。人均资本存量在一定程度上与该国制造业机械化、自动化和智能化水平相关,与制造业生产效率也有较强关联,无论是传统产业的改造还是新兴产业的发展,都需要加大物质资本投入,各国人均存量水平会对各国在全球价值链中所处的地位以及相应分配到的附加值利益产生显著影响。

③ 外商直接投资(*FDI*),采用各国外商直接投资净流入占 GDP 比重来衡量。跨国企业是全球价值链的驱动者,伴随着对外投资的快速发展,跨国公司在全球价值链的建立与发展中的推动作用愈发明显。在全球生产分工网络中,跨国公司与与其密切协作的中小企业之间将形成金字塔结构的分工网络群落。跨国公司处于金字塔顶端,起着支配性或主导性作用,而众多中小企业则为其提供配套服务。跨国公司自身的能力以及它与外包企业的协调能力,共同构成了其核心竞争力。企业之间的关系主要是产品链上、下游的分工合作关系。不同层次之间的企业具有一定依赖性,在升级过程中,具有控制力和主导力量的领导型企业发挥着重要作用。

④ 研发技术水平(*TECH*),采用各国研发经费占 GDP 比重来衡量。一国的研发水平与生产效率、科技水平等紧密相关。在全球价值链中,价值的创造并不主要源于生产环节,相反,研发设计等环节往往为具有高价值和高附加值的环节,决定了该国在全球价值链参与过程中的地位、分工生产水平等。随着全球创新网络形成,一国提升全球竞争力的可行路径之一是嵌入全球创新链(GIC),在全球范围内搜寻和利用知识资源和先进生产要素,形成利用全球创新资源的渠道和机制。

⑤ 人力资本水平(*HUC*),采用高等院校入学率(占总人数的百分比)衡量。一国受教育人口数量反映了该国熟练劳动力的丰裕程度,人力资本水平越高的国家,越有能力嵌入到更复杂的全球价值链体系。李静(2015)研究认为,初始人力资本的选择与垂直专业化不同阶段的适配,将使初始人力资本的要素功能和外部性特征与其所处的生产环节有效结合起来,最大化发挥人力资本效应,从而促使发展中国家在垂直专业化深化过程中持续提升其产业国际价值链的位置,避免发展中国家产业垂直专业化和产业价值链升级之间倒 U 形曲线递减趋势的出现。[①]

① 李静:《初始人力资本匹配、垂直专业化与产业全球价值链跃迁》,《世界经济研究》2015 年第 1 期,第 65~73,128 页。

7.3.4 数据来源

近年来,OECD 与 WTO 进行合作,从附加值角度出发,以国际分工和贸易网络的全球模型为基础,建立了一个关于贸易流量的全新数据库。利用 ICIO 模型,将 57 个经济体的世界投入产出表相关联。ICIO 模型真正从全球视角详细分析了 37 个行业的经济体间和行业间的所有交易。相比之下,以往的研究通常只是通过投入产出数据来分析有限的甚至单一的国家,因此只能提供关于全球价值链的部分信息。而在此数据库基础上,OECD 于 2013 年 5 月测算公布了关于全球价值链的三个指标。数据涵盖 5 年,分别为 1995 年、2000 年、2005 年、2008 年、2009 年。本章的三个被解释变量全球价值链参与度、指数(*GVCP*)、全球价值链长度(*GVCL*)以及最终需求距离指数(*GVCD*)均根据 OECD 世界投入产出数据库提供的数据计算获得,而解释变量和控制变量的数据均来自世界银行数据库。各变量的描述性统计如表 7 - 1 所示。

表 7 - 1 变量描述性统计

变量名	样本量	均值	标准差	最小值	最大值
GVCP	285	3.8765	0.2307	3.1733	4.3141
GVCL	285	0.6142	0.1038	0.2724	0 .9405
GVCD	285	0.6653	0.1256	0.4016	1.147
INT	283	0.5845	4.8013	0.1257	0.6872
PGDP	285	3.0775	1.8092	2.7502	5.5772
CAP	285	24.6192	1.8571	19.6248	29.1128
FDI	285	0.5737	1.9376	0.4592	0.7673
TECH	279	0.1265	0.8605	0.1079	0.1407
HUC	280	3.6806	0.7272	0.3243	4.6233

7.3.5 计量模型

根据上述变量,本章构建了如下三个计量模型方程:

$$GVCP_{it} = \beta_0 + \beta_1 INT_{it-1} + \beta_2 PGDP_{it-1} + \beta_3 CAP_{it-1} + \beta_4 FDI_{it-1} + \beta_5 TECH_{it-1} + \beta_6 HUC_{it-1} + \varepsilon_{it-1} \quad (1)$$

$$GVCL_{it} = \beta_0 + \beta_1 INT_{it-1} + \beta_2 PGDP_{it-1} + \beta_3 CAP_{it-1} + \beta_4 FDI_{it-1} + \beta_5 TECH_{it-1} + \beta_6 HUC_{it-1} + \varepsilon_{it-1} \quad (2)$$

$$GVCD_{it} = \beta_0 + \beta_1 INT_{it-1} + \beta_2 PGDP_{it-1} + \beta_3 CAP_{it-1} + \beta_4 FDI_{it-1} + \beta_5 TECH_{it-1} + \beta_6 HUC_{it-1} + \varepsilon_{it-1} \quad (3)$$

其中 i 为国家，t 为年份，$t-1$ 为滞后一期（考虑到相关自变量对因变量的影响存在滞后性，将自变量取滞后一期进行回归），β 为待估参数，ε_{it-1} 为随机误差项且服从标准正态分布。

7.4 实证回归结果

实证部分，本章首先根据基准模型考察互联网使用对各经济体嵌入全球价值链的三个维度的影响，然后将 57 个经济体的总体样本分为 OECD 国家和非 OECD 国家（地区），考察不同类型经济体互联网对全球价值链作用的差异，最后是一些稳健性检验。

7.4.1 基准模型回归结果

在进行回归检验之前，为了防止各变量之间的多重共线性问题给回归结果带来的估计偏误，本章计算了各变量之间的相关系数矩阵，发现各变量之间的相关系数都普遍小于 0.5，可以认为它们之间不存在较为严重的共线性问题。同时，基于霍斯曼检验的结果表明，计量模型应采用固定效应模型。

1）互联网发展对全球价值链参与度影响

本章以各经济体全球价值链参与度作为被解释变量，以各经济体互联网发展水平（*INT*）作为解释变量，然后依次纳入其他控制变量，对方程（1）采用简单的 OLS 回归分析。在表 7－2 的估计结果中，第（1）列结果是仅将互联网发展水平作为解释变量进行回归所得。结果表明，该解释变量的回归系数估计值为正，且在 1% 的显著性水平上对被解释变量具有显著影响，表明互联网发展水平显然对各经济体全球价值链参与程度具有显著的促进作用。全球价值链中的主体国家，既作为国外中间投入品的使用者（上游环节，即后向参与），又是其他国家出口中商品和服务投入要素的供应商（下游环节，即前向参与），出口中的国外附加值越多，第三国出口中包含的该国中间投入品越多，则该国全球价值链参与程度越高。在国际分工和中间产品贸易高速发展的过程中，其中有两个主要驱动因素：一是国际贸易成本的降低（包括关税的降低、运输通信成本的减少以及货物交换时间的缩短），另一个则是离岸外包管理成本的降低（包括搜寻、监控和协调外交活动的成本）。这两个因素中大多数都与互联网发展带来的信息通信技术进步有关。同时，互联网降低了服务外包的成本，相比于最终产品贸易，全球价值链的运作中涉及了更多的服务投入，全球价值链参与收益高度依赖于以较低的成本获得充足的服务。阿布拉莫夫斯基和格里菲斯（Abramovsky and

Griffith,2006)使用英国企业层面的数据研究信息通信技术对外包服务成本的影响,结果发现,信息通信服务业对促进企业从国外采购商业服务有着非常重要的作用。①

表 7-2　互联网发展水平对全球价值链参与度的回归检验结果

	(1)	(2)	(3)	(4)	(5)	(6)
INT	0.0412*** (7.1518)	0.0391*** (5.0527)	0.0363*** (5.9416)	0.0325*** (5.2728)	0.0312*** (5.0236)	0.2984*** (5.0546)
PGDP		-0.2714*** (-22.0728)	-0.2632*** (-18.0916)	-0.2565*** (-18.0945)	-0.2514*** (-17.9921)	-0.2436*** (-16.9357)
CAP			0.0952*** (8.6514)	0.0893*** (6.2036)	0.0782*** (6.1325)	0.0724*** (5.4917)
FDI				0.1237*** (7.3438)	0.1425*** (6.4216)	0.1315*** (6.0278)
TECH					0.1284** (2.8972)	0.1263** (2.9716)
HUC						0.0204 (0.4938)
常数项	-5.5481*** (-5.2437)	-1.3432** (-1.9628)	-14.1245*** (-8.1716)	-11.7283*** (-6.4346)	-11.1634*** (-6.1627)	-10.1835*** (-5.1649)
调整 R^2	0.4168	0.4514	0.4613	0.4684	0.4729	0.4753
F 值	172.9016***	189.0728***	192.4318***	215.2429***	232.4817***	255.6136***

注:括号内显示的为 *t* 值。***、**、* 分别表示通过 1%、5%、10% 的显著性水平检验。

至于其他控制变量,表 7-2 中第(1)~(6)列的估计结果表明,经济发展水平与全球价值链参与程度之间存在负相关关系,且至少通过 5% 的显著性概率检验。大型经济体则由于其经济规模较大、国内产业链更为完善等因素,在国际分工生产中对其他国家中间产品的依赖较小,垂直分工的参与度反而相对低一些,而小型经济体的参与度更高,特别是在价值链的后向参与方面,会更加依赖

① Abramovsky, L., Griffith, R. "Outsourcing and Offshoring of Business Services: How Important Is ICT?", *Journal of the European Economic Association*, vol. 4, no. 2-3 (2006), pp. 594-601.

于中间产品进口。从人均资本存量来看,其估计系数为正,且通过了1%的显著性概率检验。人均资本存量反映了该国资本投资水平,一定程度上与基础设施建设与工业化机械设备投入有关,显然资本存量越高的国家会通过发达的制造业融入全球价值链分工体系。外商直接投资的回归系数也为正,且通过1%的显著性概率检验,表明跨国公司在引导各国深度嵌入全球价值链过程中发挥着重要作用,价值链中由跨国公司主导的贸易约占全球贸易的80%。在跨国公司母公司的控制下,最终产品通过公司一体化或者协议、分包等非一体化形式,在全球区域范围内进行"碎片化生产"。与此同时,各子公司、分公司或外包企业网络之间将频繁进出原材料类中间投入品、零部组件类中间产品,从而产生了大量的中间产品贸易。从研发技术水平的影响来看,其估计系数虽然为正,且通过5%的显著性概率的检验。研发技术水平越高的国家,越有可能通过制造业或服务业的外包活动将知识含量较低的附加值环节转移到其他国家,从而形成有效的知识转移和外溢。此外,人力资本水平的估计系数也没有通过显著性概率检验。人力资本作为重要的生产要素,既有可能以廉价的劳动力形式融入全球价值链的生产环节,又会以高素质的技术人才从事较为复杂的研发活动,因此人力资本水平与全球价值链嵌入程度之间的关系并不确定。

2）互联网发展对全球价值链参与长度影响

以各经济体全球价值链参与长度作为被解释变量,以各经济体互联网发展水平(*INT*)作为解释变量,依次纳入其他控制变量,对方程(2)进行类似的OLS回归分析。检验结果如表7-3所示,第(1)列结果是仅将互联网发展水平作为解释变量进行回归所得。结果表明,该解释变量的回归系数估计值为正,且在1%的显著性水平上对被解释变量具有影响,表明互联网对全球价值链参与长度的拓展具有明显的促进作用。互联网发展提升了信息和物流服务,促进中间产品及时有效地进行交换。通过提供纽带作用使得生产过程能够在不同地理位置上进行,互联网发展可以进一步深化制造业的专业化分工和迂回生产,提升了制造业规模经济效应和生产效率,产品越复杂,生产包括的工序越多,其全球价值链链条就越长,而互联网的发展对这类复杂程度较高的产业发挥着协调生产的功能。

其他控制变量对全球价值链参与长度的影响并不完全相同。其中,经济发展水平与全球价值链参与长度之间呈正相关,且至少通过5%的显著性概率检验。全球价值链长度的相应延长,虽然可以带来较强的专业化分工利益,但同时也给参与国带来一定程度的外生风险,尤其是当金融危机爆发引起经济波动时,某些关键链条的断裂会引起较大的系统性风险，因此大型经济体要比小型经济体具有更强的风险承担能力，其在全球价值链的整体布局中也会进行相应的拓展。人均资本存量和外商直接投资对全球价值链参与长度的影响也都显著为正，表明无论是国内资本投入还是外国资本流入，都会提高对全球价值链参与的复杂程度，但这并不意味着经济效益的提高，比如发展中国家会由于其在价值链环节低端的专业化程度提高，使其更有可能被“低端锁定”，从而在全球价值链中陷于被动地位。研发技术水平和人力资本水平对全球价值链参与长度的回归系数为正，且都通过了5%以上的显著性概率检验。知识创新能帮助发展中国家从单一的简单生产装备环节向分工更为精细化的复杂化生产环节进行拓展，当知识技术积累到一定程度，则会延伸到品牌、设计、影响等价值链其他环节，因此无论是研发投入还是人力资本的积累都会对全球价值链参与长度产生正向促进效应。

表7-3　互联网发展水平对全球价值链参与长度的回归检验结果

	(1)	(2)	(3)	(4)	(5)	(6)
INT	0.2414*** (6.1546)	0.2394*** (6.0528)	0.2362*** (5.9418)	0.2114*** (5.9736)	0.2075*** (5.9248)	0.2003*** (5.8256)
PGDP		0.0712** (3.0718)	0.0634** (3.0929)	0.0568** (3.0936)	0.0514** (2.9928)	0.0432** (2.9382)
CAP			0.8254*** (11.2357)	0.8022*** (10.5628)	0.8356*** (10.6257)	0.8015*** (10.6389)
FDI				0.1089* (2.0425)	0.1036* (2.0235)	0.1025* (2.0124)
TECH					0.2235** (3.0925)	0.2245** (3.0736)
HUC						0.0402** (2.9782)
常数项	6.3685*** (12.4586)	6.2578** (12.5898)	6.2456*** (12.8798)	6.3689*** (13.58362)	6.7852*** (14.2589)	6.2589*** (15.1256)
调整 R^2	0.4213	0.4458	0.4596	0.4682	0.4725	0.4831
F 值	39.4687***	39.5268***	41.3687***	42.6398***	44.3687***	44.5268***

注：括号内显示的为 *t* 值。***、**、* 分别表示通过1%、5%、10%的显著性水平检验。

3）互联网发展对全球价值链最终需求距离影响

以各经济体最终需求距离作为被解释变量，仍然以各经济体互联网发展水平（*INT*）作为解释变量，采用逐步回归的方法，对方程（3）进行回归检验。比较表7－4和之前的回归结果可以发现，解释变量即互联网发展水平的回归系数为负，且通过1%的显著性概率检验。该结果表明，一国互联网发展水平越高，其在全球价值链分工中的位置会越倾向于向需求终端进行转移。最终需求距离指数越高，离最终需求端位置越远，是全球价值链的生产环节；而最终需求距离指数越小，离最终需求端位置越近，是全球价值链的服务营销环节。互联网提升价值的方式与传统工业经济不同，产品技术上的创新已经无法实现价值增值，相应地，更多的创新增值出现在厂商与消费者的互动过程中，即厂商如何给顾客更好

表7－4　互联网发展水平对最终需求距离的回归检验结果

	(1)	(2)	(3)	(4)	(5)	(6)
INT	−0.4421* (−1.9936)	−0.4365* (−1.9825)	−0.4289* (−2.1256)	−0.4015* (−2.0269)	−0.3985* (−2.0025)	−0.3825* (−1.9863)
PGDP		−0.3256 (−0.2525)	−0.2633 (−0.3689)	−0.2825 (−0.2895)	−0.2746 (−0.2796)	−0.2968 (−0.2812)
CAP			0.5256*** (8.3698)	0.5125*** (8.3874)	0.4936*** (8.4893)	0.4872*** (8.4628)
FDI				0.6987*** (7.4698)	0.6215*** (7.5284)	0.6334*** (8.1368)
TECH					−0.128** (−2.8925)	−0.126** (−2.9716)
HUC						−0.020** (−2.4924)
常数项	12.3658*** (5.3256)	14.3682** (5.4125)	15.3697*** (5.3689)	14.2687*** (5.1245)	14.8796*** (5.7863)	16.2689*** (5.6389)
调整 R^2	0.3896	0.3925	0.3968	0.4125	0.4238	0.4428
F 值	48.6892***	49.3687***	51.3687***	53.6982***	52.6897***	53.4789***

注：括号内显示的为 *t* 值。***、**、* 分别表示通过1%、5%、10%的显著性水平检验。

的体验，让产品对于消费者价值越高。[①] 而且建立在互联网基础上的电子商务可以打破已有的市场垄断。因此，互联网发展将有力促进一国价值链在需求端地位的攀升。

主要控制变量对最终需求距离的回归结果如表 7 - 4 所示，经济发展水平的回归系数不再显著，无法通过显著性概率检验。经济规模总量对在全球价值链中所处的位置并无直接影响。人均资本存量的回归系数为负，且通过 5% 的显著性概率检验，表明资本要素相对充裕的国家，会在全球价值链分工中的位置向需求端靠拢，相反劳动力要素相对充裕的国家则会更多停留在全球价值链分工中的离需求端较远的位置。外商直接投资的回归系数为正，且通过 1% 的显著性概率检验，说明跨国公司主导的国际分工一般情况下会让东道国锁定在全球价值链的低端环节，而自身依靠营销和品牌方面的竞争力，牢牢掌控全球价值链的话语权和主导权。而研发技术水平和人力资本水平对最终需求距离的回归系数为正，且都通过了 5% 以上的显著性概率检验。这一结论与大多数研究结果一致，即一国注重研发创新能力提高和人力资本积累，可以实现价值链的跃升，从代工生产进入设计研发、市场营销等环节，推动价值链参与者转向以服务业为竞争焦点，促进价值链的服务化转型，实现高附加值环节的攀升。

7.4.2 互联网应用对发展中国家提升全球价值链地位的回归检验

前面的计量检验是针对所有经济体样本进行的回归结果，然而由于发达国家和发展中国家长期以来在国际分工中所处的初始地位不同，要素禀赋和发展路径都存在较大差异，造成无论是全球价值链参与程度和长度，还是在全球价值链体系中的位置，发达国家和发展中国家都有着显著差距。总体来看，发达国家在价值链分工中居于主导地位，国际交换价格必然向发达国家倾斜，从而使发达国家获得了较多的分工利益，而发展中国家仍然处于全球价值链的下游，从事技术含量较低的活动，竞争优势容易流失，向价值链的高附加值环节攀升困难重重。

既然提高互联网基础设施水平可以作为提升一国在全球价值链分工地位的重要途径，本章更为关心的是，互联网发展是否可以有助于发展中国家更好地融入全球价值链，并逐步推动本国制造业由从简单产品向复杂产品实现产品升级，从零部件组装等低附加值环节到设计研发等高附加值环节实现功能升级，为发展中国家价值链升级提供了一种路径选择。为此，在计量检验中，本章根据

① 罗珉、李亮宇：《互联网时代的商业模式创新：价值创造视角》，《中国工业经济》2015 年第 1 期，第 95 ~ 107 页。

OECD 分类，将 57 个经济体总样本分为 35 个 OECD 国家以及 22 个非 OECD 国家（地区），直接纳入所有控制变量，进行分样本检验。检验结果显示（限于篇幅，不再列出）：第一，在对全球价值链参与程度影响的检验中，非 OECD 国家（地区）互联网这一解释变量的回归系数要大于 OECD 国家，表明互联网发展可以更大程度提升发展中国家融入全球价值链水平。这是因为对于发展中国家出口而言，进入发达国家市场的固定成本较高，互联网使企业能迅速获得新市场的信息，大大降低了企业的采购成本和销售成本，形成了中间产品贸易创造效应。第二，在对全球价值链参与长度影响的检验中，非 OECD 国家（地区）和 OECD 国家互联网发展水平的回归系数都显著为正，同时两者系数差别不大。在互联网经济下，企业用信息技术实现生产和研发环节的技术创新，实体企业本身就嵌入在各种虚拟操作系统、信息技术和应用软件中，虚拟经济又是以实体企业为经济创造出来的，两者形成了正向反馈循环，互联网发展更能有效地推动实体企业生产效率和产品复杂度的提升，有效拉长本国参与全球价值链的长度。第三，在考虑对最终需求距离的影响方面，互联网对非 OECD 国家（地区）的影响明显不如对 OECD 国家的影响。虽然近年来，中国、印度等发展中国家电子商务的高速发展的确能给企业带来流通渠道的创新，借助去中间化、去渠道化等手段，大幅度降低企业分销成本。但 OECD 国家制造业的服务化倾向更为明显，发展重点从生产过程转向服务过程，从制造厂商转变为方案供应商，在整个全球价值链中更能够有效地缩短离最终需求端的距离。

7.4.3 互联网建设的内生性问题

与大多数研究互联网经济社会效应的文献类似，本章需要重点解决的是变量的内生性问题。一国提高互联网基础设施水平固然可以嵌入全球价值链，但是，一国融入全球价值链的程度越深，反过来会要求该国提高互联网基础设施的投入和覆盖率。为此需要找到互联网发展程度的有效工具变量（IV），来保证实证结果的稳健性。参照已有相关文献的方法，本章选择以下两个变量作为互联网发展的工具变量。

第一，采用互联网发展水平滞后期作为工具变量，一般情况下互联网发展水平上一期与当期正相关，满足相关性假定，同时滞后期互联网的发展水平与当期全球价值链分工中的地位无关，使其满足与误差项不相关的假定，为了保证变量完全外生，采用滞后 2 期的互联网发展水平作为工具变量。

第二，借鉴贝卢（Bellou，2015）做法，采用以往年份固定电话的使用情况作为工具变量①，理由是通信技术的发展变革大多时候需要经历一个长期缓慢的过程，不管是电话使用还是互联网使用，都需要一国积累一定的基础设施、技术以及一批追求新奇体验的消费者，通信技术发展变化在各国间的变动格局并没有发生太大变化，当年电话普及率较高的国家目前也是互联网普及率较高的国家。因此采用了世界银行 1970 年各经济体固定电话订购率作为工具变量，该变量与被解释变量没有内生性，但与当前的互联网发展水平直接相关。

表 7－5 是采用工具变量法做出的回归检验，表 7－5 中第(1)~(3)列是采用滞后 2 期的互联网发展水平作为代理变量放到 OLS 回归方程中的检验结果，在控制了一些主要特征变量后，这里发现互联网发展水平对各维度全球价值链的嵌入水平的影响都是显著，与基准回归类似。而第(4)~(6)列是使用两阶段最小二乘(2SLS)方法对第二种工具变量进行的回归结果，从第一阶段 F 检验的显著性水平来看，通过了 1% 的显著性概率检验，表明所选工具变量与原解释变量相关。另外，从工具变量的回归系数来看，无论是符号还是显著性都与基准回归的结果无太大差异，总体而言，本章的回归结果稳健且可信。

表 7－5　稳健性检验结果

	(1)	(2)	(3)	(4)	(5)	(6)
被解释变量	GVCP	GVCL	GVCD	GVCP	GVCL	GVCD
估计方法	OLS			2SLS		
INT 滞后 2 期	0.0508*** (6.9863)	0.0025** (2.8768)	0.0805* (1.7526)			
INT 工具变量				0.0352** (2.1741)	0.0156** (2.1242)	0.0132** (2.5532)
PGDP	－0.2151*** (－6.9639)	0.0252** (2.3658)	－0.2568 (－0.1689)	－0.2452* (1.2578)	0.0247*** (6.3852)	－0.2438 (0.0052)
CAP	0.0689*** (7.3628)	0.7589*** (9.8587)	0.4872*** (8.4628)	0.0725*** (6.2036)	0.0742*** (6.1378)	0.3625*** (5.4958)
FDI	0.1426*** (7.3985)	0.1258* (1.5896)	0.6334*** (8.1368)	0.1238*** (8.3685)	0.1368** (2.4225)	0.6375*** (5.6982)

① Bellou, A. "The Impact of Internet Diffusion on Marriage Rates: Evidence from the Broadband Market", *Journal of Population Economics*, vol. 28, no. 2(2015), pp. 265－297.

续表

	(1)	(2)	(3)	(4)	(5)	(6)
TECH	0.1058** (2.5689)	0.2258 (0.0582)	-0.1263** (-2.9716)	0.1058** (2.5689)	0.3125 (0.0148)	-0.1169** (-2.5827)
HUC	0.03564 (0.5287)	0.0258* (1.5872)	-0.0205** (-2.4924)	0.0289 (0.4852)	0.0219* (1.7258)	-0.0218** (-1.8967)
常数项	-6.3689*** (-7.2858)	5.6892** (6.3528)	14.1245*** (8.1735)	-6.8962*** (-7.2589)	5.8562*** (6.3526)	10.3658*** (7.2892)
F 值	48.3652***	58.2689***	32.7854***	68.6358***	58.3675***	42.6896***

注:括号内显示的为 t 值。***、**、* 分别表示通过1%、5%、10%的显著性水平检验。

7.5 结论和启示

基于OECD公布的57个经济体的全球价值链指数以及互联网对全球价值链影响的计量回归检验,主要结论可以总结为以下三点。

① 互联网的协调链接、信息汇集等功能,促进分工专业化、扩大分工范围、提升分工收益,从而提升一国在全球价值链中的参与度。由于各国交易成本的差异,互联网发展对非OECD国家(地区)全球价值链参与的影响要明显强于OECD国家。

② 互联网协助制造业实现生产过程的自动化操作,提升生产效率,推动分工高度精细化和各环节的有效链接,拓宽各国在全球价值链中的参与长度。对不同国家制造业而言,互联网降低了复杂化技术的生产和控制难度,为企业创新生产方式、优化生产流程、提升生产效能都起到极大的促进作用。

③ 互联网为企业与用户以及利益相关者搭建了无缝对接的平台,拉近了生产端和服务端的距离,为企业基于用户需求设计生产提供支撑,企业在营销、服务、设计等领域互联网应用深度扩散,互联网的服务化发展使各国在全球价值链中的最终需求距离有效缩短。而这种效应在OECD国家尤为明显,互联网发展对OECD国家全球价值链参与地位的影响要明显强于非OECD国家(地区)。

综合这些结论,研究中国乃至其他发展中国家利用互联网参与全球价值链的路径,本章可以得到以下启示。

① 利用互联网做全球价值链的发现者和参与者,提升全球价值链分工的广度和深度。近年来,受益于通信和运输成本迅速下降以及各国制度创新的影响,

产品碎片化生产的趋势进一步增强，全球生产经营活动日益融入全球价值链体系。2014 年亚洲太平洋经济合作组织（APEC）通过的《北京宣言》认为，全球价值链为发展水平不同的经济体开辟自身经济增长、就业和竞争力提升的新前景，尤其是发展中国家，融入全球价值链是自身构建生产能力，实现产业升级的重要途径。然而，根据世界银行对 1995—2010 年农产品及制造品的贸易成本估算显示，发展中国家的贸易成本仍然普遍高于发达国家。由于信息不发达、支付和物流条件不足的限制，出口商品要通过层层供应链才能到消费者手中，这也进一步阻碍了发展中国家融入世界贸易体系。但互联网可以显著通过降低贸易成本渠道促进国际贸易扩展边际和集约边际的增长。弗洛伊德和维因霍尔德（Freund and Weinhold, 2004）的研究表明，互联网发展会使得出口企业数目、出口产品种类、贸易伙伴数目增加，最终增加国际贸易整体规模。① 随着全球互联网、电子商务以及现代物流支付平台的发展，跨境电商平台可以大大降低企业进入国际贸易的门槛和进出口成本，互联网将使过去复杂的国际贸易变得更加简单、便利、透明，这将为发展中国家的中小企业创造更多的贸易机会。

② 利用互联网做全球价值链的整合者和主导者，实现一国全球价值链地位的攀升。20 世纪 90 年代以来，跨国公司是全球价值链体系的主导者，围绕着价值链的各个核心环节在全球范围内整合各类资源，通过分工和外包等形式，将低附加值的环节向下游转移，自己占据价值链的高端，以获得更多的价值增值。根据联合国贸发会议 2013 年统计，发达国家跨国公司通过主导全球价值链控制着全球 80% 的国际贸易，并且长期以来，这种分工格局和利益格局非但没有改变甚至有所强化，导致发展中国家很难通过价值链升级实现跨越式发展。然而，在互联网高速发展的信息化时代，发展中国家却有可能抓住弯道超车的机会，从发达国家对全球价值链的掌控中脱颖而出。首先，新的全球生产分工可能演化成以互联网为基础的协作共赢的分工体系，这种体系相比原来的分工将更加精细化、实时化、社会化。在大数据的分享和交换下，大规模协作比专业化分工显得更加重要，跨国公司在全球价值链中的主导地位会有所弱化，相反，小微企业和个体消费者在某些价值链环节会发挥越来越大作用。其次，中国、印度等发展中国家近年来凭借着庞大的消费者数量优势，在电子商务领域获得了高速发展，电子商务挤出了中间渠道，使中小企业得以直接了解客户和市场，大幅提升利润空间。依托电子商务的渠道

① Freund, C. L., Weinhold, D. "The Effect of the Internet on International Trade", *Journal of International Economics*, vol. 62, no. 1 (2004), pp. 171 – 189.

优势，发展中国家企业得以摆脱发达国家对营销网络和品牌的控制，向全球价值链高端跃升。此外，在原有的工业化生产和垂直专业化分工的生产体系下，发展中国家融入全球价值链体系依赖的核心优势是成本优势，核心要素则是低廉的劳动力、土地、环境成本，但这些要素在传统国际竞争中通常处于劣势地位，也更容易被其他高端要素整合。随着互联网普及率提高，全球2/3的网民都在发展中国家，由此产生庞大的数据信息，将会给发展中国家带来巨大的数据红利。

③ 利用互联网做国内价值链和全球价值链的匹配者，提高中国国内附加值比重。张少军、刘志彪（2013）认为发展中国家在加入全球价值链的同时，发展和延长国内价值链也非常重要。[①] 通过加强全球价值链对中国国内产业关联和技术经济联系，搭建全球价值链和国内价值链之间良性对接关系，不但可以促进产业升级使其获得国际承认的生产率和质量标准，最终得以对接全球价值链参与全球竞争，而且可以为当地市场提供产品和服务，最大限度吸收和利用全球高级生产要素，提升中国制造业在全球价值链中的份额和地位。目前中国国内市场存在分割现象。国内市场分割导致企业无法依托巨大的本土市场需求、发挥规模经济效应。因此，很多生产率低的企业被迫出口，但由于自身能力有限只能嵌入全球价值链中附加值较低的环节。互联网技术的引入使企业信息化水平提高，信息化基础设施的完善能够完善国内商务环境，企业转而获得便利。互联网为企业提供了推广和销售产品、服务的平台，电子商务模式省去了商业运营中的大部分环节，大大节约了交易成本。同时，互联网的使用大大提高了合作伙伴间的交流质量，促进了国内贸易市场的一体化。互联网使企业能迅速获得新市场的信息，打破了市场分割造成的贸易壁垒，冲破了地方保护主义，减少了企业进入分割市场的宣传费用和通融成本，从而大大降低了企业的进入成本，形成了贸易创造效应。

总之，互联网在推动中国国内产业融入全球价值链的同时，也利用了外部的市场、信息、资源等要素的流动，倒逼国内产业进行国内价值链改造和重塑，促进了国内市场的整合，提升了国内附加值的比重。当综合考虑全球价值链与国内价值链时，互联网发展可以有效连接两者，降低价值链提升的成本，并为全球价值链攀升提供持续动力。

---

① 张少军、刘志彪：《国内价值链是否对接了全球价值链——基于联立方程模型的经验分析》，《国际贸易问题》2013年第2期，第14～27页。

8. 制造业生产环节分割对全要素生产率的影响

8.1 引言

在全球生产碎片化和市场一体化的背景下，生产分割成为各国参与全球价值链的重要方式。生产分割不仅提高了生产专业化水平，而且使得企业能以更低的成本从事至少一个环节的生产活动。[①] 企业依据各地比较优势将研发、生产、营销等过程分布在不同国家和地区，形成遍布于全球的网络。赫梅尔等人(2001)以中间产品贸易额作为衡量生产分割程度的指标，计算了 OECD 国家与部分发展中国家参与生产分割的程度，结果表明各国参与生产分割的程度呈上升趋势。[②]

作为最大的发展中国家，中国在国际生产分割体系中扮演着越来越重要的角色。中国中间产品进口额在 1995—2014 年期间，年均增长率达到 16.44%，从 1995 年的 762.45 亿美元上升至 2014 年的 13744.99 亿美元；与之相对的出口额则以年均 13.34% 的增幅稳步攀升，截至 2014 年年底，出口额高达 12121.62 亿美元。[③] 这在一定程度上表明中国企业参与生产分割的程度日渐加深。但接踵而至的问题包括，中国企业参与生产分割是否明智，中国企业是否可以从中获取利益，企业全要素生产率是否可以得到提升。全要素生产率是企业的核心竞争力所在，鉴于此，正确评价参与生产分割是否有利于企业全要素生产率的提升则尤为重要。当前中国企业参与的全球价值链环节普遍具有低层次、低附加值的特性，显然，全面研究企业参与国际生产分割的生产率效应，并进一步分析该效应的作用机制，可以为企业提升自身在全球价值链中所处的地位提供可行思路。

由此可见，参与生产分割影响企业生产率水平；而企业生产率水平的高低也是我国企业参与生产分割的一个决定因素，它影响着企业在全球价值链中的地位。参与生产分割与生产率水平之间可能存在互动关系。

---

① 刘戒骄：《生产分割与制造业国际分工——以苹果、波音和英特尔为案例的分析》，《中国工业经济》2011 年第 4 期，第 148 ~ 157 页。

② Hummels, D., Ishii, J., Yi, K. M. "The Nature and Growth of Vertical Specialization in World Trade", *Journal of International Economics*, vol. 54, no. 1 (2001), pp. 75 - 96.

③ 作者根据 WIOD 各年数据计算得出。

8.2 文献述评

国内外学者对生产分割的研究主要集中于三个方面：一是研究影响一国参与生产分割的因素；二是研究生产分割程度的测算方法；三是研究生产分割对一国生产率、劳动者收入、全球价值链位置等方面的影响。

一般而言，影响一国参与生产分割的因素主要有其本身的要素禀赋（比较优势）、要素价格、贸易成本、企业生产率等。而一国比较优势越明显，企业生产率越高，参与生产分割的程度越深；[①]但较高的要素价格及贸易成本则阻碍一国进入国际市场参与全球生产。[②]

对生产分割程度的测度是研究其对生产率水平等经济要素影响的基础。总结现有研究，生产分割程度的测度方法主要可以分为三种：第一种是参照国际贸易标准（SITC）的分类，根据研究的现实需求选择中的某些分类，直接测量其参与生产分割的程度。第二种是通过跨国公司母公司与子公司之间贸易来估计中间产品贸易额。[③] 第三种是通过国际或国内投入产出表估算一国生产分割的程度。其中通过投入产出表估算是学者使用较多的方法。自赫梅尔等人（2001）第一次利用投入产出表测算了 1970—1990 年 10 个 OECD 国家与 4 个工业化国家的生产分割程度，众多学者在此基础上不断依据现实情况进行修正。[④] 迪恩、冯和王（Dean，Fung 和 Wang，2007）在中国加工贸易发达的现实国情下，改进了度量中间产品贸易的方法，并利用中国的投入产出表对中国参与生产分割程度进行了测算。[⑤] 约翰逊和诺格拉（Johnson and Noguera，2012）提出使用一国生产增值与出口总额之比作为度量生产分割的程度。[⑥]

生产分割对中国国民经济的影响主要体现在参与国际性的生产分割是否扩

① Fujita, M., Thisse, J. F. "Globalization and the Evolution of the Supply Chain: Who Gains and Who Loses?", *International Economic Review*, vol. 47, no. 3 (2006), pp. 811 - 836.

② 高越、李荣林：《分割生产与产业内贸易：一个基于 DS 垄断竞争的模型》，《世界经济》2008 年第 5 期，第 13 ~ 23 页。

③ Hanson, G. H., Mataloni, R. J. Jr., Slaughter, M. J. "Vertical Production Networks in Multinational Firms", *The Review of Economics and Statistics*, vol. 87, no. 4 (2005), pp. 664 - 678.

④ Hummels, D., Ishii, J., Yi, K. M. "The Nature and Growth of Vertical Specialization in World Trade", *Journal of International Economics*, vol. 54, no. 1 (2001), pp. 75 - 96.

⑤ Dean, J., Fung, K. C., Wang, Z. "Measuring the Vertical Specialization in Chinese Trade", USITC Office of Economics Working Paper, No. 2007 - 01 - A (2007).

⑥ Johnson, R. C., Noguera, G. "Accounting for Intermediates: Production Sharing and Trade in Value Added", *Journal of International Economics*, vol. 86, no. 2 (2012), pp. 224 - 236.

大了员工间的收入差距,是否提高了企业的全要素生产率并最终提升中国在全球价值链中的位置。国内学者研究表明,企业在参与生产分割的过程中增加了高技能劳动力工资的增长速度,进而扩大了高、低技能劳动力间的收入差距。[①] 而参与生产分割对企业生产率的提升有行业性的差异,非加工贸易形式的生产分割对生产率的提升作用要高于加工贸易形式的生产分割,且中低技术行业生产效率的提升最为明显。[②] 同时,参与国际产品分工对提升价值链具有显著的作用,[③]但生产分割对技术部门价值链的促进作用比资本部门明显。[④] 由此可见,参与生产分割的影响需依据行业的性质进行异质性分析。

从以上的分析可以看出,现有研究主要集中在衡量一国参与生产分割的程度,但这种测度较为笼统,无法清晰地揭示一国参与全球价值链的长度或复杂度,即价值链中研发、设计、生产、组装、售后等阶段中的具体环节。法利(2012)提出生产阶段数概念,用以衡量一国生产分割的程度。生产阶段数越大,表示一国与其他国家的生产联系越强,经济复杂度越高。[⑤] 而我国学者倪红福、龚六堂和夏杰长(2016)拓展了法利(2012)的生产阶段数概念,在全球投入产出模型的框架下,对中国产业部门生产分割程度进行了分析,发现中国产业部门生产分割程度的涨幅明显,但呈现阶段性的特征,加入 WTO 后出现明显的增势,而在 2008 年金融危机后出现短暂的下降。他们首次用生产阶段数概念从全球视角下揭示中国生产分割的程度,具有很强的现实意义,而生产分割的程度可以理解为分工的程度,分工导致经济复杂度提高,进而提高企业生产率。[⑥] 由此可见,生产分割的程度与行业的全要素生产率有着密切的联系。本章利用中国工业企业 1998—2011 年的数据从生产阶段数的视角研究制造业生产分割程度与其全要素生产率之间的关系。本章的创新之处在于首次从生产阶段数角度研究生产

---

① 邓军:《制造业的生产分割与工资收入差距:16 个行业证据》,《改革》2011 年第 1 期,第 107 ~ 112 页。

② 刘庆林、高越、韩军伟:《国际生产分割的生产率效应》,《经济研究》2010 年第 45 卷第 2 期,第 32 ~ 43,108 页。

③ 唐海燕、张会清:《产品内国际分工与发展中国家的价值链提升》,《经济研究》2009 年第 44 卷第 9 期,第 81 ~ 93 页。

④ 姚博、魏玮:《参与生产分割对中国工业价值链及收入的影响研究》,《中国工业经济》2012 年第 10 期,第 65 ~ 76 页。

⑤ Fally, T. "Production Staging: Measurement and Facts", University of Colorado-Boulder Working Paper, (2012), https://are. berkeley. edu/ ~ fally/Papers/Fragmentation_US_Aug_2012. pdf.

⑥ 倪红福、龚六堂、夏杰长:《生产分割的演进路径及其影响因素——基于生产阶段数的考察》,《管理世界》2016 年第 4 期,第 10 ~ 23,187 页。

分割程度与行业全要素生产率的双向互动关系，验证了生产分割的程度是否能对行业全要素生产率产生正向影响。

8.3 理论机制

8.3.1 参与国际生产分工体系的“生产率效应”

一般而言，在早期的国际生产分割体系中，中国企业主要承担劳动和资源密集型的生产环节。随着我国经济竞争能力增强，国内企业参与国际生产分工的方式逐步从简单的进出口扩展为联合研发、吸引外资、对外投资及直接并购等多种方式并行。而问题是多种方式参与国际生产分工是否能带来“生产率效应”。

首先，生产分割通过技术扩散和技术溢出效应等影响进口企业全要素生产率。[①] 进口包含专业技术知识和国外研发成果的中间投入品，有利于企业通过中间投入品的技术溢出效应提高全要素生产率。而对于出口企业来说，进入全球市场，增加了企业竞争环境的激烈程度，国际市场的高质量标准迫使企业不断提高生产率以求得生存。同时企业也可通过“学习效应”，进一步吸收国外先进的管理模式和生产经验。由此可见，加入国际生产分割在一定程度上提升了企业的生产率。

其次，技术创新是企业提高生产率最重要的方式，而技术创新需要大量的研发投入，且具有较高的风险，因此，企业间联合进行研发和创新，并且共同享有研究成果已经成为一种趋势。[②] 我国企业采取“以资金换技术”的方式，与处于价值链高端的企业联合开发，进一步获取先进的生产技术和设备，提升全要素生产率。除此之外，企业也通过在国外进行研发投资或直接并购的方式实现技术创新。在国外进行研发投资可以进一步学习国外创新模式，同时可以利用国外高水平人才因地制宜地创新。而直接并购则可以直接获取被并购企业的研发资源，拓展并购企业高技术产品的种类，进而提升我国企业的创新能力，提高全要素生产率。

但国际生产分割对全要素产率的影响在不同的行业具有异质性。相较于低技术行业，高技术行业内部企业研发投入高，劳动力具有较高的文化水平，因而

① 刘庆林、高越、韩军伟：《国际生产分割的生产率效应》，《经济研究》2010 年第 45 卷第 2 期，第 32～43，108 页。

② 蒋冠宏、蒋殿春、蒋昕桐：《我国技术研发型外向 FDI 的“生产率效应”——来自工业企业的证据》，《管理世界》2013 年第 9 期，第 44～54 页。

在吸收国外技术扩散上具有较强的学习、模仿、创新能力，对国外先进技术吸收程度高。加入全球生产分工对高技术行业全要素生产率提升的效用明显高于低技术行业。由此可见，企业内部生产要素效率的高低是企业能否在全球化生产中提升全要素生产率的基础。

8.3.2 全要素生产率提升的“价值链攀升效应”

改革开放以来，中国逐渐融入全球化生产，成为“制造大国”“生产工厂”。随着国内人口红利的消失，中国企业的原始竞争优势逐步丧失，若不寻求突破，极容易被发达经济体锁定在全球价值链的低端。而对中国企业来说，全要素生产率的提升是企业在参与国际生产分割中实现价值链攀升的最重要的方式。引起企业全要素生产率提升的原因可分为内部因素和外部因素，而外部因素具有诸多的不可控性，因此，内部因素是企业全要素生产率提升的关键，进而也是企业最终实现价值链攀升的最重要的影响因素。一般而言，影响企业全要生产率的内部因素主要包含技术创新能力、从业人员的劳动生产率、资本密集度及企业的管理水平等。

首先，技术创新能力是提升企业在全球价值链位置的最重要的内部因素，也是企业走向“创新驱动”的标志。技术水平的增加，使得企业增加了在研发、设计环节的主动权，摆脱只能被动加入生产、组装等低附加值环节的尴尬局面。就低技术企业而言，技术创新对其具有颠覆式的意义，低技术产业可以通过开发新产品、向前或向后延伸产业链条保持自己的市场竞争地位，实现产业升级和价值链攀升。而对高技术企业来说，技术创新是其制定技术标准、获取高附加值、占据价值链顶端最根本的方式。在技术更新如此迅速的今天，只有不断地创新才能真正地保持竞争力。

其次，劳动生产率和资本密集度的提升是企业转变传统“要素驱动”方式的重要途径，也是企业攀升全球价值链的内部因素，劳动生产率和资本密集度的提升减少了低级劳动力的投入，使得企业承接较大生产难度的能力增强，创新可能性增加，进而企业进入全球价值链的深度增加。不仅如此，较高的劳动生产率和资本密集度促使企业涉及更多的价值链环节，增加了企业进入全球价值链的广度。

从上面的分析可以看出，全要素生产率水平的高低是企业参与生产分割的决定性因素，它影响着企业在全球价值链中的地位；而参与生产分割又会影响企业全要素生产率水平，企业全要素生产率与生产分割具有双向关系，但这种双向关系并不一定是正向关系,需要依据企业内部生产要素的效率而定。

自中国2000年加入WTO,中国的制造业正式进入全球价值链生产时期,近20年间经历了由传统制造业向高端制造业的发展,“中国制造”逐步向“中国智造”推进。近年来,人力成本和运营成本持续上涨迫使中国传统制造业不断改进技术,提高生产率,降低生产成本。而参与国际生产分割、吸收国外先进生产技术是中国制造业转型升级的重要途径。由此可见,进入全球生产分工体系在一定程度上促进了中国制造业企业全要素生产率的提高。中国制造业的转型升级使得高端制造业逐步攀升全球价值链的中高端,而传统制造业也面临新的发展机遇和挑战。加入全球价值链,参与全球生产分工体系与中国制造业全要素生产率提高存在相互影响,这种相互影响是中国制造业最终实现“中国智造”、攀升价值链顶端的重要因素。

8.4 制造业生产分割程度与全要素生产率测算

8.4.1 生产分割程度

1)测算指标的选取与测算方法

现有关于生产分割程度对生产率影响的文献中,关于对生产分割程度的测度主要是基于赫梅尔等(2001)提出的出口产品中的进口中间产品的价值(或相关改进变量)来衡量。[①] 但倪红福、龚六堂和夏杰长(2016)指出,这些指标大都从贸易利得的角度衡量一国(行业)生产分割的程度,无法反映出生产结构复杂度的变化或生产阶段数的变化情况。在该文中作者用美国制鞋行业进行了说明。[②] 根据亚当·斯密的观点,随着经济分工的进一步细化与专业化,经济主体间的技术经济联系会越来越复杂,产品生产所经历的阶段会越来越多,产品生产链条也会逐渐延长,进而使生产效率与居民福利得到提升。换句话说,用生产阶段数量表示的生产分割程度更能反映生产分工体系的深化,也更能反映生产分割对经济的影响。因此,本章利用通过投入产出表计算行业生产阶段数的方法,测度中国制造业行业的生产分割程度。[③] 具体计算公式如下:

① Hummels, D., Ishii, J., Yi, K. M. “The Nature and Growth of Vertical Specialization in World Trade”, *Journal of International Economics*, vol. 54, no. 1 (2001), pp. 75-96.

② 倪红福、龚六堂、夏杰长:《生产分割的演进路径及其影响因素——基于生产阶段数的考察》,《管理世界》2016年第4期,第10~23,187页。

③ Fally, T. “Production Staging: Measurement and Facts”, University of Colorado-Boulder Working Paper, (2012), https://are.berkeley.edu/~fally/Papers/Fragmentation_US_Aug_2012.pdf.

$$N_i = 1 + \sum_j a_{ij} N_j \quad (1)$$

其中，N_i 度量某产品在生产出来之前所经历的生产阶段数，也就是有多少生产环节顺序进入了该产品的生产过程。a_{ij}表示生产一单位价值的产品 i 需要投入 a_{ij}单位价值的产品 j。若生产某产品不需要任何中间投入，则该产品的生产阶段数为 1。如果该产品的生产需要投入中间产品，则生产阶段数 N_i 就依赖于中间产品投入数量的多少，以及相应的中间产品自身的生产阶段数。将公式(1)表示为矩阵形式如下：

$$\boldsymbol{N} = (\boldsymbol{I} - \boldsymbol{A})^{-1}\boldsymbol{I} \quad (2)$$

$\boldsymbol{N}$ 表示 $n \times 1$ 的行业生产阶段数矩阵；$\boldsymbol{I}$ 表示元素为 1 的 $n \times 1$ 矩阵；$\boldsymbol{A}$ 表示元素为 a_{ij}的 $n \times n$ 矩阵，即直接消耗系数矩阵。

计算行业生产阶段数需要不同年份的投入产出表，尤其是直接消耗系数矩阵 $\boldsymbol{A}$。本章选取 1997 年、2002 年、2007 年及 2012 年的投入产出表作为计算的基础。这四个年度的投入产出表最详细的行业分类分别包括了 124 个行业、122 个行业、135 个行业以及 139 个行业部门。按照国民经济行业分类与代码，将四个年度投入产出表中的制造业部门的数据进行相应加总处理，最终得到包含 29 个制造业行业的投入产出表，计算出相应年份的直接消耗系数矩阵 $\boldsymbol{A}$。但在此基础上利用(2)式仅能计算出 1997 年、2002 年、2007 年与 2012 年各细分行业的生产阶段数。参考高敬峰(2013)估算连续年度生产价值链程度的方法，①本章估算出制造业行业连续年度的生产阶段数。直接消耗系数本质上反映的是各行业的生产技术状况。假定生产技术稳步发展，在一段时间内每年以固定的比例增长，则我们可以假定在考察期内行业生产阶段数每年的变化率是相同的。具体而言，1997 年与 2011 年各细分行业的生产阶段数可以分别以 1998 年与 2012 年的生产阶段数来代替。然后，根据 1997 年与 2002 年的生产阶段数数值，计算出生产阶段数在这 5 年期间内的年平均变化率，并以此变化率估算出 1999—2001 年各制造业行业的生产阶段数。以此类推，在分别根据 2002—2007 年与 2007—2012 年各行业的生产阶段数数值，计算出年平均变化率，估算出 2002—2006 年以及 2008—2010 年的各制造业行业的生产阶段数。最终，计算得出 29 个行业 1997—2011 年的生产阶段数。

2）测算结果

本章将 29 个制造业行业划分为低技术行业与高技术行业，观察不同技术层

---

① 高敬峰：《中国出口价值链演化及其内在机理剖析》，《财贸经济》2013 年第 4 期，第 98 ~ 110 页。

次的行业生产分割是否表现出不同的变化趋势。本章将各行业研发强度均值与制造业行业整体均值进行比较,如果两者差值大于零,则该行业为高技术行业,反之,则为低技术行业,划分结果如表 8 - 1 所示。而后依据公式(2)计算出高、低技术行业的生产阶段数。

表 8 - 1　按研发强度划分标准的行业分类

技术层次	行业
高技术	石油加工、炼焦及核燃料加工业,化学原料及化学制品制造业,医药制造业,化学纤维制造业,橡胶制品业,黑色金属冶炼及压延加工业,有色金属冶炼及压延加工业,金属制品业,通用设备制造业,专用设备制造业,交通运输设备制造业,电气机械及器材制造业,通信设备、计算机及其他电子设备制造业,仪器仪表及文化、办公用机械制造业
低技术	农副食品加工业,食品制造业,饮料制造业,烟草制造业,纺织业,纺织服装、鞋、帽制造业,皮革、毛皮、羽毛(绒)及其制品业,木材加工及木、竹、藤、棕、草制品业,家具制造业,造纸及纸制品业,印刷业和记录媒介的复制,文教体育用品制造业,塑料制品业,非金属矿物制品业,工艺品及其他制造业

第一,从整体变化趋势来看,所有高技术行业的生产分割程度整体上均有提高,其中根据图 8 - 1 得出,上升速度最快的是通用设备制造业(37.6%),之后依次是仪器仪表及文化、办公用机械制造业(32.8%),化学纤维制造业(25.4%),化学原料及化学制品制造业(24.8%)以及专用设备制造业(24.0%)。而根据图 8 - 2 可以得出,除了烟草制品业,其他所有低技术行业的生产分割程度整体上都呈现上升趋势,其中增长速度靠前的行业有工艺品及其他制造业,纺织服装、鞋、帽制造业,木材加工及木、竹、藤、棕、草制品业,印刷业和记录媒介的复制,文教体育用品制造业,分别增长了 27.0%、25.7%、24.6%、22.4%与 22.0%。一方面随着改革开放与市场化进程不断深入,中国产业之间的经济技术联系日益加强,产品生产功能不断从企业内部分离出去,分工协作逐渐深化,产业链条不断延伸;另一方面,中国通过国际贸易、外包、外商直接投资等方式加入全球价值链分工协作网络,增强了与国外产业之间的配套协调能力,延长了产品价值链环节。

第二,从生产阶段的均值来看,低技术行业的生产分割程度排名前三位的分别是塑料制品业(3.5150),文教体育用品制造业(3.3030),皮革、毛皮、羽毛(绒)及其制造业(3.2970);高技术行业的生产分割程度排名前三位的分别是通信设备、计算机及其他电子设备制造业(3.8071),电气机械及器材制造业(3.5786),化学纤维制造业(3.5300)。再次,从高、低技术行业整体平均生产分割程度来看,低技术行业1997年、2002年、2007年与2012年的平均生产分割程度分别为2.76、2.81、3.29与3.24,高技术行业分别为2.99、3.06、3.66与3.61(见图8-1、图8-2)。

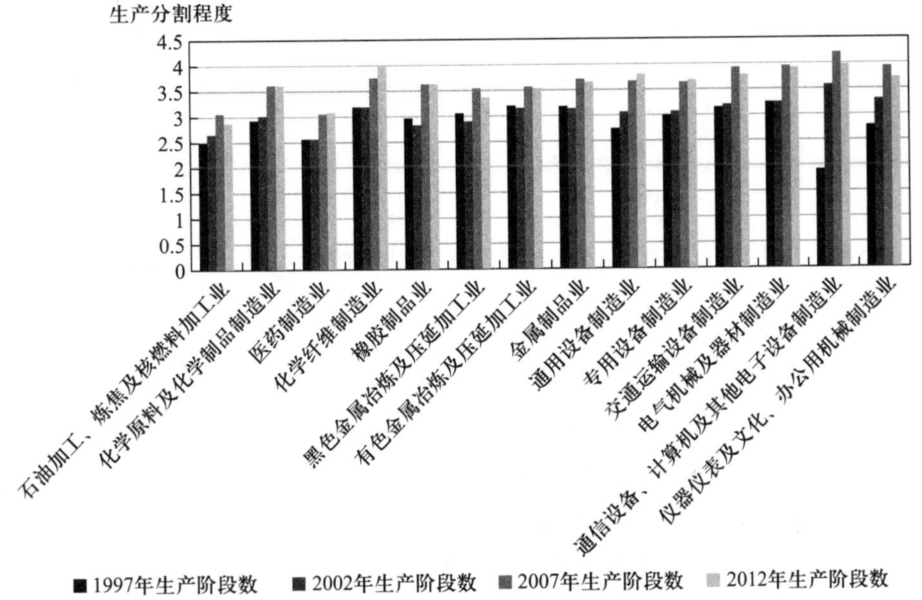

图8-1　高技术行业的生产分割程度

从上面的分析可以看出,高技术行业的生产分割程度平均高于低技术行业的生产分割程度。这可能是因为中国在发展高技术产业的过程中从国外进口了大量中间投入品,延长了产品价值链的长度,生产分割程度不断加深。生产与交易的中间环节越多,生产阶段数就越大,产业链条越长,生产结构复杂度就越高,而本章的生产分割程度的指标在一定程度上反映了生产过程的中间环节的多少,体现了生产结构的复杂度。而通常意义上认为生产结构复杂程度越高,产业结构就越高级。因此,本章关于制造业行业生产分割程度的经验事实描述也反映了我国产业结构逐渐从简单走向复杂化及高端化的过程。

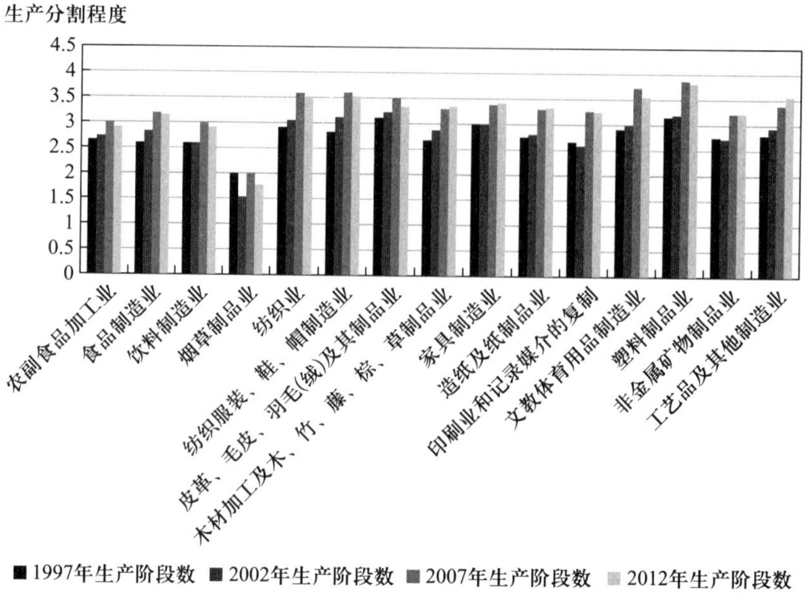

图 8-2　低技术行业的生产分割程度

8.4.2　全要素生产率

1）测算方法

全要素生产率的计算方法许多学者已经做了很详细的分析，[①]本章不再赘述，本章在前人分析的基础上采用奥利－帕克斯(Olley－Pakes,OP)方法，计算 29 个行业的资本和劳动的弹性系数，得到各行业中的企业在 1997—2011 年间的全要素生产率。在此基础上采用企业职工人数加权平均计算出 29 个行业的全要素生产率。[②]

2）数据来源与处理

本章的数据处理主要针对全要素生产率的计算，而对于制造业行业全要素生产率的计算，本章采用的数据是国家统计局 1997—2011 年中国工业企业数

① 郭庆旺、贾俊雪：《中国全要素生产率的估算：1979—2004》，《经济研究》2005 年第 6 期，第 51～60 页；鲁晓东、连玉君：《中国工业企业全要素生产率估计：1999—2007》，《经济学(季刊)》2012 年第 11 卷第 2 期，第 541～558 页；杨汝岱：《中国制造业企业全要素生产率研究》，《经济研究》2015 年第 50 卷第 2 期，第 61～74 页。

② Brandt, L., Biesebroeck, J. V., Wang, L., et al. "WTO Accession and Performance of Chinese Manufacturing Firms", *The American Economic Review*, vol. 107, no. 9(2017), pp. 2784－2820；杨汝岱：《中国制造业企业全要素生产率研究》，《经济研究》2015 年第 50 卷第 2 期，第 61～74 页。

据,选取了行业代码为 13 ~42 的 29 个行业数据。

第一阶段,数据分析。由于中国企业数据库的特性,我们分析了指标异常的问题。首先剔除了工业总产值、全部职工数、总资产缺失的观测值,并在后期的计算过程中进一步剔除了工业总产值小于出口交货值的观测值。其次,我们根据谢千里、罗斯基和张铁凡(2008)的做法,剔除了全部职工数少于 8 人的观测值。[①] 再次,我们剔除了 1998—2007 年、2009—2011 年中累计折旧小于当期折旧的观测值,由于 2008 年累计折旧和当期折旧数据的缺乏,我们剔除了总资产小于流动资产的观测值。最后,由于 2004 年数据缺少工业总产值这个重要指标,所以本章以主营业务收入代替工业总产值。

第二阶段,构建面板数据。构建面板数据一个重要的步骤是跨年识别企业,先利用法人代码(原始数据中没有法人代码的企业直接删除)信息识别数据,如果法人代码匹配不上或者法人代码重复(即存在两个以上的同一法人代码),则使用企业名称匹配。

第三阶段,对资本、工业总产值进行调整。原始数据中的固定资产原价是名义投资的累加,没有考虑价格和资本折旧的影响,本章根据企业成立时间不同,将企业分为在样本期之前建立的企业和在样本期内建立的企业,首先估算企业每年的名义投资 ,然后依据每年的投资价格指数将名义投资转化为实际投资,再利用永续盘存法以 9% 的折旧率计算得到每年的实际资本存量。工业总产值的调整借了鉴杨汝岱(2015)的方法。[②] 价格指数来自相应年份的《中国城市(镇)生活与价格年鉴》。

3) 估计结果

利用 OP 方法,本章估计了 29 个行业的生产函数,得出了各行业的资本与劳动弹性,并以此计算出了 29 个行业 1997—2011 年的全要素生产率。为了与生产阶段数的经验事实描述保持一致,本章分别观察高、低技术层次的细分行业在 1997 年、2002 年、2007 年与 2011 年的全要素生产率的特征事实。

从整体变化趋势来看,图 8 - 3 中高技术行业中除通信设备、计算机及其他电子设备制造业外,其他行业的全要素生产率均呈上升态势,其中增长较快的是电气机械及器材制造业(84.8%)、黑色金属冶炼及压延加工业(67.3%)、交通

---

① 谢千里、罗斯基、张铁凡:《中国工业生产率的增长与收敛》,《经济学(季刊)》2008 年第 7 卷第 3 期,第 809 ~ 826 页。

② 杨汝岱:《中国制造业企业全要素生产率研究》,《经济研究》2015 年第 50 卷第 2 期,第 61 ~ 74 期。

运输设备制造业(53.1%)、专用设备制造业(50.6%)、通用设备制造业(50.3%)。而图8-4中所有低技术行业的全要素生产率都呈现增长趋势,其中增长较快的行业有印刷业和记录媒介的复制(60.7%)、饮料制造业(44.7%)、食品制造业(40.1%)、造纸及纸制品业(39.7%)、农副食品加工业(37.3%)。从数据中可以看出,高技术行业的全要素生产率增长速度明显高于低技术行业,高技术行业在此时期处于迅速发展的阶段。

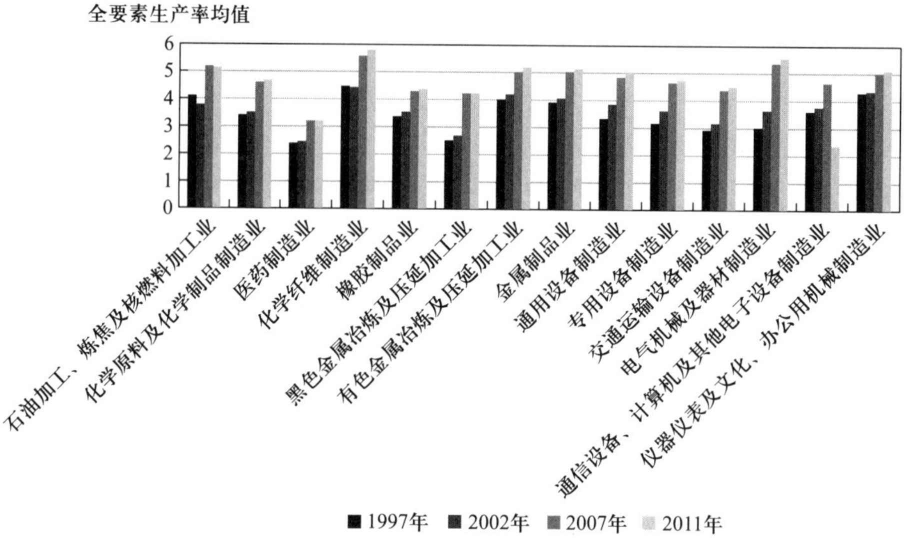

图8-3　高技术行业的全要素生产率

从各行业4年全要素生产率均值来看,高技术行业中排在前三的分别是化学纤维制造业(4.7673),仪器仪表及文化、办公用机械制造业(4.3992),石油加工、炼焦及核燃料加工业(4.3445);低技术行业中排在前三位的依次是烟草制品业(6.3897),皮革、毛皮、羽毛(绒)及其制品业(4.9517),文教体育用品制造业(4.9179)。高技术行业全要素生产率的均值小于低技术行业,首先,这与中国工业企业数据中加工贸易企业数量较多有关,加工贸易企业多集中在低技术水平的行业中,进入全球市场的加工贸易企业生产率在一定时期生产率较高。其次,这也与全要素生产率的计算方式有关,OP方法中的全要素生产率扣除了劳动力和资本投入的值,而1998—2011年,我国高技术制造业的劳动力和资本投入较大,劳动生产率和资本生产率取得了长足的进步,因此,在该时间段内低技术行业的生产率均值反而大于高技术行业。

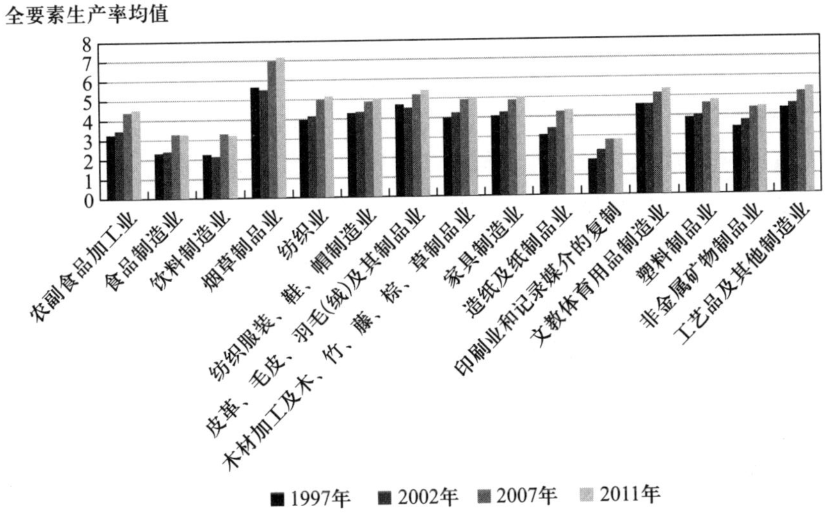

图 8－4　低技术行业的全要素生产率

8.5　计量模型的设计

8.5.1　模型设定

现有文献主要考察了生产分割程度对全要素生产率的单向影响,①但没有关注两者之间的双向因果关系。本章认为基于生产分割所产生的专业化也极有可能影响全要素生产率。而联立方程模型充分考虑了系统中各方程之间可能存在的内生性问题及双向因果关系以及误差项之间的相关性问题,从而得到一致有效的估计。因此,本章将通过构建联立方程模型检验生产分割程度与全要素生产率之间的双向因果关系。具体的计量模型如下:

$$TFP_{it} = \alpha + \alpha_1 N_{it} + \alpha_2 Z_{it} + \varepsilon_{it} \tag{3}$$

$$N_{it} = \beta + \beta_1 TFP_{it} + \beta_2 X_{it} + \mu_{it} \tag{4}$$

其中,i 表示行业,t 表示年份。TFP_{it}表示行业的全要素生产率水平;N_{it}表示衡量行业层面的生产阶段数。Z_{it}与 X_{it}分别都代表控制变量。具体而言,第一个方程里包括对外开放程度($open_{it}$)、劳动生产率($Labor_{it}$)、资本密集程度($Capital_{it}$)以及研发强度($R\&D_{it}$)。第二个方程包括研发强度($R\&D_{it}$)、资本密集程度

① 刘庆林、高越、韩军伟:《国际生产分割的生产率效应》,《经济研究》2010 年第 45 卷第 2 期,第 32～43,108 页;王玉燕、林汉川、吕臣:《全球价值链嵌入的技术进步效应——来自中国工业面板数据的经验研究》,《中国工业经济》2014 年第 9 期,第 65～77 页。

($Capital_{it}$)、高技能劳动力强度($skill_{it}$)以及市场竞争程度(HHI_{it})。ε_{it}、μ_{it}是随机扰动项。上述所有指标在计量回归中均取对数。

8.5.2 变量选取与数据说明

制造业行业的生产分割程度与全要素生产率水平数据根据上文计算得出。其他变量的指标与来源如下:制造业行业的研发强度($R\&D_{it}$)用行业研发经费内部支出占行业总产值的比例来表示;对外开放程度($open_{it}$)用行业出口交货值占行业总产值的比重来衡量;劳动生产率($Labor_{it}$)用行业总产值与行业平均就业人数之比来表示;资本密集程度($Capital_{it}$)用行业资本存量与行业平均就业人数之比衡量;高技能劳动力强度($skill_{it}$)用行业科技活动人员占行业平均就业人数的比重来衡量;市场竞争程度(HHI_{it})采用赫芬达尔指数,该指标与市场竞争程度呈反比,该指标越大表示市场竞争越激烈。上述数据仅来自相关年份的《中国科技统计年鉴》《中国工业经济统计年鉴》。表 8－2 列出了所有变量的统计描述。

表 8－2 变量的统计描述

变量	平均数	标准差	最小值	最大值	样本数
TFP_{it}	4. 2564	0. 9831	1. 7606	8. 2965	406
N_{it}	3. 1519	0. 4521	1. 4896	4. 1944	406
$R\&D_{it}$	0. 0791	0. 0568	0. 0065	0. 2558	406
$skill_{it}$	0. 0241	0. 0183	0. 0016	0. 0852	406
HHI_{it}	0. 0078	0. 0269	0. 0001	0. 5031	406
$open_{it}$	0. 3732	0. 2286	0. 0171	0. 8841	406
$Labor_{it}$	453. 8332	321. 5022	32. 3246	2576. 9520	406
$Capital_{it}$	162. 6670	147. 5152	31. 72139	1759. 1520	406

8.5.3 单位根检验

根据上文构建的联立方程模型,为了避免出现伪回归,首先应对面板数据进行单位根检验。一般而言,单位根检验依据各面板单位自回归系数的性质可分为同质性面板检验(回归系数相同)和异质性面板检验(回归系数不同)。本章选取 LLC 检验和 Fisher－ADF 检验[①]对构建的面板数据进行检验,结果如表 8－3

① LLC 检验由列文、林和楚(Levin, A. , Lin, C. and Chu, C. J. , 2002)提出,并以三人姓氏缩写命名;Fisher－ADF 检验也叫费雪式检验;两者均为单位根检验方法。

所示。从表 8 - 3 中可以看出,各指标在两种检验方法下的一阶差分值皆强烈拒绝面板包含单位根的原假设,面板为平稳过程,故可进行回归分析。

表 8 - 3　各变量的面板单位根检验

变量	水平值方程		一阶差分方程	
	LLC	Fisher - ADF	LLC	Fisher - ADF
TFP_{it}	-5.050*** (0.000)	-11.212*** (0.000)	-11.215*** (0.000)	-3.223*** (0.000)
N_{it}	1.331 (0.908)	-3.948*** (0.000)	-10.719*** (0.000)	-11.728*** (0.000)
$R\&D_{it}$	-4.604*** (0.000)	-17.891*** (0.000)	-17.891*** (0.000)	-5.003*** (0.000)
$skill_{it}$	-8.415*** (0.000)	-18.149*** (0.000)	-2.275** (0.012)	-16.524*** (0.000)
HHI_{it}	-6.670*** (0.000)	-17.620*** (0.000)	-4.322*** (0.000)	-40.701*** (0.000)
$open_{it}$	-0.498 (0.309)	-17.446*** (0.000)	-17.445*** (0.000)	-4.042*** (0.000)
$Labor_{it}$	-4.087*** (0.000)	-13.601*** (0.000)	-13.601*** (0.000)	-3.367*** (0.000)
$Capital_{it}$	-4.087*** (0.000)	-17.019*** (0.000)	-17.019*** (0.000)	-5.270*** (0.000)

注:括号中为 t 值,***、**、* 分别表示在 1%、5%、10% 的显著水平下拒绝存在单位根的原假设。

8.6　计量结果及分析

8.6.1　联立方程的计量结果

由于生产分割程度与全要素生产率之间存在相互影响的可能性,因此本章构建了联立方程模型进行验证。在进行计量回归之前,本章首先要对联立方程的使用条件与估计方法进行判定与说明。在使用条件方面,联立方程的使用前提是其参数的"可识别",而参数"可识别"的充要条件是结构方程中外生变量的个数大于等于内生变量个数。由(3)式和(4)式可知,两个方程的外生变量的个数均大于内生变量,满足联立方程参数估计的基本假设。在估计方法选择方面,联立方程估计方法包括单一方程估计法与系统方程估计法两种。第一种方法不考虑方程之间的可能联系,仅根据方程的各自特征独自进行参数估计,而第二种方法将各个方程视为一个整体进行估计,更能反映变量间的联动关系,得到一致且更加有效的估计系数。基于此,本章首先采用二阶段最小二乘法(2SLS)对方程进行初步估计,而后采用三阶段最小二乘法(3SLS)进一步分析和验证两者之间的关系。在具体操作过程中,本章将生产阶段数(N_{it})与全要素生产率(TFP_{it})设定为方程内生变量,并利用联立方程第一阶段回归结果 F 值的大小作为是否解决内生性的主要判断依据(2SLS 与 3SLS 在第一阶段的 F 值是相同的)。一般认为,F 值大于 10 就表明较好地控制了内生性问题,得到了一致性估计。

1)制造业整体层面的计量结果

从表 8-4 中 3SLS 的结果可以看出,中国制造业全要素生产率的增加对制造业生产分割程度有显著的正向影响,全要素生产率增加 1%,制造业生产阶段数增加 0.523%,意味着我国制造业生产涉及全球价值链中的链条增加了,生产复杂度也相应地有所提升,生产分割程度增强。而中国制造业生产分割程度的提高并没有增加其全要素生产率,反而大幅度降低了制造业的全要素生产率,两者之间的关系并不是相互促进的,这可能与我国位于价值链低端的加工贸易企业数量较多有一定的关系。此外,研发强度的增加对制造业全要素生产率与生产分割程度皆有正向影响,且对生产分割程度的影响大于全要素生产率,由此可见,增加研发强度是融入全球生产的重要方式。但人均资本则对制造业全要素生产率与生产分割程度皆产生了负向影响,我国制造业资本的投入增加并未带来预期的全要素生产率增加的效应。

表 8-4　制造业全体样本联立方程的计量结果

	2SLS		3SLS	
	TFP_{it}	N_{it}	TFP_{it}	N_{it}
TFP_{it}		0.523*** (8.15)		0.521*** (8.22)
N_{it}	-0.942*** (-3.04)		-1.002*** (-3.26)	
$R\&D_{it}$	0.003 (0.887)	0.170*** (7.13)	0.006 (0.25)	0.168*** (7.27)
$skill_{it}$		-0.074*** (-3.47)		-0.072*** (-3.51)

续表

	2SLS		3SLS	
	TFP_{it}	N_{it}	TFP_{it}	N_{it}
HHI_{it}		-0.048^{***} (-6.49)		-0.049^{***} (-6.66)
$open_{it}$	0.090^{***} (0.002)		0.115^{***} (4.17)	
$Labor_{it}$	0.248^{***} (7.94)		0.249^{***} (8.05)	
$Capital_{it}$	-0.164^{***} (-5.44)	-0.022^{**} (-2.34)	-0.154^{***} (-5.17)	-0.022^{**} (-2.39)
常数项	2.621^{***} (5.97)	0.301^{***} (3.04)	2.730^{***} (6.27)	0.304^{***} (3.10)
R^2	0.0935	0.0891	0.0626	0.0924
F 值			32.40	72.01

注:① 用于计量的各指标的值皆为取对数后的值;② 2SLS 计量结果的括号中为 t 值,3SLS 计量结果的括号中为 z 值,表 8-5、表 8-6 同样如此;③ ***、**、* 分别表示在 1%、5%、10% 的水平下显著,表 8-4、表 8-5 同样如此。

2)不同技术层次上制造业的计量结果

表 8-5 和表 8-6 分别列出了高技术行业和低技术行业的计量结果,从表中可以明显看出,高技术行业的全要素生产率与生产分割程度是相互促进的关系,这与制造业整体样本数据得出的结论不同,而低技术行业的结论则与整体的结论相同。但高技术行业生产阶段数的增加对全要素生产率的正向影响并不明显,进一步说明我国高技术行业涉及的生产过程并不是以研发为主,在全球价值链中的位置仍然没有走上高端。而与之相对应的是高技术行业的研发投入并未使其全要素生产率产生增势,这与现有的一些研究相一致,[①]我国不少高技术行业的企业面临高投入低产出的尴尬境地。人均资本对高、低技术行业全要素生产率与生产分割程度皆有负向影响,由此可见,资本的投入并没有使高、低技术行业成功转型。

① 李小平、朱钟棣:《中国工业行业的全要素生产率测算——基于分行业面板数据的研究》,《管理世界》2005 年第 4 期,第 56~64 页;李宾:《国内研发阻碍了我国全要素生产率的提高吗?》,《科学研究》2010 年第 28 卷第 7 期,第 1035~1042,1059 页。

表 8-5　高技术行业联立方程的计量结果

	2SLS		3SLS	
	TFP_{it}	N_{it}	TFP_{it}	N_{it}
TFP_{it}		0.471 *** (7.89)		0.487 *** (8.37)
N_{it}	0.171 (0.55)		0.170 (0.56)	
$R\&D_{it}$	-0.042 (-1.57)	0.132 *** (6.56)	-0.043 (-1.60)	0.135 *** (6.83)
$skill_{it}$		-0.092 *** (-3.82)		-0.096 *** (-4.03)
HHI_{it}		-0.011 (-1.44)		-0.007 (-0.96)
$open_{it}$	0.056 *** (2.78)		0.056 *** (2.91)	
$Labor_{it}$	0.132 *** (5.11)		0.132 *** (5.19)	
$Capital_{it}$	-0.049 ** (-2.48)	0.013 (1.39)	-0.049 *** (-5.17)	-0.012 (1.27)
常数项	1.161 *** (2.76)	0.449 *** (5.26)	1.162 *** (2.80)	0.442 *** (5.26)
R^2	0.5146	0.4808	0.5145	0.4758
F 值			27.40	13.81

表 8-6　低技术行业联立方程的计量结果

	2SLS		3SLS	
	TFP_{it}	N_{it}	TFP_{it}	N_{it}
TFP_{it}		0.355 *** (5.00)		0.346 *** (4.96)
N_{it}	-0.829 *** (-3.61)		-0.944 *** (-4.23)	
$R\&D_{it}$	-0.011 (-0.30)	0.183 *** (6.13)	0.005 (0.15)	0.161 *** (5.68)

续表

	2SLS		3SLS	
	TFP_{it}	N_{it}	TFP_{it}	N_{it}
$skill_{it}$		−0.191*** (−6.53)		−0.161*** (−6.03)
HHI_{it}		−0.010*** (−11.00)		−0.103*** (−11.70)
$open_{it}$	0.063** (2.15)		0.100*** (3.75)	
$Labor_{it}$	0.306*** (8.04)		0.310*** (8.28)	
$Capital_{it}$	−0.218*** (−6.16)	0.023* (1.73)	−0.210*** (−6.05)	0.017 (1.27)
常数项	2.413*** (6.72)	−0.313** (−2.08)	2.642*** (7.61)	−0.258* (−1.75)
R^2	0.2895	0.4645	0.2681	0.4725
F 值			17.47	100.45

8.6.2 计量结果分析

第一,从以上的结果可知,中国制造业全要素生产率与生产分割程度之间的关系是:全要素生产率对生产分割程度有正向影响,但生产分割程度的提升或行业生产复杂度的增加并不能促进其全要素生产率的增长,虽然高技术行业在这点上与总体结论不同,但从计量分析看,结果并不显著。从中国制造业的发展阶段来看,自 2000 年中国加入 WTO,制造业发展迅速并积极融入全球生产。但多数制造业企业只能作为国外企业的代工,从事价值链中生产、组装环节,全要素生产率低,位于价值链的低端。随着国内外竞争环境的变化,中国部分加工贸易企业开始通过购买国外先进技术产品或增加研发投入等进行企业转型,行业的全要素生产率逐渐增加,逐渐涉及价值链中研发、设计、销售服务等环节,促使整个行业生产分割程度提升,行业分工更加精细化。而在 1997—2011 年期间我国制造业中众多企业技术水平较低、生产基础设施粗糙、生产阶段数的增加更多地体现在加工装配等环节,只有部分高技术行业企业涉及研发、设计阶段,因而出现整体制造业生产分割程度提升并没有使得全要素生产率出现相应的提高。

第二,本章在联立方程的设计中,研发强度与资本密集程度皆为制造业生产分割程度及全要素生产率的控制变量。总结现有文献可以看出,多数研究认为研发投入的增加对企业全要素生产率有溢出效应,而本章的计量结果显示,研发强度的增加对制造业高技术行业的全要素生产率有负向影响,中国高技术行业的研发投入并没有产生预期的效果。现有研究认为之所以出现这种现象是因为中国高技术行业企业的研发有严重的滞后性,且过于注重产品质量的提高,而非企业的生产率的提高。① 此外,由于中国市场机制还不够完善,导致研发投入在各行业间的配置出现扭曲,严重削弱了研发投入的预期效应。人均资本是衡量资本密集程度的重要指标,人均资本较高的企业倾向于垂直一体化生产,外包的可能性较小,生产阶段数降低,且企业的力量被分散,研发强度降低,进而导致生产率溢出减少,全要素生产率降低。

综上所述,中国制造业的全要素生产率对生产分割程度有正向影响,而制造业分割程度的提升不一定带来全要素生产率的增加。这与中国制造业企业技术水平及承接发达国家外包的性质有关,进入全球价值链生产带来的技术效率的提高仍存在很大的进步空间。

8.6.3 稳健性检验

为验证以上结果的稳健性,本章通过以下两种方式对联立方程模型重新进行估计:① 采用企业产值加权平均计算出 29 个制造业行业的全要素生产率,重新对计量模型进行回归分析;② 将上文中的生产阶段数与全要素生产率增加 1 期滞后(分别用 $L1.\ TFP_{it}$和 $L1.\ N_{it}$表示)。考虑到滞后变量与当期扰动项不相关的假设,利用 1 期滞后进行重新估计,能够在一定程度上解决文中可能存在的内生性问题。利用 3SLS 进行稳健性检验的计量回归结果分别列于表 8 - 7 与表 8 - 8。由表 8 - 7 与表 8 - 8 可知,整体层面上,中国制造业全要素生产率的增加对制造业生产分割程度有显著的正向影响,而生产分割程度增加并没有增加制造业的全要素生产率,两者之间的关系并不是相互促进的关系;高技术行业的全要素生产率与生产分割程度是相互促进的关系,但在表 8 - 7 中,高技术行业生产阶段数的增加对全要素生产率的正向影响并不明显,而表 8 - 8 中则呈现显著的正向影响;低技术行业的全要素生产率对生产分割程度有正向影响,但生产分割程度对低技术行业全要素生产率的影响为负。总体看,以上两种稳健性检验方式与本章基本回归结果基本保持一致,说明本章计量回归结果是稳健的。

---

① 汤二子、孙振:《引入产品质量的异质性企业贸易模型及中国经验证据》,《经济评论》2012 年第 4 期,第 68 ~ 77 页。

表 8－7　稳健性检验(1)的计量结果

	全样本		高技术		低技术	
	TFP_{it}	N_{it}	TFP_{it}	N_{it}	TFP_{it}	N_{it}
TFP_{it}		0.666*** (8.05)		0.515*** (7.57)		0.257*** (2.83)
N_{it}	－0.779*** (－2.60)		0.206 (0.78)		－0.477* (－1.83)	
$R\&D_{it}$	－0.006 (－0.29)	0.163*** (6.82)	－0.034 (－1.48)	0.120*** (5.99)	0.015 (0.39)	0.114*** (5.69)
$skill_{it}$		－0.060*** (－2.88)		－0.092*** (－3.72)		－0.133*** (－6.57)
HHI_{it}		－0.048*** (－5.83)		－0.006 (－0.78)		－0.096*** (－12.65)
$open_{it}$	0.128* (4.89)		0.093*** (5.52)		0.044 (1.37)	
$Labor_{it}$	0.192*** (6.37)		0.103*** (4.66)		0.211*** (4.95)	
$Capital_{it}$	－0.069*** (－2.40)	－0.045*** (－4.04)	0.005 (0.33)	0.001 (0.12)	－0.076* (－1.88)	
常数项	2.645*** (6.24)	0.009 (0.06)	1.374*** (3.81)	0.291*** (2.74)	2.281*** (5.64)	－0.167 (－1.00)
R^2	0.1152	0.2736	0.5462	0.4381	0.0327	0.6104
F 值	22.93	72.01	29.11	13.81	15.82	100.45

注：① 用于计量的各指标的值皆为取对数后的值；② 3SLS 计量结果的括号中为 z 值，表 8－8 同样如此；③ ***、**、* 分别表示在 1%、5%、10% 的水平下显著，表 8－8 同样如此。

表 8－8　稳健性检验(2)的计量结果

	全样本		高技术		低技术	
	TFP_{it}	N_{it}	TFP_{it}	N_{it}	TFP_{it}	N_{it}
$L1.TFP_{it}$		0.245*** (9.14)		0.554*** (17.56)		0.047* (1.72)
$L1.N_{it}$	－0.256*** (－2.97)		0.859*** (11.22)		－0.392*** (－2.76)	
$R\&D_{it}$	－0.067*** (－4.91)	0.105*** (5.71)	－0.067*** (－3.64)	0.123*** (7.29)	－0.067** (－2.07)	0.113*** (5.27)

续表

	全样本		高技术		低技术	
	TFP_{it}	N_{it}	TFP_{it}	N_{it}	TFP_{it}	N_{it}
$skill_{it}$		-0.020 (-1.17)		-0.062*** (-3.08)		-0.141*** (-6.39)
HHI_{it}		-0.048*** (-7.94)		-0.002 (-0.27)		-0.095*** (-13.34)
$open_{it}$	0.013 (0.84)		0.027* (1.89)		0.014 (0.56)	
$Labor_{it}$	0.153*** (9.67)		0.095*** (7.53)		0.238*** (7.11)	
$Capital_{it}$	-0.075*** (-4.33)	-0.039*** (-4.92)	-0.044*** (-2.75)	-0.009 (-0.27)	-0.164*** (-5.63)	0.004 (0.38)
常数项	0.961*** (7.67)	0.742*** (13.43)	0.277** (2.57)	0.479*** (8.05)	1.677*** (7.22)	0.163* (1.83)
R^2	0.2830	0.3922	0.5410	0.5611	0.2953	0.6912
F 值	242.76	713.81	106.85	501.95	138.68	1581.79

8.7 结论和启示

本章从行业参与经济生产的复杂度入手，通过计算 1997—2011 年 29 个制造业行业的生产阶段数，研究中国制造业行业生产分割程度与全要素生产率之间的关系，并进一步将制造业区分为高低技术制造行业，分析生产分割程度与全要素生产率的关系在高、低技术行业以及总体样本中的差别。研究结果表明：制造业全要素生产率的提高使得行业生产分割程度有明显的增加，但生产分割程度的增加或行业生产复杂度的增加并不能促进其全要素生产率的增长，虽然高技术行业在这点上与总体结论不同，但从计量分析看，结果并不显著。从结论中本章得到以下两点启示。

① 自中国加入 WTO，加之政府积极引进外资政策的引导，以及发达国家制造业寻求降低成本的外包措施，使得中国制造业加速融入全球价值链，出口导向型的制造业在长三角、珠三角地区蓬勃发展，并逐渐成为发达国家生产外包基地。这些措施使得中国制造业生产阶段数有了很大提升，但涉及的生产阶段多数以加工装配为主，位于全球价值链的低端。中国制造业应逐渐摒弃以简单加工装配的粗放方式进入全球市场，谋求制造业转型，增加研发和人才投入，利用

人才的技术进步效应增加制造业的全要素生产率，最终实现以研发、设计为主，增加生产分割程度的目的。

② 近年来，中国制造业企业的全要素生产率取得了长足的进步，但中国制造业已陷入增长的收缩区间，经济发展动力不足。而由于受到技术水平的制约，制造业的生产分割程度提高并不能带动制造业全要素生产率的提升，因此中国制造业的转型除了增加研发投入外，仍需寻求其他发展战略。而在消费者需求多元化的今天，消费者对产品质量、创新性、服务性等提出了更高的要求，根据“需求引致创新理论”，这种需求成为制造业企业增加研发、提高全要素生产率的重要动机，消费者需求驱动成为中国制造业发展的一个重要方向。

9. 服务业创新推动全球价值链攀升

9.1 引言

发展服务业,能够提高一国全球价值链分工地位和自身附加值增值能力。利用 OECD - WTO 贸易附加值(TiVA)数据库,本章分别测算了各经济体服务业出口附加值率、全球价值链分工位置指数、全球价值链参与度指数和全球价值链增值能力指数。① 从图 9 - 1(a)(b)(c)可以看到,服务业国内附加值率与价值链分工位置、价值链参与度和价值链增值能力之间,都具有较强的相关性。其中,国内附加值率与价值链分工位置和价值链增值能力之间呈现较显著的正相关,这意味着一国服务业附加值率的增长,有助于该国全球价值链分工位置和价值链增值能力的提高。但是,服务业附加值率与全球价值链参与度之间呈负相关。这一方面说明服务业发达的国家,其垂直专业化参与程度一般相对较低;另一方面也强调了服务业对外开放应该避免盲目性。

在当前全球价值链的蓬勃发展中,服务业既作为全球价值链的重要组成部分,对分布于不同国家的价值链节点起着联结和黏合作用;又以中间投入品形式,影响着价值链中各环节附加值的高低,服务业正成为决定全球价值链结构和攀升的关键性因素。服务业贯穿了全球价值链中从产品最初概念到最终使用的各个环节,包括:上游的研发、设计等;中游的物流、质量控制等;下游的营销、品牌管理等。

提高在全球价值链中的地位和附加值,是各国努力追求的目标和方向。贸易附加值概念的提出和由其建立起来的新的统计方法,突破了传统贸易统计的局限性,避免了中间产品贸易多次跨境流通导致的重复计算问题,从而比较准确地刻画了一国参与全球价值链分工状况。目前,随着经济全球化的不断深入,全球价值链已经进入以服务业为主导的国际分工新阶段。凭借发达的服务业支撑,发达经济体纷纷占据全球价值链的高端,并以此享有全球价值链分工的大部分利益。根据 OECD - WTO TiVA 数据库整理的数据来看,2011 年美国、英国、日本等出口国内附加值占世界比重统计结果,明显高于传统贸易统

① 服务业出口国内附加值率指一国服务业出口附加值中国内附加值所占比重;全球价值链分工位置、参与度和增值能力的指数计算方法,见本章第四部分。

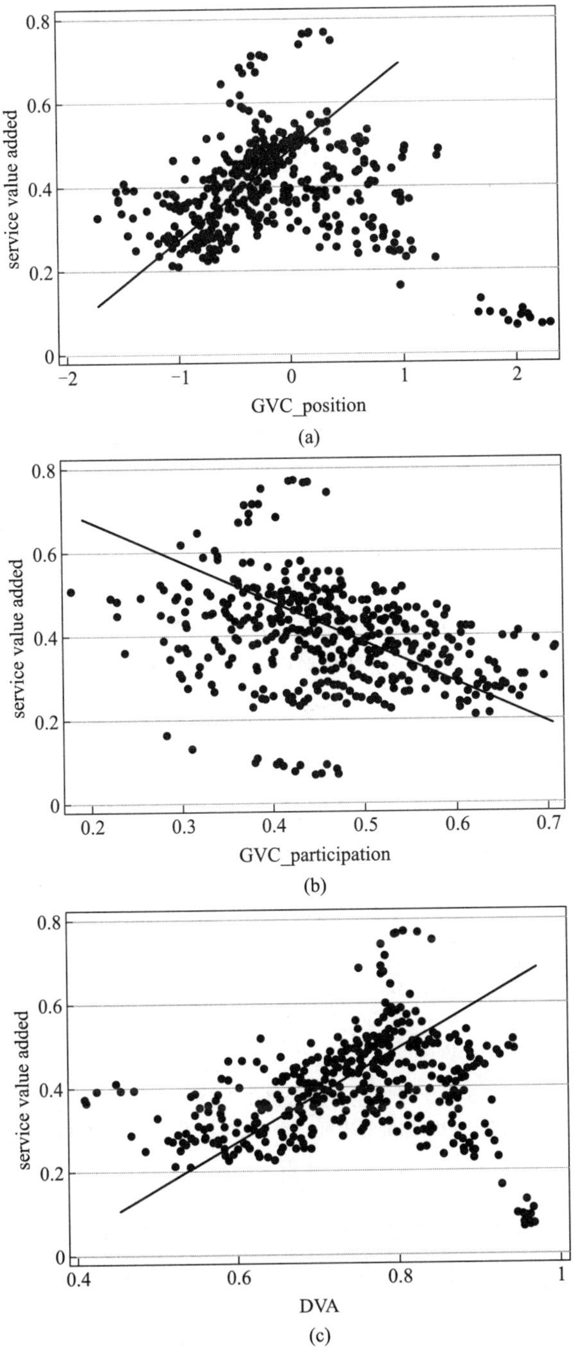

图 9－1　服务业附加值率与全球价值链分工位置、参与度和增值能力的关系散点图

计结果(见图9－2)。从贸易附加值视角看,2011年全球出口贸易中52%的贸易附加值是来自于服务业,美国、法国、英国等占比更高(见图9－3)。OECD－WTO TiVA数据库中的数据清晰地展示了当前全球价值链分工的新特征,也佐证了服务业在全球价值链中的重要地位。

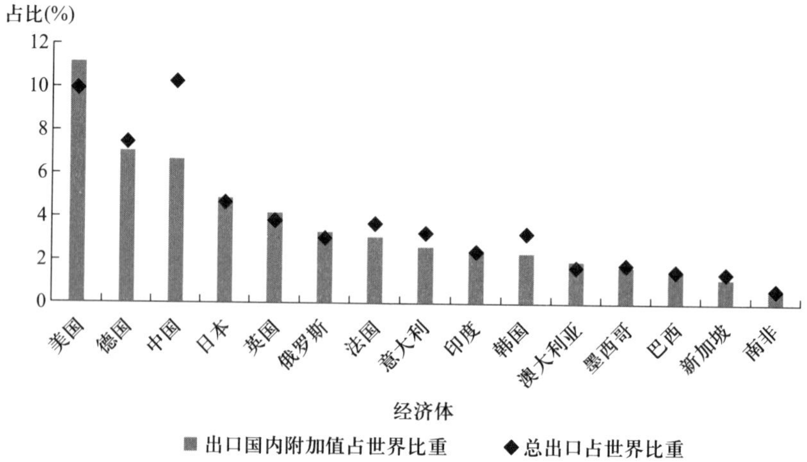

图9－2　2011年主要经济体出口国内附加值和总出口占世界比重①

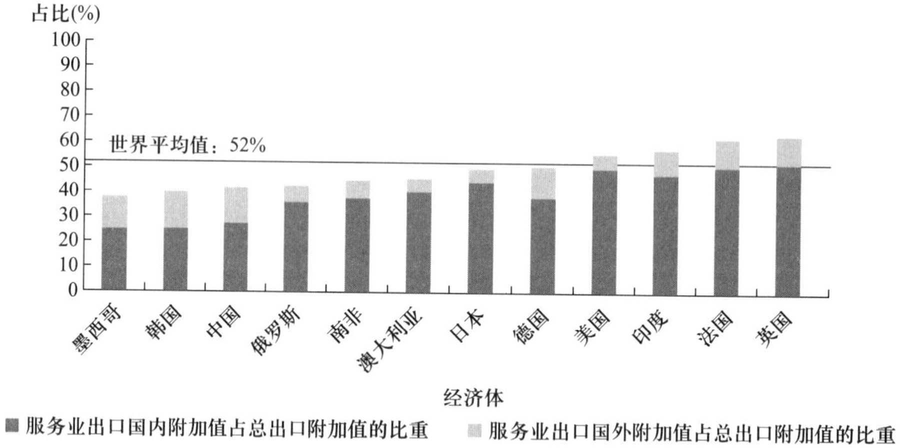

图9－3　2011年主要经济体服务业出口附加值占总出口附加值的比重②

加快服务业发展是中国实现经济转型升级的重要内容,也是提升中国全球价值链分工地位的重要途径。改革开放特别是加入WTO以来,中国积极融入

① 数据来源:OECD－WTO TiVA数据库。

② 数据来源:根据OECD－WTO TiVA数据库整理。

经济全球化,不断加深参与国际分工程度,开放型经济取得迅猛发展,中国对外贸易规模甚至已跃升到世界首位。但是,受制于服务业发展滞后等因素,中国目前在全球价值链分工中总体上还处于低端水平。从图9-1和图9-2可以看到,中国出口国内附加值占世界比重数据远低于传统贸易统计数据;同时,中国服务业出口附加值占总出口附加值的比重也明显低于世界平均水平。近年来,随着生产要素成本上升等不利影响,中国更是遭遇前所未有的严峻挑战。因此,对中国来说,通过发展服务业攀升全球价值链地位,无疑具有重要的现实意义。

9.2 服务业对全球价值链攀升的影响及其评价

服务业是现代经济的重要组成部分,是现代产业的重要标志。根据功能的不同,联合国将服务业分为分配服务(如运输与储运、交通、批发与零售等)、生产者服务(如企业管理服务、金融、保险、房地产服务等)、消费者服务(如宾馆与餐饮服务、娱乐与消遣服务、个人服务等)、政府服务(包括公共服务和准公共服务产品)四个部分。据世界银行统计,2015年高收入国家服务业占GDP比重已达74.20%,服务业占GDP比重的世界平均水平也达到69.05%(见表9-1)。在科技进步和经济全球化影响下,服务业内涵日益丰富、模式不断创新,已成为引领现代经济增长和创新发展的主导力量。

表9-1 服务业占GDP比重(%)①

	2000年	2008年	2010年	2014年	2015年
高收入国家	70.48	72.31	73.35	73.70	74.20
中等收入国家	49.64	51.09	52.76	55.49	57.07
低收入国家	45.22	46.13	47.30	47.75	48.13
世界	64.17	66.03	67.27	68.17	69.05

根据国际经济学理论研究,国际分工源于各国间自然资源禀赋和技术的差异。随着国际分工进入以全球价值链为代表的新阶段,一国参与国际分工已不再集中于某种产品的生产,而是更多地专注于产品价值创造过程中的某一区段(环节)。基于这样的背景,服务业对全球价值链的形成和发展正发挥越来越重要的作用。

① 数据来源:根据世界银行数据库中数据整理。

9.2.1 服务业对全球价值链的重要性

服务业对全球价值链的作用与服务业固有的产业特性和功能密不可分。服务业链接了全球价值链上不同的生产环节,为全球价值链的生产环节分散化创造了可能。全球价值链的最基本特征,是将处于不同国家的价值链上不同生产环节,有机地连接起来。因此,诸如物流、通信、金融、销售等服务显然不可缺少。当前,服务业作为全球价值链的纽带和促进器,已贯穿于价值链的各个阶段,极大地促进了价值链上中间产品的跨境流通。因此,从特有的纽带功能角度上看,服务业一方面是支撑国民经济正常运行的基础,另一方面在客观上为全球价值链的形成和发展,提供了基础性和前提性条件。琼斯和凯科斯基(Jones and Kierzkowski,2001)是最早提出碎片化生产(Fragmentation Production)概念的学者,他们用"生产区段"(Production Block)和"服务关联"(Service Link)来分析国际产业链分工,他们认为正是服务业作为纽带将跨国性的分段式生产环节联系起来,才促进了全球价值链的形成。①

随着全球价值链分工不断深化,"生产区段"的全球化布局范围不断扩大,服务业的纽带功能更加突出。不仅如此,通过服务业的发展和效率的提升,可不断降低分散化和碎片化生产的连接成本和其他交易费用,从而推动全球价值链的重塑和优化。例如,提高信息和通信服务水平能更好地消除全球价值链上不同环节企业间的信息阻隔,有助于企业间实现信息共享与协同运作,通过更有效地控制产、供、销各个环节的运作,提高企业经营水平和全球价值链的运作效率;加快运输服务发展能进一步推动企业间工艺流程分工合作的深化,促进全球和区域性优势资源的有效整合,通过全球价值链空间布局的改进和优化,提升企业生产率和附加值。

服务业越来越成为决定全球价值链上生产环节附加值和竞争力的关键因素。特别是生产性服务业的发展,不仅能提高生产制造环节的效率,并且通过丰富制造业的服务内容,可进一步增加价值链附加值的增长空间。

随着专业化分工逐步细化和市场化水平不断提高,发达经济体生产制造企业纷纷将自己的研发、设计、仓储、营销等服务职能分离出去,即将原先由公司内部承担的服务流程活动,改以外包形式由外部的专业服务公司提供。这一变化

① Jones, R. W. ,Kierzkowski, H. "A Framework for Fragmentation". In: Arndt, S. W. , Kierzkowski, H. (eds.), *Fragmentation:New Production Patterns in the World Economy*, Oxford University Press, 2001, pp. 17-34.

不仅助推了生产性服务业的迅速发展，而且使得制造生产环节越来越离不开外部服务业的支持。现在，在价值链的生产制造活动中，服务业成了注入技术、知识、信息等优质生产要素的“飞轮”。例如，通过外购金融服务，能缓解企业的资金流动性约束，降低交易成本，提高企业的经营规模和生产效率，并为生产企业技术创新和研发投入提供资金支持，促进企业技术创新的可持续发展。分销服务，一方面能缩短厂商与顾客之间的距离，减少信息不对称而导致的生产盲目性；另一方面，其模式和渠道的改进可提高目标顾客对个性化需求的满意度，从而不断拓展产品价值链增值空间。

从总体上看，目前全球价值链的不同环节引入服务内容的重点有所不同。其中，在价值链上游，引入服务中间产品的重点是高效的企业组织、充裕的人力资本和完善的研发创新体系。在价值链中游，重点是通过生产业态创新、规模经济、范围经济等，促进企业核心竞争力的提升。在价值链下游，主要是通过产品差异化策略、物流运输和售后服务等途径，提高产品市场竞争力。

最近几年，日新月异的新科技和经济全球化新特点，正在进一步将服务业在全球价值链中角色提到新的高度。一方面，新一代信息、人工智能等技术不断获得突破和被广泛应用，加速了服务内容、业态和商业模式的创新，推动服务网络化、智能化、平台化，知识密集型服务业占比快速提升。由于研发服务、专业服务、分销服务等生产性服务具有高知识含量、高技术含量、高附加值等特点，因此，生产性服务业已成为全球价值链的主要增值点。另一方面，服务全球化成了经济全球化新阶段的鲜明特征，国际经贸规则重构推动着全球服务业国际分工格局深度调整。在这样的背景下，服务业的投资与贸易全球化步伐明显快于制造业。这既扩大了服务业的发展空间，也为跨国公司在全球范围内的价值链转型升级提供了新机遇。根据 WTO 统计数据，2005—2015 年，全球服务贸易出口额从 25987 亿美元增加到了 47540 亿美元，服务贸易占世界贸易总额的比重已经超过 1/5。另外，世界银行资料也显示，服务业跨国投资占国际投资总额比重，已达 60% 以上。

关于服务业在全球价值链中的作用，世界银行在 2017 年 7 月发布的《全球价值链发展报告》中进行了归纳和总结。该报告指出，服务业在当前全球价值链中的功能，可以归纳为以下三个方面。① 随着运输物流的发展和通信技术的变革，服务业作为纽带将跨国性的分段式生产环节联系起来，加快了全球价值链的形成。② 服务作为企业外部要素投入（outsourced inputs），包括通过外商直接投资和商务服务人员聘用以及数字化交易等，推动全球价值链的发展。③ 服务作为企业内部要素的投入(in – house inputs),促进制造企业参与到全球价值链分工中。[1] 服务业影响全球价值链攀升的作用可归纳为以下三种效应。

第一,专业化分工和规模经济效应。无论是服务业还是全球价值链的形成和发展,都是生产分工深化的产物,而专业化分工带来的效率提升和规模经济效应,是驱动分工不断深化的内在动力。从服务业企业角度看,从制造业内部有效剥离出去的生产性服务产品,可在专业化服务业企业得到更好的专业化生产,并获得更大的规模经济效应。从制造业企业角度讲,通过外购服务中间产品可保证企业将有限的内部资源,更好地集中在体现核心优势的关键环节上,并在关键环节上赢得更可观的规模经济效益。

第二,竞争和效率提升效应。与传统生产模式和国际分工格局相比,全球价值链分工引入了更多国内外市场竞争。在市场机制作用下,市场竞争加剧必然驱动各种要素和中间投入品价格下降,从而降低全球价值链运行成本。市场竞争加剧还将刺激服务企业开发更多更优质的服务中间产品,从而提高全球价值链的增值能力。特别是对于广大发展中国家来说,通过对外开放和参与全球价值链分工,能有机会引进和利用更多国外优质服务资源,包括先进的知识资本、技术资本和人力资本等,从而不断提升国家在全球价值链中的参与能力和攀升能力。

第三,优势叠加和集聚效应。服务业根据制造业价值链不同环节的需求,将服务业的创新要素、创新模式不断融入制造业的全过程,这自然会形成制造业和服务业的优势叠加效应和集聚效应。有研究成果已发现,生产性服务业集聚与制造业升级之间存在高度关联、协同与融合促进的内在关系。[2]

通过以上理论分析,本章得到以下三个命题。

命题一:服务业特别是生产性服务业对一国参与全球价值链分工的地位以及地位的攀升产生显著影响。一国服务业越发达,该国在全球价值链获取的附加值越多,所处的分工地位越高。

命题二:服务业特别是生产性服务业的发展,在全球价值链中起着基础性的支撑纽带作用,影响着一国在全球价值链上的参与度。扩大服务业利用外资规

---

① Kelle, M. "Crossing Industry Borders: German Manufacturers as Services Exporters", *The World Economy*, vol. 36, no. 12 (2013), pp. 1494 – 1515.

② 刘奕、夏杰长、李垚:《生产性服务业集聚与制造业升级》,《中国工业经济》2017 年第 7 期,第 24 ~ 42 页。

模，提高一国高级要素禀赋，将有助于该国全球价值链向高端攀升。

命题三：不同服务行业对全球价值链攀升的影响程度存有差异，优化服务业结构将加快提升一国全球价值链的分工位置和增值能力。增加服务业对外开放程度，将显著提高中国全球价值链创新能力。

9.2.2 全球价值链中服务业发展评估

改革开放以来，中国主动融入经济全球化，积极参与国际分工，在全球价值链分工体系中发挥了重要作用，开放型经济取得举世瞩目辉煌成就。据统计，1978—2014 年中国对外贸易总额从 206 亿美元增加到 4.3 万亿美元，增长了近 209 倍，在世界货物贸易中所占比重从不到 1% 上升到 12.2%。目前，中国出口规模位列世界首位，成了名副其实的贸易大国。与此同时，中国对外贸易结构也不断优化，出口产品附加值得到大幅度提高。

积极利用外资和融入跨国公司主导的全球价值链，是中国实现对外贸易快速增长的重要原因。利用在劳动力、土地和市场等方面的优势，中国主动承接跨国公司向国内的产业转移，利用外资规模屡创新高。截至 2015 年 12 月月底，在华设立非金融领域外商投资企业已达 83646 家，中国实际使用外资金额 16423 亿美元。① 大量外国投资企业的进入，既促进了中国经济发展，也直接推动了中国对外贸易高速增长。统计资料表明，在中国出口贸易中主要由外资企业承担和以国际代工形式开展的中间产品加工贸易，曾长期占据一半以上份额。

利用 OECD - WTO TiVA 数据库，本章测算后发现，1995—2011 年中国制造业全球价值链增值能力呈现明显增长趋势。截至 2011 年，中国在运输设备、机械与设备、纺织服装鞋帽、金属与金属制品等制造行业的全球价值链增值能力指数超过世界平均水平。此外，1995—2011 年在中国向主要贸易伙伴出口中，制造业国内附加值占比均出现增长。其中，对印度制造业出口的国内附加值占比，增长幅度最大，达到 12 个百分点。但是，1995—2011 年中国向主要贸易伙伴出口的服务业国内附加值占比明显下降，反映了中国服务业在参与全球价值链分工中的不足（见表 9 - 2）。

改革开放以来，中国服务业取得了快速发展，服务业规模不断扩大。据统计，1980 年中国服务业附加值仅为 1023 亿元，1993 年中国服务业附加值首次超过了 1 万亿元，2007 年突破了 10 万亿元。截至 2015 年，中国服务业附加值已

① 数据来源：国家统计局官网发布的 2016 年《中国统计年鉴》。

表 9－2　中国向主要贸易伙伴出口中制造业和服务业国内附加值占比①

经济体	制造业国内附加值占比(%)		增减绝对量(百分点)	服务业国内附加值占比(%)		增减绝对量(百分点)
	1995 年	2011 年		1995 年	2011 年	
澳大利亚	51	60	9	97	95	－2
日本	55	60	5	97	94	－2
韩国	57	60	2	96	93	－3
美国	50	58	8	97	94	－3
印度	48	60	12	96	91	－5
俄罗斯	57	61	3	97	94	－2
东盟	54	58	5	96	93	－4
欧盟	49	62	13	97	93	－3

达到 34.16 万亿元。相应地,中国服务业占 GDP 的比重也不断上升,1980 年中国服务业占 GDP 的比重为 22.3%,2010 年已经达到 43.24%,特别是 2013 年中国服务业首次反超第二产业占 GDP 的比重(见图 9－4)。截至 2015 年,中国服务业占 GDP 比重已升至 50.5%,服务业已逐步成为拉动中国经济增长的主力军(见图 9－5)。与此同时,中国服务业内部结构不断改善,这一方面是得益于经济发展水平的提高和制造业的转型升级,另一方面是得益于互联网、云计算等技术的应用。近年来,金融业、商务服务、科学研究和技术服务业等新兴服务业在中国都有快速增长。

伴随服务业的发展和对外开放的不断深入,中国服务贸易也进入了增长快车道。1982 年中国服务贸易进出口总额仅有 25 亿美元,2000 年上升至 660 亿美元,2010 年跃至 3624 亿美元,2014 年为 6043 亿美元,2015 年已达到 7130 亿美元。中国服务贸易在对外贸易(货物和服务进出口额之和)中的占比持续攀升,1990 年仅有 7.8%,2014 年、2015 年已分别达到 12.3%、15.2%(见图 9－6)。

① 数据来源:OECD－WTO TiVA 数据库测算。

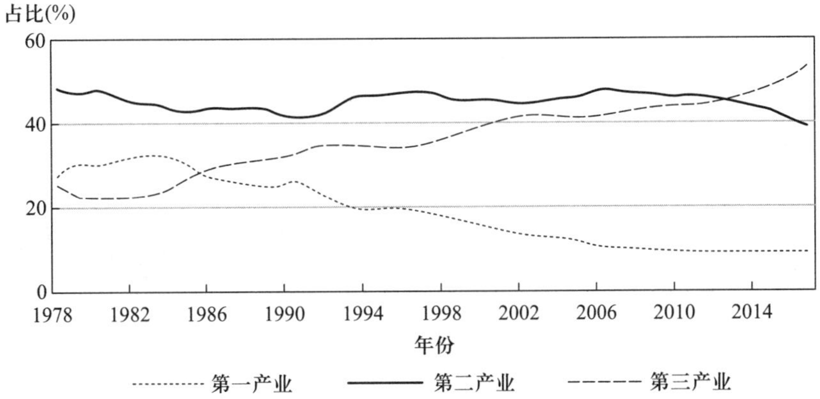

图 9－4　中国三大产业占 GDP 比重变化情况①

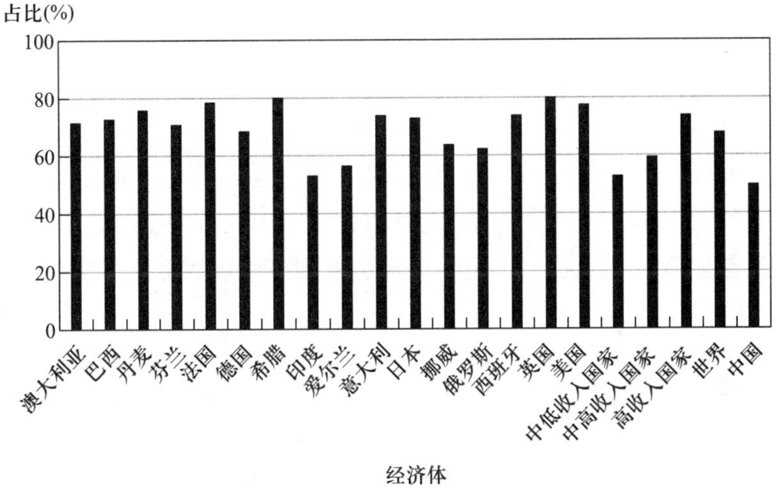

图 9－5　2015 年世界主要经济体服务业占 GDP 比重②

为从全球价值链视角考察中国服务业发展现状，本章利用 OECD－WTO TiVA数据库中有关数据，通过测算和比较，结果发现从总体上看，中国服务业发展具有以下主要特点。

第一，中国服务业出口附加值规模不断扩大。2000 年中国服务业出口附加值为 697.17 亿美元，截至 2011 年已经增长到 4186.64 亿美元，增长了约 5 倍。其中，服务业出口国内附加值在 2000 年为 660.64 亿美元，在 2011 年已经增长

① 数据来源：各年《中国统计年鉴》。

② 数据来源：世界银行数据库。

到3918.7亿美元，增加了4.9倍。2000年出口国外附加值为38.58亿美元，2011年已增长到286.03亿美元，增加了6.4倍。①

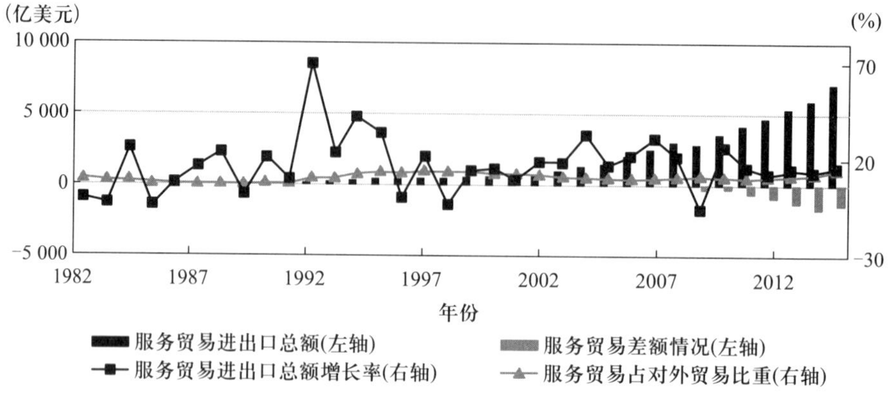

图9－6　中国服务贸易统计(1982—2015年)②

第二，中国在服务业出口中国内附加值比重有所下降。在中国服务业出口中，国内附加值比重从2000年的94.76%下降到2011年93.60%，减少1.16个百分点。相应地，国外附加值比重，从2000年的5.2%上升到2011年的6.4%，提高了1.2%(见表9－3)。中国服务业出口国内附加值比重下降，一方面体现了中国服务业对外开放的扩大，另一方面也反映了中国服务业国际竞争力水平的较低。

第三，中国服务业出口国内附加值结构不断优化。计算发现，2000—2011年在中国服务业出口国内附加值中，国内直接附加值占比不断下降，国内间接附加值占比不断上升。其中，2000年直接附加值占比是62.03%，间接附加值占比为37.96%。2011年，直接附加值占比已降为50.41%，国内间接附加值占比上升为49.59%，两者基本持平。服务业出口国内间接附加值占比的提高，意味着中国服务业中高知识、高技术、高附加值服务所占比重增多，中国在全球价值链上越来越向上游环节靠近。

但是，与发达经济体相比，目前中国服务业发展总体上仍明显滞后。2015年中国服务业占GDP比重，既低于中等收入国家57.07%的平均水平，也小于世界69.05%的平均水平。从服务业行业结构上看，传统服务业仍然占较大比重。中国服务业出口的国内间接附加值比重，也明显小于世界大多数主要国家。事

① 数据来源：各年《中国统计年鉴》。

② 数据来源：国家商务部网站、《中国统计年鉴》(2016)。

实上，自 1992 年以来中国服务贸易便长期处于逆差状态，且逆差呈现扩大趋势。截至 2014 年，中国服务贸易逆差已达到 1599 亿美元，为世界上服务贸易逆差最大的国家。其中，运输服务、旅游、保险服务、专利权利使用费和特许费等行业是中国主要的服务贸易逆差行业。

表 9-3　中国服务业出口附加值规模和结构①

年份	国内				国外	
	国内附加值规模（亿美元）	国内附加值占比（%）	国内直接附加值规模（亿美元）	国内间接附加值规模（亿美元）	国外附加值规模（亿美元）	国外附加值占比（%）
2000	697.17	94.76	432.47	264.65	38.58	5.2
2005	1775.86	94.08	1003.29	772.62	111.81	5.9
2008	3216.35	93.32	1718.14	1498.24	230.28	6.7
2009	2880.23	94.33	1577.04	1303.16	173.10	5.7
2010	3582.24	93.64	1923.41	1658.69	243.16	6.4
2011	4186.64	93.60	2110.65	2076.21	286.03	6.4

从服务业出口附加值的细分行业上看，① 1995—2011 年，中国金融业、商务服务业、交通运输业和分销服务业的国内附加值均有较大幅度增长，其中，金融业增长 4.5 倍、商务服务业增长 13.8 倍、交通运输业增长 7.1 倍、分销服务业增长 10 倍。② 1995—2011 年，中国金融业、商务服务业、交通运输业和分销服务业的国内附加值占出口比重均存在不同程度下降，不过，分销服务业、交通运输业的占比从 2011 年开始有小幅回升。③ 2011 年在金融业、商务服务业、交通运输业和分销服务业中，中国服务业国内附加值占出口比重最高的是金融业，然后依次为分销服务业、交通运输业和商务服务业。④ 1995—2011 年中国金融业、商务服务业、交通运输业和分销服务业的国外附加值占出口比重均有不同程度的增加。其中，商务服务业国外附加值占出口比重增长速度最快，达 7.1%，然后依次是交通运输业、金融业、分销服务业。（见表 9-4）

从服务业细分行业的国际比较出发，本章选取了美国 1995—2011 年金融业、商务服务业、交通运输业和分销服务业的出口附加值情况进行比较发现，美国金融业、商务服务业、交通运输业的国内附加值规模远超过中国。以 2011 年

① 数据来源：OECD-WTO TiVA 数据库。

为例,美国金融业、商务服务业、交通运输业的国内附加值规模,分别是中国的75.1倍、3.0倍、1.8倍。但从变化趋势上看,1995—2011年的美国的金融业国内附加值增长3.0倍、商务服务业国内附加值增长2.2倍、交通运输业国内附加值增长0.8倍、分销服务业国内附加值增长1.4倍,增长幅度均不及中国。从国内附加值结构变化上讲,1995—2011年美国金融业、商务服务业、交通运输业和分销服务业的国内附加值占出口比重都有不同幅度的下降。但是,商务服务业、交通运输业等行业的下降幅度,明显小于中国。(见表9-5)

表9-4 中国服务业细分行业出口附加值①

行业	服务业国内附加值(亿美元)				服务业国内附加值占出口比重(%)			
	1995年	2000年	2008年	2011年	1995年	2000年	2008年	2011年
商务服务业	54.92	129.12	665.42	816.79	96.90	94.87	90.36	89.71
分销服务业	225.11	392.61	1834.40	2479.45	96.92	95.35	95.47	95.82
交通运输业	88.81	109.56	577.34	717.07	96.17	94.43	90.29	90.83
金融业	2.60	1.15	12.05	14.34	98.15	98.01	96.74	96.59

表9-5 美国服务业细分行业出口附加值②

行业	服务业国内附加值(亿美元)				服务业国内附加值占出口比重(%)			
	1995年	2000年	2008年	2011年	1995年	2000年	2008年	2011年
商务服务业	750.59	1063.64	1962.71	2424.42	96.27	96.03	95.13	94.95
分销服务业	716.21	988.06	1614.31	1728.75	96.14	96.04	95.11	94.87
交通运输业	735.10	890.02	1366.63	1322.48	93.01	92.41	88.31	89.54
金融业	267.05	411.17	858.93	1077.07	97.52	96.88	94.71	95.39

9.3 服务业对全球价值链攀升影响的计量分析

9.3.1 计量模型构建和数据说明

根据国际分工和全球价值链理论,特别是依据本章前面关于服务业推动全球价值攀升的理论分析,本章构建以下服务业影响全球价值链攀升计量分析模

① 数据来源:OECD-WTO TiVA数据库。

② 数据来源:OECD-WTO TiVA数据库。

型。在(1)式中,被解释变量和解释变量的含义和数据来源,见下方说明,ε_{it}是随机误差项。

$$\ln GVC\_Index_{it} = \beta_0 + \beta_1 \ln Service_{it} + \beta_2 \ln Size_{it} + \beta_3 \ln Endow_{it} + \beta_4 \ln RAD_{it} + \beta_5 \ln Tax_{it} + \beta_6 \ln Tariff_{it} + \beta_7 \ln FDI_{it} + \varepsilon_{it} \tag{1}$$

被解释变量说明:

在(1)式中,被解释变量 GVC_Index_{it}是 i 国 t 年的全球价值链攀升指数,本章分别采用全球价值链分工位置指数、全球价值链参与度指数和全球价值链增值能力指数,从三个不同角度加以衡量。

1) 全球价值链分工位置指数($GVC\_position_{it}$,变量缩写为 $GVCD$),该指数表示一国在全球价值链中的所处位置状况,计算公式如下:

$$GVC\_position_{ir} = \ln\left(1 + \frac{IV_{ir}}{E_{ir}}\right) - \ln\left(1 + \frac{FV_{ir}}{E_{ir}}\right) \tag{2}$$

在(2)式中,IV_{ir}是 r 国 i 行业出口中的国内间接附加值,FV_{ir}指 r 国 i 行业出口中的国外附加值,E_{ir}代表 r 国 i 行业的出口总值。全球价值链位置指数越高,表明一国主要从事创意、研发、设计、品牌、零部件生产供应等业务;全球价值链分工位置指数越低,表示一国主要进行最终产品的组装等业务。

2) 全球价值链参与度指数($GVC\_participation$,变量缩写为 $GVCP$),该指数表示一国参与全球价值链生产和经营的程度。计算公式如下:

$$GVC\_participation_{ir} = \frac{IV_{ir}}{E_r} + \frac{FV_{ir}}{E_r} \tag{3}$$

(3)式的符号含义与(2)式一样。一国全球价值链参与度指数越高,说明在出口中该国的国内间接附加值和国外附加值占比越大。

3) 全球价值链增值能力指数(GVC_dva_{ir},变量缩写为 $GVCA$),该指数表示一国在全球价值链出口附加值中国内附加值所占比例。计算公式如下:

$$GVC\_dva_{ir} = \frac{DVA_{ir}}{E_{ir}} \tag{4}$$

在(4)式中 DVA_{ir}代表 r 国 i 行业的增值能力,E_{ir}代表 r 国 i 行业的出口总值。全球价值链增值能力指数越高,表示一国在出口附加值中国内创造的附加值越多,在全球价值链上地位越高。

9.3.2 核心解释变量说明

在(1)式中,$Service_{it}$是核心解释变量,本章分别用服务业出口中的国内附加值占比、国外附加值占比、国内直接附加值占比和国内间接附加值占比指标表示。一般而言,服务业发展水平越高,一国服务业出口中的国内附加值占比越大,或者国外附加值占比越小。因此,本章采用服务业出口中的国内附加值占比(或国外附加值占比)作为衡量一国服务业发展水平指标。进一步,鉴于在国内附加值中直接附加值与间接附加值之间的差异,本章使用服务业国内附加值中的间接附加值占比(或直接附加值占比),作为评估一国服务业结构的定量指标,细分变量详见表9-6。

9.3.3 控制解释变量说明

1)经济规模($Size_{it}$)

在国际生产分工理论中,基于规模报酬递增的缘故,经济规模经常是影响国际分工的重要因素。琼斯和凯科斯基(2004)的研究也验证了经济规模对国际分工的重要性。[①] 因此,本章将经济规模作为服务业发展影响全球价值链攀升的控制变量。

2)外商直接投资(FDI_{it})

跨国公司通过外商直接投资构建全球生产网络,在全球价值链的形成和发展过程中起着十分重要的作用。外商直接投资不仅具有贸易创造功能,而且具有技术外溢效应,对一国出口附加值的结构产生影响。联合国贸发会议研究指出,一国外商直接投资存量与全球价值链发展是存在相关性的。[②]

3)要素禀赋

根据H-O理论,要素禀赋是决定国际分工模式的基础。鉴于当前国际分工不断深化,影响国际分工模式的要素禀赋范围不断扩大。因此,本章将要素禀赋进一步细分为基本要素禀赋和高级要素禀赋两大类。

① 基本要素禀赋($Endow_{it}$):劳动和资本是从事经济活动的基本投入,也是学术界进行要素禀赋研究的基本内容。这里选取资本和劳动(即K和L)作为基本要素禀赋的测算指标。

② 高级要素禀赋(RAD_{it}):随着科技水平在全球价值分工中影响不断提高,

① Jones, R. W., Kierzkowski, H. "Globalization and the Consequences of International Fragmentation", In: Dornbusch, R., Calvo, G., Obstfeld, M. (eds.), *Money, Factor Mobility and Trade: Essays in Honor of Robert A. Mundell*, MIT Press, 2004, pp. 365-381.

② UNCTAD. "World Investment Report 2013: Global Value Chains: Investment and Trade for Development", United Nation Publisher, 2013.

本章选取研发能力作为体现一国高级要素禀赋的指标。研发能力对全球价值链的攀升效应,可归纳为两个方面:一是作为全球价值链上游环节,研发本身就具有较高的附加值;二是作为中间产品要素投入,研发要素在生产环节能起到提高生产效率和提升专业化水平的作用。

4)经营成本(Tax_{it})和贸易成本($Tariff_{it}$)

作为市场经济行为,全球价值链的形成和演变都离不开对有关贸易成本和经营成本的考虑,并且有研究成果发现,在全球价值链分工模式下,贸易成本和经营成本呈现放大效应。① 因此,本章也将贸易成本和经营成本作为控制变量。

本章实证分析的样本国家来自在 OECD - WTO TiVA 数据库、世界银行世界发展指标(World Development Indicators)数据库中数据相对比较齐全的 54 个经济体。因为 OECD - WTO TiVA 数据库仅有 1995 年、2000 年、2005 年、2008 年、2009 年、2010 年和 2011 年数据。所以,本章使用上述 7 个年份 54 个经济体的面板数据进行实证检验。计量分析中的各个变量缩写、含义和原始数据来源,如表 9 - 6 所示。为了消除异方差,本章对解释变量和被解释变量全部取对数。取对数后的样本数据的描述性统计表现稳健。模型 1 至模型 33 的 F 值检验和豪斯曼检验结果都支持固定效应模型。

表 9 - 6　计量分析中的变量定义和数据来源

	变量缩写	含义	原始数据来源
被解释变量	*GVCD*	全球价值链分工位置指数	OECD - WTO TiVA 数据库
	GVCP	全球价值链参与度指数	
	GVCA	全球价值链增值能力指数	
核心解释变量	*SVAT*	服务业出口国内附加值占出口比重	OECD - WTO TiVA 数据库(%)
	SFV	服务业出口国外附加值占出口比重	
	SDD	服务业出口国内直接附加值占出口比重	
	SDI	服务业出口国内间接附加值占出口比重	
	TXD	运输和通信服务业出口国内附加值比重	OECD - WTO TiVA 数据库(‰)
	TXF	运输和通信服务业出口国外附加值比重	
	FID	金融服务业出口国内附加值比重	
	FIF	金融服务业出口国外附加值比重	

① Yi, K. M. "Can Vertical Specialization Explain the Growth of World Trade?", *Journal of Political Economy*, vol. 111, no. 1(2003), pp. 52 - 102.

续表

	变量缩写	含义	原始数据来源
核心解释变量	*BSD*	商务服务业出口国内附加值比重	OECD – WTO TiVA 数据库(‱)
	BSF	商务服务业出口国外附加值比重	
	WRD	分销服务业出口国内附加值比重	
	WRF	分销服务业出口国外附加值比重	
	STD	研发服务业出口国内附加值比重	
	STF	研发服务业出口国外附加值比重	
控制变量	$Size_{it}$	经济规模	GDP,2005 年不变价(百万美元),世界银行
	$Endow_{it}$	基本要素禀赋	OECD 国家平均资本劳动比/本国资本劳动比,世界银行
	RAD_{it}	高级要素禀赋	R&D 支出占 GDP 的比例(%),世界银行、OECD①
	Tax_{it}	经营成本(企业税负)	企业税率占商业利润的比例(%),世界银行②
	$Tariff_{it}$	贸易成本(关税税率)	世界银行(%)
	FDI_{it}	外商直接投资	UNCTAD 并进行了平减处理(百万美元)

注:① 研发数据来自世界银行数据库,缺失的数据使用 OECD 数据库数据补充,补充后仍然缺失的数据使用前后两年平均值或用附近年份数据代替,若仍缺乏数据则空缺。② 企业税负:由于世界银行相关数据是从 2005 年开始统计的,本章使用的 1995 年和 2000 年数据是估算值。

9.3.4 服务业对全球价值链分工位置的影响

为了探讨服务业总体发展对全球价值链分工位置的影响,本章根据计量分析(1)式,以全球价值链分工位置指数作为被解释变量,并且分别用服务业出口国内附加值占比、服务业出口国外附加值占比、服务业出口国内直接附加值占比、服务业出口国内间接附加值占比作为核心解释变量,其他控制变量不变,结果得到表 9 – 7 所列模型 1 至模型 6。利用这些模型和样本数据进行实证检验,可以看到以下五点。

① 提高一国服务业出口国内附加值占比,会显著提升该国全球价值链分工

位置。模型1、模型2和模型4的回归结果都表明,服务业出口国内附加值占比和全球价值链分工位置指数之间存在显著的正相关,即一国服务业出口国内附加值占比越大,该国在全球价值链上分工位置越靠近上游环节。与之相对应,服务业出口国外附加值占比和全球价值链分工位置指数之间呈现显著的负相关(见模型3至模型6回归结果),即服务业出口国外附加值占比对全球价值链分工位置具有显著的负向效应,一国服务业出口国外附加值占比越大,该国在全球价值链上越是处于靠下游位置。

② 增加一国服务业出口国内间接附加值占比,将强化服务业发展对该国全球价值链分工位置的攀升效应。模型5和模型6回归结果显示,一方面,无论是增加服务业出口国内直接附加值占比还是间接附加值占比,都能促进该国全球价值链分工位置向上游转移。另一方面,由于国内直接附加值占比对一国全球价值链分工位置的正向效应小于服务业间接附加值占比。因此,加大服务业出口国内间接附加值占比,将使通过服务业发展促进全球价值链分工位置的攀升效应,更为明显。

③ 高级要素禀赋对提升一国全球价值链分工位置产生显著的正向效应。从模型1至模型6回归结果可看到,高级要素禀赋和全球价值链分工位置指数之间存在显著正相关,即一国高级要素禀赋越丰富,研发实力越强,该国在全球价值链中越是占据全球价值链上游位置。表9-7中模型3至模型6回归结果表明,基本要素禀赋对全球价值链分工位置影响没有通过显著性检验。换言之,在影响全球价值链分工位置的因素中,曾处于重要地位的基本要素禀赋,已开始让位于高级要素禀赋。

表9-7 服务业出口附加值对全球价值链分工位置指数的回归结果

	模型1	模型2	模型3	模型4	模型5	模型6
ln*SVAT*	0.157*** (5.50)	0.157*** (5.53)		0.127*** (6.21)		
ln*SFV*			-0.177*** (-11.13)	-0.164*** (-11.84)	-0.146*** (-11.28)	-0.156*** (-11.82)
ln*SDD*					0.0268** (2.58)	0.0323*** (3.07)
ln*SDI*					0.137*** (8.63)	0.138*** (8.70)

续表

	模型 1	模型 2	模型 3	模型 4	模型 5	模型 6
$\ln Size_{it}$	−0.145*** (−4.86)	−0.144*** (−4.88)	−0.0624** (−2.42)	−0.0658*** (−3.87)	−0.0767*** (−4.93)	−0.0831*** (−6.20)
$\ln RAD_{it}$	0.0294** (2.29)	0.0290** (2.28)	0.0346*** (3.39)	0.0207** (2.23)	0.0266*** (3.15)	0.0238*** (2.70)
$\ln Endow_{it}$			0.00790 (0.88)	0.0119 (1.53)	0.00396 (0.56)	0.00652 (0.90)
$\ln Tariff_{it}$	0.0276*** (3.32)	0.0273*** (3.31)	0.0129* (1.86)	0.00776 (1.34)	0.00998* (1.89)	
$\ln FDI_{it}$	0.00670 (1.03)	0.00691 (1.07)	−0.00118 (−0.22)			
$\ln Tax_{it}$	−0.0105 (−0.29)		−0.00594 (−0.20)			
常数项	1.192*** (3.02)	1.136*** (3.30)	1.194*** (3.85)	0.750*** (3.40)	0.828*** (4.22)	0.922*** (5.51)
F 值	34.44	41.58	56.72	90.98	99.05	110.2
R^2	0.591	0.591	0.737	0.792	0.830	0.816
国家数	54	54	54	54	54	54

注:实证结果由 stata14 计算并整理得出。括号内是 t 值,***、** 和 * 分别表示 1%、5% 和 10% 的显著性水平。

④ 适当的贸易成本(关税税率)有利于一国全球价值链分工位置向上游提升。模型 1 和模型 2 回归结果显示,贸易成本和全球价值链分工位置指数之间存在显著的正相关,因为一定的关税保护会抑制一国进口国外中间产品和促进本国内部开发和生产替代品,从而推动该国全球价值链分工位置向上游转移。模型 1 至模型 6 回归结果表明,经济规模与全球价值链分工位置间存在显著的负相关,可能的解释是:主导全球价值链的跨国公司,一般更愿意将全球价值链上接近消费环节(即下游环节)安排在经济规模大的国家,这样既可赢得更大的规模经济效应,又因接近市场便于提高产品在当地竞争力。

⑤ 经营成本(企业税负)对全球价值链分工位置的影响已不显著。模型 1 和模型 3 回归结果显示,经营成本对全球价值链分工位置指数影响没有通过显著性检验,这说明在全球价值链分工中各国企业税负差异不大。另外,模型 1 至

模型 6 回归结果还表明，外商直接投资流入对全球价值分工位置指数影响没有通过显著性检验，其可能原因是这里没对服务业进行细分，在本章后面对服务业细分行业的实证分析中，外商直接投资流入的影响是通过了显著性检验的。

9.3.5 服务业对全球价值链参与度的影响

为了研究服务业总体发展对全球价值链参与度的影响，本章继续根据计量分析(1)式，并以全球价值链参与度指数作为被解释变量，其他核心解释变量和控制变量不变，结果得到表 9－8 所列的模型 7 至模型 12。应用这些模型和样本数据进行实证检验，回归结果如表 9－8 所示。从表 9－8 可以发现以下四点内容。

表 9－8　服务业出口附加值对全球价值链参与度指数的回归结果

	模型 7	模型 8	模型 9	模型 10	模型 11	模型 12
ln*SVAT*	－0.277***	－0.278***		－0.232***		
	(－4.69)	(－4.72)		(－4.57)		
ln*SFV*			0.267***	0.243***	0.232***	0.263***
			(7.14)	(7.07)	(6.47)	(7.48)
ln*SDD*					－0.0777***	－0.0954***
					(－2.71)	(－3.40)
ln*SDI*					－0.154***	－0.142***
					(－3.49)	(－3.36)
$\ln Size_{it}$	0.404***	0.401***	0.281***	0.292***	0.299***	0.358***
	(6.51)	(6.53)	(4.62)	(6.93)	(6.96)	(10.02)
$\ln RAD_{it}$	－0.0325	－0.0318	－0.0438*	－0.0182	－0.0249	－0.0132
	(－1.21)	(－1.19)	(－1.82)	(－0.79)	(－1.07)	(－0.56)
$\ln Endow_{it}$	0.0573**	0.0586***	0.0391*	0.0320*	0.0386*	0.0330*
	(2.54)	(2.64)	(1.85)	(1.66)	(1.95)	(1.70)
$\ln Tariff_{it}$	－0.0709***	－0.0701***	－0.0522***	－0.0432***	－0.0457***	
	(－4.10)	(－4.10)	(－3.19)	(－2.99)	(－3.13)	
$\ln FDI_{it}$	－0.00549	－0.00590	0.00433			
	(－0.40)	(－0.44)	(0.34)			
$\ln Tax_{it}$	0.0282		0.0266			
	(0.38)		(0.38)			

续表

	模型 7	模型 8	模型 9	模型 10	模型 11	模型 12
常数项	-0.171 (-0.21)	-0.0321 (-0.04)	-0.328 (-0.45)	0.511 (0.93)	0.288 (0.53)	-0.540 (-1.21)
F	49.52	58.10	61.83	86.56	72.19	83.77
R^2	0.709	0.709	0.753	0.784	0.781	0.771
国家数	54	54	54	54	54	54

注:实证结果由 stata14 计算并整理得出。括号内是 t 值,***、** 和 * 分别表示 1%、5% 和 10% 的显著性水平。

① 提高一国服务业出口国外附加值比重,将显著提升该国全球价值链参与度。模型 9 至模型 12 回归结果表明,服务业出口国外附加值占比和全球价值链参与度指数之间存在显著正相关,即一国服务业出口国外附加值占比越大,该国全球价值链的参与度越高。与之相反,提升服务业出口国内附加值比重将显著降低该国全球价值链参与度,模型 7、模型 8 和模型 10 回归结果显示,服务业出口国内附加值占比和全球价值链分工位置指数之间存在显著负相关,国内附加值占比越高,该国全球价值链参与度越低。

② 增加服务业出口国内间接附加值占比,将强化服务业对全球价值链参与度的负面效应。模型 11 和模型 12 回归结果表明,服务业出口国内直接附加值占比和服务业出口国内间接附加值占比与全球价值链参与度指数之间,都存在显著的负相关,即两者的增加都将显著降低该国全球价值链参与度。但是由于通过显著性检验的两者回归系数不同,因此,相对于国内直接附加值,国内间接附加值对全球价值链参与度的负面影响更为明显。

③ 基本要素禀赋对全球价值链参与度产生显著的正向效应。模型 8 回归结果表明,基本要素禀赋和全球价值链参与度指数之间具有显著的正相关,即单位劳动拥有的资本量越多,越有助于提高全球价值链的参与度。这与传统国际分工理论预测相符,但和基本要素禀赋对全球价值链分工位置的影响结果不同。表 9-8 计量模型结果还显示,高级要素禀赋对全球价值链参与度影响没有通过显著性检验,这与高级要素禀赋对全球价值链分工位置影响的实证分析结论,正好相反。

④ 贸易成本对全球价值链参与度产生显著的负向效应。模型 7 至模型 11 结果显示,贸易成本与全球价值链参与度指数之间存在显著的负相关,一国关税税率越高,将增加该国全球生产网络的生产运行成本,从而不利于该国参与全球

价值链分工。这与国际经济理论预测一致。另外，模型 7 至模型 12 回归结果显示，增加经济规模将显著提高全球价值链参与度，经济规模和全球价值链参与度指数之间存在显著的正相关。此外，外商直接投资和经营成本对全球价值链参与度影响都没有通过显著性检验，这与对全球价值链分工位置影响的实证分析结论一样，这里不再重复。

9.3.6 服务业对全球价值链增值能力的影响

在计量分析(1)式基础上，本章以全球价值链增值能力指数作为被解释变量，其他核心解释变量和控制变量不变，以探究服务业对全球价值链增值能力的影响。所得模型和实证检验结果如表 9－9 所示。从表 9－9 可以发现以下四点内容。

表 9－9 服务业出口附加值对全球价值链增值能力指数的回归结果

	模型 13	模型 14	模型 15	模型 16	模型 17	模型 18
ln*SVAT*	0.192*** (5.66)	0.192*** (5.68)		0.157*** (6.17)		
ln*SFV*			－0.198*** (－10.20)	－0.183*** (－10.60)	－0.178*** (－9.86)	－0.185*** (－10.43)
ln*SDD*					0.063*** (4.35)	0.070*** (4.86)
ln*SDI*					0.094*** (4.22)	0.083*** (3.83)
$\ln Size_{it}$	－0.178*** (－5.03)	－0.179*** (－5.10)	－0.0906*** (－2.88)	－0.0873*** (－4.11)	－0.0898*** (－4.14)	－0.0849*** (－5.16)
$\ln RAD_{it}$	0.0350** (2.29)	0.0353** (2.33)	0.0443*** (3.55)	0.0276** (2.38)	0.0009 (0.09)	
$\ln Endow_{it}$				0.00371 (0.38)	0.0302** (2.56)	0.0308** (2.60)
$\ln Tariff_{it}$	0.0269*** (2.72)	0.0271*** (2.77)	0.0106 (1.24)	0.00337 (0.46)	0.0043 (0.59)	
$\ln FDI_{it}$	0.0116 (1.49)	0.0114 (1.48)	0.00233 (0.35)			
$\ln Tax_{it}$	0.00898 (0.21)		0.0179 (0.50)			

续表

	模型 13	模型 14	模型 15	模型 16	模型 17	模型 18
常数项	5.621*** (11.99)	5.669*** (13.86)	5.737*** (15.10)	5.235*** (19.01)	5.369*** (19.62)	5.337*** (25.85)
F	30.86	37.27	53.34	73.65	60.99	79.79
R^2	0.564	0.564	0.691	0.756	0.750	0.727
国家数	54	54	54	54	54	54

注:括号内是 t 值,***、** 和 * 分别表示 1%、5% 和 10% 的显著性水平。

① 提高一国服务业出口国内附加值比重,将显著提升该国全球价值链增值能力。模型 13、模型 14 和模型 16 回归结果表明,服务业出口国内附加值占比和全球价值链增值能力指数之间呈显著的正相关,即服务业国内附加值占比越大,该国在全球价值链上的国内附加值的创造能力越强。与之相对应,模型 15 至模型 18 回归结果显示,服务业出口国外附加值占比对全球价值链增值能力产生显著的负向效应,即服务业出口国外附加值占比越大,越不利于该国全球价值链增值能力的提升。

② 增加服务业国内出口间接附加值占比,将强化服务业对全球价值链增值能力提升效应。模型 17 和模型 18 回归数据表明,服务业出口国内直接附加值占比和国内间接附加值占比都和全球价值链增值能力指数呈显著的正相关,即无论是提升国内直接附加值还是国内间接附加值,都将显著提高一国在全球价值链上的增值能力。但是,通过比较两者回归系数,可以看到相对于国内直接附加值,国内间接附加值对全球价值链增值能力的提升效应更大。这与分析对全球价值链分工位置影响的实证结果相似。

③ 高级要素禀赋对全球价值链增值能力产生显著的正向效应。模型 15 的回归结果表明,高级要素禀赋和全球价值链增值能力指数之间呈显著的正相关,一国高级要素禀赋越充裕,该国在全球价值链上的国内增值能力越强。这和分析高级要素禀赋对全球价值链分工位置的效应一样。不过,通过对照有关回归数据,可发现高级要素禀赋对全球价值链增值能力的正向效应,稍强于对全球价值链分工位置。另外,基本要素禀赋对全球价值链增值能力的效应,没有通过显著性检验,这和分析基本要素禀赋对全球价值链分工位置效应的结论基本一致。

④ 经济规模和全球价值链增值能力指数之间呈现显著的负相关。从模型13至模型18的回归结果可看到,经济规模和全球价值链增值能力指数之间存在显著负相关,即经济规模越大,一国服务业出口国内附加值占比越低,该国全球价值链增值能力越弱。可能的解释是,在其他条件相同的情况下,经济规模小的国家和经济规模大的国家相比,创新更具活力。表9-9中外商直接投资和经营成本变量的回归系数都没有通过显著性检验,这与实证分析两者对全球价值链分工位置和全球价值链参与度影响的结果类似。

9.4 基于服务业细分行业发展影响的实证分析

服务业细分行业之间特性差异很大,在全球价值链中的角色也有不同。例如,金融服务、商务服务、研发服务等主要是充当全球价值链的生产环节的中间投入品,而分销服务、运输和通信服务等则主要联结全球价值链上的不同环节。鉴于此,本章在服务业中选取了具有一定代表性的金融服务、商务服务、研发服务、分销服务、运输和通信服务五个服务业细分行业作为进一步研究的行业样本,就这些细分行业对全球价值链攀升的效应进行逐一实证分析和比较研究。

9.4.1 细分服务行业对全球价值链分工位置的影响

为分析服务业细分行业对全球价值链分工位置的影响,本章根据计量分析(1)式,以全球价值链分工位置指数作为被解释变量,并且分别用金融服务、商务服务、研发服务、分销服务、运输和通信服务出口中各自的国内附加值占比、国外附加值占比作为核心解释变量,其他控制变量不变,结果得到模型19至模型23。如表9-10所示,利用这些模型和有关样本数据进行实证检验,可以得到以下四点主要结论。

表9-10 服务业细分行业出口附加值对全球价值链位置指数的回归结果

行业和控制变量	核心解释变量	模型19	模型20	模型21	模型22	模型23
金融服务	ln*FID*	0.0212*** (3.13)		0.0215*** (3.24)	0.0169** (2.58)	
	ln*FIF*	-0.00439** (-2.06)		-0.00410* (-1.96)	-0.00409** (-2.10)	

续表

行业和控制变量	核心解释变量	模型 19	模型 20	模型 21	模型 22	模型 23
商务服务	ln*BSD*		0.0426*** (3.42)			
	ln*BSF*		−0.0353*** (−3.66)			
分销服务	ln*WRD*			0.0119 (0.10)		
	ln*WRF*			−0.0472** (−2.21)		
研发服务	ln*STD*					−0.219 (−1.56)
	ln*STF*					−0.0608** (−2.32)
运输和通信服务	ln*TXD*				0.0794*** (5.06)	
	ln*TXF*				−0.0618*** (−6.41)	
$\ln Size_{it}$		−0.166*** (−5.96)	−0.169*** (−6.15)	−0.156*** (−5.68)	−0.116*** (−4.34)	−0.165*** (−5.78)
$\ln RAD_{it}$		0.0402*** (3.12)	0.0559*** (4.37)	0.0424*** (3.36)	0.0411*** (3.45)	0.0495*** (3.94)
$\ln Endow_{it}$		−0.000896 (−0.08)	−0.00712 (−0.65)	0.00288 (0.26)	0.00452 (0.45)	−0.00672 (−0.60)
$\ln Tariff_{it}$		0.0355*** (4.39)	0.0336*** (4.16)	0.0345*** (4.36)	0.0310*** (4.19)	0.0356*** (4.32)
$\ln FDI_{it}$		0.0187*** (3.14)	0.0186*** (3.13)	0.0210*** (3.58)	0.0133** (2.42)	0.0195*** (3.24)

续表

行业和控制变量	核心解释变量	模型 19	模型 20	模型 21	模型 22	模型 23
$\ln Tax_{it}$		-0.0430 (-1.28)	-0.0393 (-1.17)	-0.0344 (-1.04)	-0.0189 (-0.61)	-0.0480 (-1.41)
常数项		1.884*** (5.26)	1.880*** (5.30)	1.761*** (2.65)	1.020*** (2.78)	3.093*** (4.25)
F 值		18.79	19.36	16.67	22.33	17.67
R^2		0.439	0.447	0.467	0.540	0.424
国家数		54	54	54	54	54

注：括号内是 t 值，***、** 和 * 分别表示 1%、5% 和 10% 的显著性水平。

① 提高金融服务、商务服务、运输和通信服务出口的国内附加值比重，将显著提升全球价值链分工位置。从表 9-10 中模型回归数据可看到，金融服务、商务服务、运输和通信服务的出口国内附加值占比和全球价值链分工位置指数之间都存在显著的正相关，即金融服务、商务服务、运输和通信服务出口的国内附加值占比越高，该国在全球价值链中越靠近上游位置。其中，运输和通信服务出口的国内附加值占比对全球价值链地位提升作用最大。分销服务、研发服务出口的国内附加值占比，对全球价值链分工地位影响不显著。

② 增加商务服务、运输和通信服务出口国外附加值比重，将显著降低全球价值链分工位置。从表 9-10 可发现，商务服务、运输和通信服务出口的国外附加值占比和全球价值链分工位置指数之间都存在显著的负相关，即商务服务、运输和通信服务出口的国外附加值占比越高，该国在全球价值链中越靠近下游位置。这与服务业整体的分析结果一致。其中，运输和通信服务出口国外附加值占比对全球价值链地位的负面效应大于商务服务。金融服务、分销服务、研发服务出口的国外附加值占比对全球价值链位置的影响，没有通过 1% 显著性检验。

③ 增加外商直接投入将显著提高全球价值链分工位置。表 9-10 中回归结果显示，外商直接投资与全球价值链分工位置指数之间存在显著的正相关，即一国外商直接投资越多，该国全球价值链分工位置越靠近全球价值链上游。这与服务业整体的实证检验结果不同，凸显了在服务业细分行业的实证检验中，外商直接投资对提升全球价值链分工位置的重要性。

④ 高级要素禀赋对全球价值链分工位置产生显著的正向效应。从表9-10可发现，高级要素禀赋与全球价值链分工位置指数之间，存在显著的正相关，即高级要素禀赋越丰富，一国的全球价值链分工位置越高。这与前面服务业整体对全球价值链分工位置的实证分析结果相似，但从影响程度上看，高级要素禀赋对全球价值链分工位置的提升效应更大。贸易成本对全球价值链位置指数的影响与服务业整体的实证分析结论基本一致。

9.4.2 细分服务行业对全球价值链参与度的影响

为研究服务业细分行业对全球价值链参与度的影响，本章在计量分析(1)式基础上，以全球价值链参与度指数作为被解释变量，分别用金融服务、商务服务、研发服务、分销服务、运输和通信服务五个行业各自出口的国内附加值占比、国外附加值占比作为核心解释变量，其他控制变量不变，得到模型24至模型28，从中可以得出以下四点主要结论，如表9-11所示。

表9-11 服务业细分行业出口附加值对全球价值链参与度指数的回归结果

行业和控制变量	核心解释变量	模型24	模型25	模型26	模型27	模型28
金融服务	ln*FID*	-0.0315** (-2.44)		-0.0352*** (-2.62)	-0.0151 (-1.12)	
	ln*FIF*	0.0114*** (2.80)		0.0129*** (3.04)	0.0101** (2.52)	
商务服务	ln*BSD*		-0.101*** (-3.92)		-0.107*** (-4.29)	
	ln*BSF*		0.0664*** (3.28)		0.0805*** (4.11)	
分销服务	ln*WRD*			-0.244 (-1.37)		
	ln*WRF*		0.0952*** (2.91)			
研发服务	ln*STD*					-0.268* (-1.75)
	ln*STF*	0.117*** (4.30)				

分论

续表

行业和控制变量	核心解释变量	模型 24	模型 25	模型 26	模型 27	模型 28
运输和通信服务	ln*TXD*				-0.0870*** (-2.64)	-0.132*** (-4.08)
	ln*TXF*				0.0256 (1.22)	0.0539** (2.56)
$\ln Size_{it}$		0.426*** (7.97)	0.443*** (8.56)	0.455*** (8.24)	0.400*** (7.38)	0.396*** (6.88)
$\ln RAD_{it}$		-0.0515** (-2.10)	-0.0713*** (-2.97)	-0.0521** (-2.04)	-0.0519** (-2.11)	-0.0484* (-1.93)
$\ln Endow_{it}$		0.0576*** (2.73)	0.0492** (2.35)	0.0477** (2.18)	0.0466** (2.24)	0.0403* (1.84)
$\ln Tariff_{it}$		-0.0715*** (-4.60)	-0.0759*** (-5.00)	-0.0799*** (-4.98)	-0.0656*** (-4.32)	-0.0780*** (-4.91)
$\ln FDI_{it}$		-0.0355*** (-3.14)	-0.0359*** (-3.17)	-0.0370*** (-3.12)	-0.0272** (-2.43)	-0.0295** (-2.51)
$\ln Tax_{it}$		0.0999 (1.57)	0.0802 (1.28)	0.0901 (1.35)	0.0620 (0.99)	0.0978 (1.48)
常数项		-1.510** (-2.22)	-1.341** (-2.01)	-0.411 (-0.37)	-0.153 (-0.21)	0.784 (0.73)
F 值		37.94	40.47	33.26	31.48	34.59
R^2		0.641	0.656	0.610	0.668	0.620
国家数		54	54	54	54	54

注：实证结果由 stata14 计算并整理得出。括号内是 *t* 值，***、** 和 * 分别表示 1%、5% 和 10% 的显著性水平。

① 提高金融服务、商务服务、分销服务、研发服务出口国外附加值比重将显著提高全球价值链参与度。从表 9-11 可看到，金融服务、商务服务、分销服务、研发服务出口国外附加值比重和全球价值链参与度指数之间存在显著的正相关，即金融服务、商务服务、分销服务、研发服务出口的国外附加值占比越大，一国的全球价值链参与度越高。这与服务业整体对全球价值链参与度影响的实证

分析结果一致。其中,研发服务出口国外附加值占比对全球价值链参与度的影响最大,然后依次分别是:分销服务、商务服务、金融服务。运输和通信服务出口的国外附加值占比对全球价值链参与度的影响没有通过1%显著性检验。

② 增加金融服务、商务服务和运输和通信服务出口国内附加值比重将显著降低全球价值链参与度。表9-11中回归数据显示,金融服务、商务服务、运输和通信服务出口的国内附加值比重与全球价值链参与度指数之间存在显著的负相关,即金融服务、商务服务、运输和通信服务出口的国内附加值占比越大,一国的全球价值链参与度越小。其中,商务服务、运输和通信服务对全球价值链参与度的负面效应超过金融服务。分销服务、研发服务出口的国内附加值占比对全球价值链参与度不产生显著性影响。

③ 扩大外商直接投资将显著降低一国全球价值链参与度。从表9-11中模型18至模型20回归结果可看到,外商直接投资和全球价值链参与度指数之间,存在显著的负相关,即一国利用外商直接投资越多,一国的全球价值链参与度越低。这与服务业整体实证分析的结果不同,显示了在服务业细分行业下,外商直接投资对一国全球价值链参与度的影响。

④ 从金融服务、研发服务实证检验结果可看到,基本要素禀赋对全球价值链参与度产生显著正向效应,即基本要素禀赋越高,一国的全球价值链参与度指数越大。不过,在商务服务、分销服务、运输和通信服务的检验结果中,基本要素禀赋的上述效应不显著。在商务服务、分销服务中,高级要素禀赋与该国全球价值链参与度指数呈显著的负相关,即一国高级要素禀赋越丰裕,该国全球价值链参与度越低。此外,贸易成本和经营成本对全球价值链参与度的影响与服务业整体分析时得到的结论相似。

9.4.3 细分服务行业对全球价值链增值能力的影响

为探讨服务业细分行业对全球价值链增值能力的影响,本章根据计量分析(1)式,以全球价值链增值能力指数为被解释变量,分别用金融服务、商务服务、研发服务、分销服务、运输和通信服务五个行业各自出口的国内附加值占比、国外附加值占比作为核心解释变量,其他控制变量不变,结果可得到模型29至模型33。如表9-12所示,根据这些模型的实证检验结果可以得到以下四点主要结论。

① 提高金融服务、商务服务、运输和通信服务出口的国内附加值占比将显著提升全球价值链增值能力。从表9-12可看到,金融服务、商务服务、运输和

表 9-12 服务业细分行业出口附加值对全球价值链增值能力指数的回归结果

行业和控制变量	核心解释变量	模型 29	模型 30	模型 31	模型 32	模型 33
金融服务	ln*FID*	0.0261*** (3.27)		0.0269*** (3.50)	0.0172** (2.20)	
	ln*FIF*	-0.00432* (-1.72)		-0.00402* (-1.66)	-0.00332 (-1.43)	
商务服务	ln*BSD*		0.0585*** (4.01)		0.0267* (1.85)	
	ln*BSF*		-0.0426*** (-3.77)		-0.0213* (-1.87)	
分销服务	ln*WRD*			0.248* (1.75)		
	ln*WRF*			-0.0368 (-1.49)		
研发服务	ln*STD*					-0.177 (-1.07)
	ln*STF*					-0.0617** (-1.99)
运输和通信服务	ln*TXD*				0.0942*** (4.93)	
	ln*TXF*				-0.0609*** (-4.98)	
$\ln Size_{it}$		-0.199*** (-6.07)	-0.202*** (-6.28)	-0.188*** (-5.92)	-0.139*** (-4.43)	-0.199*** (-5.92)
$\ln RAD_{it}$		0.0492*** (3.25)	0.0657*** (4.39)	0.0532*** (3.64)	0.0506*** (3.55)	0.0614*** (4.15)
$\ln Endow_{it}$		-0.0107 (-0.82)	-0.0173 (-1.34)	-0.00724 (-0.57)	-0.00546 (-0.45)	-0.0175 (-1.32)
$\ln Tariff_{it}$		0.0377*** (3.96)	0.0349*** (3.69)	0.0356*** (3.88)	0.0295*** (3.35)	0.0379*** (3.89)

续表

行业和控制变量	核心解释变量	模型 29	模型 30	模型 31	模型 32	模型 33
$\ln FDI_{it}$		0.0238 ***	0.0230 ***	0.0271 ***	0.0170 ***	0.0252 ***
		(3.40)	(3.31)	(3.99)	(2.62)	(3.56)
$\ln Tax_{it}$		−0.0136	−0.00989	−0.00395	0.0162	−0.0202
		(−0.34)	(−0.25)	(−0.10)	(0.45)	(−0.50)
常数项		6.377 ***	6.336 ***	5.142 ***	5.230 ***	7.436 ***
		(15.13)	(15.26)	(6.69)	(12.13)	(8.66)
F 值		17.20	18.30	16.58	17.62	15.94
R^2		0.417	0.433	0.466	0.529	0.399
国家数		54	54	54	54	54

注：括号内是 t 值，***、** 和 * 分别表示 1%、5% 和 10% 的显著性水平。

通信服务出口的国内附加值占比与全球价值链创造能力指数之间存在显著的正相关，即金融服务、商务服务、运输和通信服务出口的国内附加值占比越高，一国在全球价值链中的国内附加值增值能力越强。其中，运输和通信服务出口国内附加值占比对全球价值链增值能力影响最大，然后依次分别是商务服务、金融服务。分销服务、研发服务出口国内附加值占比对全球价值链增值能力影响没有通过显著性检验。

② 增加商务服务、运输和通信服务出口国外附加值占比将显著降低全球价值链增值能力。表 9－12 中回归结果表明，商务服务、运输和通信服务出口国外附加值占比与全球价值链增值能力指数之间存在显著的负相关，即商务服务、运输和通信服务出口的国外附加值占比越大，该国在全球价值链中创造的国内出口附加值越少，增值能力越弱。金融服务、分销服务、研发服务出口的国外附加值占比对全球价值链增值能力的影响，没有通过显著性检验。

③ 增加外商直接投资将显著提高全球价值链增值能力。表 9－12 中数据显示，外商直接投资和全球价值链增值能力指数之间存在显著的正相关，即外商直接投资越多，该国全球价值链的增值能力越强。外商直接投资对全球价值链增值能力的正向效应，与服务业细分行业下对全球价值链分工位置的效应相似。由于服务业整体的实证分析中外商直接投资对全球价值链增值能力影响不显著，因此，这里通过服务业细分的实证研究，无疑弥补了其不足。

④ 根据金融服务、商务服务、研发服务、分销服务、运输和通信服务的实证检验结果,可发现高级要素禀赋对全球价值链增值能力产生显著正向效应。表9－12中模型和回归数据表明,高级要素禀赋与全球价值链增值能力指数之间都存在显著正相关,即增加高级要素禀赋将显著地提升全球价值链增值能力。该结果和对服务业整体的实证检验结论相似。另外,从表9－12还可以看到,经济规模与全球价值链增值能力指数存在显著的负相关,贸易成本与全球价值链增值能力指数之间呈现显著的正相关,这些也与对服务业进行整体分析时的结果类似。

9.5 服务业开放对全球价值链创新能力影响实证分析

在推动全球价值链攀升和创新上,服务业正在发挥越来越重要的作用。服务业对外开放是中国实施经济对外开放战略的重要组成部分,也是当前中国经济开放的重点和热点。不同于其他产业,服务业对外开放包含跨境提供型和利用外资型两种开放模式。

根据服务业的开放特征和创新发展理论,本章将服务业开放对全球价值链创新能力的影响机制归纳为以下三个方面。① 服务业开放扩大了一国从事创新活动的资源总量,特别是从事一些高端创新活动所需要的优质资源总量,即借助于服务业开放,一国可以通过吸纳国外优质创新要素,解决国内创新资源不足的问题。② 服务业开放提高了一国创新活动的效率,包括:一国通过跨境提供型模式下服务业开放,可以获取开放带来的技术外溢和学习效应,从而促进本国创新资源重组和利用效率提升;通过外资型模式下服务业开放,可以利用国外高端服务企业在当地的经营,直接为国内尽快缩小与国外创新能力的差距创造各方面条件。③ 服务业开放营造了更好的外部环境,包括:创新活动所需要的科技信息、现代金融服务、人力资源培训等,以及支撑创新持续发展的知识产权有效保护、合理的市场竞争秩序安排等。

9.5.1 计量模型构建和数据说明

本章以中国服务业开放为案例,实证探讨和分析服务业开放对全球价值链创新能力的影响。由于当前中国参与全球价值链活动主要集中在制造业。因此,本章对中国全球价值链创新能力的分析主要立足于制造业领域,并且仅使用制造业创新能力衡量指标。

根据服务业开放对全球价值链创新能力影响的理论分析,本章构建如下计量分析公式：

$$\ln Y_{it} = \beta_0 + \beta_1 \ln service\_lib_{it} + \beta_2 X_{it} + \mu_i + \varepsilon_{it} \tag{5}$$

在(5)式中，Y_{it}代表全球价值链创新能力；$service_lib_{it}$代表服务业开放渗透率，用来表示服务业开放程度，X_{it}为影响全球价值链创新能力的其他控制变量。i和t分别表示第i个制造行业和第t年，μ_i是不可观测的行业固定效应，ε_{it}是随机误差项。为降低(5)式中各变量的内生性，(5)式中所有变量均采用对数形式。

1）被解释变量的说明

关于全球价值链创新能力（Y_{it}）的度量，目前在制造业领域主要有两种方法。一是主要测量制造业在新技术、新发明上的创新能力，常见的指标是专利申请、专利引用等。[①] 二是主要测量制造业创新的实际商业价值，常见的指标有新产品销售等。[②] 以上两种对制造业全球价值链创新能力的衡量方法各有优缺点。鉴于此，本章既使用专利申请数（*pat*），又采用新产品销售额（*new*）作为衡量全球价值链创新能力的指标，以全面考察服务业开放对全球价值链创新能力的影响。

2）核心解释变量的说明

服务业开放程度是公式(5)的核心解释变量。为提高实证分析的针对性，本章采用服务业开放对制造业渗透率（简称服务业开放渗透率，$service\_lib_{it}$）作为核心解释指标。其计算公式如(6)式：

$$service\_lib_{it} = \sum_k a_{ikt} liberalization_{kt} \tag{6}$$

在(6)式中，服务投入比例a_{ikt}是根据2002年、2007年和2010年中国42个行业投入产出表计算所得。[③] 由于我国服务业统计口径在2003年之后发生了较大变化，为尽可能保持样本数据的一致性，本章考察的样本区间是2004—

① Almeida, R., Fernandes, A. M. "Openness and Technological Innovations in Developing Countries: Evidence from Firm-Level Surveys", *Journal of Development Studies*, vol. 44, no. 5(2008), pp. 701－727.

② Branstetter, L., Fisman, R., Foley, C. F. "Do Stronger Intellectual Property Rights Increase International Technology Transfer? Empirical Evidence from U. S. Firm-Level Data", *The Quarterly Journal of Economics*, vol. 121, no. 1(2006), pp. 321－349.

③ 考虑到服务业在制造业行业生产中投入的变动具有短期不变性，在计算服务部门开放对制造业行业的影响时，2004年数据使用2002年中国投入产出表进行系数加权，2005—2009年数据使用2007年中国投入产出表进行加权，2010—2013年数据使用2010年中国投入产出表进行系数加权。

2013 年。i 代表 16 个制造业行业①，k 是服务行业，t 代表时间。

考虑到服务业具有跨境提供型和利用外资型两种对外开放模式，因此，在(6)式中的服务业开放渗透率($service\_lib_{it}$)也可被细分为跨境提供型服务业开放渗透率(is_lib_{it})和利用外资型服务业开放渗透率(fs_lib_{it})两个指标，而变量 $liberalization_{it}$ 相应地分别用服务进口额和利用外资额表示。

需要说明的是，本章使用的服务进口数据来自联合国贸发会议数据库，该数据库将服务分为运输服务、旅游服务、通信服务、建筑服务、保险服务、金融服务、计算机和信息服务、专利和特许费、其他商务服务、个人文化和娱乐服务、政府服务，共 11 类。为与中国投入产出表中的服务部门相匹配，本章分类并最终整理形成九大服务行业②，并在此基础上进行数据匹配。关于中国服务业利用外资数据也进行相似的技术匹配处理。最终分为金融服务、商务服务、研发服务三类。

3）控制解释变量的说明

根据创新理论和格里利谢斯 - 贾菲(Griliches - Jaffe)知识生产模型，(5)式中选择的控制解释变量分别是：研发人员数(rd_l_{it})、研发资本数(rd_k_{it})、企业规模($scale_{it}$)等。其中，研发人员数(rd_l_{it})用制造业进行研发创新活动的技术人员数表示，研发资本数(rd_k_{it})用制造业研发内部经费数来表示；企业规模($scale_{it}$)用各细分行业的利润总额指标代表，创新环境用各细分行业国有及国有控股工业企业工业总产值占全部规模以上企业的比重来表示。一般认为，提高非国有及国有控股工业企业比例有助于完善市场竞争环境，促进企业创新。

鉴于服务业开放对制造业的影响可能存在滞后性，本章还将核心解释变量 $service\_lib_{it}$ 的滞后 1 期项纳入回归方程中，同时为进一步研判服务业开放对全球价值链创新的长期影响，还将 $service\_lib_{it}$ 滞后 1 期项的二次项也纳入(5)式回归方程中。因此，在(5)式基础上，本章得到新的计量(7)式：

$$\ln Y_{it} = \alpha_0 + \alpha_1 \ln service\_lib_{it-1} + \alpha_2 \ln service\_lib^2_{it-1} + \alpha_3 rd\_l_{it} + \alpha_4 rd\_k_{it} + \alpha_5 control_{it} + \alpha_6 scale_{it} + \mu_i + \varepsilon_{it} \tag{7}$$

① 在中国投入产出表中，制造业一共有 17 个细分行业，其中，废弃资源和废旧材料回收加工业在 2002 年投入产出表中的中间服务投入为 0，为了保持前后的一致，将其剔除，保留 16 个制造业行业。分别为：食品制造及烟草加工业，纺织业，皮革、毛皮、羽毛（绒）及其制品业，木材加工及家具制造业，造纸印刷及文教用品制造业，石油加工、炼焦及核燃料加工业，化工业，非金属矿物制品业，金属冶炼及压延加工业，金属制品业，通用和专用设备制造业，交通运输设备制造业，电气机械及器材制造业，通信设备、计算机及其他电子设备制造业，仪器仪表及文化、办公用机械制造业，工艺品及其他制造业。

② 归并后的九大服务行业分别为：运输服务，旅游服务，通信与计算机服务，金融保险，建筑服务，广告宣传和其他商务服务，专有权利使用费特许费和咨询，电影和影像服务，政府服务。

在(7)式中各变量的含义和原始数据来源见表 9 - 13。为更好地考察数据的特征，本章进行了变量统计性描述和主要变量之间的散点回归。从图 9 - 7 的散点分布图可以看到，无论是跨境提供型还是利用外资型服务业开放，扩大服务业对外开放程度，与中国制造业全球价值链创新能力之间都呈现一定的正相关。

表 9 - 13　变量含义和数据来源说明

变量名称	变量定义	数据来源
new	新产品销售额	《中国科技统计年鉴》
pat	专利申请数	
is_lib_{it}	服务进口开放渗透率	2002 年、2007 年和 2010 年中国投入产出表，《中国统计年鉴》，UNTCAD 数据库
fs_lib_{it}	服务业 FDI 开放渗透率	
rd_l_{it}	研发人员数	《中国科技统计年鉴》
rd_k_{it}	研发资本数	《中国科技统计年鉴》
$scale_{it}$	企业规模	《中国工业经济统计年鉴》
$control_{it}$	国有化程度	《中国工业经济统计年鉴》

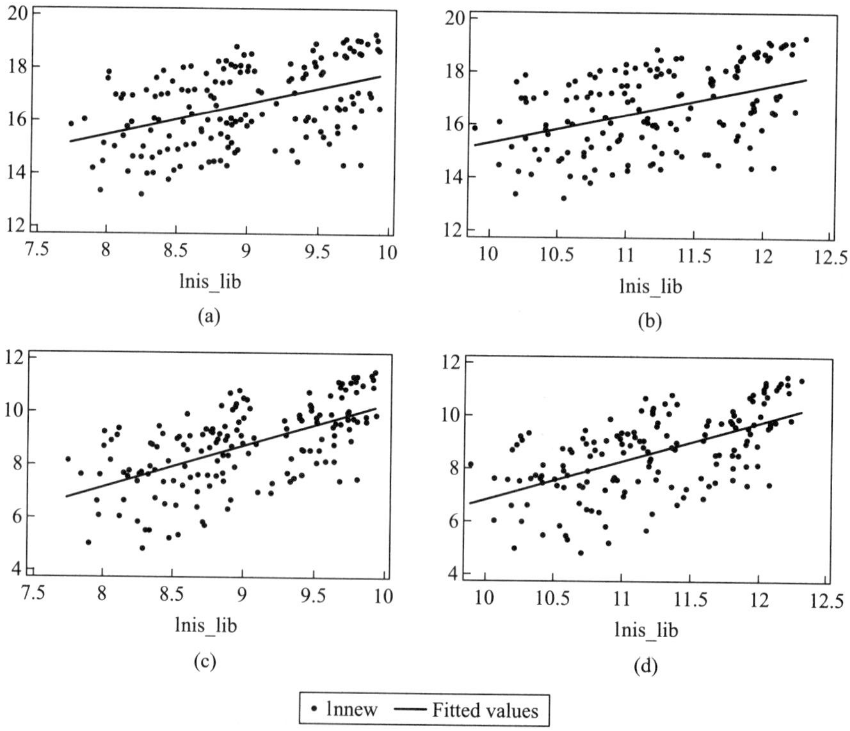

图 9 - 7　服务业开放与中国全球价值链创新能力之间关系散点回归图

9.5.2 服务业开放对全球价值链创新能力影响的实证分析

表 9－14 显示了服务业开放对中国全球价值链创新能力影响的实证分析结果。为了克服各产业之间可能存在的异方差，给出的标准差都经过了怀特异方差修正。采用 OLS、随机效应模型（random effect, re）和固定效应模型（fixed effect, fe）对模型分别加以检验。

在表 9－14 中第(1)～(6)列给出了在以新产品销售额作为全球价值链创新能力衡量指标情况下，跨境提供型和利用外资型服务业开放分别对价值链创新能力影响的计量结果。豪斯曼检验的 P 值为零，说明应采用固定效应模型。is_lib 和 fs_lib 系数均分别通过了 1% 的显著性检验，且系数为正，表示无论是跨境提供型还是利用外资型服务业开放，对中国价值链整体创新能力，均产生了显著的正向促进作用。但是，is_lib 和 fs_lib 系数的二次项均在 1% 的显著性水平下为负，这说明无论是跨境提供型服务业开放还是利用外资型服务业开放，其对价值链创新能力的影响，都呈现倒 U 形，即在达到拐点之前，产生正向影响；而达到拐点之后，则产生负面效应，此时服务业开放不利于中国价值链整体创新能力的提升。

表 9－14 中第(7)～(12)列显示了以专利申请数作为制造业全球价值链创新能力衡量指标情况下，跨境提供型和利用外资型服务业开放分别对价值链创新能力影响的计量结果。从表中可看到，跨境提供型服务业开放和利用外资型服务业开放对中国全球价值链创新能力的影响，与以新产品销售额作为价值链创新能力衡量指标的回归结果基本一致，即无论是跨境提供型还是利用外资型服务业开放，都对制造业全球价值链创新能力产生显著的倒 U 形影响。进一步比较可发现，若以新产品销售额作为价值链创新能力衡量指标，那么利用外资型服务业开放对价值链创新能力的效应强于跨境提供型服务业开放；若以专利申请数作为价值链创新能力衡量指标，那么跨境提供型服务业开放对价值链创新能力的影响大于利用外资型服务业开放。

此外，表 9－14 还显示，增加研发人员数和研发资本数能够显著地提升全球价值链创新能力，研发人员投入、研发资本投入和全球价值链创新能力之间呈现显著正相关，这与经济学理论预期一致。企业规模对创新能力影响不显著；创新环境在以新产品销售额作为价值链创新能力衡量指标的情况下，对创新能力的影响未通过显著性检验，但是，如以专利申请数作为价值链创新能力衡量指标，那么创新环境变量对价值链创新能力的影响产生显著的负面效应。

表 9－14 服务业开放对中国全球价值链创新能力影响的实证分析结果

	被解释变量:新产品销售额(ln*new*)						被解释变量:专利申请数(ln*pat*)					
	is_lib (1) *ols*	*is_lib* (2) *re*	*is_lib* (3) *fe*	*fs_lib* (4) *ols*	*fs_lib* (5) *re*	*fs_lib* (6) *fe*	*is_lib* (7) *ols*	*is_lib* (8) *re*	*is_lib* (9) *fe*	*fs_lib* (10) *ols*	*fs_lib* (11) *re*	*fs_lib* (12) *fe*
$\ln service\_lib_{it-1}$	2.785* (1.74)	3.490*** (3.73)	3.887*** (4.53)	1.998 (1.12)	3.330*** (3.25)	3.738*** (3.95)	4.110* (1.95)	4.405*** (3.13)	4.605*** (3.23)	3.836 (1.64)	3.166** (2.06)	3.224** (2.05)
$\ln service\_lib^2_{it-1}$	−0.157* (−1.75)	−0.188*** (−3.61)	−0.196*** (−4.13)	−0.0891 (−1.11)	−0.142*** (−3.12)	−0.151*** (−3.60)	−0.196 (−1.65)	−0.216*** (−2.75)	−0.221*** (−2.81)	−0.145 (−1.39)	−0.117* (−1.71)	−0.116* (−1.67)
$\ln rd\_k_{it}$	1.193*** (13.04)	0.710*** (9.56)	0.457*** (5.36)	1.196*** (12.96)	0.683*** (9.07)	0.449*** (5.30)	0.263** (2.18)	0.526*** (4.75)	0.472*** (3.33)	0.245** (2.04)	0.523*** (4.63)	0.466*** (3.31)
$\ln rd\_l_{it}$	−0.204** (−2.26)	0.228*** (3.47)	0.220*** (3.54)	−0.209** (−2.30)	0.242*** (3.68)	0.235*** (3.77)	0.759*** (6.39)	0.429*** (4.35)	0.359*** (3.47)	0.767*** (6.47)	0.428*** (4.34)	0.369*** (3.57)
$\ln scale_{it}$	−0.0590* (−1.73)	−0.0115 (−0.46)	−0.0132 (−0.57)	−0.0622* (−1.83)	−0.0125 (−0.50)	−0.0155 (−0.66)	−0.0325 (−0.72)	−0.0192 (−0.51)	−0.0209 (−0.54)	−0.0214 (−0.48)	−0.0229 (−0.61)	−0.0265 (−0.68)
$\ln control_{it}$	−0.00391 (−0.15)	0.0151 (0.36)	−0.0756 (−1.33)	−0.00001 (−0.00)	0.0182 (0.41)	−0.0766 (−1.35)	−0.268*** (−7.58)	−0.266*** (−4.33)	−0.296*** (−3.13)	−0.241*** (−6.59)	−0.257*** (−3.92)	−0.305*** (−3.23)
_*cons*	−9.549 (−1.35)	−11.64*** (−2.84)	−11.18*** (−3.01)	−8.366 (−0.84)	−14.68*** (−2.60)	−15.10*** (−2.92)	−24.61*** (−2.63)	−25.78*** (−4.19)	−25.69*** (−4.17)	−28.12** (−2.17)	−24.30*** (−2.87)	−23.80*** (−2.77)
Wald 检验		2180.7 [0.00]			2128.78 [0.00]			1664.01 [0.00]			1652.89 [0.00]	
Hausman 检验			31.97 [0.00]			26.47 [0.00]			19.17 [0.24]			4.57 [0.60]
调整后 R^2 值	0.957		0.935	0.956		0.934	0.928		0.911	0.928		0.911
行业	16	16	16	16	16	16	16	16	16	16	16	16
样本数	144	144	144	144	144	144	144	144	144	144	144	144

注:实证的结果均由 stata 14 计算并整理得出。方括号内是 Wald 检验的 P 值。圆括号内是 t 值。***、**、* 分别表示 1%、5%、10% 的显著性水平。

9.5.3 服务业细分行业开放对全球价值链创新能力的影响

与研究服务业对全球价值链攀升效应的做法一样，考虑到服务业中不同行业特性之间的差异，本章进一步对服务业行业进行了细分，并且从中选取具有代表性的金融服务、研发服务和商务服务作为行业样本进行有关实证研究。沿用本章前面使用的面板数据分析方法，得到结果如表 9－15 和表 9－16 所示。

表 9－15 细分行业跨境提供型服务业开放对全球价值链创新能力影响的实证分析结果

	被解释变量：lnnew			被解释变量：lnpat		
	金融服务 (1) *fe*	商务服务 (2) *fe*	研发服务 (3) *fe*	金融服务 (4) *re*	商务服务 (5) *re*	研发服务 (6) *re*
$\ln service\_lib_{it-1}$	2.504*** (4.18)	0.418 (1.34)	0.642*** (4.08)	3.019*** (3.31)	−0.249 (−0.52)	0.495* (1.91)
$\ln service\_lib^2_{it-1}$	−0.170*** (−4.05)	−0.0155 (−0.62)	−0.0517*** (−3.47)	−0.196*** (−3.00)	0.0469 (−1.26)	−0.0278 (−1.10)
$\ln rd\_k_{it}$	0.563*** (6.35)	0.521*** (6.01)	0.602*** (7.7)	0.599*** (5.12)	0.542*** (4.78)	0.648*** (5.62)
$\ln rd\_l_{it}$	0.217*** (3.33)	0.233*** (3.61)	0.208*** (3.25)	0.400*** (3.9)	0.423*** (4.23)	0.398*** (3.77)
$\ln scale_{it}$	−0.0006 (−0.02)	0.0051 (0.21)	0.00763 (0.32)	0.00146 (0.04)	−0.00221 (−0.06)	0.0098 (0.24)
$\ln control_{it}$	−0.0827 (−1.37)	−0.104* (−1.76)	−0.0904 (−1.51)	−0.302*** (−4.50)	−0.289*** (−4.60)	−0.359*** (−5.85)
_cons	−2.768 (−1.58)	4.497*** (3.11)	3.927*** (5.75)	−15.98*** (−5.60)	−4.586** (−2.52)	−7.252*** (−8.63)
Wald 检验				1484.79 [0.00]	1606.52 [0.00]	1422.54 [0.00]
Hausman 检验	54.97 [0.00]	35.57 [0.00]	19.43 [0.00]	4.87 [0.68]	4.66 [0.59]	8.69 [0.19]
调整后 R^2 值	0.927	0.928	0.928			
行业	16	16	16	16	16	16
样本数	144	144	144	144	144	144

注：实证的结果均由 stata 14 计算并整理得出。方括号内是 Wald 检验的 *P* 值。圆括号内是 *t* 值，***、**、* 分别表示 1%、5%、10% 的显著性水平。

表 9－16　细分行业利用外资型服务业开放对全球价值链创新能力影响的实证分析结果

	被解释变量：ln*new*			被解释变量：ln*pat*		
	金融服务	商务服务	研发服务	金融服务	商务服务	研发服务
	(1) *fe*	(2) *fe*	(3) *fe*	(4) *re*	(5) *re*	(6) *re*
$\ln service\_lib_{it-1}$	1.852*** (3.79)	1.101** (2.58)	0.566*** (4.31)	3.812*** (5.12)	0.574 (0.78)	0.501** (2.33)
$\ln service\_lib^2_{it-1}$	－0.109*** (－3.69)	－0.0498** (－2.24)	－0.0287*** (－3.30)	－0.220*** (－4.87)	－0.0191 (－0.50)	－0.0191 (－1.32)
$\ln rd\_k_{it}$	0.681*** (9.05)	0.581*** (7.03)	0.539*** (6.92)	0.684*** (6.47)	0.652*** (5.31)	0.595*** (5.45)
$\ln rd\_l_{it}$	0.240*** (3.66)	0.259*** (3.97)	0.192*** (3.11)	0.408*** (4.19)	0.437*** (3.99)	0.394*** (3.96)
$\ln scale_{it}$	－0.0104 (－0.42)	0.0167 (0.7)	－0.0153 (－0.64)	－0.0292 (－0.77)	0.0324 (0.8)	－0.0268 (－0.69)
$\ln control_{it}$	－0.0732 (－1.19)	－0.106* (－1.78)	－0.071 (－1.23)	－0.315*** (－4.93)	－0.368*** (－5.63)	－0.302*** (－5.00)
_cons	－3.222 (－1.65)	－0.554 (－0.26)	4.480*** (5.67)	－21.99*** (－7.48)	－9.927*** (－2.76)	－6.970*** (－7.32)
Wald 检验				1646.46 [0.00]	1345.09 [0.00]	1608.67 [0.00]
Hausman 检验	15.73 [0.02]	57.43 [0.00]	24.09 [0.00]	5.42 [0.49]	10.07 [0.12]	7.82 [0.25]
调整后 R^2 值	0.926	0.926	0.934			
行业	16	16	16	16	16	16
样本数	144	144	144	144	144	144

注：方括号内是 Wald 检验的 *P* 值。圆括号内是 *t* 值，***、**、* 分别表示 1%、5%、10% 的显著性水平。

表 9－15 给出了在跨境提供型服务业开放模式下，金融服务、研发服务和商务服务开放对制造业全球价值链创新能力影响的检验结果。从表中可以看到，

对金融服务而言，无论是以新产品销售额还是以专利申请数作为制造业全球价值链创新能力衡量指标，一次项回归系数均通过了显著性检验且系数为正，二次项系数也均通过了负的显著性检验且系数为负，即产生显著的倒U形影响。对商务服务来说，无论是以新产品销售额还是以专利申请数作为制造业全球价值链创新能力衡量指标，开放对制造业全球价值链创新能力影响，均未通过显著性检验。在研发服务上，如果以新产品销售额作为创新能力指标，那么开放对制造业全球价值链创新能力的影响与金融服务相似；但是，如果以专利申请数作为制造业全球价值链创新能力的评估指标，那么研发服务开放与制造业全球价值链创新能力之间存在较为简单的线性正相关。

表9－16列出了在利用外资型服务业开放模式下，金融服务、研发服务和商务服务开放对中国制造业全球价值链创新能力影响的实证结果。从表9－16可发现，金融服务在利用外资型服务业开放模式下，与跨境提供型服务业开放模式相似，也对制造业全球价值链创新能力产生显著的倒U形影响。只是相对而言，如以新产品销售额作为制造业全球价值链创新能力衡量指标，金融服务在跨境提供型下的开放影响稍强于利用外资型；在以专利申请量作为创新能力衡量指标情况下，利用外资型金融服务开放的效应稍大于跨境提供型开放。商务服务的利用外资型开放与跨境提供型开放不同，如果以新产品销售作为制造业全球价值链创新能力指标，那么商务服务开放对制造业全球价值链创新能力将呈现显著的倒U形影响。但是，如果是以专利申请量作为衡量指标，那么商务服务开放产生的影响不显著。研发服务在利用外资型服务业开放模式下，对制造业全球价值链创新能力的影响与跨境提供型服务业开放相似，这里不再重复。

9.6 结论和启示

通过上述分析和实证研究，本章形成了一系列新的研究结论和发现，归纳起来主要有以下七个方面。

① 全球价值链攀升与服务业发展高度相关。本章发现，服务业在全球价值链中不仅起着连接不同环节的纽带作用，而且越来越成为决定全球价值链攀升的关键因素。随着新一代信息、人工智能等技术的不断突破和广泛应用，经济全球化进入服务业主导的新阶段，服务业已经成为世界贸易出口附加值的主要来源，并且在全球价值链中不断被赋予新的功能定位。改革开放以来，中国服务业的全球价值链分工位置、参与度以及增值能力，都有较大幅度提高，但是与发达

国家相比，仍然存在明显差距。

② 提高服务业发展水平能显著地提升一国全球价值链的分工位置和增值能力。本章计量分析结果显示，服务业出口国内附加值占比和该国全球价值链分工位置指数之间存在显著的正相关。同样地，服务业出口国内附加值占比也和该国全球价值链增值能力指数之间呈显著的正相关。这意味着加快服务业发展和提高服务业出口国内附加值占比，将推动一国全球价值链分工位置向上游转移，并显著提升全球价值链增值能力。

③ 调整和优化服务业结构能强化服务业对全球价值链的攀升效应。本章的实证分析结果表明，由于相对于国内直接附加值，服务业出口中国内间接附加值对全球价值链分工位置和增值能力的正向效应更大，因此，提高服务业国内间接附加值占比，将强化服务业对该国全球价值链分工位置和增值能力的提升效应；从行业细分角度看，因相对于分销服务和金融服务，商务服务、运输和通信服务对全球价值链地位攀升效果更大，因此，增加服务业中商务服务、运输和通信服务占比，能更有效促进一国全球价值链地位攀升。

④ 增加服务业出口国外附加值比重能显著提高一国全球价值链参与度，但是不利于该国全球价值链分工位置和增值能力提升。实证检验结果显示，服务业出口国外附加值占比和该国全球价值链参与度指数显著正相关，但与全球价值链分工位置和增值能力指数都存在显著负相关。关于外商直接投资的影响，从金融服务、分销服务、商务服务、研发服务、运输和通信服务的实证分析结果可以看到，增加外商直接投资将显著提高一国在全球价值链中的分工位置和增值能力。

⑤ 影响全球价值链分工格局的要素禀赋特征已发生明显改变，基本要素禀赋的影响在下降，高级要素禀赋的作用在上升。计量分析结果表明，高级要素禀赋与全球价值链分工位置指数以及增值能力指数之间都呈现显著的正相关，而基本要素禀赋对全球价值链分工位置和增值能力的影响都没有通过显著性检验。这说明在当前全球价值链分工地位的主要影响因素中，基本要素禀赋已开始逐步让位于高级要素禀赋。实证检验结果还表明，基本要素禀赋对全球价值链参与度依旧产生一定的正向效应；而一定的贸易成本将有助于全球价值链分工位置和增值能力提升。

⑥ 无论是跨境提供型还是利用外资型服务业开放，都能显著提高中国全球价值链的创新能力。本章的实证分析结果显示，中国在跨境提供型和利用外资型模式下的服务业开放均与全球价值链创新能力衡量指标之间存在显著的相

关，并且这种相关性呈现显著的倒 U 形，即在一定的开放范围内，服务业开放对中国全球价值链创新能力具有正向效应，但是，超过一定范围后将改变为具有负向效应。本章还发现，中国的跨境提供型服务业开放对全球价值链创新能力有正向效应，且总体上稍大于利用外资型服务业开放。

⑦ 不同服务行业开放对中国全球价值链创新能力的影响存有一定差异性，即金融服务开放对中国全球价值链创新能力的效应呈现倒 U 形；商务服务只能在利用外资型模式和以新产品销售额作为创新能力衡量指标的情况下扩大开放，才对创新能力产生显著的积极影响；就研发服务而言，如以新产品销售作为全球价值链创新能力的衡量指标，那么扩大研发服务开放对制造业全球价值链创新能力产生显著的倒 U 形影响；但是，如以专利申请数作为全球价值链创新能力衡量指标，那么研发服务与中国全球价值链创新能力之间表现为较为简单的线性正相关。

鉴于以上研究结论，本章得到以下四点政策启示。

其一，主动适应当前全球价值链分工新特点和新趋势，进一步加快服务业特别是生产型服务业发展。中国要以提升服务业发展规模和效率为核心，加大服务业要素投入和人力资源开发，并通过加快服务业体制机制改革，着力消除制约服务业发展的深层次体制机制障碍。要统筹协调服务业各个不同行业以及国内、国外两个市场的发展，努力构建优质高效、充满活力、竞争力强的中国现代服务产业新体系。

其二，积极调整和优化服务业结构，进一步增强服务业在推动全球价值链攀升中的作用。中国要以全球价值链转型升级需求为导向，加快商务服务、金融服务、运输和通信服务、研发服务等生产性服务业发展，不断提高服务业中现代服务业占比，努力提升服务业的信息化、智能化水平。要紧扣全球价值链的核心环节，整合优化资源，积极培育新兴业态，努力建立与国际接轨的专业化生产性服务业体系。

其三，扩大服务业对外开放，进一步提高服务业对外开放水平。中国要继续扩大服务业对外开放领域，增加利用外资的规模，提升利用外资的结构，并且根据服务业开放对提升全球价值链创新能力的要求，更精准地把握服务业开放的秩序和节奏。具体包括：在服务业开放模式选择上有所侧重和优先；对服务业中不同细分行业的开放应基于具体行业的特点采取不同的步骤和策略等，从而实现服务业开放利益最大化。

其四，坚持服务业创新驱动，进一步提高高级要素禀赋的丰裕度。中国要继续加大研发投入力度，增加引进国外优质创新要素资源规模，促进服务业的新技术、新业态、新模式的蓬勃发展；要积极营造创新环境，鼓励服务业的技术、管理和商业模式创新，推进服务业与制造业、服务业不同细分行业之间的深度融合，让市场在创新资源配置中更充分地发挥决定性作用；要鼓励服务企业“走出去”，主动为“一带一路”建设服务；通过科技创新、制度创新、业态创新等打造中国服务业发展新动能，创造中国在全球价值链竞争中的新优势。

10. 全球价值链视角下的国内区域生产网络

10.1 引言

对中国在苹果公司全球供应链中的角色的案例研究,包括戴德瑞克等(Dedrick, et al., 2010)、邢等(Xing, et al., 2010)、林登等(Linden, et al., 2011)在内的研究,引起学界广泛注意。对苹果公司的手机案例研究表明"中国仅贡献了对美国20亿美元出口额中的3.6%,其余部分只是对德国、日本、韩国、美国和其他国家零部件的价值转移。"①但是,当涉及中国经济整体在全球生产网络中的作用时,中国通过向美国出口最终产品产生的总的附加值所占份额要高许多,例如2011年所占份额为72%②。这清楚地表明,苹果公司的手机案例研究只关注具体公司及其产品的供应链,而不是中国国内价值链在强大的产业间联系的支撑下的作用。

作为对这个问题和相关话题的回应,学者进行了一些投入产出(I-O)分析。例如赫梅尔等(2001),黑岩(Kuroiwa, 2006),伊思凯斯(Escaith, 2008),库普曼等(2008),朱武内田等(Uchida, et al., 2009),毛雷尔和迪根(Maurer and Degain, 2012),约翰逊和诺格拉(Johnson and Noguera, 2012),孟等(Meng, et al.,

---

① Dedrick, J., Kraemer, K. L., Linden, G. "Who Profits from Innovation in Global Value Chains? A Study of the iPod and Notebook PCs", *Industrial and Corporate Change*, vol. 19, no. 1 (2010), pp. 81-116; Linden, G., Dedrick, J., Kraemer, K. L. "Innovation and Job Creation in a Global Economy: The case of Apple's iPod", *Journal of International Commerce and Economics*, vol. 31(2011), 223-239; Xing, Y., Detert, N. C. "How the iPhone Widens the United States Trade Deficit with the People's Republic of China", ADBI Working Paper, No. 257 (2010).

② 此结果基于作者使用世界投入产出数据库(WIOD)中的数据计算得出。

2012)，洛斯等(Los，2012)，蒂莫等(Timmer，et al. ，2014)。[1] 上述文献均构建了"贸易附加值"的概念，并将总出口分解为附加值项目。前者明确定义了跨国附加值流动，即一国的附加值如何作为最终需求被另一国吸收；后者可以通过各种价值链路径追踪全球价值链中总出口包含的附加值。这两者均有助于更好地理解国际分散化生产的性质和意义，以及一国在全球价值链中地位和参与程度。正如贝尔瑞利等(Beverelli，et al. ，2014)指出的，全球价值链应当具有国内基础，因为国内企业之间的密切联系有助于通过获得专业化来提高生产力。这使得国内产业在全球价值链中更具有竞争力。[2] 但是，以上所有研究都将中国作为一个整体对待，并没有在区域层面上考虑中国国内价值链。由于中国各区域经济规模、产业结构和海外依赖性差异较大，从区域层面详细了解附加值的产生和分配机制是具有意义的。

使用区域间的投入产出分析探究中国国内生产网络及相关问题。张亚雄和赵坤(2004)通过采用1997年中国多区域的投入产出表来研究沿海和非沿海地区的溢出效应和反馈效应。[3] 他们研究的一个重要特征是从个别行业的层面区分区域内效应和区域外效应。孟渤和屈超(2008)运用投入产出结构分解技术

---

① Hummels，D. ，Ishii，J. ，Yi，K. M. "The Nature and Growth of Vertical Specialization in World Trade"，*Journal of International Economics*，vol. 54，no. 1(2001)，pp. 75 – 96；Kuroiwa，I. "Rules of Origin and Local Content in East Asia"，IDE Discussion Paper，No. 78(2006)；Escaith，H. "Measuring Trade in Value Added in the New Industrial Economy：Statistical Implications"，SSRN，(2008)，https：//ssrn. com/abstract = 1189162；Uchida，Y. ，Inomata，S. "Vertical Specialization in the Time of the Economic Crisis"，In：Inomata，S. (ed.)，*Asia Beyond the Global Economic Crisis：The Transmission Mechanism of Financial Shocks*，Edward Elgar Publishing，2011；Maurer，A. ，Degain，C. "Globalization and Trade Flows：What You See Is Not What You Get！"，*Journal of International Commerce，Economics and Policy*，vol. 3，no. 3(2012)，pp. 1 – 23；Johnson，R. C. ，Noguera，G. "Accounting for Intermediates：Production Sharing and Trade in Value Added"，*Journal of International Economics*，vol. 86，no. 2(2012)，pp. 224 – 236；Meng，B. ，Fang，Y. ，Yamano，N. "Measuring Global Value Chains and Regional Economic Integration：An International Input – Output Approach"，IDE Discussion Paper，No. 362(2012)；Los，B. ，Dietzenbacher，E. ，Stehrer，R. ，et al. "Trade Performance in Internationally Fragmented Production Networks：Concepts and Measures"，WIOD Working Paper，No. 11(2012)；Timmer，M. P. ，Erumban，A. A. ，Los，B. ，et al. "Slicing up Global Value Chains"，*The Journal of Economic Perspectives*，vol. 28，no. 2 (2014)，pp. 99 – 118.

② Beverelli，C. ，Teh，R. "A New Look at the Extensive Trade Margin Effects of Trade Facilitation"，WTO Staff Working Paper，No. ERSD – 2014 – 16(2016).

③ Zhang，Y. X. ，Zhao，K. "The Spillover and Feedback Effects Between Coastal and Non-coastal Regions"，In：Okamoto，N. ，Ihara，T. (eds.)，*Spatial Structure and Regional Development in China：Interregional Input – Output Approach*，Palgrave Macmillan，2005，pp. 178 – 195.

分析中国 1987—1997 年的中国区域经济。[①] 他们使用了详细的空间分解方法来解释一个区域的溢出效应和反馈效应如何促进其他区域的经济增长。日置等(Hioki, et al. ,2005)使用基于投入产出的最小流动分析来确定 1987—1997 年中国区域间生产网络的结构变化。[②] 他们的研究结果证实了中国供应链的空间重组。裴等(Pei, et al. ,2012)不仅关注国内供应链,也试图利用多区域投入产出模型来解释区域收入差距与区域间溢出效应之间的关系。[③] 他们发现区域间贸易和区域收入差距可以由一个地区在全球供应链中的地位来部分地加以解释。

大多数在中国区域层面进行的研究侧重于区域间里昂惕夫逆矩阵的技术分解。他们没有清晰地说明区域附加值如何在中国国内价值链中通过各种价值链路径产生和分配。本章使用中国 1997 年和 2007 年区域间投入产出表,重点阐述了中国国内的区域间贸易附加值的特征与演变。这有助于了解沿海地区对货物和服务的需求在多大程度上通过不同的价值链路径在内陆地区产生附加值,以及其随时间的变化。此外,利用区域间贸易附加值的估算能够更精确地评估在国内生产网络中的区域比较优势(RCA)。最后,对中国的地区运用库普曼等人提出的 KWW 分解方法(K、W、W 分别为三人姓氏首字母)[④]可以很容易地说明中国国内各区域在国内价值链中的地位和参与程度。所有实证结果能够大大丰富我们在区域层面上对中国经济结构及其时间变化趋势的认识。

10.2 基于投入产出方法的价值链衡量

10.2.1 国内区域间贸易附加值的计算

为了详细了解附加值在中国各个区域如何产生及分配,我们使用全球贸易

---

① Meng, B. , Qu, C. "Application of the Input - Output Decomposition Technique to China's Regional Economies", *Journal of Applied Regional Science*, vol. 13 (2008), pp. 27 - 46.

② Hioki, S. , Hewings, G. J. D. , Okamoto, N. "Identifying the Structural Changes of China's Spatial Production Linkages Using A Qualitative Input - Output Analysis", *Research Gate*, (2005), https://www.researchgate.net/publication/251350375_Identifying_the_Structural_Changes_of_China's_Spatial_Production_Linkages_Using_a_Qualitative_Input - Output_Analysis.

③ Pei, J. , Oosterhaven, J. , Dietzenbacher, E. "International Trade, Spillovers and Regional Income Disparity", ESCAP, (2012), http://pacific.unescap.org/resources/international - trade - spillovers - and - regional - income - disparity - 1.

④ Koopman, R. , Wang, Z. , Wei, S. J. "Tracing Value-Added and Double Counting in Gross Exports", *The American Economic Review*, vol. 104, no. 2 (2014), pp. 459 - 494.

附加值的概念构造国内区域间投入产出模型。[1] 区域层面的国内贸易附加值能够被简单定义为:由一个区域的最终需求引起的另一个区域的附加值。

为了解释国内区域贸易附加值的概念,建立一个只有两个区域(R 和 S)并且每个区域有 n 个行业的封闭经济模型。基于传统区域间投入产出模型,区域和行业的总附加值可以写成如下形式:

$$\boldsymbol{va} = \hat{\boldsymbol{v}} \cdot \boldsymbol{L} \cdot \boldsymbol{fd} \tag{1}$$

$$\boldsymbol{va} = \begin{pmatrix} \boldsymbol{va}^{\mathrm{R}} \\ \boldsymbol{va}^{\mathrm{S}} \end{pmatrix}, \boldsymbol{v} = (\boldsymbol{v}^{\mathrm{R}}, \boldsymbol{v}^{\mathrm{S}}), \boldsymbol{L} = \begin{pmatrix} \boldsymbol{L}^{\mathrm{RR}} & \boldsymbol{L}^{\mathrm{RS}} \\ \boldsymbol{L}^{\mathrm{SR}} & \boldsymbol{L}^{\mathrm{SS}} \end{pmatrix} = \left[\boldsymbol{I} - \begin{pmatrix} \boldsymbol{A}^{\mathrm{RR}} & \boldsymbol{A}^{\mathrm{RS}} \\ \boldsymbol{A}^{\mathrm{SR}} & \boldsymbol{A}^{\mathrm{SS}} \end{pmatrix}\right]^{-1},$$

$$\boldsymbol{fd} = \begin{pmatrix} \boldsymbol{fd}^{\mathrm{RR}} \\ \boldsymbol{fd}^{\mathrm{SR}} \end{pmatrix} + \begin{pmatrix} \boldsymbol{fd}^{\mathrm{RS}} \\ \boldsymbol{fd}^{\mathrm{SS}} \end{pmatrix}$$

其中,$\boldsymbol{va}^{\mathrm{R}}$ 为表示 R 区域的各行业附加值的 $n \times 1$ 的列向量;$\boldsymbol{v}^{\mathrm{R}}$ 为表示 R 区域各行业附加值比例(附加值占总投入的比例)的 $1 \times n$ 的行向量;L 为以子矩阵 $\boldsymbol{L}^{\mathrm{RR}}$、$\boldsymbol{L}^{\mathrm{RS}}$等表示的区域间里昂惕夫逆矩阵;$\boldsymbol{A}^{\mathrm{RS}}$代表 R 区域对 S 区域的区域间投入系数的 $n \times n$ 的矩阵;$\boldsymbol{fd}^{\mathrm{RS}}$代表 S 区域由 R 区域生产的货物和服务满足的最终需求的 $n \times 1$ 的列向量;$\hat{}$表示对角矩阵。根据贸易附加值在全球化背景下的定义,R 区域流向 S 区域的附加值可以表示为如下形式:[2]

$$\begin{aligned} TiVA^{\mathrm{RS}} &= (\boldsymbol{u}, \boldsymbol{u}) \cdot (\widehat{\boldsymbol{v}^{\mathrm{R}}, 0}) \cdot \begin{pmatrix} \boldsymbol{L}^{\mathrm{RR}} & \boldsymbol{L}^{\mathrm{RS}} \\ \boldsymbol{L}^{\mathrm{SR}} & \boldsymbol{L}^{\mathrm{SS}} \end{pmatrix} \cdot \begin{pmatrix} \boldsymbol{fd}^{\mathrm{RS}} \\ \boldsymbol{fd}^{\mathrm{SS}} \end{pmatrix} \\ &= \boldsymbol{v}^{\mathrm{R}} \cdot \boldsymbol{L}^{\mathrm{RR}} \cdot \boldsymbol{fd}^{\mathrm{RS}} + \boldsymbol{v}^{\mathrm{R}} \cdot \boldsymbol{L}^{\mathrm{RS}} \cdot \boldsymbol{fd}^{\mathrm{SS}} \end{aligned} \tag{2}$$

$TiVA^{\mathrm{RS}}$表示 R 区域由于 S 区域对外地($\boldsymbol{fd}^{\mathrm{RS}}$)和本地($\boldsymbol{fd}^{\mathrm{SS}}$)生产的产品的最终需求而产生的附加值,$u$ 代表 $1 \times n$ 的求和向量。因此,从 S 区域(需求者)的角度看,这种类型的贸易附加值可以认为是基于需求的贸易附加值。

在产品(行业)层面,S 区域中产品 i 的特定最终需求在 R 区域的具体行业 j 产生了附加值,这种附加值可以定义为"个别的贸易附加值关系",表现形式如下:

$$TiVA_{ij}^{\mathrm{RS}} = \boldsymbol{v}_j^{\mathrm{R}} (\boldsymbol{L}^{\mathrm{RR}} \cdot \boldsymbol{fd}_i^{\mathrm{RS}} + \boldsymbol{L}^{\mathrm{RS}} \cdot \boldsymbol{fd}_i^{\mathrm{SS}}) \tag{3}$$

在这个公式中,$\boldsymbol{v}_j^{\mathrm{R}}$ 是一个从 R 区域产业 j 的附加值系数中分离的包含 0 的 $1 \times n$ 向量。根据上述定义,R 区域 j 部门流向 S 区域的贸易附加值($TiVA_j^{\mathrm{RS}}$)可

分论

① Johnson, R. C., Noguera, G. "Accounting for Intermediates: Production Sharing and Trade in Value Added", *Journal of International Economics*, vol. 86, no. 2(2012), pp. 224 - 236.

② 本章中,进口和出口指的是国际贸易流动;流入和流出指的是国内区域间贸易。

以表示为：

$$TiVA_{\cdot j}^{RS} = \sum_{i} TiVA_{ij}^{RS} \tag{4}$$

在区域间贸易体系的框架下，一个区域运送到伙伴区域的产品可能会包含第三区域的零部件。因此，当考虑区域间净贸易时，由于对出口的进口投入的重复计算，传统区域间贸易模型不能提供合理的衡量标准。这也是建立贸易附加值的概念来衡量国内区域间附加值转移的原因。

10.2.2 国内生产网络区域流出的分解

贸易附加值指标显示了一个区域的最终需求能够在另一个区域产生多少附加值，但是不能清晰描述实际贸易流量与贸易中包含的附加值的关系。在KWW 框架下，一国的总出口可以通过封闭的世界投入产出框架的不同路径分解成不同的附加值部分。同样，中国国内区域的流出也可以用中国区域间投入产出框架来分解，如下所示：

$$\begin{aligned}
\boldsymbol{u} \cdot \boldsymbol{out}^{R} &= VT^{R} + VS1^{R} + VS^{R} + FVS^{R} \\
&= \left\{ \boldsymbol{v}^{R} \sum_{S \neq R}^{G} \boldsymbol{L}^{RR} \boldsymbol{fd}^{RS} + \boldsymbol{v}^{R} \sum_{S \neq R}^{G} \boldsymbol{L}^{RS} \boldsymbol{fd}^{SS} + \boldsymbol{v}^{R} \sum_{S \neq R}^{G} \sum_{T \neq R,S}^{G} \boldsymbol{L}^{RS} \boldsymbol{fd}^{ST} \right\} + \\
&\quad \left\{ \boldsymbol{v}^{R} \sum_{S \neq R}^{G} \boldsymbol{L}^{RS} \boldsymbol{fd}^{SR} + \right. \\
&\quad \left. \boldsymbol{v}^{R} \sum_{S \neq R}^{G} \boldsymbol{L}^{RS} \boldsymbol{A}^{SR} (\boldsymbol{I} - \boldsymbol{A}^{RR})^{-1} \boldsymbol{fd}^{RR} + \boldsymbol{v}^{R} \sum_{S \neq R}^{G} \boldsymbol{L}^{RS} \boldsymbol{A}^{SR} (\boldsymbol{I} - \boldsymbol{A}^{RR})^{-1} \boldsymbol{out}^{R} \right\} + \\
&\quad \left\{ \sum_{T \neq R}^{G} \sum_{S \neq R}^{G} \boldsymbol{v}^{T} \boldsymbol{L}^{TR} \boldsymbol{fd}^{RS} + \sum_{T \neq R}^{G} \sum_{S \neq R}^{G} \boldsymbol{v}^{T} \boldsymbol{L}^{TR} \boldsymbol{A}^{RS} (\boldsymbol{I} - \boldsymbol{A}^{SS})^{-1} \boldsymbol{fd}^{SS} + \right. \\
&\quad \left. \sum_{T \neq R}^{G} \boldsymbol{v}^{T} \boldsymbol{L}^{TR} \boldsymbol{A}^{RS} \sum_{S \neq R}^{G} (\boldsymbol{I} - \boldsymbol{A}^{SS})^{-1} \boldsymbol{out}^{S} \right\} + FVS^{R}
\end{aligned} \tag{5}$$

上述区域间投入产出模型涵盖了 $G(=1,2,\cdots,G)$ 个区域，其中 R 表示目标区域；S 表示合作伙伴区域；T 表示第三区域（R 和 S 除外）。在上述等式中，$\boldsymbol{out}^{R}$ 表示 R 区域按行业流出的货物和服务。$\boldsymbol{u}, \boldsymbol{v}^{R}, \boldsymbol{L}^{RS}, \boldsymbol{fd}^{RS}, \boldsymbol{A}^{RS}$ 具有与在两国投入产出模型中使用的公式所示相同的含义。

如公式（5）和图 10－1 所示，R 区域在国内生产网络中的总流出可以被分解为四个以附加值项目表示的部分：R 区域中流出的附加值（VT^{R}）、R 区域中间产品流出最终返回的量（$VS1^{R}$）、其他区域的量（VS^{R}）和进口流出量（FVS^{R}）。前三个部分可以进一步分解。

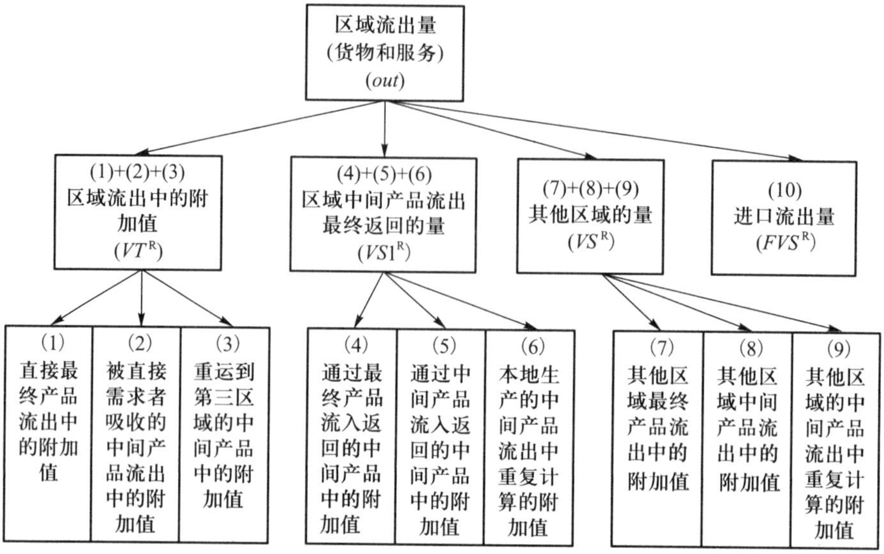

图 10－1　基于价值链的区域流出分解①

$$VT^{R} = Part1 + Part2 + Part3$$

Part 1:(R 区域)直接最终产品流出中的附加值

Part 2:(R 区域)被直接需求者吸收的中间产品流出中的附加值

Part 3:(R 区域)重新运到第三区域的中间产品中的附加值

$$VS1^{R} = Part4 + Part5 + Part6$$

Part 4:(R 区域)通过最终产品流入返回的中间产品中的附加值

Part 5:(R 区域)通过中间产品流入返回的中间产品中的附加值

Part 6:(R 区域)本地生产的中间产品流出重复计算的附加值

$$VS^{R} = Part7 + Part8 + Part9$$

Part 7:其他区域最终产品流出中的附加值

Part 8:其他区域中间产品流出中的附加值

Part 9:其他区域生产的中间产品流出中重复计算的附加值

$$FVS^{R} = Part10$$

Part 10:进口流出量

值得注意的是,如公式(2)所示,贸易附加值定义在双边水平。当考虑所有不同交易模式国家的双边贸易附加值时,它只等于公式(5)中的 VT^{R} 的 Part1 和

① 根据 KWW 分解法分解。

Part2。此外,KWW 分解法建立在封闭的世界投入产出模型的基础上。在这个模型中,所有国家以及世界剩余部分(ROW)都是内生的。但是,由于国内区域间的交易和 ROW 都是外生的,本章使用的中国区域间投入产出是一个开放的模型。这将导致 KWW 分解法和我们使用的模型在分解处理 ROW 时产生概念上的差异(Part10)。换句话说,外国流出量($FVS^{R} = \boldsymbol{u} \cdot \boldsymbol{out}^{R} - VT^{R} - VS1^{R} - VS^{R}$)在 KWW 分解法的定义中并不存在。

10.2.3 区域比较优势的替代衡量

为了估计中国国内经济在价值创造方面的显示性比较优势(RCA),国内贸易附加值的概念可以用于度量行业层面的区域 RCA。RCA 的概念主要基于李嘉图比较优势理论。最广泛使用的 RCA 指数①如下所示:

$$RCA_{i}^{Q} = \frac{EX_{i}^{Q} / \sum_{i} EX_{i}^{Q}}{\sum_{Q} EX_{i}^{Q} / \sum_{Q} \sum_{i} EX_{i}^{Q}} \tag{6}$$

其中 EX_{i}^{Q} 代表 Q 国的产品 i 的出口。该指标代表了 Q 国 i 类货物或服务在国际贸易中的相对优势或相对劣势。但是,正如之前提到的,当进口的中间产品用于生产出口时,这个指标可能会失去原有的意义。由于 R 区域特定行业出口到 S 区域的附加值可以被 $TiVA_{.j}^{RS}$ 衡量,所以,国内生产网络的价值创造过程中的 RCA 指数可以表示如下:

$$RCA_{.j}^{R} = \frac{TiVA_{.j}^{R} / \sum_{j} TiVA_{.j}^{R}}{\sum_{R} TiVA_{.j}^{R} / \sum_{R} \sum_{j} TiVA_{.j}^{R}} \tag{7}$$

本章使用的基于贸易附加值的 RCA 指数主要参考了孟等人(Meng, et al., 2012)的定义。② 基于贸易附加值的 RCA 指数可以进一步扩展到双边层面,并

① Balassa, B. "Trade Liberalization and 'Revealed' Comparative Advantage", *Manchester School*, vol. 33, no. 2(1965), pp. 99 - 123.

② Meng, B., Fang, Y., Yamano, N. "Measuring Global Value Chains and Regional Economic Integration: An International Input - Output Approach", IDE Discussion Paper, No. 362(2012). 对于另一个 RCA 定义,可以参考蒂莫等人(2013)的研究。他们着重研究了专业化模式对特定最终货物的附加值贡献。库普曼等人(2014)提出了一个不同的基于 RCA 指标,该指标以总出口分解中获得的出口附加值为基础。Timmer, M. P., Los, B., Stehrer, R., et al. "Fragmentation, Incomes and Jobs: An Analysis of European Competitiveness", *Economic Policy*, vol. 28, no. 76(2013), pp. 615 - 660; Koopman, R., Wang, Z., Wei, S. J. "Tracing Value-Added and Double Counting in Gross Exports", *The American Economic Review*, vol. 104, no. 2(2014), pp. 459 - 494.

且可能会在不同出口伙伴间产生不同的结果。①

10.3 数据来源

本章使用的主要数据来源于中国 1997 年和 2007 年的区域间投入产出表。1997 年的区域间投入产出表是日本亚洲经济研究所(IDE - JETRO)和中国国家信息中心在 2003 年进行的国际联合研究项目的主要产物。② 2007 年的区域间投入产出表由中国国家信息中心在 2012 年独立完成。③

表 10 - 1 本章使用的区域划分④

8 个区域	31 个省(自治区、直辖市)(括号内为编号)
东北(Northeast)	辽宁(6),吉林(7),黑龙江(8)
北京和天津(North Municipalities)	北京(1),天津(2)
华北(North Coast)	河北(3),山东(15)
华东(East Coast)	上海(9),江苏(10),浙江(11)
华南(South Coast)	福建(13),广东(19),海南(21)
华中(Central)	山西(4),安徽(12),江西(14),河南(16),湖北(17),湖南(18)
西北(Northwest)	内蒙古(5),陕西(27),甘肃(28),青海(29),宁夏(30),新疆(31)
西南(Southwest)	广西(20),重庆(22),四川(23),贵州(24),云南(25),西藏(26)

表 10 - 1 展示了区域间投入产出表使用的区域分类,共分 8 个区域。选择这种地理分割方式的原因是:① 1997 年和 2007 年正式出版的中国区域间投入

① 根据约翰逊和诺格拉(Johnson and Noguera's,2012)给出的贸易附加值概念,考虑特定区域的双边 RCA 指数可以被定义为 $RCA_{.j}^{RS} = (TiVAD_{.j}^{RS} / \sum_{j} TiVAD_{.j}^{RS}) / (\sum_{R} TiVAD_{.j}^{RS} / \sum_{R}\sum_{j} TiVAD_{.j}^{RS})$。该指数有助于理解对具体区域的出口附加值。例如,计算中国整体流出[按公式(7)计算]时,北京和上海在服务业产出方面具有相似的比较优势,但是与其邻近的河北省相比,北京在出口附加值上具有比上海对河北更强的比较优势(按上述公式计算)。这种双边 RCA 指数能用于衡量区域经济一体化,它产生的结果与王等人(2013)和孟等人(2014)构造的基于双边出口附加值指数的 RCA 指数不同。Wang, Z., Wei, S., Zhu, K. "Quantifying International Production Sharing at the Bilateral and Sector Levels", NBER Working Paper, No. 19677(2013); Meng, B., Peters, G. P., Wang, Z., et al. "Tracing CO_2 Emissions in Global Value Chains", *Energy Economics*, vol. 73 (2018), pp. 24 - 42.

② IDE. "Multi-regional Input - Output Model for China 2000", Statistical Data Series, No. 86(2003).

③ 张亚雄、齐舒畅主编:《2002、2007 年中国区域间投入产出表》,中国统计出版社 2012 年版。

④ 本章采用的数据没有包含香港、澳门、台湾地区。

产出表是以这8个区域的分类为基础的；② 本章使用这8个区域的分类方式能够更好地反映这些地区省（自治区、直辖市）的经济结构和空间位置的相似性。

1997年和2007年的两张表的特点有以下三个方面。

① 两张区域间投入产出表都是使用混合方法（调查方法+非调查方法）构建的。部分区域间贸易的信息来自调查方法，例如对区域间商品流量的调查。虽然基于非调查的方法运用了不同种类的引力模型估计区域间贸易流量，但其参数和原始数据来源的校准非常相似。这使得两张表具有可比性。

② 编制区域间投入产出表的主要数据来源是各省（自治区、直辖市）的区域投入产出表。虽然西藏缺乏1997年和2007年的原始投入产出表数据，但是西藏各产业的附加值和最终需求的数据能够从公开出版的数据中获取。在调整总的区域间投入产出表的最终平衡（各部门总投入与总产出相等）时，本章将这些数据添加进了西南地区的数据中来保持与官方公布的国家附加值和最终需求信息的一致性。此外，由于西藏区域生产总值占中国GDP的比例在1997年仅为0.097%，2007年仅为0.137%，对西藏数据的处理方式只会对分析结果偏误产生极有限的影响。

③ 为了方便不同年份之间的比较（通过消除价格变动影响强调数量变化），本章用中国的GDP平减指数来使2007年的图表反映不变的价格（以1997年为基准年）。[①]

10.4 实证分析

10.4.1 中国区域经济和区域间贸易

为了综合考虑中国区域经济在1997—2007年的演变情况，我们计算出了各地区各行业的附加值增长率。表10-2显示了计算结果。在国家层面上，总附加值在10年间增加了190%。这意味着年平均GDP增长率达到了两位数。但是，从区域和行业的层面的附加值增长率来看，计算结果有很大变化。作为迅速扩张的城市聚集区的北京和天津地区显示出最高的增长率（237%），其次是作为最大的能源基地的西北（213%）。另外，一些偏远内陆的附加值增长率相对较低，例如东北（155%）和西南（144%）。

① 本章采用中国的GDP平减指数（IMF统计）以不变价格表示2007年的投入产出表。本章没有根据双重通货紧缩或基于双比例尺度法（RAS）来以不变价格编制区域间投入产出表，主要原因是这么做需要详细的区域和产业层面的价格信息，在没有统计学家支持的情况下很难获取。使用平减指数可能会由于区域间的价格和变化模式的不同导致一些偏误。

表 10－2　产业和区域的附加值及其增长率(以 1997 年为基准的不变价格)

项目	地域	农业	采矿和采石	食品和烟草	纺织服装	木制品和家具	纸浆、纸张和印刷	化学	非金属矿物产品	金属制品	一般机械	运输设备	电器和电子产品	其他制造业产品	电力和供水	建筑	贸易和运输	其他服务	全行业
第一部分:实际增长率(%)	东北	53	171	80	48	79	31	151	8	184	185	422	130	181	235	107	160	367	155
	北京和天津	－5	602	62	－23	－23	2	175	38	242	249	272	283	217	292	120	362	295	237
	华北	56	262	154	173	729	104	166	175	352	176	666	203	179	304	114	211	265	186
	华东	31	48	101	119	308	138	138	53	327	242	300	357	288	230	112	225	372	205
	华南	30	126	118	118	321	203	187	216	382	589	321	398	160	310	55	211	355	202
	华中	64	160	156	100	227	178	260	96	489	257	233	463	150	331	186	250	321	193
	西北	58	544	193	8	91	130	171	80	512	162	385	53	－11	385	174	237	297	213
	西南	48	155	91	74	66	96	159	35	407	196	202	135	111	423	130	176	270	144
	全国	49	226	123	110	252	135	172	96	365	235	324	314	188	308	123	219	321	190
第二部分:区域增长率高于全国增长率的部门	东北	+										+						+	
	北京和天津		+					+			+			+			+		+
	华北	+	+	+	+	+			+			+							
	华东				+	+	+				+		+	+			+	+	+
	华南				+	+	+	+	+	+	+		+		+			+	+
	华中	+		+			+	+		+	+		+		+	+	+	+	+
	西北	+	+	+						+		+			+	+	+		+
	西南									+					+	+			
第三部分:行业增长率高于全行业增长率的区域	东北		+							+	+	+		+	+		+	+	
	北京和天津		+							+	+	+	+		+		+	+	
	华北		+			+				+		+	+		+		+	+	
	华东					+				+	+	+	+	+	+		+	+	
	华南					+	+		+	+	+	+	+		+		+	+	
	华中					+		+		+	+	+	+		+		+	+	
	西北		+							+		+			+		+	+	
	西南		+					+		+	+	+			+		+	+	
	全国		+			+				+	+	+	+		+		+	+	

注:表中第二部分的“＋”号表示区域 GDP 增长率高于全国增长率的行业;最后一部分的“＋”号表示行业 GDP 增长率高于全行业增长率的区域。

通过比较区域与全国平均水平(全国各行业),从表 10 - 2 第二部分可以看出各部门附加值增长率的领先区域。例如,由于大多数行业的增长率高于全国平均水平,可以认为沿海(华东、华南)和中部(华中)是领先区域。此外,表 10 - 2第三部分显示了对区域经济增长来说最重要的行业。重工业和服务业部门在大多数区域中占主要地位。这意味着区域之间有相似的经济增长模式。但是,对初级和轻工业部门来说,出现了相对明显的区域 GDP 增长的差异化趋势,例如当关注表 10 - 2 中的"+"号时。显然,相较于其他区域的对应行业,大多数内陆的矿业、沿海的木制品以及中西部的化工行业都拥有高增长率。

区域和部门经济增长的活力与多样性取决于区域间生产技术和区域间生产网络(包括与海外市场的联系)的变化。图 10 - 2 显示了 1997 年和 2007 年双边贸易(总量)占区域间贸易总额的份额,其中圆点的大小表示份额的大小。为了突出区域间贸易的规模,本章去除了区域内贸易的影响,并且将 ROW 看作一个区域。1997 年和 2007 年区域间贸易格局的相似之处是沿海的出口和进口占了相对较大的比例,沿海与中部的互动是国内区域间贸易中最重要的部分。然而,当仔细比较 1997 年和 2007 年的成果时,出现了一些有趣的差异。2007 年华东取代华南成了进出口市场的主要区域,同时,北京和天津及其邻近的华北区域的相互作用在 10 年间出现了大幅增长。内陆和内陆及内陆和沿海的交易规模也明显增加。这使得区域之间的整体交易更加"平坦"。

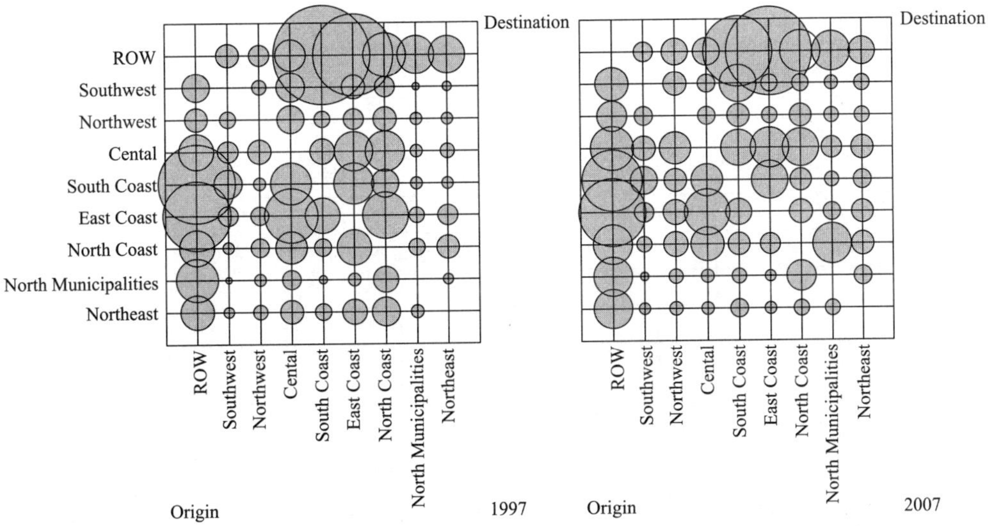

图 10 - 2　双边贸易在区域间总贸易中所占份额(不考虑区域内贸易)

10.4.2 国内区域间贸易附加值

在这部分中，将公式(2)中定义的国内贸易附加值的概念运用于1997年和2007年的CMRIO表。首先，为了检验传统测量总量的方法和测量贸易附加值的方法在区域间附加值流动上的差异，表10-3给出了两种方法对1997年和2007年数据的计算结果。结果显示，贸易附加值的数值比传统贸易总量的数值小。这反映了在总贸易流动中存在重复计算的问题。此外，很容易看出，跨区域的区域间贸易附加值占区域间贸易的份额存在很大的差异。例如，东北流向华中的附加值占其总流出额的96.52%，这意味着在1997年，只有一小部分其他区域的附加值包含在东北对华中的流出中。但是，华东向华南的附加值流出仅占其总流量的33.99%。这表明这些在华东生产并运送到华南的产品包含了很大一部分其他区域生产的零部件。比较1997年和2007年的份额差异，几乎所有数字均有所下降，全国总量从57.03%下降到44.85%。这说明了大部分区域都参与到国内生产网络中并且中国国内市场一体化水平有所提高。

表10-3　区域间贸易和区域间贸易附加值的比较(1997—2007年)

	NE	NM	NC	EC	SC	CE	NW	SW	Total
1997	区域间贸易附加值占区域间贸易的份额(%)								
Northeast(NE)		60.35	49.82	51.96	61.28	96.52	69.22	100.05	62.20
North Municipalities(NM)	53.89		43.87	41.45	38.43	67.65	50.97	75.80	49.32
North Coast(NC)	70.01	52.19		49.17	55.12	73.05	71.41	86.09	62.09
East Coast(EC)	58.94	55.96	47.20		33.99	58.58	61.36	64.64	50.51
South Coast(SC)	58.68	52.97	54.49	37.19		58.19	57.69	52.96	49.29
Central(CE)	79.42	59.57	61.38	48.47	50.85		68.33	74.94	57.92
Northwest(NW)	76.37	55.88	53.81	60.64	62.83	65.10		71.51	63.52
Southwest(SW)	90.25	80.59	78.98	59.49	46.70	79.01	69.19		62.52
总量	68.62	55.92	53.41	47.93	46.06	66.94	66.06	70.41	57.03
2007	区域间贸易附加值占区域间贸易的份额(%)								
NE		35.64	49.39	49.42	44.06	61.33	48.76	59.72	50.17
NM	42.11		45.21	46.31	42.35	61.71	45.81	68.49	48.48
NC	48.01	28.25		48.78	43.23	50.33	38.45	72.75	44.73
EC	55.51	32.74	44.54		26.14	40.25	41.99	66.08	38.02
SC	39.19	26.08	40.65	32.23		42.64	34.81	40.48	38.43
CE	67.17	50.26	39.38	41.85	34.19		44.23	72.06	42.87
NW	52.07	43.10	51.07	48.78	42.93	57.99		60.53	52.29
SW	61.38	58.59	58.70	51.56	37.40	66.22	48.63		51.47
总量	48.80	33.66	45.38	43.80	35.35	50.63	41.96	55.04	44.85

续表

	NE	NM	NC	EC	SC	CE	NW	SW	Total
1997—2007	区域间贸易附加值增长率(%)								
NE		1030.16	608.95	567.26	1130.79	1025.77	473.82	1136.74	777.73
NM	776.42		3643.44	822.11	967.33	1639.60	765.74	1974.10	1658.15
NC	41.38	398.95		68.11	178.64	282.53	165.17	228.40	180.10
EC	24.27	236.27	114.41		291.98	306.75	155.21	210.45	212.31
SC	461.44	846.49	625.58	231.35		731.46	683.57	933.94	598.54
CE	26.18	161.16	306.46	276.19	124.83		78.04	100.68	176.45
NW	383.41	645.49	1090.69	1035.94	1078.17	871.10		950.11	894.41
SW	458.70	742.49	770.12	370.39	365.50	593.44	453.02		476.28
总量	146.29	429.10	615.17	286.66	300.20	508.44	256.89	428.45	371.55

观察表 10－3 可以知道,对于所有区域来说,跨区域的贸易附加值转移增加了,10 年间的总增长率为 371.55%。这个数值远高于各区域的区域生产总值增长率(144%～237%)和国家 GDP 增长率(190%)(见表 10－2)。显然,这意味着中国国内区域在创造在附加值的过程中大幅增加了彼此的相互依存关系。为了详细研究区域间贸易附加值的结构,我们需要通过不同的价值链路径追踪中国国内生产网络中的区域附加值。重要结论在下一节中说明。

10.4.3 国内生产网络中区域流出的分解结果

将 KWW 分解法运用于中国区域间投入产出框架能够将区域流出(总量)分解成不同价值链路径的附加值部分。1997 年和 2007 年的分解结果和两年份之间的变化率如表 10－4 所示,主要特点可概括为如下四点。

① 区域中流出的附加值[Part11 = Part1 + Part2 + Part3,类似于约翰逊和诺格拉(Johnson and Noguera, 2012)提出的 VAX 份额指标①]在 1997 年的区域流出中占据了最重要的地位(50%～60%),但是到 2007 年很快失去了部分份额(40%～50%)。这主要是由于大多数地区倾向于使用更多国外中间产品投入来生产流出的货物和服务。Part2 和 Part10 的变化说明了这一点[对最发达的区域,如华东和华南,它们中间产品流出中的附加值被其他区域的最终需求吸收(Part2)的部分占 16%,但 2007 年外国流出量占 45%]。从 Part1 及其中 1997 年和 2007 年的变化率上,我们可以发现大多数内陆区域通过向其他区域提供最终货物和服务产生更多附加值。此外,除北京和天津地区外,在大多数区域,重新运

① Johnson, R.C., Noguera, G. "Accounting for Intermediates: Production Sharing and Trade in Value Added", *Journal of International Economics*, vol. 86, no. 2 (2012), pp. 224－236.

表 10－4　国内价值链区域流出的分解结果

区域	总流出量	区域流出中的附加值			最终返回的中间产品中的附加值		纯重复计算	其他区域附加值		纯重复计算	进口流出量	与现有国际框架测量方法的联系		
		直接最终产品	被直接需求者吸收的中间产品	重运到第三区域的中间产品	通过最终产品流入	通过中间产品流入	本地生产的中间产品流出	最终产品流出	中间产品流出	其他区域生产的中间产品流出	流出	区域流出中的附加值	其他区域的量	区域内的量
	Part													
	(0)	(1)	(2)	(3)	(4)	(5)	(6)	(7)	(8)	(9)	(10)	(11)＝(1)＋(2)＋(3)	(12)＝(7)＋(8)＋(9)	(13)＝(11)＋(4)＋(5)＋(6)
1997 年的总流出量及各分项流出份额（单位：Part 0 为亿元人民币；Part 1－13 为%）														
东北	880	10.2	47.8	4.2	0.5	1.4	0.3	2.1	6.7	3.8	23.0	62.2	12.6	64.4
北京和天津	540	11.6	34.7	3.0	0.1	0.4	0.1	3.5	8.8	4.3	33.5	49.3	16.6	50.0
华北	3930	16.5	42.8	2.9	0.5	1.2	0.9	2.8	7.2	3.0	22.4	62.1	12.9	64.7
华东	3190	16.1	32.1	2.3	0.5	2.0	0.9	4.8	9.2	4.3	27.7	50.5	18.3	53.9
华南	1640	16.5	30.7	2.2	0.4	1.0	0.4	4.8	8.0	3.2	33.0	49.3	16.0	51.0
华中	4430	15.2	40.3	2.3	1.0	2.0	1.1	2.5	7.0	2.8	25.6	57.9	12.4	62.0
西北	1130	11.4	48.4	3.8	0.6	1.0	0.4	2.8	10.2	5.2	16.3	63.5	18.2	65.4
西南	1180	16.4	43.0	3.1	0.6	1.1	0.3	2.5	6.5	2.8	23.7	62.5	11.8	64.5
平均		14.2	40.0	3.0	0.5	1.2	0.5	3.3	7.9	3.7	25.7	57.2	14.9	59.5
2007 年的总流出量及各分项流出份额（单位：Part 0 为亿元人民币；Part 1－13 为%）														
东北	7410	19.1	24.7	6.3	0.4	0.4	0.3	2.9	2.6	2.5	40.5	50.2	8.1	51.4
北京和天津	9810	31.7	14.1	2.8	0.2	0.4	0.6	9.3	4.5	3.6	33.0	48.5	17.3	49.7
华北	12880	17.6	21.9	5.2	1.9	1.4	1.1	4.3	6.2	5.8	34.5	44.7	16.3	49.2
华东	9820	17.0	16.6	4.5	0.5	1.2	0.6	4.7	4.3	4.2	46.4	38.0	13.3	40.3

续表

区域	总流出量	区域流出中的附加值			最终返回的中间产品中的附加值		纯重复计算	其他区域附加值		纯重复计算	进口流出量	与现有国际框架测量方法的联系		
		直接最终产品	被直接需求者吸收的中间产品	重运到第三区域的中间产品	通过最终产品流入	通过中间产品流入	本地生产的中间产品流出	最终产品流出	中间产品流出	其他区域生产的中间产品流出	流出	区域流出中的附加值	其他区域的量	区域内的量
	Part													
	(0)	(1)	(2)	(3)	(4)	(5)	(6)	(7)	(8)	(9)	(10)	(11) = (1) + (2) + (3)	(12) = (7) + (8) + (9)	(13) = (11) + (4) + (5) + (6)
2007 年的总流出量及各分项流出份额(单位:Part 0 为亿元人民币;Part 1 – 13 为%)														
华南	12220	18.3	16.9	3.3	0.5	0.5	0.7	6.6	5.3	3.7	44.2	38.4	15.6	40.2
华中	13660	14.1	24.9	3.9	2.3	1.4	1.1	3.1	5.9	4.7	38.6	42.9	13.7	47.7
西北	10990	23.7	23.8	4.8	0.6	0.3	0.6	6.5	4.0	3.3	32.4	52.3	13.8	53.8
西南	7230	25.7	21.1	4.7	1.1	0.7	0.4	6.1	3.6	3.4	33.2	51.5	13.1	53.7
平均		20.9	20.5	4.4	0.9	0.8	0.7	5.4	4.6	3.9	37.9	45.8	13.9	48.2
1997—2007 年之间总流出量及各分项流出份额的变化率(%)														
东北	740.6	86.7	-48.3	51.1	-21.2	-68.8	24.2	39.2	-60.8	-32.9	76.1	-19.3	-35.6	-20.3
北京和天津	1700.2	172.7	-59.4	-9.3	20.7	7.4	301.0	163.2	-49.1	-16.2	-1.3	-1.6	4.5	-0.6
华北	227.8	6.9	-48.7	81.1	293.9	14.6	22.6	52.6	-12.9	95.4	54.4	-28.0	26.1	-24.0
华东	207.5	5.8	-48.4	90.2	-11.6	-38.9	-37.2	-2.1	-53.0	-1.5	67.4	-24.7	-27.5	-25.3
华南	645.8	11.1	-45.0	52.0	33.6	-47.6	95.6	37.8	-34.1	16.5	34.0	-22.0	-2.4	-21.3
华中	208.2	-7.5	-38.3	66.0	125.3	-27.4	-2.4	21.5	-16.3	67.8	50.9	-26.0	10.6	-23.1
西北	876.5	108.2	-50.9	28.9	5.9	-65.2	63.7	129.1	-60.3	-37.1	98.1	-17.7	-24.2	-17.8
西南	512.9	56.7	-51.0	49.5	83.2	-37.2	55.4	140.6	-44.3	22.0	40.1	-17.7	11.1	-16.8

往第三区域的中间产品的区域附加值也迅速增长。这意味着大多数区域已经深入国内生产网络。同时,这些联系也变得越来越复杂。

② 回到本区域的中间产品的区域附加值(Part4 和 Part5)仅占所有地区总流出的一小部分。这与 KWW 分解法在全球范围内取得的结果非常相似。这些部分在 1997—2007 年的变化率在中国国内区域间有很大变化(Part4 说明华北和华中与其他区域相比增长迅速)。这不仅反映了这两个区域有相对更大的经济规模,也意味着它们处于国内生产网络的上游位置:它们通过向其他区域提供中间产品产生附加值,其他区域使用这些中间产品生产最终产品和服务。

③ 从目标区域(如华北)运送到合作伙伴区域(如华东)的流出同样包含了其他区域(如华中地区)的附加值。这是由于华北为了满足华东最终需求而进行的货物和服务的生产需要华中提供中间产品投入。这一过程导致华中的附加值流出到华北,如表 10 - 4 中 Part7 和 Part8 所示。总的来说,Part7 和 Part8 对于大多数区域来说大约占区域流出的 10%,但是这两个部分的变化率显示出非常不同的演变过程。1997—2007 年,除了华东,大部分区域的 Part7 迅速增长。这说明更多区域在生产货物时,为满足合作伙伴区域的最终需求,需要更多由第三区域提供的中间产品和服务。因此中国国内生产网络已经变得越来越复杂。Part8 显示出不同的变化模式。当生产的中间产品用于进一步生产其合作伙伴区域的中间产品时,所有区域减少了由第三区域提供的中间产品投入。这可能是由于中国大多数区域选择使用更多的外国中间产品投入,而不是使用国内中间产品在后续生产过程中生产复杂的中间产品。

④ 此外,存在两个重复计数的部分(Part6 和 Part9),这两个部分在区域流出中占据较小比例。不过,这些部分能够帮助我们衡量一个区域在国内生产网络中参与生产的深度和模式。例如,在某些行业中,华北和华中可能拥有相似的附加值流出,但由于不同区域在国内价值链中处于不同的位置,所以重复计数的组成部分可能会有很大不同。

10.4.4 国内贸易附加值区域比较优势的演变

正如苹果手机的例子说明的一样,生产更多产品并不能保证在高度垂直化分工的价值链中产生更多的附加值。从国内市场价值创造的角度考虑,区域比较优势是至关重要的。因此应该使用贸易附加值的概念来衡量区域比较优势。

表 10 - 5 显示了基于贸易附加值的国内 RCA 指数在 1997 年和 2007 年的变化。主要研究结果有三点。① 各区域特定行业 RCA 指数变化较大。沿海拥

表 10－5　1997 年和 2007 年基于 TiVA 的 RCA 指标及其变化模式

		农业	采矿和采石	食品和烟草	纺织服装	木制品和家具	纸张和印刷	化学	非金属矿物产品	金属制品	一般机械	交通运输设备	电器和电子产品	其他制造业产品	电力和供水	建筑	贸易和运输	其他服务	SD	SD 变化率（%）
1997	东北	0.63	2.42	0.53	0.34	1.39	0.44	1.28	1.10	1.20	0.99	1.13	0.50	0.82	0.68	0.15	0.91	0.41	0.52	
	北京和天津	0.38	0.40	0.74	0.52	0.72	1.09	1.53	0.40	1.33	0.52	2.09	1.72	0.97	0.97	1.04	1.12	1.77	0.51	
	华北	1.02	1.11	1.04	0.90	0.42	1.03	1.12	1.07	0.99	1.81	0.51	0.76	0.71	0.98	1.34	0.88	0.95	0.30	
	华东	0.67	0.18	0.80	1.74	1.07	1.28	1.53	0.57	1.00	1.11	1.62	2.03	1.07	0.85	0.72	1.14	1.11	0.45	
	华南	1.03	0.43	1.02	2.31	0.87	1.31	0.63	0.73	0.57	0.29	1.26	1.90	1.49	1.05	1.67	1.23	1.25	0.51	
	华中	1.25	1.23	1.08	0.73	1.41	0.96	0.69	1.55	0.98	0.76	0.86	0.36	1.25	1.16	0.74	0.90	0.89	0.29	
	西北	1.10	1.78	0.72	0.28	0.42	0.39	0.83	0.53	1.41	0.45	0.44	0.86	0.57	1.22	0.75	1.07	0.85	0.39	
	西南	1.19	0.93	1.74	0.27	1.77	0.93	0.65	0.73	1.00	0.52	1.25	0.78	0.80	0.84	1.46	1.10	1.22	0.39	
	SD	0.29	0.71	0.34	0.70	0.46	0.32	0.36	0.36	0.24	0.46	0.52	0.62	0.28	0.17	0.46	0.12	0.37		
2007	东北	1.45	2.19	1.00	0.05	1.00	0.36	1.68	0.71	0.69	0.62	3.07	0.20	0.64	1.20	1.51	0.68	0.39	0.75	44
	北京和天津	0.12	0.42	0.51	0.09	0.06	0.30	0.57	0.15	0.38	0.63	0.99	0.49	0.80	0.54	0.31	0.96	3.01	0.66	29
	华北	1.30	0.97	1.00	0.93	2.24	0.99	1.09	2.03	1.27	0.74	0.68	0.40	0.54	0.71	0.02	0.87	1.04	0.52	72
	华东	0.24	0.10	0.43	1.20	0.30	1.06	1.83	0.40	0.96	2.24	1.51	2.75	2.09	0.64	0.66	1.09	1.01	0.75	67
	华南	0.32	0.28	0.19	4.35	2.12	2.98	0.66	1.01	1.03	2.61	0.40	2.70	2.18	1.16	0.21	0.92	0.66	1.17	128
	华中	1.44	1.09	1.19	0.47	1.07	1.07	1.03	1.73	1.41	0.59	0.50	0.81	0.90	1.05	0.79	1.19	0.58	0.34	17
	西北	1.43	2.28	1.31	0.22	0.18	0.31	0.65	0.66	0.75	0.17	0.35	0.19	0.16	1.24	2.02	1.09	0.87	0.64	63
	西南	1.71	0.56	2.76	0.10	0.55	0.50	0.58	0.78	1.40	0.28	1.32	0.29	0.67	1.59	3.26	1.16	0.49	0.85	118
	SD	0.61	0.78	0.74	1.35	0.79	0.83	0.47	0.60	0.34	0.86	0.84	1.03	0.69	0.33	1.03	0.16	0.79		
	SD 变化率（%）	111	11	116	92	73	157	31	69	41	86	64	65	144	102	124	31	115		

SD（标准差）：深灰色 第一级；浅灰色 第二级。

有相对更多的有高 RCA 指数的部门(特别是在制造业),而内陆的专业化主要存在于初级产业。② 1997—2007 年,区域的按部门排序的 RCA 指数发生了巨大变化。例如,在 1997 年,北京和天津在交通运输设备部门排名第一,但在 2007 年东北已占据首位。这主要是由于东北在 10 年间经历了机动车和汽车零部件生产的迅速发展。③ 区域和部门在价值创造方面的专业化趋势越来越明显,由区域对部门 RCA 指数计算得到的标准差越来越大。这说明了大多数区域在参与国内生产网络时都倾向于加强其价值创造方面的专业化特征。

10.5 结论

改革开放以来,中国经历了巨大的经济增长。1987—1997 年,中国的实际经济规模增长了近 2.6 倍,1997—2007 年也出现了类似的增长。[①] 一般认为,中国实现如此高速经济增长的最重要的国内原因是,中国国内市场化经济改革,持续的城市化、工业化和区域经济一体化。在国际上,中国在 2001 年加入 WTO 后主动参与到全球价值链中,为自身和全球经济发展带来了巨大改变。国内外这些力量之间的相互作用为"中国奇迹"的创造提供了强大的引擎。

为了阐明全球价值链在中国的具体应用,本章侧重于衡量区域附加值在国内价值链中的创造和分配。本章使用中国 1997 年和 2007 年的区域间投入产出表来度量国内贸易附加值详细的结构变化以及不同区域在国内价值链中的地位和参与程度,主要结论可概括为如下四点:① 跨区域的附加值创造的分布已经变得越来越"平坦"。这主要是由于区域间贸易随着高度垂直化分工的中间产品贸易发展而扩大。② 一个区域对其他区域生产的货物和服务的最终需求在跨区域贸易附加值中具有重要作用。③ 将 KWW 分解法运用于中国国内区域间框架使我们发现大多数国内区域通过向其他区域提供最终产品提高自身在国内价值链中的参与程度,这些区域需要更多第三区域的中间产品投入。同时,大多数通过向其他区域提供中间产品投入而进一步深入国内生产网络的国内区域需要来自世界市场的更多国外中间产品投入。④ 区域间的行业基于贸易附加值的比较优势指数和行业间的区域基于贸易附加值的比较优势指数都表现出更明显的集中趋势。这间接反映了中国国内生产网络效率的提高。

本章的研究也存在一些局限性,如:① 在中国,加工贸易十分重要。库普曼

① 根据国际货币基金组织统计,中国 GDP 以不变价格(基于 1990 年)分别表示为 1987 年 1.609 万亿元人民币、1997 年 4.149 万亿元人民币、2007 年 10.691 万亿元人民币。

等人(2008)和杨等人(Yang,et al. ,2015)发表了一些开创性研究,这些研究将加工贸易加入了世界投入产出框架。但是,由于数据的限制,难以获取正式发布的包括加工贸易信息的区域间投入产出表。[①] 根据库普曼等人(2008)的想法,建立海关数据中的加工贸易数据与区域间投入产出表的联系在不久的将来是可行的。② 在对于贸易附加值的相关研究中,所有参与国际贸易的国家都被认为具有内生性,因此总出口能够被分解,重复计数的部分也可以被测算。在本章使用的框架中,由于数据的局限性,中国区域对外出口被视为外生变量。这可能会导致一些估计偏差。如果特定国家的区域间投入产出表能够与世界投入产出表建立内生联系,孟等人(2013)、[②]库普曼等人(2014)提出的方法就能够在区域间和国际上得到运用。

① Koopman,R. , Wang,Z. , Wei,S. J. "How Much of Chinese Exports Is Really Made in China? Assessing Domestic Value-Added When Processing Trade is Pervasive", NBER Working Paper, No. 14109(2008); Yang,C. H. , Dietzenbacher,E. , Pei,J. S. ,et al. "Bias in Measuring Vertical Specialization",Paper Presented at the 17th International Input – Output Association Conference, 2015.

② Meng,B. , Wang, Z. , Koopman, R. "How Are Global Value Chains Fragmented and Extended in China's Domestic Production Networks?", IDE Discussion Paper, No. 424(2013); Koopman, R. , Wang, Z. , Wei,S. J. "Tracing Value-Added and Double Counting in Gross Exports", *The American Economic Review*, vol. 104, no. 2(2014), pp. 459 – 494.

11. 地区金融发展、融资约束与出口的国内附加值率

11.1 引言

在由跨国公司主导的全球价值链布局的大背景下，单个企业不再提供全部产品，国际产品内分工成为主导，传统的贸易总量统计已经不能反映一国真实的贸易发展水平和利得情况。尤其对中国而言，2013 年中国第一次超越了美国，成了世界第一的货物贸易大国，被誉为“世界工厂”。但是，从全球价值链的参与程度来看，中国企业缺乏自主品牌和核心技术，出口大量集中在低附加值的加工贸易产品上，从国际贸易中获得的利益远远低于发达国家。因此，如何促进中国企业转型升级，在全球化分工中取得更优势的地位，是亟须解决的重大课题。

本章使用国内附加值率（DVAR）指标来衡量中国企业在全球价值链中的地位，并考虑融资约束（FC）对国内附加值率的影响。大量文献证明，企业面临的融资约束的高低，影响了企业出口的决策[①]，并对企业参与全球价值链的程度产生深远影响。[②] 从宏观的角度看，企业所在地区的金融发展水平对企业贸易和投资行为都有不可忽视的影响。[③] 特别对中国而言，无论是经济发展水平还是金融发展水平都存在很大的差异，表现出了严重的不均衡。[④] 因此，本章引入地区金融发展水平，来探讨其对企业出口的国内附加值率的作用，并且考察在不同金融发展水平的地区，企业面临的融资约束与国内附加值率的关系将会有怎样的变化。

此外，不同的贸易方式决定了企业面临融资约束的强弱以及面临融资约束

---

① Manova, K. “Credit Constraints, Heterogeneous Firms, and International Trade”, *The Review of Economic Studies*, vol. 80, no. 2 (2013), pp. 711 - 744；李志远、余淼杰：《生产率、信贷约束与企业出口：基于中国企业层面的分析》，《经济研究》2013 年第 6 期，第 85 ~ 99 页。

② 马述忠、张洪胜、王笑笑：《融资约束与全球价值链地位提升——来自中国加工贸易企业的理论与证据》，《中国社会科学》2017 年第 1 期，第 83 ~ 107，206 页。

③ 包群、阳佳余：《金融发展影响了中国工业制成品出口的比较优势吗？》，《世界经济》2008 年第 3 期，第 21 ~ 33 页；Crinò, R., Ogliari, L. “Financial Imperfections, Product Quality, and International Trade”, *Journal of International Economics*, vol. 104 (2017), pp. 63 - 84.

④ 邓向荣和杨彩丽（2011）通过构造研究金融发展极化指数得出，在 2008 年，东部平均金融发展水平为 2.25，西部为 0.35，中部为 0.27。参见邓向荣、杨彩丽：《极化理论视角下我国金融发展的区域比较》，《金融研究》2011 年第 3 期，第 86 ~ 96 页。

时的反应。加工贸易企业的中间产品进口是免税的,特别是来料加工的企业不用承担出口面临的建立销售渠道等固定费用。所以相对于加工贸易企业而言,一般贸易企业面临的融资约束更强,竞争意识更强,更可能大量进行研发与自主创新,提高自己在全球价值链中的地位。因此本章对企业按照贸易方式进行分组并展开具体研究。

本章研究的内容主要有以下四方面。① 从融资约束这一微观视角切入,研究其对企业出口的国内附加值率的影响,发现融资约束与企业出口的国内附加值率存在倒 U 形关系,为对中国企业出口的国内附加值率的研究提供微观层面的经验证据。② 引入地区金融发展这一宏观因素,探讨其对企业出口的国内附加值率的影响,为政府便利金融发展提供政策依据。③ 对一般贸易、加工贸易和混合贸易企业分别研究,考察了融资约束和地区金融发展对企业出口的国内附加值率的影响。④ 对融资约束的来源进一步加以细分,分别进行考虑。

11.2 文献综述

早期对出口附加值的研究主要集中在测算方法上。第一类是使用非竞争性投入产出表的宏观计算方法,代表性的文献有赫梅尔等(2001)、迪恩等(2011)、库普曼等(2014)。[①] 然而上述方法只能测算单个国家的贸易附加值情况。王直等(2015)将一国总贸易流分解法分别扩展到部门、双边和双边部门层面,并按照贸易品的价值来源、最终吸收地和吸收渠道划分了 16 种渠道,在传统国际贸易统计和国民经济核算体系之间建立了一个系统性的对立框架。[②] 第二类是基于中国工业企业数据库和海关贸易数据库的微观计算方法,这种方法的分析对象是企业,可以计算企业层面出口的国内附加值。具代表性的有阿普沃德等(Upward, et al., 2013)、张杰等(2013)、凯和邓(Kee and Tang, 2016),他们分别从区分加工贸易和一般贸易、考虑贸易代理商问题和间接贸易问题方面对测算

① Hummels, D., Ishii, J., Yi, K. M. "The Nature and Growth of Vertical Specialization in World Trade", *Journal of International Economics*, vol. 54, no. 1 (2001), pp. 75-96; Dean, J. M., Fung, K. C., Wang, Z. "Measuring Vertical Specialization: The Case of China", *Review of International Economics*, vol. 19, no. 4 (2011), pp. 609-625; Koopman, R., Wang, Z., Wei, S. J. "Tracing Value-Added and Double Counting in Gross Exports", *The American Economic Review*, vol. 104, no. 2 (2014), pp. 459-494.

② 王直、魏尚进、祝坤福:《总贸易核算法:官方贸易统计与全球价值链的度量》,《中国社会科学》2015 年第 9 期,第 108~127,205,206 页。

方法进行了改进,使测算方法更加符合实际。[①] 马弘等人(2013)则使用中国工业企业数据、海关数据和投入产出表,进一步区分贸易方式和企业所有制,计算了中国出口国内附加值,他们的研究得出外商直接投资企业创造了近45%的中国出口国内附加值,而国内从事加工贸易的企业创造的出口国内附加值不到5%。[②]

与此同时,经济学家也开始探索影响出口附加值的因素:外商直接投资、对外直接投资、出口目的地、贸易自由化、生产率等均以不同的渠道对出口附加值产生影响。[③] 樊秀峰和程文先发现,中国企业出口到新兴市场和发展中国家对企业出口的国内附加值率有正向作用,而出口到发达国家对企业出口的国内附加值率有负向作用。[④] 凯和邓(2016)发现进口投入品关税的下降和外商直接投资的增长是企业出口的国内附加值率上升的重要因素。进口投入品关税的下降和外商直接投资的增长使得国内的中间产品种类增多并且可以以更低的价格获得,从而增加了国内中间投入品的使用,进而提高了企业出口的国内附加值率。[⑤]

有相当多的研究已经证实企业层面融资约束的高低会影响企业进出口。但是研究融资约束对全球价值链影响的文章并不多。吕越等人(2015)从融资约束和生产率的双重视角考察了对企业全球价值链参与度(使用企业出口中的国外附加值占比衡量)的影响,得出企业的融资约束会阻碍企业的全球价值链参与度。[⑥] 本章重点考察企业层面的融资约束对企业出口的国内附加值率的影

---

① Upward, R., Wang, Z., Zheng, J. "Weighing China's Export Basket: The Domestic Content and Technology Intensity of Chinese Exports", *Journal of Comparative Economics*, vol. 41, no. 2 (2013), pp. 527-543;张杰、陈志远、刘元春:《中国出口国内附加值的测算与变化机制》,《经济研究》2013年第48卷第10期,第124~137页;Kee, H. L., Tang, H. "Domestic Value Added in Exports: Theory and Firm Evidence from China", *The American Economic Review*, vol. 106, no. 6 (2016), pp. 1402-1436.

② 马弘、乔雪、徐嫄:《中国制造业的就业创造与就业消失》,《经济研究》2013年第48卷第12期,第68~80页。

③ 张杰、陈志远、刘元春:《中国出口国内附加值的测算与变化机制》,《经济研究》2013年第48卷第10期,第124~137页;刘海云、毛海欧:《制造业OFDI对出口增加值的影响》,《中国工业经济》2016年第7期,第91~108页;Manova, K., Yu, Z. "How Firms Export: Processing VS. Ordinary Trade with Financial Frictions", CEPR Discussion Paper, No. DP11142(2016).

④ 樊秀峰、程文先:《中国制造业出口附加值估算与影响机制分析》,《中国工业经济》2015年第6期,第81~93页。

⑤ Kee, H. L., Tang, H. "Domestic Value Added in Exports: Theory and Firm Evidence from China", *The American Economic Review*, vol. 106, no. 6 (2016), pp. 1402-1436.

⑥ 吕越、罗伟、刘斌:《异质性企业与全球价值链嵌入:基于效率和融资的视角》,《世界经济》2015年第38卷第8期,第29~55页。

响。马述忠等人(2017)重点分析的是加工贸易企业面临的融资约束对全球价值链地位的提升的影响,并进一步将加工贸易细分为来料加工和进料加工,实证研究发现融资约束越小,企业向高价值链环节攀升的概率越大。[①] 本章不仅分析加工贸易,还分析了一般贸易和混合贸易,并且得出了一个有趣的结论:企业融资约束与企业出口的国内附加值率存在倒U形关系,且这种关系在一般贸易企业中更加明显。

大量的学者也从宏观因素展开了研究。一方面,研究发现金融发展能够缓解企业的融资约束。[②] 福斯莱亚(Fauceglia,2015)利用17个发展中国家的企业层面数据研究得出了金融发展能够有效缓解企业面临的融资约束的结论。[③] 另一方面,也有学者研究了地区金融发展与国际贸易和投资的关系。[④] 因此,本章还进一步引入了地区金融发展这一宏观因素,来考察其对融资约束与企业国内附加值率的调节作用。

11.3 机制分析

11.3.1 融资约束对企业出口的国内附加值率的影响机制分析

企业出口的附加值率的计算关系到出口、进口与国内生产三个环节,因此融资约束将通过以下三个渠道影响国内附加值率的变化。

第一,一个企业的出口需要支付大量的固定成本,也需要很多的运营成本。如果企业的融资约束较高,就增大了再融资的难度,从而减少出口的概率和出口的规模。因此,在其他因素不变的情况下,从出口角度考虑,融资约束与国内附加值率是负向关系,即融资约束会通过减少出口来对企业出口的国内附加值率产生抑制作用,本章称之为融资约束引致的"出口效应"。

第二,从进口来看,企业面临的融资约束越强,就越会减少高质量中间产品的进口,从而使企业生产某产品时难以实现规模效应,进而难以提高企业出口的

---

① 马述忠、张洪胜、王笑笑:《融资约束与全球价值链地位提升——来自中国加工贸易企业的理论与证据》,《中国社会科学》2017年第1期,第83~107,206页。

② 饶华春:《中国金融发展与企业融资约束的缓解——基于系统广义矩估计的动态面板数据分析》,《金融研究》2009年第9期,第156~164页。

③ Fauceglia, D. "Credit Constraints, Firm Exports and Financial Development: Evidence from Developing Countries", *The Quarterly Review of Economics and Finance*, vol. 55(2015), pp. 53 – 66.

④ 齐俊妍、王永进、施炳展等:《金融发展与出口技术复杂度》,《世界经济》2011年第34卷第7期,第91~118页;Desbordes, R., Wei, S. J. "The Effects of Financial Development on Foreign Direct Investment", *Journal of Development Economics*, vol. 127(2017), pp. 153 – 168.

国内附加值率,即融资约束会通过降低生产产品的规模效应来对企业出口的国内附加值率产生抑制作用,本章称之为融资约束引致的“规模效应”。

第三,从国内生产来看,当企业面临的融资约束强到企业生产某产品的必要中间产品难以获得时,企业为了生存有动力去进行研发,增强产品竞争能力,生产高质量的中间产品,从而提高企业出口的国内附加值率,即融资约束会通过增加企业研发动力、增强竞争能力来对企业出口的国内附加值率产生促进作用,本章称之为融资约束引致的“竞争效应”。

企业融资约束引致的规模效应和出口效应的影响方向是一致的,但竞争效应的影响方向与出口效应是相反的,因此对企业出口的国内附加值率的综合作用是不确定的。当企业融资约束相对较弱时,企业仍旧有余地进行再融资和研发,竞争效应占优,融资约束对企业出口的国内附加值率有促进作用;但当企业融资约束到达一定临界值之后,出口效应和规模效应占优,融资约束对企业出口的国内附加值率有抑制作用。由此提出假设一。

假设一:融资约束对企业出口的国内附加值率的作用呈现倒 U 形关系。如图 11 - 1 所示,融资约束适中的企业,出口的国内附加值率相对较高,处于全球价值链优先的地位。

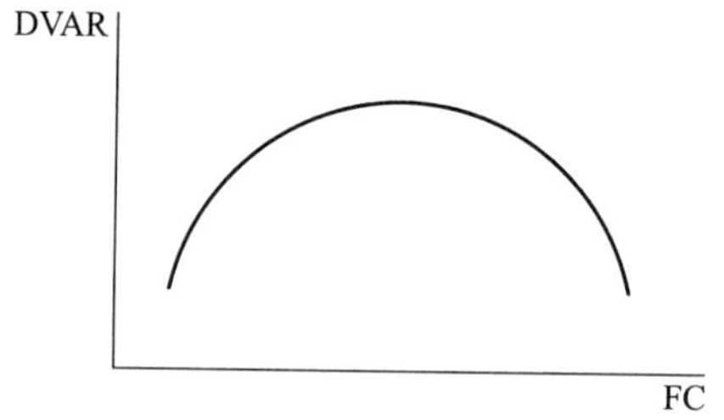

图 11 - 1　企业融资约束与国内附加值率关系示意图

11.3.2　地区金融发展对国内附加值率的影响机制分析

地区金融的发展不仅可以直接通过优化企业的进出口结构来直接促进企业出口的国内附加值率,还可以扩大融资渠道和缓解信息不对称,进而间接影响企业出口的国内附加值率。一方面,地区金融发展可以通过创造各种金融工具、扩展金融资源等增加市场上资金的供给,扩大企业融资渠道缓解融资约束。另一方面,地区金融发展越好,越能够给企业提供一个良性竞争的环境,克服“道德风险”和“逆向选择”问题,即缓解市场上交易双方的信息不对称,从而节约交易成本,缓解企业面临的融资约束。这两方面使得企业能够有更多资金支付出口的固定成本,增加高质量中间产品的进口,进而促进企业出口的国内附加值率的增加。由此提出假设二。

假设二:地区金融发展越好,就越可以缓解企业的融资约束困境,促进企业在全球价值链中地位的提升。

11.4 模型设定、数据来源和变量说明

11.4.1 模型设定

本章构建了一个企业融资约束和地区金融发展对企业出口的国内附加值率影响机制的计量方程,并利用 Tobit 模型[①]来探究企业融资约束对企业出口的国内附加值率的影响机制。计量模型设定如下:

$$DVAR_{it} = \beta_0 + \beta_1 FC_{it} + \beta_2 FC_{it}^2 + \beta_3 Findev_{rt} + \gamma Z_{it} + u + \varepsilon_{it} \quad (1)$$

在方程(1)中,下标 i、t 和 r 分别表示企业、年度和省份。被解释变量 $DVAR_{it}$ 表示的是企业 i 在 t 年出口的国内附加值率,该值越大,说明企业出口所获得的真实贸易利得越大;关键解释变量 FC_{it} 表示企业面临的融资约束水平,该值越大,说明企业的融资约束越大;$Findev_{rt}$ 表示的是 r 地区在 t 年的金融发展状况,该值越大,说明地区金融发展越健全。Z_{it} 为影响企业出口的国内附加值率的控制变量集,包含的控制变量有:① 企业全要素生产率(*TFP*),本章中使用莱文森和彼得林(Levinsohn and Petrin,2003)的方法来计算企业全要素生产率;[②]② 市场集中度(*HHI*),用赫芬达尔-赫希曼指数来表示;③ 资本劳动比(*Capital/Labor*),其中,资本是用永续盘存法计算得到,劳动用从业人员表示;④ 贸易方式的虚拟变量,贸易方式被区分为一般贸易(*Ordinary*)、加工贸易(*Processing*)和混合贸易(*MIX*),以一般贸易类型企业为参照系;⑤ 企业所有制的虚拟变量,企业所有制被区分为国有企业(*SOE*)、集体企业(*Collective*)、私人企业(*Private*)、外资企业(*Foreign*)、港澳台企业(*HMT*)和其他(*Other*),以国有企业为参照系。β_0、β_1、β_2、β_3 和 γ 分别为各变量的回归系数。

此外,模型中还控制了行业、省份和年份特征的固定效应 u 以减少可能存在的内生性问题。具体而言,本章按照"省份×年份"和"行业×年份"的方式控制固定效应。其中,"省份×年份"固定效应可以控制某一省份随时间变化的特

① 由于企业出口的国内附加值率的取值范围在 0~1 之间,且有 20% 的数值为 0,因此本章将采用针对删失数据的常用方法 Tobit 模型估计来回归方程,设定了估计模型的左删失,即采用左删失回归。

② Levinsohn, J., Petrin, A. "Estimating Production Functions Using Inputs to Control for Unobservable", *The Review of Economic Studies*, vol. 70, no. 2 (2003), pp. 317-341.

征,比如外商直接投资的情况、人均收入、总人口、贸易开放度等特征;“行业×年份”的固定效应可以考虑某一行业随时间变化的特征,比如行业的开放程度等。另外,我们也做了“企业×年份”层面的固定效应,回归结果也是稳健的。

11.4.2 数据来源

为了研究企业融资约束对企业出口的国内附加值率的影响机制,本章使用了两套数据集,分别是中国工业企业数据和中国海关数据。考虑到2001年中国加入WTO可能会影响研究结果,因此确定研究样本期限为2002—2006年。为了计算企业出口的国内附加值率,需要将两套数据进行合并。在合并之前,本章根据通用会计准则(GAAP)的基本规定对数据进行了初期处理。具体的删除标准有:① 流动资产大于总资产;② 总固定资产大于总资产;③ 固定资产净值大于总资产;④ 企业的编码缺失;⑤ 无效的企业成立时间。另外本章仅研究制造业企业,因此只保留了制造业企业的数据。由于两套数据集没有统一的公司编码,因此合并比较困难,本章参考戴觅等人(2014)[①]的方法进行合并,合并方法分两步:第一步,通过企业名称和年份进行匹配;第二步,通过采用企业的邮政编码和电话号码的后七位进行匹配。合并后的企业个数为83988个。

11.4.3 变量说明

1)企业出口的国内附加值率

本章中的被解释变量是企业出口的国内附加值率,在计算企业出口的国内附加值率的时候主要借鉴阿普沃德等(2013)和张杰等(2013)的方法,[②]具体主要考虑了三方面的问题。第一,将研究样本按照贸易方式分类,分为一般贸易、加工贸易和混合贸易。第二,计算不同贸易方式企业出口的国内附加值率的时候,根据广义经济分类(BEC)的产品分类,要区分中间投入品、消费品和资本品的国内附加值率。对于加工贸易而言,进口产品都作为中间投入品使用,而一般贸易中的进口产品既可能被用于中间投入品使用,也可能被用于资本品或消费品使用,因此需要区分不同贸易方式下的不同产品类型。第三,考虑贸易代理商问题来计算实际中间投入品进口。由于进出口经营权的限制,中国的进出口很

---

① 戴觅、余淼杰、Madhura Maitra:《中国出口企业生产率之谜:加工贸易的作用》,《经济学(季刊)》2014年第13卷第2期,第675~698页。

② Upward, R., Wang, Z., Zheng, J. “Weighing China's Export Basket: The Domestic Content and Technology Intensity of Chinese Exports”, *Journal of Comparative Economics*, vol. 41, no. 2(2013), pp. 527-543;张杰、陈志远、刘元春:《中国出口国内附加值的测算与变化机制》,《经济研究》2013年第48卷第10期,第124~137页。

多是依靠贸易代理商来实现的。若不考虑这些贸易代理商的进口,则会低估进口的中间投入品价值,从而高估企业出口的国内附加值率。在具体操作中,将海关企业名称中带有“进口”“出口”“经贸”“贸易”“科贸”“外经”“外贸”和“商贸”信息的企业认作中间贸易商。

基于上述考虑,设计具体计算公式如(2)、(3)、(4)式。

$$DVAR_1 = 1 - \frac{M_A^P}{X^P} \tag{2}$$

$$DVAR_2 = 1 - \frac{M_A^O}{X^O + D} \tag{3}$$

$$DVAR_3 = w_1 DVAR_1 + w_2 DVAR_2 \tag{4}$$

其中,$DVAR_1$、$DVAR_2$ 和 $DVAR_3$ 分别表示加工贸易企业、一般贸易企业和混合贸易企业出口的国内附加值率;M_A^P 表示的是加工贸易企业的实际进口额;M_A^O 表示的是一般贸易企业的实际进口额;X^P 表示的是加工贸易企业的出口额;X^O 表示的是一般贸易企业的出口额;D 表示的是一般贸易企业的国内销售额;w_1 和 w_2 分别表示的是加工贸易实际进出口额占进出口总额的比重和一般贸易实际进出口额占进出口总额的比重。

2)融资约束

企业的融资渠道可以分为内源融资、外源融资和商业信用贷款。内源融资主要是企业利用其留存收益进行的融资,表现为企业的流动性约束。外源融资包括商业银行贷款的间接融资方式,以及发行股票和债券的直接融资方式。然而中国的企业主要采用的是商业银行贷款,企业难以贷款通常被称为企业面临信贷约束。商业信用贷款主要指的是企业之间的应付账款和应收账款。为了更加全面地反映企业融资情况,本章主要借鉴阳佳余等人(2015)构建的融资约束综合指标的方法,[①]在数据可得范围内建立了综合评分指标,具体分指标如下:① 现金流量比率,以企业现金流占固定资产净值年平均额的比率来衡量;② 商业信贷比率,以应收账款占总资产的比率来衡量;③ 企业年龄,以企业成立年限来衡量;④ 企业规模,以企业年均员工数的对数来衡量;⑤ 固定资产净值率,以企业固定资产净值占总资产的比率来衡量;[②]⑥ 清偿比率,以所有者权益占总负

---

① 阳佳余、徐敏:《融资多样性与中国企业出口持续模式的选择》,《世界经济》2015 年第 38 期第 4 期,第 50 ~ 76 页。

② 参见 Buch, C. M., Kesternich, I., Lipponer, A., et al. “Financial Constraints and Foreign Direct Investment: Firm-Level Evidence”, *Review of World Economics*, vol. 150, no. 2(2014), pp. 393 - 420.

债的比率来衡量；⑦ 流动性比率，以流动资产占流动负债的比率来衡量；⑧ 销售净利率，以净利润占销售收入的比率来衡量；⑨ 资产收益率，以净利润占总资产的比率来衡量；⑩ 外资投入比重，用外商投资占实收资本的比重来衡量。

现金流量比率反映的是企业内源资金的充足程度，该指标越大，说明企业内源融资能力越强；商业信贷比率反映的是企业可以给予客户相对较多的商业信用，该比值越大，说明企业受融资约束的可能性越小；企业年龄、企业规模、固定资产净值率、清偿比率、流动性比率反映的是企业的外源融资能力，比值越大，说明企业受融资约束的可能性越小；销售净利率和资产收益率指标反映的是企业的盈利能力，指标越大说明盈利能力越强，从而受融资约束越小；外资投入拓宽了企业的融资渠道，外资投入比重越高，表示企业受融资约束的可能性越小。

本章在构建融资约束综合指标时分两步：第一步是对每个分指标赋值为1～5，分别表示在同一年同行业中企业每个分指标的得分排名位于前81%～100%、61%～80%、41%～60%、21%～40%和0～20%，企业排名越低赋值越大，说明企业受来自分指标的融资约束越强；第二步是加总这些分指标的赋值，并标准化到1～10，形成融资约束综合指标，该指标越大，说明受融资约束越强。

3）地区金融发展

地区金融的发展通过缓解信息不对称和提供资金等渠道影响企业融资约束状况，进而影响企业出口的国内附加值率。本章借鉴解维敏和方红星（2011）的方法，[①]采用樊纲等人（2010）在《中国市场化指数——各地区市场化相对进程2009年报告》中构造的金融业市场化指标作为本章地区金融发展的替代变量，该值越大，说明地区金融发展的水平越高。[②] 金融业市场化指标由两个分指标构成，分别是金融业竞争和信贷资金分配市场化，金融业竞争使用非国有金融机构吸收存款占全部金融机构吸收存款的比例来衡量，信贷资金分配市场化使用非国有企业在银行贷款中占有的份额来衡量。

11.5 实证回归分析

11.5.1 变量的描述性统计和相关性分析

表11－1报告了全样本，以及一般贸易、加工贸易和混合贸易方式下的各变

① 解维敏、方红星：《金融发展、融资约束与企业研发投入》，《金融研究》2011年第5期，第171～183页。

② 樊纲、王小鲁、朱恒鹏：《中国市场化指数——各地区市场化相对进程2009年报告》，经济科学出版社2010年版。

量的统计描述。其中，一般贸易企业出口的国内附加值率的均值最大(0.6172)，其次是混合贸易企业(0.5178)，加工贸易企业出口的国内附加值率的均值最小(0.3923)，且低于全样本均值。一般贸易企业和加工贸易企业受融资约束的可能性较大，而混合贸易企业较小。加工贸易企业地区金融发展均值最大，高于总体样本均值，而一般贸易企业样本地区金融发展指标均值最低。混合贸易企业的全要素生产率均值最高，加工贸易企业的全要素生产率最低。加工贸易企业的市场集中度较小。一般贸易企业的资本劳动比均值最大，加工贸易企业的资本劳动比均值最小。

表 11-1　全样本和不同贸易方式下各变量的统计描述

变量	全样本	一般贸易	加工贸易	混合贸易
DVAR	0.4906 (0.3754)	0.6172 (0.4333)	0.3923 (0.3309)	0.5178 (0 .3381)
FC	1.8010 (0.1747)	1.7715 (0.1783)	1.7964 (0.1716)	1.7309 (0.1849)
Findev	2.1686 (0.2257)	2.1521 (0.2385)	2.199 (0.1705)	2.1696 (0.2030)
TFP	2.8069 (2.6688)	3.0038 (2.7145)	2.5636 (2.7284)	3.0372 (2.5590)
HHI	0.0184 (0.0325)	0.0227 (0.0382)	0.0158 (0.0276)	0.0211 (0.0369)
Capital/Labor	3.8485 (1.3297)	4.3393 (1.2596)	3.4869 (1.2661)	4.1352 (1.2992)

注：表中所列数据为变量的统计均值，括号内数值为标准差。

图 11-2 显示了一般贸易、加工贸易和混合贸易企业出口的国内附加值率在2002—2006 年内的变化趋势。不同贸易方式的企业出口的国内附加值率的增长有所差异，其中，一般贸易企业出口的国内附加值率在 2002 年为 0.5764，2006 年为 0.6479，增长了 0.0715，增长幅度最大；加工贸易企业出口的国内附加值率从 2002 年的 0.3606 逐步上升到了 2006 年的 0.4232，共增加 0.0626；混合贸易企业出口的国内附加值率则上升最慢，在 2002—2006 年期间增长幅度为 0.0540。

表 11-2 展示了解释变量之间的相关程度。从表 11-2 可以看出，各解释变量之间的相关程度都较低，如代表企业融资约束的 *FC* 与代表地区金融发展的 *Findev* 的相关系数是 -0.0217，与代表企业全要素生产率的 *TFP* 的相关系数

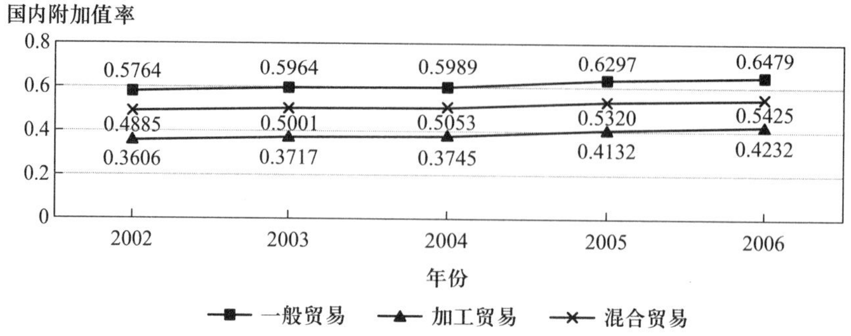

图 11－2　2002—2006 年不同贸易方式下企业出口的国内附加值率的变化趋势

是－0.1645，因此可以初步判定模型不存在严重的多重共线性问题。

表 11－2　解释变量之间的相关性分析

变量	*FC*	*Findev*	*TFP*	*HHI*	*Capital/Labor*
FC	1.0000				
Findev	－0.0217	1.0000			
TFP	－0.1645	－0.0079	1.0000		
HHI	0.0083	－0.0692	0.0125	1.0000	
Capital/Labor	－0.2815	－0.0400	－0.0150	0.1012	1.0000

11.5.2　全样本回归

表 11－3 是对全样本企业样本回归的估计结果。第(1)~(5)列均使用“省份×年份”与“行业×年份”Tobit 模型进行估计，而列(6)使用“企业×年份”固定效应模型进行估计。其中，列(1)至列(3)考察的是融资约束与企业出口的国内附加值率的关系。列(4)至列(5)考察了地区金融发展对融资约束与企业出口的国内附加值率的关系的调节影响。

表 11－3　全样本回归结果

	(1)	(2)	(3)	(4)	(5)	(6)
	TOBIT	TOBIT	TOBIT	TOBIT	TOBIT	FE
FC	1.1051***	1.2433***	1.1161***	1.2647***	1.1712***	1.0234***
	(9.60)	(11.29)	(10.18)	(8.98)	(8.72)	(9.55)
FC^2	－0.3212***	－0.3590***	－0.3407***	－0.3206***	－0.3406***	0.2985***
	(－9.72)	(－11.35)	(－10.82)	(－9.70)	(－10.82)	(－11.86)
Findev	0.0877***	0.1131***	0.1167***	0.2200***	0.1621**	0.1029**
	(12.55)	(16.92)	(17.28)	(3.25)	(2.52)	(2.00)

续表

	(1)	(2)	(3)	(4)	(5)	(6)
	TOBIT	TOBIT	TOBIT	TOBIT	TOBIT	FE
*FC * Findev*				-0.0743** (-1.97)	-0.0256 (-0.71)	-0.0189 (-0.66)
TFP	0.0050*** (9.42)	0.0014*** (2.69)	0.0001 (0.17)	0.0050*** (9.38)	0.0001 (0.16)	-0.0023*** (-5.13)
HHI	0.0659 (1.56)	-0.0818** (-2.03)	-0.0803** (-2.00)	0.0658 (1.56)	-0.0803** (-2.00)	-0.1319*** (-4.16)
Capital/labor	-0.0587*** (-52.16)	-0.0795*** (-72.01)	-0.0798*** (-72.14)	-0.0587*** (-52.17)	-0.0798*** (-72.14)	-0.0627*** (-71.76)
Processing		-0.3082*** (-86.61)	-0.2804*** (-76.62)		-0.2804*** (-76.62)	-0.2605*** (-92.34)
MIX		-0.0809*** (-22.93)	-0.0533*** (-14.86)		-0.0533*** (-14.86)	-0.0894*** (-31.08)
Collective			-0.0450** (-2.51)		-0.0448** (-2.50)	-0.0245* (-1.7)
Private			0.0276** (2.18)		0.0280** (2.21)	0.0314*** (3.08)
Foreign			-0.1135*** (-9.34)		-0.1131*** (-9.31)	-0.0890*** (-9.22)
HMT			-0.0829*** (-6.79)		-0.0825*** (-6.75)	-0.0617*** (-6.29)
Other			0.0147 (1.16)		0.0149 (1.18)	0.0164 (1.62)
Constant	-0.3602*** (-3.58)	-0.3613*** (-3.75)	-0.1406 (-1.45)	-0.6462*** (-3.66)	-0.4734*** (-2.80)	-0.0915 (-0.68)
省份×年份	YES	YES	YES	YES	YES	NO
行业×年份	YES	YES	YES	YES	YES	NO
企业×年份	NO	NO	NO	NO	NO	YES
边际效应						
FC	0.3813*** (9.60)	0.4616*** (11.28)	0.4188*** (10.17)	0.4364*** (8.98)	0.4848*** (9.69)	
FC^2	-0.1108*** (-9.71)	-0.1333*** (-11.34)	-0.1279*** (-10.81)	-0.1106*** (-9.69)	-0.1332*** (-11.33)	
Findev	0.0303*** (12.54)	0.0420*** (16.89)	0.0438*** (17.25)	0.0759*** (3.25)	0.0613** (2.55)	

续表

	(1)	(2)	(3)	(4)	(5)	(6)
	TOBIT	TOBIT	TOBIT	TOBIT	TOBIT	FE
FC * *Findev*				-0.0256**	-0.0108	
				(-1.97)	(-0.81)	
Observations	111913	111913	111913	111913	111913	111913

注：括号内表示的是 t 值，*、**、*** 分别代表估计系数通过10%、5%、1%显著性水平检验。表的下方列出了核心解释变量的边际效应。Constant 为常数项。

首先，列(1)显示企业融资约束的一次项显著为正，二次项显著为负，说明融资约束对企业出口的国内附加值率的影响是非线性的，呈现倒U形，这支持了假设一。当企业面临的融资约束的值在临界值的左侧时，融资约束加强会促进企业出口的国内附加值率的上升，可能的原因在于，在这阶段融资约束产生的竞争效应占优。当企业面临的融资约束的值在临界值的右侧时，融资约束加强，企业出口的国内附加值率则会下降。列(2)和列(3)表现了，当进一步控制了企业的所有制形式和贸易方式后，融资约束与企业出口的国内附加值率的倒U形关系并未发生变化。

其次，列(1)～(3)显示，无论是否控制全要素生产率等控制变量，地区金融发展的系数都为正，且通过1%的显著性检验。这说明地区金融发展越好，企业出口的国内附加值率会越大，这支持了假设二。

再次，列(4)显示，企业融资约束和地区金融发展的交叉项($FC \times Findev$)的系数为负，且通过5%的显著性检验。交叉项为负表示地区金融发展越好，融资约束的门槛越高。也就是说对于面临融资约束较弱的企业，地区金融发展加强了融资约束对企业出口的国内附加值率的促进作用；而对于面临融资约束较强的企业，地区金融发展缓解了融资约束对企业出口的国内附加值率的抑制作用。列(5)显示在进一步控制了贸易方式和企业所有制形式之后，交叉项仍然为负但是显著性有所下降。列(6)显示的是固定效应模型的回归结果，在控制相应变量后，结果并没有发生显著变化。

最后，对其他解释变量的解释。① 全要素生产率对企业出口的国内附加值率有促进作用。② 市场集中度对企业出口的国内附加值率有抑制作用。③ 资本劳动比越高，企业出口的国内附加值率越低。④ 与一般贸易企业出口的国内附加值率相比，加工贸易企业和混合贸易企业出口的国内附加值率较低。⑤ 与国有企业相比，私人企业出口的国内附加值率更高，而集体企业和外资企业的较低，港澳台企业的最低。

11.5.3 分贸易方式回归

表 11-4 展示了三种贸易方式的估计结果。首先，在列(1)、列(3)和列(5)中，融资约束的一次项系数都显著为正，二次项系数都显著为负，因此融资约束对企业出口的国内附加值率存在潜在的倒 U 形关系。进一步对在不同贸易方式下的数据分析，在一般贸易企业中，存在明显的倒 U 形关系；在加工贸易企业中，临界值为 1.5332，大于该值的企业样本数占加工贸易企业样本数的 91.64%，

表 11-4　分贸易方式回归

	一般贸易		加工贸易		混合贸易	
	(1)	(2)	(3)	(4)	(5)	(6)
FC	2.0110*** (7.17)	2.3531*** (7.17)	0.7054*** (4.04)	0.1354 (0.60)	0.8395*** (5.51)	0.8499*** (4.55)
FC^2	-0.5806*** (-7.23)	-0.5828*** (-7.26)	-0.2301*** (-4.65)	-0.2284*** (-4.62)	-0.2679*** (-6.02)	-0.2679*** (-6.01)
Findev	0.1011*** (7.18)	0.3793*** (2.72)	0.1303*** (10.95)	-0.3334*** (-2.81)	0.1265*** (13.06)	0.1350 (1.53)
FC * *Findev*		-0.1555** (-2.01)		0.2571*** (3.93)		-0.0048 (-0.10)
TFP	-0.0078*** (-6.28)	-0.0078*** (-6.28)	0.0041*** (5.56)	0.0042*** (5.71)	0.0012 (1.55)	0.0012 (1.55)
HHI	-0.6820*** (-7.80)	-0.6823*** (-7.81)	0.5193*** (7.10)	0.5168*** (7.07)	-0.0714 (-1.33)	-0.0714 (-1.33)
Capital/labor	-0.1250*** (-44.99)	-0.1250*** (-44.96)	-0.0642*** (-38.74)	-0.0641*** (-38.67)	-0.0684*** (-42.83)	-0.0684*** (-42.82)
Collective	-0.0165 (-0.48)	-0.0153 (-0.44)	-0.1046*** (-3.16)	-0.1069*** (-3.23)	-0.0520* (-1.70)	-0.0520* (-1.70)
Private	0.0461** (2.09)	0.0485** (2.19)	-0.0654** (-2.40)	-0.0688** (-2.53)	0.0462** (2.22)	0.0463** (2.23)
Foreign	-0.1507*** (-7.10)	-0.1489*** (-7.01)	-0.1200*** (-4.53)	-0.1227*** (-4.63)	-0.0983*** (-5.05)	-0.0983*** (-5.04)
HMT	-0.0956*** (-4.40)	-0.0941*** (-4.32)	-0.0982*** (-3.72)	-0.1012*** (-3.83)	-0.0656*** (-3.34)	-0.0655*** (-3.33)
Other	0.0234 (1.08)	0.0247 (1.14)	-0.0247 (-0.89)	-0.0261 (-0.94)	0.0164 (0.81)	0.0165 (0.81)
Constant	-0.6858*** (-2.78)	-1.2931*** (-3.31)	-0.1117 (-0.71)	0.9134*** (3.00)	0.0232 (0.18)	0.0049 (0.02)
省份×年份	YES	YES	YES	YES	YES	YES
行业×年份	YES	YES	YES	YES	YES	YES

续表

	一般贸易		加工贸易		混合贸易	
	(1)	(2)	(3)	(4)	(5)	(6)
边际效应						
FC	0.5030***	0.5886***	0.2723***	0.0523	0.4371***	0.4426***
	(7.16)	(7.16)	(4.04)	(0.60)	(5.51)	(4.55)
FC^2	-0.1452***	-0.1458***	-0.0888***	-0.0882***	-0.1395***	-0.1395***
	(-7.22)	(-7.25)	(-4.65)	(-4.62)	(-6.01)	(-6.01)
Findev	0.0253***	0.0949***	0.0503***	-0.1287***	0.0659***	0.0703
	(7.18)	(2.72)	(10.94)	(-2.81)	(13.02)	(1.53)
FC * *Findev*		-0.0389**		0.0993***		-0.0025
		(-2.01)		(3.93)		(-0.10)
Observations	30422	30422	48235	48235	33256	33256

注:括号内表示的是 t 值,*、**、*** 分别代表估计系数通过 10%、5%、1% 显著性水平检验。列(1)和列(2)是一般贸易企业的估计结果,列(3)和列(4)是加工贸易企业的估计结果,列(5)和列(6)是混合贸易企业的估计结果。

那么,对于加工贸易企业而言,融资约束对国内附加值率基本表现为抑制作用;在混合贸易企业中,临界值为 1.5667,大于该值的企业样本数占混合贸易企业样本数的 82.93%,因此,混合贸易企业的融资约束与企业出口的国内附加值率存在较为典型的倒 U 形关系。

其次,在列(1)、列(3)和列(5)中,地区金融发展(*Findev*)的系数显著为正,表明地区金融发展越好,企业出口的国内附加值率更大。对比三种贸易方式,地区金融发展的系数在一般贸易企业中最低,说明地区金融发展对一般贸易企业出口的国内附加值率的促进作用较其他两种贸易方式的企业来说更小。

再次,列(2)、列(4)和列(6)是考虑了地区金融发展对融资约束与企业出口的国内附加值率之间关系的调节作用后的回归结果。列(2)中的地区金融发展和融资约束的交叉项显著为负,说明地区金融发展对融资约束和一般贸易企业出口的国内附加值率的关系有明显的调节作用。当引入地区金融发展因素之后,临界值为 2.0185,说明好的地区金融发展,提高了融资约束的门槛效应。列(4)中的交叉项显著为正,也说明地区金融发展的调节作用明显。但由于对于加工贸易企业来说融资约束对企业出口的国内附加值率基本表现为抑制关系。因此交叉项为正,说明地区金融发展缓解了融资约束对国内附加值率的抑制作用。列(6)中的交叉项并不显著,说明地区金融发展对混合贸易企业的融资约束和企业出口的国内附加值率之间关系的调节作用不明显。

最后,关于其他解释变量。① 全要率生产率对企业出口的国内附加值率因贸易方式不同而不同。对于一般贸易企业而言,全要率生产率越高,反而会抑制企业出口的国内附加值率的提升。对于加工贸易企业而言,全要率生产率的提高会促进企业出口的国内附加值率的提升。对混合贸易企业而言,全要率生产率对企业出口的国内附加值率没有显著影响。② 市场集中度对企业出口的国内附加值率也因贸易方式不同而不同。对一般贸易企业而言,市场集中度与企业出口的国内附加值率显著负相关,即市场集中度越高,垄断势力越强,企业出口的国内附加值率会越小。可能的原因是对于一般贸易企业而言,市场的垄断力量越强,越不利于竞争,从而使得市场不能最优化配置资源,最终导致企业出口的国内附加值率变小。对于加工贸易企业而言,市场集中度与企业出口的国内附加值率显著正相关,可能的原因是对于加工贸易企业而言,产品市场主要在国外,因此市场越集中,跟国外客户的谈判能力越强,从而越能提高企业出口的国内附加值率。对于混合贸易企业而言,市场集中度对企业出口的国内附加值率没有显著影响。③ 资本劳动比越高,企业出口的国内附加值率会越低,这种关系在三种贸易方式下都成立。

11.5.4 稳健性检验

1) 融资约束指标稳健性

为考察融资约束指标的稳健性,我们使用负债率(*Levarage*)指标来衡量企业面临的融资约束。负债率指标为短期负债与流动资产的比值,该比值越大说明企业面临的融资约束越强。

回归结果如表 11 -5 显示。① 对于一般贸易企业而言,负债率的一次项显著为正,二次项显著为负,说明负债率和企业出口的国内附加值率呈倒 U 形关系,且地区金融发展和融资约束的交叉项为负,但是显著性较弱。② 对于加工贸易企业而言,负债率的一次项在 5% 的水平上显著为正,而二次项的系数几乎为 0,且通过 10% 的显著性水平,说明融资约束对企业出口的国内附加值率基本表现为抑制作用。③ 对于混合贸易企业而言,负债率的一次项系数为正,二次项系数为负,但是结果不显著。地区金融发展对混合贸易企业的融资约束和企业出口的国内附加值率的调节作用依然不明显。④ 地区金融发展促进了企业出口的国内附加值率提升,但是对一般贸易企业出口的国内附加值率的促进作用较其他两种贸易方式的企业小。因此,主要的回归结果没有发生根本变化。

表 11-5　融资约束指标稳健性:负债率指标

	一般贸易		加工贸易		混合贸易	
	(1)	(2)	(3)	(4)	(5)	(6)
Levarage	0.0753***	0.1163***	0.0027**	-0.0022	0.0005	-0.0009
	(13.02)	(3.73)	(2.04)	(-0.13)	(0.24)	(-0.07)
Levarage^2	-0.0032***	-0.0033***	-0.0000*	-0.0000	-0.0000	-0.0000
	(-8.16)	(-8.25)	(-1.74)	(-0.50)	(-1.01)	(-0.89)
Findev	0.1026***	0.1209***	0.1337***	0.1314***	0.1293***	0.1286***
	(7.31)	(6.17)	(11.23)	(9.29)	(13.33)	(11.31)
*Findev * Levarage*		-0.0187		0.0022		0.0007
		(-1.34)		(0.30)		(0.11)
Observations	30420	30420	48229	48229	33254	33254

注:括号内表示的是 t 值,*、**、*** 分别代表估计系数通过 10%、5%、1% 显著性水平检验。表中报告的是 Tobit 模型的估计系数,各回归都控制了固定效应,但表中未报告控制变量的结果。

2) 地区金融发展的内生性问题

考虑到出口的国内附加值率越高的企业可能会自发选择去地区金融发展程度高的地区,这可能会造成估计结果的不一致。为了减轻这种内生性问题,我们使用了地区金融发展的滞后 1 期(*Findev_lag*)作为工具变量并重新对三种贸易方式下的企业样本进行了回归。回归结果如表 11-6 所示。① 对于一般贸易企业而言,融资约束和企业出口的国内附加值率呈倒 U 形的关系,且地区金融发展和融资约束的交叉项为负,但是显著性减弱。② 对于加工贸易企业而言,融资约束对企业出口的国内附加值率基本表现为抑制作用。③ 对于混合贸易企业而言,融资约束和企业出口的国内附加值率呈较为典型的倒 U 形关系,且地区金融发展和融资约束的交叉项显著为正。④ 地区金融发展促进了企业出口的国内附加值率的提升,但是对一般贸易企业出口的国内附加值率的促进作用较其他两种贸易方式的企业小。因此,主要的回归结果没有发生根本变化。

表 11-6　地区金融发展的内生性问题

	一般贸易		加工贸易		混合贸易	
	(1)	(2)	(3)	(4)	(5)	(6)
FC	1.3912***	1.5275***	0.5138***	0.0948	0.8217***	0.8138***
	(6.95)	(6.52)	(3.86)	(0.54)	(5.86)	(4.71)
FC^2	-0.4020***	-0.4026***	-0.1651***	-0.1635***	-0.2589***	-0.2589***
	(-7.01)	(-7.02)	(-4.38)	(-4.34)	(-6.32)	(-6.32)

续表

	一般贸易		加工贸易		混合贸易	
	(1)	(2)	(3)	(4)	(5)	(6)
Findev	0.0764*** (7.44)	0.1881* (1.88)	0.1052*** (11.44)	−0.2349** (−2.56)	0.1176*** (13.02)	0.1113 (1.36)
FC * *Findev*		−0.0626 (1.12)		0.1885*** (−3.72)		0.0036*** (0.08)
Constant	−0.2068 (−1.18)	−0.4493 (−1.61)	0.0186 (0.16)	0.7713*** (3.28)	0.0179 (0.15)	0.0317 (0.15)
第一阶段回归						
IV1:*Findev_lag*	0.9888*** (1166.62)	0.9849*** (118.97)	0.9876*** (1374.72)	0.9183*** (129.29)	0.9862*** (1099.32)	0.9723*** (118.88)
IV2:*FC* * *Findev_lag*		0.0020 (0.44)		0.0385*** (9.81)		0.0080* (1.71)
Observations	30421	30421	48234	48234	33255	33255

注:表中报告的是 Tobit 模型的估计系数,未报告控制变量的结果。表的上半部分的括号内表示的是系数的 *Z* 统计量,表的下半部分的括号内表示的是系数的 *T* 统计量。我们使用了地区金融发展的滞后 1 期(*Findev_lag*)作为其工具变量。表的下半部分报告了工具变量法的第一阶段的回归结果。

3)异常值

考虑到异常值可能会影响到回归结果,我们参考戴觅等人(2014)的研究对数据进行了删除。删除标准为:① 工业销售额、出口额为缺失值或负值;② 出口额大于工业销售额;③ 就业人数小于 8 人或者缺失;④ 固定资产总额、中间投入品总额为缺失值或负值。[①] 采用以上标准删除异常值后,进行回归分析。

回归分析结果如表 11 −7 所示。① 对于一般贸易企业而言,融资约束和企业出口的国内附加值率呈基本对称的倒 U 形关系,且地区金融发展和融资约束的交叉项依然显著为负。② 对于加工贸易企业而言,融资约束对企业出口的国内附加值率基本为抑制作用,且交叉项显著为正,说明地区金融发展缓解了融资约束对企业出口的国内附加值率的抑制作用。③ 对于混合贸易企业而言,融资约束和企业出口的国内附加值率呈较为典型的倒 U 形关系,且地区金融发展对混合贸易企业的融资约束和企业出口的国内附加值率的调节作用不明显。④ 地区金融

① 戴觅、余淼杰、Madhura Maitra:《中国出口企业生产率之谜:加工贸易的作用》,《经济学(季刊)》2014 年第 13 卷第 2 期,第 675 ~698 页。

发展促进了企业出口的国内附加值率的提升,但是对一般贸易企业出口的国内附加值率的促进作用较其他两种贸易方式的企业小。因此,主要的回归结果没有发生根本变化。

表 11-7 分三种贸易方式进行回归分析:删除异常数据

	一般贸易		加工贸易		混合贸易	
	(1)	(2)	(3)	(4)	(5)	(6)
FC	1.8939*** (6.52)	2.2478*** (6.61)	0.6385*** (3.47)	-0.0606 (-0.25)	0.7136*** (4.54)	0.6883*** (3.56)
FC^2	-0.5594*** (-6.72)	-0.5618*** (-6.75)	-0.2145*** (-4.10)	-0.2109*** (-4.03)	-0.2317*** (-5.02)	-0.2317*** (-5.03)
Findev	0.1132*** (7.78)	0.3994*** (2.78)	0.1508*** (11.92)	-0.4117*** (-3.24)	0.1292*** (12.91)	0.1088 (1.20)
*FC * Findev*		-0.1605** (-2.00)		0.3133*** (4.45)		0.0117 (0.22)
Observations	28439	28439	43268	43268	31268	31268

注:表中报告的是 Tobit 模型的估计系数,未报告控制变量的结果。

11.5.5 扩展分析

本部分进一步将融资约束按融资渠道不同,分为内源融资、外源融资和商业信贷,并在这三种渠道下再分别考虑融资约束对企业出口的国内附加值率的影响,以探讨各种融资渠道下融资约束的影响。内源融资约束利用 11.4.3 中的分指标①衡量;外源融资约束利用分指标③~⑩综合衡量;商业信贷约束利用分指标②衡量。其中,三种衡量标准都按照构造综合融资约束指标的评分得分法计算,并对结果取对数,数值越大,说明面临的融资约束越大。

表 11-8 为三种融资约束渠道的描述性统计。从表 11-8 中可以看出,各企业受外源融资约束的程度基本大于受内源融资约束和商业信贷约束的程度。进一步分析,加工贸易企业受内源融资约束和外源融资约束的程度最大,混合贸易企业最小;而加工贸易企业受商业信贷约束的程度平均而言最小,混合贸易企业最大。

表 11-9 是对一般贸易企业和加工贸易企业样本下的融资约束渠道的回归分析结果。

首先是关于一般贸易企业的分析。第一,在列(1)和列(2)中,内源融资和外源融资的一次项系数都显著为正,二次项系数都显著为负,因此说明对于一般贸易企业而言,内源融资和外源融资的融资约束与企业出口的国内附加值率存

表 11-8　融资约束渠道的描述性统计

变量	变量名称	全样本	一般贸易	加工贸易	混合贸易
Fcin	内源融资约束	0.9579 (0.5683)	0.9844 (0.5578)	0.9971 (0.5609)	0.9746 (0.5360)
Fcex	外源融资约束	1.1043 (0.2252)	1.0639 (0.2312)	1.0924 (0.2205)	1.0147 (0.2421)
Fccredit	商业信贷约束	0.9580 (0.5683)	0.9738 (0.5439)	0.9619 (0.5971)	0.9752 (0.5321)

注：表中所列数据为变量的统计均值，括号内数值为标准差。

表 11-9　一般贸易企业和加工贸易企业样本的三种融资渠道分析

	一般贸易			加工贸易		
	(1)	(2)	(3)	(4)	(5)	(6)
	内源融资	外源融资	商业信贷	内源融资	外源融资	商业信贷
FC	0.0596*** (4.10)	0.1636*** (4.09)	0.0257* (1.67)	0.0359** (1.97)	-0.1085** (-2.18)	0.0090 (0.50)
FC^2	-0.0504*** (-15.92)	-0.0523*** (-4.36)	0.0009 (0.31)	-0.0135*** (-4.66)	-0.0395*** (-3.32)	-0.0164*** (-5.81)
Findev	0.0265*** (3.74)	0.0511*** (3.10)	0.0327*** (4.28)	0.0623*** (6.81)	-0.0263 (-1.19)	0.0377*** (4.14)
FC * *Findev*	-0.0026 (-0.41)	-0.0234 (-1.57)	-0.0039 (-0.59)	-0.0110 (-1.38)	0.0703*** (3.57)	0.0157** (1.99)
Observations	30422	30422	30422	48235	48235	48235

注：表中报告的是 Tobit 模型的估计系数，未报告控制变量的结果。

在潜在的倒 U 形关系。进一步分析，内源融资约束大于其临界值的样本占一般贸易企业总样本的 81.82%；而外源融资约束大于其临界值的样本占一般贸易企业总样本的 51.64%，因此存在基本对称的倒 U 形关系。列(3)中，商业信贷的一次项系数为正，通过 10% 的显著性水平。因此对于一般贸易而言，企业面临的商业信贷越大，企业出口的国内附加值率反而越高，可能的原因是融资约束产生的竞争效应大于出口效应和规模效应。第二，列(1)~(3)中的地区金融发展和融资约束的交叉项并不显著，说明地区金融发展的调节作用并不明显。

其次是关于加工贸易企业的分析。第一，列(4)~(6)中三种融资渠道的二次项系数都显著为负，说明，对于加工贸易企业而言，这三种融资渠道下的融资约束与企业出口的国内附加值率都存在潜在的倒U形关系。进一步分析,内源融资的融资约束大于其临界值的样本占加工贸易企业总样本的81.67%;外源融资的融资约束与企业出口的国内附加值率的关系基本是负向的,而商业信贷与企业出口的国内附加值率的关系呈基本对称倒U形。第二,列(4)中的地区金融发展和融资约束的交叉项并不显著,说明地区金融发展对加工贸易企业内源融资的融资约束与企业出口的国内附加值率之间关系的调节作用不明显。列(5)中的交叉项显著为正,说明地区金融发展越好时,外源融资的融资约束对企业出口的国内附加值率的抑制作用会减弱。列(6)中的交叉项显著为正,说明好的地区金融发展,降低了来自商业信贷的融资约束的门槛效应。那么,对于处于倒U形左侧的企业,即面临来自商业信贷的融资约束较低的企业,地区金融发展减弱了来自商业信贷的融资约束对国内附加值率的促进作用;而对于右侧的企业,即面临来自商业信贷的融资约束较高的企业,地区金融发展加剧了来自商业信贷的融资约束对国内附加值率的抑制作用。

11.6 结论和政策建议

本章研究了企业面临的融资约束对企业出口的国内附加值率的影响机制,并引入地区金融发展这一因素,研究其对融资约束与企业出口的国内附加值率之间关系的调节作用。研究结论表明以下三点。① 总体而言,企业融资约束和企业出口的国内附加值率呈倒U形关系,当融资约束低于融资约束门槛时,企业面临的融资约束越高,企业出口的国内附加值率会随之提升;当融资约束低于融资约束门槛时,企业面临的融资约束越高,企业出口的国内附加值率会随之下降。在一般贸易企业中这种倒U形关系基本对称,而在加工贸易企业中,融资约束对企业出口的国内附加值率基本为抑制作用。② 地区金融发展越高,企业出口的国内附加值率会越大,且这种促进作用在一般贸易企业中最小。③ 对于一般贸易企业而言,好的地区金融发展,提高了融资约束的门槛效应,即对于融资约束较低的企业,地区金融发展加强了融资约束对国内附加值率的促进作用;而对于融资约束较高的企业,地区金融发展缓解了融资约束对国内附加值率的抑制作用。对于加工贸易企业而言,地区金融发展缓解了融资约束对企业出口的国内附加值率的抑制作用。对于混合贸易企业而言,地区金融发展对融资约束和企业出口的国内附加值率的调节作用不明显。

基于本章的研究结论得出的政策启示有四点。① 优化地区金融结构的发展,给予更多的资源去促进中西部地区金融的发展,为加工贸易转型升级预备金融条件，可以促进企业出口的国内附加值率的提升。② 对于一般贸易企业而言，由于融资约束和企业出口的国内附加值率存在基本对称的倒 U 形关系，当企业面临的融资约束还较小的时候，企业的研发和创新动力比较明显，因此，对于这类企业可相应地采取激励政策，利用企业的创新动力，促进企业进行研发投资，增强企业活力，从而降低企业面临的融资约束，使企业不会因为面临融资约束的情况一直得不到改善而越过临界值，从而使融资约束抑制企业出口的国内附加值率增长。③ 对于加工贸易企业而言，融资约束对企业出口的国内附加值率基本为抑制作用，企业自身研发动力较小，因此要深化加工贸易的转型升级，缓解企业面临的融资约束。④ 对于混合贸易企业而言，企业研发动力比一般贸易企业小，比加工贸易贸易企业大，因此一方面可以适当采取激励政策利用其研发动力促进企业发展，另一方面还要大力发展地区金融，利用股票和债券市场等配合企业的发展。

12. 全球价值链低端环节转移

12.1 引言

在空间有限的背景下，攀升全球价值链中高端不可避免伴有低端环节的转移。我国正面临从主要的国际产业转移承接地，转变为国际产业转移承接、国内产业转移、输出并存的复杂局面。目前，价值链低端环节从东部向中西部的转移未能取得预期的效果，中国企业“走出去”过程中也面临着如何扎下根的问题。本章试图在全球价值链视角下探讨国际、国内产业转移趋势，分析影响产业转移的劳动成本因素，并从创新推动劳动力成本在综合成本中的占比、国家间和国家内部劳动力流动性的差异性、劳动力需求结构变化对产业转移的影响等方面分别加以考察。

对国际产业转移的研究多集中在国家层面。代表性的理论有“飞雁模式”理论[①]、产品生命周期理论[②]、国际生产折中理论[③]等，这些理论大都建立在比较优势理论的基础之上。“飞雁模式”理论的产业转移与比较优势的动态变化直接相关，一国资源禀赋的改变产生了新的比较优势，进而就需要在产业结构上进行重新调整，如随着人均收入水平的提升，产业结构逐渐从劳动密集型向资本密集型和技术密集型升级。产品生命周期理论认为，产品的生命周期包括新产品、成熟产品和标准化产品等阶段，在产品的不同阶段，资本劳动比、要素密集度是会发生改变的，因此产品生产会随着生命周期的变化而转移至具有不同比较优势的国家。国际生产折中理论则从微观层面讨论了产业转移的决定要素，即所有权优势、内部化优势和区位优势共同决定了跨国公司的对外直接投资。

① Akamatsu, K. “A Historical Pattern of Economic Growth in Developing Countries”, *The Developing Economies*, vol. 1, no. s1(1962), pp. 3－25; Kojima, K. “The ‘Flying Geese’ Model of Asian Economic Development: Origin, Theoretical Extensions, and Regional Policy Implications”, *Journal of Asian Economics*, vol. 11, no. 4(2000), pp. 375－401.

② Vernon, R. “International Investment and International Trade in the Product Cycle”, *The Quarterly Journal of Economics*, vol. 80, no. 2 (1996), pp. 190－207.

③ Dunning, J. H. “Trade, Location of Economic Activity and the MNE: A Search for an Eclectic Approach”. In: Ohlin, B., Hesselborn, P. O. and Wijkman, P. M. (eds.), *The International Allocation of Economic Activity*, MacMillan, 1977, pp. 395－418.

12.2 产业低端环节区域转移的国内外背景

产业转移是指产业在空间上的重新布局。第二次世界大战以后，国际产业经历了三轮较为明显的转移浪潮。第一轮是20世纪50年代，美国将其纺织、钢铁等产业转移至联邦德国和日本等地；第二轮发生在20世纪六七十年代，美国、联邦德国、日本等国将其造船、机械、轻工等产业转移至新加坡、韩国等国家和地区；第三轮则从20世纪80年代开始，美国、日本、欧洲、新加坡、韩国等将纺织、机械、电子、化工等产业转移至中国等新兴经济体。这三轮大规模的产业转移，基本沿着由发达经济体向发展中经济体的方向进行，转移的产业多集中在劳动密集型、资源密集型和一般技术密集型产业。

基于产业比重、要素流动、中间产品数值模拟等方面的实证研究表明，第三次国际产业转移和我国区域产业转移效果似乎并不像人们所设想的那样明显。从贸易附加值的角度计算，直到2011年绝大多数国家的产业并不存在所谓的产业转出现象，关于一国产业空心化的判断夸大了国际分工的产业转移效应。[①] 刘红光等(2011)基于区域间投入产出表的测算也发现1997—2007年我国产业向中西部转移的趋势并不明显，而具有明显的“北上”特征。[②] 传统的产业转移理论似乎无法很好地解释这个问题，原因在于这些理论主要涉及垂直梯度型和水平型国际产业转移。[③] 与前两轮不同，第三轮国际产业转移浪潮最显著的特征是不同国家根据自身的成本优势对全球价值链的不同环节进行承接和重整。[④]

改革开放以来，中国凭借自然资源要素和廉价的劳动力方面的比较优势，以吸收外资、发展代工和配套企业网络等方式参与国际分工，快速实现了经济起飞，已发展成为世界第二大经济体和最大的货物贸易国。但近年来，这种依靠比较优势参与全球价值链的方式遇到了两方面挑战。

一方面，以美国为代表的发达经济体推出“再工业化”战略，如美国的制造

---

① 王恕立、吴永亮：《全球价值链模式下的国际产业转移——基于贸易增加值的实证分析》，《国际贸易问题》2017年第5期，第14～24页。

② 刘红光、刘卫东、刘志高：《区域间产业转移定量测度研究——基于区域间投入产出表分析》，《中国工业经济》2011年第6期，第79～88页。

③ 赵张耀、汪斌：《网络型国际产业转移模式研究》，《中国工业经济》2005年第10期，第14～21页。

④ 张少军：《全球价值链模式的产业转移与区域协调发展》，《财经科学》2009年第2期，第65～72页。

业回归计划、德国的工业 4.0 等。特朗普上台以来,强调“美国优先”策略。英特尔公司宣布将投资 70 亿美元在美国生产先进的 7 纳米芯片,福特、惠普等企业也纷纷计划加大对美国本土的投资。2016 年,美国和英国占据全球吸引外资的前两位,其中美国吸引的外资超过一半投向了制造业;中国企业对美投资达到 456 亿美元,同比增加了两倍。[①] 在高端制造业回归的同时,一批传统意义上的劳动密集型企业也纷纷赴发达经济体建设生产基地,例如,阿迪达斯等公司回归德国、美国等地建设智能工厂,一些中国企业分别在美国投资建设纺线工厂和汽车玻璃生产线,富士康公司也计划在美国建立一个 8K 显示屏工厂。

另一方面,在国内,随着劳动力、土地等生产要素成本逐渐上升,地区资源和环境承载能力面临巨大压力,依靠资源投入和规模扩张的粗放型发展模式难以为继。

面对挑战,为了缓解困境,发挥中国大国优势,推动区域均衡发展,中央政府出台政策,积极引导东部部分产业向中西部有序转移,推动劳动密集型产业和加工装配产能向中西部转移。东部纷纷实施“腾笼换鸟”计划,将有限的资源用于发展先进制造业等战略性新兴产业,中西部也积极规划,主动承接发达区域的产业转移。虽然在大国经济特征下,中国内部区域之间产业雁阵式转移存在可能性,[②]然而,人们所期待的国内大规模产业转移效果并不尽如人意,[③]东部产业过度集聚、中西部工业稀薄的产业分布不平衡现象还在持续。

在“一带一路”倡议下,中国企业积极“走出去”参与沿线国家建设,已经在 20 多个国家建设了 56 个经贸合作区,但其中不少也面临“水土不服”的难题,体制政策、政治形势、跨国管理、劳资关系、员工素质等都是不容忽视的潜在风险要素。[④]

12.3 全球价值链视角下的产业转移内涵与特征

随着国际分工形态由以产业或产品为依据分工逐步深化到产品内分工,全

---

① 商务部新闻办公室:《商务部正式发布〈关于中美经贸关系的研究报告〉》,http://www.mofcom.gov.cn/article/ae/ai/201705/20170502581448.shtml,2017 年 5 月 25 日。

② 蔡昉、王德文、曲玥:《中国产业升级的大国雁阵模型分析》,《经济研究》2009 年第 44 卷第 9 期,第 4 ~ 14 页。

③ 李娅、伏润民:《为什么东部产业不向西部转移:基于空间经济理论的解释》,《世界经济》2010 年第 33 卷第 8 期,第 59 ~ 71 页。

④ 冯其予:《我国企业“一带一路”沿线累计投资超过 185 亿美元——经贸合作次第花开》,《经济日报》,2017 年 4 月 25 日,第 5 版。

球价值链上的各个环节被分割成不同的碎片，研发、设计、生产、制造、品牌、营销、售后服务等各个环节形成了有序衔接的链条关系。在这个价值链链条上，位于两端的研发设计和营销服务等环节附加值较高，基本上由发达国家的跨国公司所把持，发展中国家只能以代工等形式切入生产制造等低端环节。这种国际分工的实质是发达国家跨国公司根据全球生产要素分配情况，进行价值链不同环节的空间配置。通过将价值链的不同环节转移到综合成本最低的地区，跨国公司进行价值链的全球布局，实现利润最大化。价值链的全球性空间重组和全球生产网络的形成推动了制造业的大规模转移。[①]

全球价值链视角下的产业转移具有与传统产业转移不同的特征：① 产品内分工和全球价值链的分解使得产业间出现融合的趋势。一条价值链中往往同时包括劳动密集型和技术密集型生产环节或工序。这种转移模式使得当前中国的中西部制造业大多是承接了东部制造业的某些加工环节，表现为一种点式承接。[②] ② 跨国公司成为产业转移的主导力量。跨国公司在价值链中起到“旗舰”的作用，他们控制研发、设计、品牌、营销等上游和下游环节，而把加工、装配这些中间环节进行外包。[③] ③ 领导企业获取了全球价值链租金的绝大部分。最为著名的当属苹果手机利润分配的例子，中国商务部《关于中美经贸关系的研究报告》显示，中国企业虽然承接了几乎全部苹果手机的制造，但加工成本仅占总成本的2.4%和最低售价的0.9%。[④] ④ 价值链升级的过程伴随产业链的转移。全球价值链升级的过程表现为由生产制造等低附加值环节，向研发设计和营销服务等高附加值环节攀升的过程，同时也是不同生产工序向外转移的过程。

一般来说，产业转移的影响因素包括规模经济、交通运输、要素禀赋、交易成本、产业政策等方面。以克鲁格曼（Krugman）为代表的新经济地理学认为产业转移并不一定是“第一自然”差异的结果，在没有任何纯粹的外部经济的情况

① 许南、李建军：《产品内分工、产业转移与中国产业结构升级》，《管理世界》2012 年第 1 期，第 182 ~ 183 页。

② 刘友金、吕政：《梯度陷阱、升级阻滞与承接产业转移模式创新》，《经济学动态》2012 年第 11 期，第 21 ~ 27 页。

③ Humphrey, J., Schmitz, H. “How Does Insertion in Global Value Chains Affect Upgrading in Industrial Clusters?”, *Regional Studies*, vol. 36, no. 9(2002), pp. 1017 – 1027.

④ 《关于中美经贸关系的研究报告》，http://www.mofcom.gov.cn/article/ae/ai/201705/20170502581448.shtml，2019 年 2 月 19 日。

下，规模经济、运输成本和要素流动仍可以相互作用进而产生集聚特征。[①] 一些中国学者的研究证实了这种集聚特征在中国同样存在，[②]集聚力（本土市场效应）和离散力（拥挤效应）的相互作用形成了产业的集聚特征。产业集聚特征是产业转移的重要影响因素。除规模经济和交通运输成本外，要素成本、要素流动性、地理区位、产业发展阶段、制度因素[③]、区域产业政策[④]，以及先发地区的二传手功能[⑤]等都会对产业转移产生影响。

12.4 全球价值链视角下低端产业和环节的转移

总结起来，影响产业转移的因素共同构成了不同地区的比较综合成本，主要可划分为要素成本、交易成本和其他成本三类。要素成本主要与生产要素的投入数量和比例相关，并随着投入要素价格的波动而波动，如当经济发展水平提高带动了劳动力工资的上涨时，劳动和资本两种投入要素的相对价格就发生了改变，理性的生产者就会用相对丰富的资本来代替劳动投入。交易成本主要包括寻找市场、寻找真实价格的成本，竞争费用，谈判成本，签订合约和监督合约执行的成本。其他成本则涵盖了综合成本中不能被要素成本和交易成本解释的部分，比如文化的兼容成本等。产业转移反映了不同国家间综合成本的相对变动趋势，一般来说资本总是向综合成本最低、收益率最高的地方流动。

12.4.1 影响产业转移的劳动力成本因素

比较优势理论实际上也可看作比较成本理论，通常是以劳动、资本和资源三种要素的成本进行比较。这里讲的产业转移指的是劳动密集型产业或者全球价值链中劳动密集型环节的转移。劳动力成本就成为主要的考察要素。

根据我们的观察，在劳动密集型产业中，劳动力成本固然是需要重点关注的

---

① Krugman, P. "Increasing Returns and Economic Geography", *Journal of Political Economy*, vol. 99, no. 3 (1991), pp. 483 – 499; Krugman, P. "First Nature, Second Nature, and Metropolitan Location", *Journal of Regional Science*, vol. 33, no. 2 (1993), pp. 124 – 144.

② 许政、陈钊、陆铭：《中国城市体系的“中心 – 外围模式”》，《世界经济》2010 年第 33 卷第 7 期，第 144 ~ 160 页。

③ 桑瑞聪、刘志彪：《中国产业转移趋势特征和影响因素研究——基于上市公司微观数据的分析》，《财贸研究》2014 年第 25 卷第 6 期，第 53 ~ 60 页。

④ 覃成林、熊雪如：《我国制造业产业转移动态演变及特征分析——基于相对净流量指标的测度》，《产业经济研究》2013 年第 1 期，第 12 ~ 21 页。

⑤ 吴福象、蔡悦：《中国产业布局调整的福利经济学分析》，《中国社会科学》2014 年第 2 期，第 96 ~ 115，206 页。

要素。但在这些产业中仍然有其他成本，如原材料成本、能源成本、税费以及其他商务成本，因此需要有综合成本的概念。否则就无法解释像福耀玻璃这样的企业要搬到劳动成本比我国高好多倍的美国去的原因。

当劳动力成本在综合成本中占据相当比重时，劳动力成本的差距就成为产业转移的重要影响因素。发达国家的劳动力成本通常显著高于发展中国家，如美国劳动力综合成本是中国的 7 ~ 10 倍。这也就为发展中国家凭借较低的劳动力要素成本嵌入全球价值链提供了机遇。通过承接发达国家的产业转移，发展中国家获得了较为先进的技术、设备和资金支持，而且即使未能从技术转移过程中直接获益，也能从技术转移的外部性中获得技术进步的机会。[①] 但随着经济的不断发展，发展中国家也面临劳动力价格上升的情况，劳动力成本的上升将成为企业的创新激励，每单位有效劳动力资本存量上升导致资本成本下降刺激了部门的研发，促进了创新和技术进步。[②] 当科技进步使劳动力成本在总成本中的占比降低到一个阈值以下时，劳动力成本的相对优势便无法弥补综合成本其他部分的相对劣势，产业转移可能就停滞或者向其他更具劳动力比较优势的国家转移。

一国内部区域间劳动力的流动性远高于国家之间劳动力的流动性。这种高流动性使劳动力在综合成本中占比的国内区域间差距本身就远小于国家间差距，因此劳动力要素在国内区域转移中的影响相对较小。在我国区域产业转移中，东部沿海的产业集聚吸引了中西部农村劳动力的流入，而这种流入又进一步增强了东部沿海的集聚效应。[③] 同时，由于劳动力的相对高流动性，区域间的工资水平差距正在缩小，[④]劳动力成本差距并没有成为中西部吸引产业转移的主要优势。[⑤] 因此，中西部大量承接的是资源型产业转移，[⑥]典型的劳动密集型产

① 陶锋、李诗田：《全球价值链代工过程中的产品开发知识溢出和学习效应——基于东莞电子信息制造业的实证研究》，《管理世界》2008 年第 1 期，第 115 ~ 122 页。

② 林炜：《企业创新激励：来自中国劳动力成本上升的解释》，《管理世界》2013 年第 10 期，第 95 ~ 105 页。

③ 范剑勇、王立军、沈林洁：《产业集聚与农村劳动力的跨区域流动》，《管理世界》2004 年第 4 期，第 22 ~ 29，155 页。

④ 曲玥、蔡昉、张晓波：《“飞雁模式”发生了吗？——对 1998—2008 年中国制造业的分析》，《经济学（季刊）》2013 年第 12 卷第 3 期，第 757 – 776 页。

⑤ 贺胜兵、刘友金、周华蓉：《沿海产业为何难以向中西部地区转移——基于企业网络招聘工资地区差异的解析》，《中国软科学》2012 年第 1 期，第 160 ~ 169 页。

⑥ 刘红光、刘卫东、刘志高：《区域间产业转移定量测度研究——基于区域间投入产出表分析》，《中国工业经济》2011 年第 6 期，第 79 ~ 88 页。

业并未发生相对转移。①

12.4.2 劳动力的人力资本存量对产业转移的影响

比较优势理论认为,如果一国拥有相对丰裕的低技能劳动力,那么该国应该专注于生产技能密集度较低的产品。参与国际分工不仅是发达国家高技能劳动力相对需求增加的重要原因,也是发展中国家高技能劳动力就业改善的重要推动因素。② 实际上,在产品内分工的背景下,一国凭借比较优势参与的是全球价值链的不同环节。具有低技能劳动力比较优势的国家承接的是全球价值链中的劳动密集型环节,而具有高技能劳动力比较优势的国家承接的是资本密集型或技术密集型环节。

无论是劳动力成本上升所带来的创新激励,还是开放经济下企业为应对国际市场竞争而进行的"防御性创新",都将迫使企业加大研发投入力度,加快技术创新和商业模式创新。这种创新对劳动力需求结构的影响是不同的。① 低技能劳动力被机器所替换,低技能劳动力成本在综合成本中的比重越来越小,对产业转移的影响也越来越小;② 企业在研发设计、营销服务等全球价值链高端环节的投入加大,会产生对高技能劳动力相对需求的增加。

劳动力需求结构的改变会进一步对产业转移产生影响,"机器换人"使得生产制造环节由劳动密集型升级为资本和技术密集型,生产制造环节的附加值显著提升,微笑曲线的弧度被逐渐拉平,这将推动产品内分工所产生的全球价值链地域分配被重置,生产制造环节向具有资金和技术优势的发达国家回归,发展中国家对国际产业转移的承接将越来越困难。③ 2015 年,阿迪达斯在德国建立的智能化的高速工厂正式投产。这样的智能工厂使产品距离市场更近,对需求的响应速度更快,质量的可靠性和稳定性提高,个性化和柔性化生产成为现实。

当前,新一代信息技术与制造业深度融合,已经引发影响深远的产业变革。"互联网+"不仅改变了人们的生活方式,更带来了生产方式的革命性变革。这不仅创造了新的产业形态和商业模式,更将对传统产业实现彻底的改造,移动互

---

① 孙久文、彭薇:《劳动报酬上涨背景下的地区间产业转移研究》,《中国人民大学学报》2012 年第 26 卷第 4 期,第 63 ~ 71 页。

② 唐东波:《垂直专业化贸易如何影响了中国的就业结构?》,《经济研究》2012 年第 47 卷第 8 期,第 118 ~ 131 页。

③ 许南、李建军:《产品内分工、产业转移与中国产业结构升级》,《管理世界》2012 年第 1 期,第 182 ~ 183 页。

联网、云计算、大数据和电子商务等正在重塑产业价值链体系。特别是,与简单的“机器换人”不同,人工智能的出现使机器不仅能够实现对人类体力劳动的替代,也能够通过自我深入学习而实现对人类脑力劳动的替代。约翰·桑希尔在英国《金融时报》撰文指出,“人工智能正缔造一种新的‘虚拟劳动力’,与其他生产要素不同,人工智能不会随时间流逝而贬值”[①]。如果将人工智能这种“新劳动力”看作一种全新的生产要素,那么经济学中经典的生产函数模型将被改写。劳动力成本在总成本中的比重,高、低技能劳动力在总成本中的比重都会进一步发生变化,这些变化将对全球产业转移产生新的深远影响。

12.5 结论和启示

全球价值链不同环节的附加值差别归根到底还是人的能力和素质的差别,[②]未来的产业转移将越来越多地基于各国在人力资本、创新优势等高级生产要素方面的差异。[③] 构建全球价值链竞争优势的主要手段是充分尊重市场规律、优化要素配置,通过科技创新和制度创新进一步提高要素质量,特别是劳动力要素质量,加快形成人力资本新的比较优势。

① 构筑新的超越资源禀赋的比较优势。中国经济进入“新常态”后,虽然传统的资源禀赋比较优势正在失去,但新的超越资源禀赋的比较优势正在显现。巨大的人口规模正在转变为庞大的国内需求市场,人力资源结构正由以非熟练廉价劳动力为主转向以熟练劳动力和人力资本为主的高级结构。工业化的快速推进形成了完整的工业体系和完善的基础设施,为中国企业参与全球价值链重组、打造以我为主导的全球价值链提供了新的机遇和条件,其中的关键是通过劳动力技能提升教育和培训加快形成新的人力资本比较优势。

② 培养国外产业技能人才进入以我为主导的价值链成为“一带一路”建设的重要方面。“一带一路”倡议具有广阔的前景,对于我国构建以我为主导的全球价值链分工体系具有重要的意义,同时也有利于沿线各国进行战略对接、优势互补,实现经济大融合、发展大联动、成果大共享。目前中国已同30多个国家开

---

① 《人工智能是一种“全新生产要素”》,http://www.ftchinese.com/story/001071511?tcode=smartrecommend&ulu-rcmd=1_02ap_ap_8_bd1e8403d69944aea2b8c0808af90f39&archive,2019年2月19日。

② 洪银兴:《参与全球经济治理:攀升全球价值链中高端》,《南京大学学报》(哲学·人文科学·社会科学)2017年第54卷第4期,第13~23,157页。

③ 赵张耀、汪斌:《网络型国际产业转移模式研究》,《中国工业经济》2005年第10期,第14~21页。

展机制化产能合作，对“一带一路”沿线国家的投资累计超过500亿美元。在全球价值链视角下，产品内分工要求高技能劳动力和低技能劳动力“交叉协作”才能实现高效率的生产。当前中国在部分国外产业园存在“水土不服”现象，其中一个重要的原因是当地的人力资本要素不足以承接产业转移。因此，应通过开展科技人才交流、共建联合实验室、国外产业人才培训等活动，为中国企业在当地的发展提供本土化人才支持。以沿线国家人力资本的共同提升，打造融合度更深、带动力更强、受益面更广的产业链和价值链。

③ 以科技创新推动生产制造环节升级。与互联网深入融合的智能化生产线具有自我学习和自我适应的能力。通过柔性制造满足个性化和小批量生产需求，可以大幅度提高生产效率、提升反应速度、加强质量控制、降低综合成本，为实现对人的体力劳动和脑力劳动的替代，应对人口红利衰减、劳动力成本上升提供了革命性的解决方案。2015年，中国制造业机器人使用密度为49台/万名工人，低于世界平均的69台/万名工人，而美国、德国、日本的这一指标分别为176台/万名工人、301台/万名工人和305台/万名工人，使用密度最高的韩国已达到531台/万名工人。[①] 庞大的制造业基础使中国的智能制造应用具有巨大的市场空间。

④ 以制度创新降低综合成本。引导产业转移必须尊重市场规律，充分发挥市场在资源配置中的决定性作用，注重政策引导，避免过度的行政干预。在企业的综合成本，特别是交易成本计算中，营商环境是重要的组成部分。从营商环境影响资源配置的角度看，在法治化、国际化、便利化程度较高的地区，生产成本可能较高，但交易成本比较低，这是适合全球价值链中高端环节发展的土壤，也是吸引高技能劳动力的关键要素。全球价值链的竞争主要集中在高端环节上，高端环节的竞争主要依靠高端创新要素，而高端创新要素对交易成本更为敏感。相比于要素成本，交易成本的降低往往更加困难，因为交易成本的降低更依赖于通过制度创新优化的营商环境。现阶段应通过实施知识产权战略、完善信用监管，以及规范市场竞争秩序等手段，加快改善我国特别是中西部的营商环境，降低企业综合成本，为区域产业转移提供良好的外部条件。

① IFR. “World Robotics Report 2016: European Union Occupies Top Position in the Global Automation Race”, (2016), https://ifr.org/img/uploads/2016-09-29_Press_Release_IFR_World_Robotics_Report_2016_ENGLISH.pdf.

13. 商业模式创新推进攀升全球价值链中高端

13.1 引言

商业模式创新受到广泛重视，与20世纪90年代中期互联网在商业界的普及应用密切相关。互联网有许多特性，如无处不在、可以消除时间的局限、具有无限的虚拟容量、减少了信息不对称、降低了交易成本等。[①] 正是由于这些特性，互联网的出现改变了基本的商业竞争环境和经济规则，标志"数字经济"时代的来临。互联网使大量新的商业实践成为可能，一批基于互联网的新型企业应运而生，如雅虎（Yahoo）、亚马逊（Amazon）及易贝（eBay）等，在短短几年间便取得巨大发展并成功上市，产生了强力的示范效应。它们的盈利方式，明显有别于传统企业，于是，商业模式创新一词开始流行。

虽然最初对商业模式的含义有争议，但到2000年前后，人们逐步形成了共识，认为商业模式概念的核心在于价值创造。[②] 商业模式是指企业价值创造的基本逻辑，即企业在一定的价值链或价值网络中如何向客户提供产品和服务并获取利润，通俗地说，就是企业实现盈利的方式。

总体上看，商业模式是一个系统，由不同组成部分、各部分间连接关系，及系统的"动力机制"三方面所组成。商业模式的构成要素总体上包括合作网络、企业内部价值链、核心能力、成本、产品或服务、渠道、客户关系、收益方式和目标用户九个。这些构成要素可归为五大类，即协作网络、内部基础、产品、收益和市场。有些要素间密切相关，如核心能力和成本是企业内部价值链的结果或体现，客户关系依赖产品或服务的性质及提供渠道。每个要素还以更为具体的若干维度表现出来，如属于市场类的目标客户要素，从覆盖的地理范围看，可以分为当地目标客户、区域目标客户、全国目标客户或者世界目标客户；从主体类型看，目标客户可以是政府、企业组织或者一般个体消费者；还可以根据年龄、性别、收入甚至生活方式进行划分。

---

① Zhang, Y., Zhao, S. K., Xu, X. B. "Business Model Innovation: An Integrated Approach Based on Elements and Functions", *Information Technology and Management*, vol. 17, no. 3 (2016), pp. 303–310.

② Downs, J. B., Velamuri, V. K. "Business Model Innovation Opportunities for the Biopharmaceutical Industry: A Systematic Review", *Journal of Commercial Biotechnology*, vol. 22, no. 3 (2016), pp. 19–63.

商业模式创新是指企业价值创造提供基本逻辑的变化，即把新的商业模式引入社会的生产体系，并为客户和自身创造价值，通俗地说，商业模式创新就是指企业以新的有效方式进行盈利。① 新引入的商业模式，既可能在构成要素方面不同于已有商业模式，也可能在要素间关系或者动力机制方面不同于已有商业模式。

基于互联网的新型企业的出现，对许多传统企业产生了冲击与深远影响。如亚马逊仅用短短几年就发展成为世界上最大的图书销售平台，给传统书店带来严峻挑战。这类新型商业模式具有强大的生命力与竞争力。1998 年以后，美国政府甚至对一些商业模式创新授予专利，给予鼓励与保护。无论对准备创业的人，还是在已经创业的人，这些都激励他们在这个经济变革时期，从根本上重新思考企业赚钱的方式，思考自己企业的商业模式，商业模式创新开始受到重视。

在 2000 年前后，作为人们最初用来描述数字经济时代新商业现象的一个关键词，商业模式一词的应用已不仅仅局限于互联网领域。② 不仅企业家、律师和风险投资家等商业界人士经常使用它，学术界研究人员等非商业界人士也开始研究并应用它。随着 2001 年互联网泡沫的破裂，一些基于互联网的企业虽然可能有很好的技术，但由于缺乏良好的商业模式而破产倒闭；而另一些企业尽管技术最初可能不是最好的，但由于有好的商业模式，依然保持很好的发展势头。于是，商业模式的重要性得到了更充分的认识。人们认识到，在全球化浪潮冲击、技术变革加快及商业环境变得更加不确定的时代，决定企业成败最重要的因素，不是技术，而是它的商业模式。在 2003 年前后，创新并设计出好的商业模式，成了商业界关注的新焦点，商业模式创新开始引起人们普遍重视，商业模式创新被认为能带来战略性的竞争优势，是新时期企业应该具备的关键能力。

13.2 基于全球价值链的商业模式创新

对商业模式创新的研究通常伴随着对企业价值链的分析。全球价值链这一概念的提出，为研究生产活动在全球范围内的布局提供了一种方法，也深刻揭示了当前世界经济运行中的动态特征。

---

① Casadesus - Masanell, R. , Zhu, F. "Business Model Innovation and Competitive Imitation: The Case of Sponsor-Based Business Models", *Strategic Management Journal*, vol. 34, no. 4 (2013), pp. 464 - 482.

② Bekmezci, M. "Taking Competitive Advantage by Business Model Innovation", *Journal of Management & Economics*, vol. 20, no. 1(2013), pp. 291 - 314.

13.2.1 全球价值链视角下的商业模式

全球价值链包含一系列环节。从组织规模看，全球价值链包括了参与某种产品或服务的生产性活动的全部主体；从地理分布看，全球价值链必须具有全球性；[①]从参与主体看，有一体化企业、零售商、领导厂商、主体供应商和零部件供应商。[②] 但价值链上各个环节的利润各不相同，每条全球价值链上总是存在一些能够创造更高利润的战略环节。

依据价值链分析法，企业的价值活动可以分为基本活动和辅助活动两类。其中基本活动包括内部后勤、生产作业、外部后勤、市场营销和销售服务五部分，辅助活动包括企业基础设施、人力资源管理、技术开发和采购四部分。[③] 这九种企业价值活动又包含了多种细分的价值活动和价值元素。从广义来讲，企业价值链囊括了所有能够为企业创造价值的活动和因素，也包括企业组织结构、制度安排、价值理念和企业文化等。企业价值链同时与上游的供应商价值链、下游的渠道价值链和顾客价值链相连，构成一条完整的全球价值链。运用全球价值链上的不同变动方式及其自身基础价值活动的创新，可以解释企业实现商业模式创新的方式。

全球价值链涵盖了企业能够涉及的所有价值活动。因此，基于价值链的创新能够直观、清晰、全面地对企业商业模式创新进行理论解释。企业可以通过对价值链上价值活动进行细分，清晰地识别出自身价值活动的优劣势，然后对企业内外部价值活动进行优化重组、整合及创新，最终实现有效的企业商业模式创新。

13.2.2 商业模式创新的演进机制

在企业的最终目标是利润最大化这个假设前提下，企业商业模式创新行为的内外在驱动力及最终目标是获得企业经济租金。[④] 企业商业模式创新追求的企业经济租金主要有两大类，一是企业通过新商业、新技术、新供应源和新的组

---

① Jara, A., Escaith, H. "Global Value Chains, International Trade Statistics and Policymaking in a Flattening World", *World Economics*, vol. 13, no. 4 (2012), pp. 5 – 18.

② Hernández, V., Pedersen, T. "Global Value Chain Configuration: A Review and Research Agenda", *Business Research Quarterly*, vol. 20, no. 2 (2017), pp. 137 – 150.

③ Beerepoot, N., Kumar, R. "Upgrading Service Delivery and Employment Conditions Through Indirect Insertion in Global Value Chains", *Competition and Change*, vol. 19, no. 5 (2015), pp. 374 – 389.

④ Andries, P., Debackere, K. "Business Model Innovation: Propositions on the Appropriateness of Different Learning Approaches", *Creativity and Innovation Management*, vol. 22, no. 4 (2013), pp. 337 – 358.

织模式创新获得的经济租金；二是由企业及其员工系统地运用创造新知识的能力或能力要素所获得的经济租金，这类经济租金具有不可模仿、不易转移和集中在特定领域的特征。[①] 其中第一类经济租金恰恰是通过企业商业模式创新来实现和获得的。

企业的商业模式往往可能在一段时间内保持相对稳定，但在经济租金的驱动下，在外部经济、政治、文化和技术环境的影响下，企业商业模式创新会不断演进。

第一，由产业结构，产业吸引力，以及产业的进入、退出壁垒等因素构成的企业外部竞争环境发生对企业有不利影响的变化时，企业将会面临更大的竞争压力。许多企业都希望通过商业模式创新将自身市场竞争的相对劣势转化为相对优势，以重新取得有利的竞争地位。[②]

第二，技术环境的变化对企业商业模式创新有着重大影响。科技的进步，特别是信息技术革命，为企业商业模式创新提供了强大的技术支持。[③] 如互联网技术的产生使企业对消费者（B2B）、企业对企业（B2C）等电子商务交易方式成为可能，从而为企业的商业模式创新搭建了必要的技术平台。

第三，企业外部的政治环境、文化环境的变化会对企业商业模式的创新产生一定影响。例如，一国政策，一个地区或民族的文化、风俗习惯、观念等，都会影响企业的商业模式，特别是那些进行跨境经营的企业的商业模式。因此，企业也需要根据所处的政治、文化环境进行适当的企业商业模式创新。

当外部政治、文化环境等发生对企业造成影响的变化时，企业便会开始寻求商业模式创新。通常企业会首先对自身现状和能力进行科学、全面、客观地分析，在权衡内外因素的基础上对竞争策略进行调整，[④]而这种策略调整又恰好体现在价值链的创新上，如企业的并购或剥离、目标市场的再细分和产品的核心多元化等。策略调整后，企业会再对自身价值活动进行优化整合，努力寻求一种最优的组合方式，这是一个不断进行评价和调整的复杂过程，而最后往往就促成了

---

① Birkin, F. K., Cashman, A., Koh, S. C. L., et al. "New Sustainable Business Models in China", *Business Strategy and the Environment*, vol. 18, no. 1 (2009), pp. 64 - 77.

② Euchner, J., Ganguly, A. "Business Model Innovation in Practice", *Research Technology Management*, vol. 57, no. 6 (2014), pp. 33 - 39.

③ Xi, Y. M., Zhang, X. J. "Mastering Chinese Business Model by Conducting Indigenous Management Research", *Chinese Management Studies*, vol. 7, no. 3 (2013), pp. 337 - 343.

④ Bucherer, E., Eisert, U., Gassmann, O. "Towards Systematic Business Model Innovation: Lessons from Product Innovation Management", *Creativity and Innovation Management*, vol. 21, no. 2 (2012), pp. 183 - 198.

有效的企业商业模式创新的实现。企业通过商业模式的创新能够进一步巩固自身的核心能力体系，增强企业的市场竞争优势，进而实现企业的战略发展目标。同时实现企业为顾客创造价值的经营宗旨。当内外部条件再次发生关键性变化时，企业又开始进入新一轮的商业模式创新。通过这样周而复始的循环就形成了企业商业模式创新的不断演进。

13.2.3 基于全球价值链的商业模式创新类型

从本质上讲，企业商业模式是通过对企业全部价值活动进行优化选择，并对某些核心价值活动进行创新，然后再重新排列、优化整合。[①] 但企业商业模式创新的形式众多，因此有必要对其进行系统的分类。按照企业商业模式创新的形成方式，可以分为以下五类。

第一，价值链延展型商业模式创新。这种商业模式创新是在企业价值链的基础上，通过延长价值链两端的价值活动，即向供应商价值链或向渠道价值链和顾客价值链延伸；或者在某些价值活动的横截面上延展同类价值活动使企业价值链涵盖更多的价值活动，[②]如并购同类企业以实现产品的相关多元化，从而获得成本领先和差异化优势。因此，又可以将延展型商业模式创新分为纵向延展型商业模式创新、横向延展型商业模式创新和混合延展型商业模式创新。

纵向延展型商业模式创新包含了两种典型的模式，即前向一体化商业模式创新和后向一体化商业模式创新。前向一体化商业模式创新是将渠道价值链和顾客价值链上的价值活动纳入企业价值链，成为企业从事的价值活动的一部分，从而取消了中间商（企业外部的物流、代理商和零售商等），企业直接面对消费者组织销售，并将中间利润与消费者分享；后向一体化商业模式创新是将供应商价值链纳入企业价值体系中，实现企业原材料的自给自足，这可以节省大量的交易费用和采购成本，从而增强企业成本优势和盈利能力。[③] 在横向延展型商业模式创新中，最具代表性的是以产品相关多元化为基础，通过对相关价值活动进行优化整合而形成的商业模式创新。混合延展型商业模式创新兼具纵向延展型商业模式创新和横向延展型商业模式创新的特点，既包含了价值活动的纵向延

---

① Koen, P. A., Bertels, H. M. J., Elsum, I. R. "The Three Faces of Business Model Innovation: Challenges for Established Firms", *Research Technology Management*, vol. 54, no. 3(2011), pp. 52 – 59.

② Middelberg, S. L. "Value Chain Financing: Evidence from Zambia on Smallholder Access to Finance for Mechanization", *Enterprise Development and Microfinance*, vol. 28, no. 1 – 2(2017), pp. 112 – 129.

③ Gereffi, G., Luo, X. "Risks and Opportunities of Participation in Global Value Chains", *Journal of Banking and Financial Economics*, vol. 2, no. 4(2015), pp. 51 – 63.

伸，又包括了价值活动的横向扩展。[①]

延展型商业模式创新将原本在企业外部的价值活动纳入企业经营范围内，这不仅增加了企业的价值活动，而且扩大了企业与各利益方的关系网络，包括网络化价值链下企业间的合作关系，通过对其有效的制度安排和关系整合可以节省大量的交易费用（如信息搜寻成本、谈判成本等），提高企业的整体反应效率，进而增强企业的整体竞争实力和盈利能力。

第二，价值链分拆型商业模式创新。价值链分拆型商业模式创新是将企业的基础性价值活动进行分拆、剥离、外包，使企业价值链缩短（价值活动减少），企业只保留那些核心价值活动（那些具有核心竞争力且难以被模仿的价值活动）和相对优势价值活动，并在此基础上对价值活动的各利益方尤其是伙伴关系进行重新整合，形成有效的制度安排。这种商业模式创新遵循的基本原则是企业从事基础价值活动所产生的总成本高于其通过价值链分拆、职能外包所产生的新的总成本。企业通过职能外包，可以与其伙伴企业实现资源、要素和能力的优势互补，从而降低总成本，提高企业的敏捷性和柔韧性，增加企业超额利润。[②] 在价值链分拆型商业模式创新中，最具代表性的是原始委托生产（OEM）模式，也就是通常所说的代工或贴牌生产模式，即企业只保留品牌、设计、财务等关键价值活动，而将生产活动外包给具有比较优势（特别是低成本）的其他企业。

第三，价值创新型商业模式创新。这种商业模式创新与前面两种模式不同，它并不延长或缩短企业价值链，而是只针对基础价值链上的价值活动进行创新，从而形成其他企业难以学习和模仿的核心能力。价值创新一般是在几种价值活动间协同进行的，既包括技术层面的创新，又包括组织结构、制度安排、价值理念和企业文化层面的创新，这些是其他企业很难模仿的。这种通过价值创新形成的商业模式创新可以产生很强的协同效应，不仅提高企业的运营效率，而且降低企业的运营成本，增强企业的核心竞争力。价值创新型商业模式创新中较为常见的是通过技术创新实现核心产品的多元化和生产成本的节约，进而形成的商业模式创新。这虽然与横向延展型商业模式创新中的产品多元化商业模式创新

① Evans, S., Vladimirova, D., Holgado, M., et al. "Business Model Innovation for Sustainability: Towards a Unified Perspective for Creation of Sustainable Business Models", *Business Strategy and the Environment*, vol. 26, no. 5(2017), pp. 597 - 608.

② Spencer, M. T., Ayoub, P. J. "Business Model Innovation and Its Impacts on Roles and Expectations: Videon Case Study", *People and Strategy*, vol. 37, no. 1(2014), pp. 51 - 53.

有相似的组织模式或制度安排，但二者的形成机制与核心价值活动有本质的区别，这种创新型核心多元化商业模式创新是通过核心技术创新实现的，而后者只是通过并购同类企业并整合其产品和业务来实现，不存在自身核心技术的创新。因此，绝不能将二者混为一谈。

第四，价值链延展与分拆相结合的商业模式创新。价值链延展与分拆相结合的商业模式创新实际是第一类和第二类商业模式创新的混合体。这种商业模式创新既对企业基础价值活动进行分拆外包，又把企业以外的其他价值活动纳入企业价值体系中，然后再对价值活动、利益相关者关系进行优化整合，采用有效的组织方式和制度安排。① 因此，它兼具了前两类商业模式创新的优点。一方面，通过价值链延展，企业可以获得成本优势、协同优势和范围优势；另一方面，通过价值链分拆，可以提高企业敏捷性和柔韧性，实现资源和能力的优势互补。从而可以在很大程度上提高企业的整体竞争优势。在实践中，这种商业模式创新的成功运作是非常复杂的，它要求企业首先必须十分慎重地识别出自身基础价值链中的优势价值活动和劣势价值活动，然后对其进行分拆，同时要求企业将外部价值活动纳入企业价值链中，并对其进行整合优化，以实现整体的协同效应。

第五，混合创新型商业模式创新。混合创新型商业模式创新是通过把创新活动引入到第一类、第二类、第四类商业模式创新而形成的。因此，又可以细分为延展创新型、分拆创新型和延展与分拆混合创新型三类商业模式创新。延展创新型商业模式创新是在企业价值链延展的基础上对其价值活动进行创新而形成的；分拆创新型商业模式创新是通过对分拆后企业保留的优势价值活动进行创新而形成的；延展与分拆混合创新型商业模式创新是在对企业价值链进行延展与分拆的基础上，对组合后的价值活动进行创新并优化整合而形成的，包括了价值链的延展与分拆、技术创新、制度创新、组织方式创新和文化创新等，是所有商业模式中最复杂、最具竞争活力而且又最难被模仿的一类。

混合创新型商业模式创新是现实中最常见的一类商业模式，因为企业想要在激烈的市场竞争中长期保持一定的竞争优势，就必须不断地根据自身优势进行创新。② 一方面通过价值链的延展、分拆，获得成本领先和管理协同，实现优

① Dedrick, J., Kraemer, L., Linden, G. "Who Profits from Innovation in Global Value Chains?: A Study of the iPod and Notebook PCs", *Industrial and Corporate Change*, vol. 19, no. 1(2010), pp. 81 – 116.

② Lanz, R., Maurer, A. "Services and Global Value Chains: Servicification of Manufacturing and Services Networks", *Journal of International Commerce, Economics and Policy*, vol. 6, no. 3(2015), pp. 1 – 18.

势互补和灵活反应;另一方面通过价值活动的创新,增强企业核心竞争力,提高企业差异化经营能力,为企业和顾客创造更多的价值。

众多形态各异的商业模式创新由于具有某些共同点都可以被归为上述五类模式中的某一类。

13.3 攀升全球价值链中高端的商业模式创新

当今世界,新一轮科技和产业革命正在蓬勃兴起。数据是基础性资源,也是重要生产力。新技术正在日益深刻地影响人们的生产生活方式,“互联网+”对提升产业水平乃至国家综合竞争力发挥了关键作用。中国是人口大国和信息应用大国,拥有海量数据资源,发展大数据产业空间无限。目前,中国已研究制订并公布“互联网+”行动计划,其目的便是推动各行各业依托大数据进行商业模式创新,实现融合发展;推动提升政府科学决策能力和管理水平,用新的思路和工具解决交通、医疗、教育等公共问题;助力“大众创业、万众创新”,进而促进中国经济保持中高速增长,产业迈向全球价值链高端。

13.3.1 结合信息科技进行商业模式创新

在互联网经济时代,以攀升全球价值链高端为目标,中国企业结合互联网进行商业模式创新十分重要。而商业模式研究的兴起本身也是源于电子商务的发展。[①] 互联网消除了时间限制和空间距离,为商业模式创新开辟了广阔空间:在通信领域,“互联网+通信”产生了即时通信,改变了传统运营商所提供的单一沟通方式,促进了运营商的业务转变;在金融领域,“互联网+金融”孕育了余额宝等新型金融服务产品,既方便了人们的生活,又促进了金融服务的发展。互联网企业商业模式创新实例表明,结合互联网的商业模式创新能够使企业创造更多高端价值,使企业在全球价值链的地位得到提高。一方面,好的商业模式不仅使企业通过设计盈利方式和成本结果来获得利润,而且使企业通过识别关键资源、能力和过程来产生价值。[②] 另一方面,商业模式是一个深思熟虑而设计的开放价值网络,它将企业与利益相关者紧密联结。[③] 因此,商业模式的创新设计通

---

① Amit, R., Zott, C. “Value Creation in E-Business”, *Strategic Management Journal*, vol. 22, no. 6/7 (2001), pp. 493 - 520.

② Guo, H., Zhao, J., Tang, J. T. “The Role of Top Managers’ Human and Social Capital in Business Model Innovation”, *Chinese Management Studies*, vol. 7, no. 3(2013), pp. 447 - 469.

③ Manrai, A. K. “New Emerging Business Models, Frameworks, and Trends in Global Marketing”, *Journal of Global Marketing*, vol. 29, no. 4(2016), pp. 171 - 173.

常需要本企业利用便捷的互联网为辅助，与外在利益相关者建立一个跨边界的商业网络，从而更加有效地利用机会和捕获价值。①

13.3.2 结合价值定位进行商业模式创新

在综合运用上文所分析的包括价值链延展型、价值链分拆型、价值创新型、价值链延展与分拆相结合、混合创新型五类基于全球价值链的商业模式创新方法的同时，中国企业在攀升全球价值链高端的过程中应注意结合价值定位进行商业模式创新，具体有以下两类方法。

第一，进行顾客分类，定位顾客需求。企业的价值活动都是围绕满足顾客需求而展开的。对目标顾客的需求分析成了商业模式创新的重点。在互联网背景下，随着免费服务的增加，中国企业可以参考互联网企业将顾客分为付费用户和免费用户，由付费用户承载企业的所有收入来源，从而通过为免费用户提供服务吸引客源。例如淘宝商城将入驻企业作为付费用户，而其他商户和用户则是免费用户，以此在这两种用户的交互活动中实现商业模式的价值。而定位顾客需求则要求企业根据需求变化来开发产品和提供服务，并在可行条件下建立起新的产品或服务提供规则。例如，猪八戒网将那些有创意需求的企业或个体的需求发布到网络平台上，然后卖方将解决方案提交给买方从而获利。这一商业模式就是在准确定位各方需求的基础上，创造满足需求的方式。这种模式不仅降低了劳动力成本，也为企业创造了价值。

第二，产品服务更新，创新提供方式。市场环境的多变、顾客需求的多维发展迫使企业及时调整更新产品、服务以满足顾客多样且个性的需求。对于中国企业而言，随着互联网的应用，大数据、云计算、物联网、人工智能等先进技术的成熟和投入使用，能否及时更新自身产品或服务已成为企业建立竞争优势的必要条件。英特尔公司凭借在中央处理器（CPU）领域的快速创新，取得了该领域公认的市场领先地位；华为公司依靠海外研究所、国内研究所以及成千上万的技术研究人员，缩短专利研究时间，产品创新速度远超国内同行，这成就了华为独特的商业模式。由于互联网平台的普及，交易行为逐渐由线下转向线上②，因此中国企业在商业模式创新中对产品提供方式的创新就显得格外重要。通过将单

---

① Magretta, J. "Why Business Models Matter", *Harvard Business Review*, vol. 80, no. 5 (2002), pp. 86 – 92.

② Lutz, C. "Opportunities for Smallholders from Developing Countries in Global Value Chains", *Review of Social Economy*, vol. 70, no. 4 (2012), pp. 468 – 476.

纯的销售产品与顾客解决方案相结合，绿盛集团将之前简单的购买关系转变为产品、服务的深度合作，既实现了现实产品的销售，也提高了产品的附加值，并创新了产品的提供方式。

13.3.3 结合价值创造进行商业模式创新

结合价值创造进行商业模式创新，主要是对企业的价值来源进行创新。一般来讲，企业进行结合价值创造的商业模式创新主要有以下两种途径。

第一，解构企业价值链，实现价值链创新。新的商业模式类型应该是对本企业现有价值链的进一步重构和调整，即对基本活动和辅助活动的进一步创新。[①] 对于现实中的中国企业而言，在价值链上的每个环节都实现价值创造比较困难，因此许多企业通过对自身价值链进行解构或重构，以此形成本企业商业模式创新的具体路径。在价值链的解构方面，企业可以将价值链分解成若干个子价值模块，使价值链以此为基础被重新组合设计，从而创造出新的价值；在价值链的重构方面，企业通常可以将价值链中的若干种活动整合起来，以建立新的商业模式。例如亚马逊利用互联网技术，将店面销售、图书供应、广告销售等环节连接在了一起，成就了亚马逊网上书店模式；戴尔则通过取消分销商这一营销渠道，将价值链进行精简整合，取得了“直销”这一商业模式的成功；在价值链的延展方面，腾讯则是从即时通信入手，逐渐发展其价值链，如今该企业已在门户网站等领域获得迅速发展。

第二，整合价值网络，发展价值生态系统。价值网络的思维超越了价值链思维的单一性、线性特征。价值网络将企业的重心从过多地关注企业自身转向网络整体，强调企业不仅要在与竞争者展开竞争的基础上获得价值，还要与利益相关者互利合作以实现共赢，在企业价值链的模块化、解构和重构的基础上产生价值网络。目前已有许多企业在考虑自身实力的基础上，合理选择合作伙伴，建立合作伙伴机制，发挥协同作用，以价值网络为顾客提供更多的价值。因此，建构价值网络也逐步成了互联网企业进行商业模式创新的重要方式。

需要指出的是，价值网络的建构围绕顾客需求而展开，这是价值网络赖以生存的基础。[②] 诸多企业在整合本企业内部资源和能力，以及联合外部利益相关

---

① Magretta, J. “Why Business Models Matter”, *Harvard Business Review*, vol. 80, no. 5 (2002), pp. 86 - 92.

② Kadarusman, Y., Nadvi, K. “Competitiveness and Technological Upgrading in Global Value Chains: Evidence from the Indonesian Electronics and Garment Sectors”, *European Planning Studies*, vol. 21, no. 7 (2013), pp. 1007 - 1028.

者构建网络平台的基础上，在协同共赢的目标下构建价值生态系统，实现各企业价值的最大化，从而提高了企业在价值链中的地位。

13.3.4 结合价值捕获进行商业模式创新

不同于价值定位和价值创造，价值捕获主要解决企业的盈利模式问题，是产品或服务通过一系列手段实现市场盈利的过程。① 具体而言，企业结合价值捕获进行商业模式创新主要经由以下两种路径。

第一，企业与顾客价值互动的方式。很多中国企业借助网络特性，将顾客融入企业产品或服务的创新中来。例如，小米创造了“粉丝经济”。该公司吸引手机发烧友，通过与手机顾客不断进行互动，从而实现产品的迅速更新换代，将顾客深入融合到小米手机的策划、研发、设计、测试、销售等环节中来。这一商业模式创新使得小米尽可能以最小的成本挖掘、利用顾客的价值，以最快的速度生产出满足顾客需求的产品，达到与顾客一起实现更大价值的目的。

第二，供应链联盟整合方式。供应链的联盟整合是通过将供应链上的企业进行有效整合以实现创造价值的目的。② 中国企业依靠供应链伙伴资源丰富自我。通过伙伴资源提升自身内部资源价值的例子十分多见，例如，2015 年天猫国际与大润发等全球九大超市达成战略联盟，借助零售平台体系帮助海外商品开发中国市场，从而与全球体系共同连接价格、渠道、供应链。这一模式不仅为天猫保证了后方的产品供应，也为海外产品的销售提供了理想的平台。

从中国企业的特点来看，以攀升全球价值链高端为目标，中国企业应结合信息科技、价值定位、价值创造以及价值捕获四方面内容进行商业模式创新。在“互联网 +”时代，中国企业实现商业模式创新的具体路径包括：结合信息科技进行商业模式创新以便捷的互联网等信息科学技术为辅助，企业与企业外在利益相关者建立一个跨边界的商业网络，从而有效地利用机会和捕获价值；结合价值定位的商业模式创新则应以顾客需求为导向，在将现有顾客进行分类、定位顾客需求以及进行产品服务更新、创新服务方式的基础上，促进商业模式创新活动的开展；结合价值创造的商业模式创新反映了企业内部价值被创造的过程，在全球价值链中，价值链和价值网络从内部和外部两个方向出发，促进价值创造过程

① Lutz，C. “Opportunities for Smallholders from Developing Countries in Global Value Chains”，*Review of Social Economy*，vol. 70，no. 4(2012)，pp. 468 – 476.

② Yang，Y.，Hu，Z.，Gan，L. “Study on Supply Chain Alliance Partner Selection under Low Carbon Environment”，2016 4th International Education，Economics，Social Science，Arts，Sports and Management Engineering Conference，2016.

的有效开展。解构、重构、延伸甚至压缩价值链，整合价值网络，发展价值生态系统均是结合价值创造的商业模式创新方式；而结合价值捕获的商业模式创新则体现了互联网企业所采用的盈利方式。免费方式、企业与顾客价值互动，以及供应链联盟整合方式体现了中国企业在“互联网+”时代下盈利方式从单一直接向多元转变的趋势。

需要指出的是，由于企业商业模式创新实践的复杂和多变，中国企业在提出价值定位、进行价值创造、实施价值捕获的过程中，应随着具体情境的变化整合自身资源和能力，从而进行具体路径的选择，以此定义、创造并捕获科技含量更高、额度更大的利润，从而通过商业模式创新获得全球价值链的高端地位。

14. 跨境电子商务发展突破全球价值链的采购垄断

14.1 引言

在传统贸易中,垄断采购商在全球价值链中影响力巨大,甚至在部分市场形成买方寡头垄断的情况。利用对卖家具有的绝对优势,垄断采购商往往操控卖家或生产企业进行恶性竞争,因此导致产品价格降低,或通过产品质量的特殊要求而对卖家进行控制和影响,甚至导致产品过量、自然损耗等问题,成为国际贸易中需要加以重视的挑战。电子商务作为信息技术与商业贸易相结合的产物,近年来已经开始逐渐取代传统的贸易方式。而跨境电子商务的发展更直接缩短了国际消费者和优质商品的距离,快速激活了中国市场,并且推进中国产业升级,打破国际垄断。跨境电子商务给了让中国变革世界贸易格局、制定国际贸易规则的机会,提升了中国实力。随着中国改革开放的不断深入,跨境电子商务进一步发展,将打破传统垄断采购商在全球价值链中的垄断地位。

14.2 跨境电子商务的基本特征、发展历程及模式内涵

跨境电子商务已逐步成为互联网时代下国际贸易竞争的重要领域。据商务部数据显示,2016 年,中国实现货物贸易进出口总值 24.33 万亿元,同比下降 0.9%。其中出口 13.84 万亿元,下降 2%;进口 10.49 万亿元,增长 0.6%。[①] 面对严峻复杂的国际贸易形势,中国跨境电子商务逆势增长,仍然保持了强劲的发展势头,开始成为外贸新的增长点。近年来,中国跨境电商发展迅速,面向美国、加拿大的跨境电商交易额增长率均在 50% 以上,面向西班牙、德国、法国、荷兰等国的跨境电商交易额年增速均超过 30%。东盟国家作为“一带一路”建设的重要组成部分,跨境电商市场潜力巨大,马来西亚作为增速最快的东盟国家,其增速甚至超过了欧美国家。[②] 目前,中国跨境电子商务的发展已逐渐走向世界舞台,受到国外的广泛关注,中国在跨境电子商务领域的影响力日益加强。

---

① 中华人民共和国商务部:《中国电子商务报告(2016)》,商务部电子商务和信息化司,2017 年。

② 中华人民共和国商务部:《中国电子商务报告(2016)》,商务部电子商务和信息化司,2017 年。

14.2.1 跨境电子商务的基本特征

跨境电子商务是电子商务应用过程中一种较高级的形式，是指不同国家或地区的交易双方通过互联网以邮件或者快递等形式通关，将传统贸易中的展示、洽谈和成交环节数字化，最终实现产品进出口的新型国际贸易方式。[①] 随着信息技术和互联网技术的不断发展，跨境电子商务在世界范围内迅速发展，成了当前发展潜力巨大的新贸易方式，它通过依靠互联网和国际物流，实现买卖终端的直接对接。和传统的贸易方式相比，跨境电子商务的进入门槛和成本都比较低，它压缩了中间环节，便捷性更强，优势非常明显。

在发展形式上，跨境电子商务按进出境货物流向划分，可分为跨境电子商务出口和跨境电子商务进口。而按具体运营模式划分，跨境电子商务可细化为外贸企业与企业之间的电子商务交易，即 B2B；外贸企业对个人零售电子商务，即 B2C；以及外贸个人对个人网络零售业务，即 C2C。其中，B2B 和 B2C 在跨境电子商务出口总额中占主要地位。在 B2B 模式下，企业通常是线上发布广告和信息，线下成交和通关，[②]目前已经被纳入海关一般贸易统计。在 B2C 与 C2C 模式下，企业或个人直接面向广大消费者，主要销售个人消费品，而面向个人提供服务这一特点决定其具有小金额、多批次和高频率的交易特征，商品流通上主要通过航空小包、邮寄和快递等物流方式，目前大多未被纳入海关登记。

在市场格局上，外贸 B2B 在我国跨境电子商务中占主导地位，大多数 B2B 企业贸易订单的金额较大，整体规模惊人。虽然这些 B2B 企业开展的进出口贸易环节只有部分是线上完成，还没有完全实现在线交易，但随着线上交易在技术和管理服务上的不断完善，完全实现在线交易指日可待。

在商品构成上，跨境电子商务交易涉及的出口商品以数码产品、小家电、户外运动产品、照明灯饰、婚纱礼服、玩具用品等为主，进口商品主要是母婴用品、化妆品、食品、保健品、服装、日用品等，整体规模较大，增速较快。[③]

总体上看，跨境电子商务是分属不同关境的企业或个人通过合法的途径，利用电子商务平台达成交易，并通过跨境物流送达商品、完成交易的一种国际商业活动。

---

① Lu, B., Wang, H. P. "Research on the Competitive Strategy of Cross-Border E-Commerce Comprehensive Pilot Area Based on the Spatial Competition", *Scientific Programming*, no. 1 (2016), pp. 1–9.

② Deng, Z. L., Wang, Z. Y. "Early-Mover Advantages at Cross-Border Business-to-Business E-Commerce Portals", *Journal of Business Research*, vol. 69, no. 12 (2016), pp. 6002–6011.

③ 中华人民共和国商务部：《中国电子商务报告(2016)》，2017 年。

14.2.2 跨境电子商务的发展历程

跨境电子商务的形成与发展,是一个逐步实现从信息服务、在线交易到全产业链服务的跨境电子商务产业转型过程,直至目前共经历了以下三个主要阶段。

第一,信息服务阶段。跨境电子商务在起初的信息服务阶段主要商业模式是网上展示、线下交易的外贸信息服务模式。在信息服务阶段,跨境电商的第三方平台主要功能是为企业信息以及产品提供网络展示平台,并不在网络上涉及任何交易环节。此时的盈利模式主要是通过向进行信息展示的企业收取会员费、年度或月度服务费等实现。跨境电商在信息服务阶段的发展过程中,也逐渐衍生出竞价推广、咨询服务等为供应商提供一条龙的信息流增值服务。此阶段以 1970 年成立的环球资源网、1999 年成立的阿里巴巴国际站等平台为典型代表。

第二,在线交易阶段。随着信息服务阶段的发展与成熟,跨境电商平台开始摆脱包括信息黄页在内的单一展示模式,将线下交易、支付、物流等流程实现电子化,逐步实现在线交易平台,从而进入了跨境电子商务的在线交易阶段。在在线交易阶段,第三方平台实现了营收的多元化,同时实现后向收费模式,将"会员收费"改为以收取"交易佣金"为主,即按成交效果来收取百分点佣金。① 同时还通过平台上营销推广、支付服务、物流服务等获得增值收益。与信息服务阶段相比,在线交易阶段更能体现电子商务的本质。借助于电子商务平台,通过服务、资源整合有效打通上、下游供应链,主要包括 B2B 平台模式以及 B2C 平台模式两种模式。在在线交易阶段,跨境电商的主流模式为 B2B 平台模式,通过直接对接中小企业商户实现产业链的进一步缩短,提升商品销售利润空间。此阶段以 2004 年成立的敦煌网为典型代表。

第三,全产业链服务阶段。跨境电商在线交易服务的逐渐成熟,推动了用户群体由普通创业企业向工厂、外贸公司转变,并且逐步发展出极强的生产设计管理能力。由此,跨境电子商务全产业链出现了商业模式的变化,进入全产业链服务阶段。一方面,跨境电子商务的全产业链服务阶段具有大型工厂上线、企业买家规模扩大、中大额订单比例提升、大型服务商加入和移动用户量爆发五方面特征。与此同时,在此阶段中跨境电子商务全产业链服务全面升级,平台承载能力更强,全产业链服务在线化成为这一阶段的重要特征。平台的主要销售产品由

① Kawa, A., Zdrenka, W. "Conception of Integrator in Cross-Border E-Commerce", *LogForum*, vol. 12, no. 1(2016), pp. 63 – 73.

网商、二手货源向一手货源优质产品转变。另一方面，在全产业链服务阶段，主要卖家群体正处于从传统外贸业务向跨境电子商务业务的艰难转型期，生产模式由大生产线逐渐向柔性制造转变，对代运营和产业链配套服务需求不断提高。主要平台模式也由 C2C、B2C 向 B2B 模式转变，批发商买家的中大额交易成为平台主要订单。2014 年 8 月 1 日，伴随着《海关总署关于跨境贸易电子商务进出境货物、物品有关监管事宜的公告》生效，政府层面首次认可了跨境电子商务的模式，中国随之正式进入跨境电子商务的爆发和快速增长期。

14.2.3 跨境电子商务的模式内涵

跨境电子商务模式增长的内生动力来源于流程内各个环节的优化与改善。完整的跨境电子商务供应链由六大环节构成：采购及商品管理，支付，物流，通关商检，营销，售后服务。其中，跨境电子商务在采购及商品管理环节中的优势重点体现在卖家通过采用历史数据抓取消费热点，进行产品热度统计把握消费者偏好，利用在线平台的信息优势减少采购过程的中间环节，在此基础上保证产品适销、具备品质及价格竞争优势。①

在 2008 年全球金融危机的大背景下，受人民币升值和劳动力成本持续上升的影响，我国传统的外贸行业遭受较大的打击，进出口增速明显下跌，很多外贸企业尤其是中小型外贸企业纷纷倒闭，与此形成鲜明对比的是，跨境电子商务因为具备中间环节少、价格低廉和利润率高等优点还呈现良好的发展势头。其中的机制原因正是跨境电子商务模式内涵的直接体现，具体分析如下。传统意义上的外贸出口，一般包括：中国工厂、中国出口商、境外进口商、境外批发商、境外零售商、境外消费者六个环节。这种模式下，外贸中最大份额的利润往往被充当流通中介的中间环节所获得。② 引入跨境电子商务后，外贸出口环节可以简化为中国工厂、境外零售商、境外消费者三个环节，甚至进一步简化为中国工厂、境外消费者两个环节。由此，商品流通得以绕开大量外贸中间环节，传统的垄断采购商在全球价值链中的垄断地位将被逐步打破，一方面出口商品价格可以进一步下降，提高我国商品在境外市场的竞争力，另一方面中国工厂可以获得大部分利润。在全球电商快速发展和中国电子商务全球化的大趋势下，中国跨境电子商

① Abdallah, W. M. "Global Transfer Pricing of Multinationals and E-Commerce in the Twenty-First Century", *Multinational Business Review*, vol. 10, no. 2(2002), pp. 62 – 72.

② Wang, L., Yang, J. Z., Yin, S. "Electronic Commerce International Logistics Performance Influence Factor Analysis", *International Journal of Mobile Communications*, vol. 13, no. 5(2015), pp. 498 – 509.

务交易规模将持续高速发展，电子商务在中国进出口贸易中的比重将不断增大。

14.3 全球价值链中的垄断采购商

在跨境电子商务迅速发展的情况下，全球价值链中的垄断采购商的地位受到了挑战。在传统贸易中，采购商的影响力巨大，在部分市场甚至形成买方寡头垄断的情况。买方寡头垄断是指一个市场中只有少数几个买家，而卖家往往数量很多的一类市场形式。[①] 在这种情况下，买方具有垄断性，如果垄断者希望通过在这个市场上购买产品而使其利益最大化，那么，他将购买较少的数量，并因此付出较低的价格。例如可可豆交易，主要由美国嘉吉公司、美国阿彻丹尼尔斯米德兰公司和瑞士百乐嘉利宝公司这三个公司全球性购买绝大多数份额的可可豆。在这种情况下，买家对卖家具有绝对优势。他们可以操控卖家进行恶性竞争，因此导致产品价格降低。[②] 他们也可以通过对产品的特殊要求而对卖家（生产者）进行控制和影响，甚至导致产品过量、自然损耗加剧等情况。这些成为国际贸易中需要加以重视的问题。[③]

近年来，许多跨国公司在世界范围内设立采购中心或扩大采购量，逐渐成为全球价值链中的垄断采购商。垄断采购商对贸易市场和生产企业行为的影响力日益增强，具体可以从以下两点分析。

14.3.1 垄断采购商的规模优势

全球价值链中垄断采购商的全球采购是对全球生产要素资源的充分利用，是垄断采购商通过在全世界范围内寻找最佳供应商，获得质量最好、价格最低的产品的交易过程。[④] 数量大、范围广是全球采购的重要特征。对于中国企业而言，垄断采购商的全球采购在数量、价格和供求稳定性等方面与其他出口方式相比具有相对优势，对生产企业具有极强的吸引力。同时，生产企业一旦成为全球采购的对象，就等于为自己的产品贴上了国际标签，实现了销售空间的拓展。此

---

① Giannakas, K., Fulton, M. "Process Innovation Activity in a Mixed Oligopsony: The Role of Cooperatives", *American Journal of Agricultural Economics*, vol. 87, no. 2(2005), pp. 406 - 422.

② Lavoie, N. "Price Behavior in a Dynamic Oligopsony: Washington Processing Potatoes — A Comment", *American Journal of Agricultural Economics*, vol. 87, no. 3(2005), pp. 796 - 801.

③ Devadoss, S., Song, W. "Oligopsony Distortions and Welfare Implications of Trade", *Review of International Economics*, vol. 14, no. 3 (2006), pp. 452 - 465.

④ Fofana, A., Jaffry, S. "Measuring Oligopsony Power of UK Salmon Retailers", *Marine Resource Economics*, vol. 23, no. 4(2008), pp. 485 - 506.

外，对于那些生产内需不足产品的国内生产企业来说，全球采购也为其打破销售困境提供了机会，只要企业的产品符合垄断采购商的要求，就等于重新打开了销售渠道，可由此存活。

在传统贸易中，垄断采购商提供的市场需求信息具有一定的历史意义。全球采购对供应商的意义不仅在于卖出了产品，更重要的是通过垄断采购商的购买意向可以把握全球市场供需波动，了解商机和行情。① 当前，很多中国生产企业都在进行产品结构调整，其依据就是市场需求，即围绕市场需求安排生产。但需求的信息从哪里来？得到信息需要花费多少交易成本？全球采购在很大程度上解决了这个难题。垄断采购商中既有生产领域的也有流通领域的，但都是在进行有针对性的采购，或者将采购的零部件组装加工成最终产品销售，或者直接将采购的产品摆上柜台让消费者选择。② 垄断采购商所采购的往往是市场需要的，其实这就等于垄断采购商直接将市场供求信息交给了供应商。③ 对于传统贸易中的生产企业而言，获得垄断采购商传递的信息不仅方便、快捷、成本低，而且信息准确。

14.3.2 垄断采购商使生产企业面临严峻挑战

在传统贸易中，垄断采购商为生产企业带来间接的市场需求信息的同时，对产品的品质和价格要求却极为苛刻，有时甚至对生产企业的生产流程、雇员情况、卫生环境等方面都有严格的要求，倘若不符，就不会从该企业采购。④ 全球采购固然有多种好处，但生产企业若想真正成为垄断采购商的供应商，要跨过诸多考核和价格竞争的门槛。垄断采购商设置的这些门槛给生产企业带来以下四方面挑战。

第一，不公平的贸易环境阻碍弱势国家生产企业的发展。发达国家、发展中国家、欠发达国家在贸易上的地位还存在不平等，弱势国家迫不得已接受低价采购，导致弱势国家的经济不能从根本上得到有效发展，使弱势国家在国际市场上

---

① Cai, X. W., Stiegert, K., Koontz, S. "Regime Switching and Oligopsony Power: The Case of U. S. Beef Processing", *Agricultural Economics*, vol. 42, no. 1 (2011), pp. 99 - 109.

② Murray, J. Y., Kotabe, M., Westjohn, S. A. "Global Sourcing Strategy and Performance of Knowledge-Intensive Business Services: A Two-Stage Strategic Fit Model", *Journal of International Marketing*, vol. 17, no. 4 (2009), pp. 90 - 105.

③ Kukharskyy, B. "Relational Contracts and Global Sourcing", *Journal of International Economics*, vol. 101 (2016), pp. 123 - 147.

④ Lavoie, N. "Price Behavior in a Dynamic Oligopsony: Washington Processing Potatoes — A Comment", *American Journal of Agricultural Economics*, vol. 87, no. 3 (2005), pp. 796 - 801.

的地位也难以得到提高。[1] 在这种情况下,强势国家的跨国公司利用其强势地位,通过国际采购压低采购价格,甚至占用资金与资源,变相地剥夺弱势国家。

第二,自主品牌的发展受到限制。生产企业在进入全球采购系统后,成为跨国公司的供应商或销售商,往往过度依赖跨国公司,容易削弱自主品牌,这直接导致生产企业的产品卖不出去或是被低价卖出。可见,我国生产企业如果没有自主品牌、没有核心竞争力,往往会被跨国公司"征服",这样既制约了我国生产企业的发展,也难以推动国家经济的进步。

第三,采购的预期成本被迫增加。首先,生产企业进行全球采购时,往往渠道途径和后勤服务跟不上,如物流服务、货代服务、信息系统等滞后,在面对存在国际垄断采购商的复杂环境时,采购成本往往超过预期,造成了一些不必要的额外经济损失;其次,市场意识不够,无法准确地预测和把握快速多变的市场,导致为库存而采购,占用大量资金。[2] 最后,生产企业的国际采购谈判能力欠缺,导致生产企业采购质次价高的产品,采购成本增加。

第四,稳定的供应链难以形成。买方市场条件下,采购商可以货比三家,选择价格、质量和服务满意的供应商,"购买"需要一千个理由,"不购买"只需要一个理由。而生产企业对国际采购的规则知之甚少,只能不惜血本打价格战,供应链关系难以保持稳定;多数生产企业不能直接面对制造业采购商,而是通过中小贸易代理商来完成交易,供求关系只是"自我价值链"的实现,缺乏供应链周边企业共同的利益关系,[3]供应链管理难以为继。

14.4 跨境电子商务如何突破全球采购垄断

在全球价值链中,垄断采购商给生产企业带来包括产品销售价格低、品牌发展受限、采购成本高、供应链不稳定等问题,垄断采购商行为的本质是利用信息不对称和规模优势进行商品和服务的低买高卖,从中获得巨额利润。在传统的国际贸易中,由于供应商难以跨越产品流通的中间环节直接接触大量消费者,以获得较全面的市场需求信息,为了降低交易成本、进入国际市场,只能被迫接受

---

① Wirl, F. "Oligopoly Meets Oligopsony: The Case of Permits", *Journal of Environmental Economics and Management*, vol. 58, no. 3(2009), pp. 329 - 337.

② Devadoss, S., Song, W. "Factor Market Oligopsony and the Production Possibility Frontier", *Review of International Economics*, vol. 11, no. 4(2003), pp. 729 - 744.

③ Bhaskar, V., Ted, T. "Oligopsony and the Distribution of Wages", *European Economic Review*, vol. 47, no. 2(2003), pp. 371 - 399.

垄断采购商所设置的严苛条件。[①] 随着信息技术的进步和推广，跨境电子商务能够有效突破垄断采购商在全球价值链中的垄断地位。

14.4.1 跨境电子商务如何突破全球采购垄断的总体机制

目前，在国际商品与服务交易中，一方面，中国已经取得了令世界瞩目的成绩，2016 年 G20 杭州峰会公报更将阿里巴巴提出的“世界电子贸易平台”列为关注对象。[②] 随着我国“一带一路”倡议的逐步推进，不管是商品进出口，还是服务进出口，中国都已成为国际贸易的重要组成部分。另一方面，虽然中国商品贸易总量较大，但很多出口商品仍然存在诸如科技价值低、没有自主品牌等问题。尽管中国服务贸易总量一直在稳步提升，但连续 20 年保持逆差，并有逐年扩大趋势，这与垄断采购商在国际贸易中的影响有着一定联系。

而如今高速发展的跨境电子商务的本质正是国际贸易。[③] 随着跨境电子商务的发展，商品及服务的信息得以通过网络广泛传播，消费者获得信息的成本大大降低，同时国际物流服务也随之日渐成熟，消费者不再需要面对传统国际贸易中包括出口商、进口商、批发商、零售商在内的四个环节，在跨境电子商务的支持下，某些领域内甚至可以实现由工厂直接到消费者的产品流通过程。在这种情况下，供应商不再只是面对少数几个垄断采购商，而是在跨境电子商务中直接面对海量消费者。随着电子商务平台的成熟，管理和联系海量消费者变得更加便捷。由此，垄断采购商的传统利润将被供应商和消费者所分享，具体体现在供应商利润增加销量提升，有利于其进一步提高产品科技价值，发展自主品牌，而消费者的购买价格也能够同时实现下降。

目前，随着互联网应用的发展，作为一种新型的国际贸易形式，跨境电子商务开始逐渐取代传统贸易。[④] 在当前国际贸易中，跨境电子商务的占比还不大，但其高速的增长趋势已经表明，国际贸易正在从线下转移到线上，传统的垄断采购商在全球价值链中的垄断地位正逐步被打破。以下具体从商品贸易和服务贸易两个方面进行分析。

---

① Vukina, T., Leegomonchai, P. “Oligopsony Power, Asset Specificity, and Hold-Up: Evidence from the Broiler Industry”, *American Journal of Agricultural Economics*, vol. 88, no. 3(2006), pp. 589 - 605.

② 中华人民共和国商务部:《中国电子商务报告(2016)》,2017 年。

③ Bieron, B., Ahmed, U. “Regulating E-Commerce through International Policy: Understanding the International Trade Law Issues of E-Commerce”, *Journal of World Trade*, vol. 46, no. 3(2012), pp. 545 - 570.

④ Azam, R. “Global Taxation of Cross-Border Ecommerce Income”, *Virginia Tax Review*, vol. 31, no. 4 (2012), pp. 639 - 693.

14.4.2 跨境电子商务如何突破国际商品贸易的采购垄断

在商品贸易中，中国制造面临的垄断采购商消极影响依然存在，价格优势正面临挑战，产业的转型升级也迫在眉睫。发展跨境电子商务将有助于缓解这一情况，具体表现在以下两个方面。

第一，跨境电子商务缩短了国际供应链。这有助于打破垄断采购商的垄断地位，保持中国制造的价格优势。中国制造的崛起凭借的主要是成本优势。然而，人民币未来将日益市场化，单纯依靠国家汇率管制的人民币贬值时代已经逐渐过去。此外，随着国内劳动力成本逐年上升，人口红利将慢慢消失。上升的汇率和劳动力成本正在不断吞噬生产企业的利润，同时，垄断采购商又进一步压低产品出口价格，设置严苛的采购条件。这意味着，中国制造的价格优势正面临严峻的挑战。

而在跨境电子商务模式下，尤其是在 B2B 和 B2C 模式下，生产企业直接面对中小批发商、零售商或终端消费者。相对于传统国际贸易，整个国际供应链流程缩短，减少了大量中间环节，打破了垄断采购商的垄断地位，流通成本也进而降低。[①] 这些节省出的成本，一部分让利给消费者，一部分回归到生产企业。前者表现为最终产品价格降低，后者表现为生产企业利润的增加。因此，中国生产企业如果能在跨境电子商务方面占得先机，中国制造的价格优势将继续存在。

当然，产业转型终究势在必行。一旦东南亚等地区也开始普及跨境电子商务，那么中国制造将失去价格优势。解决这个问题的关键是中国产业的转型升级，而转型升级存在一定的滞后性。中国企业在跨境电子商务的率先尝试与发展，让中国制造的价格优势得以继续保持。这便为中国的产业转型争取了时间，为中国产业抓紧转型升级提供了重要窗口期。

第二，跨境电子商务有助于提升商品的品牌。这有利于促进中国产业转型升级，形成自有品牌，发挥品牌效应，进一步打破垄断采购商的垄断地位。近年来，中国贸易结构得到稳步改善，一般贸易占比要远大于加工贸易。然而，在一般贸易中，中国自有品牌出口并不算多，有影响力的自有品牌出口更是少之又少。前文中提到的中国产业转型升级，具体到商品而言，又体现在两个方面：一是商品的品牌认知度，二是商品的科技含量。跨境电子商务虽然只能间接地提升商品的科技含量，但却有助于打造商品自有品牌，直接提升品牌认知度。

---

① Deng, Z. L., Wang, Z. Y. "Early – Mover Advantages at Cross-Border Business-to-Business E-Commerce Portals", *Journal of Business Research*, vol. 69, no. 12(2016), pp. 6002 – 6011.

在跨境电子商务中，中间环节的减少让生产企业能够直接销售商品给消费者，并获得一手的市场反馈信息，这一方面降低了信息不对称带来的风险，另一方面也为打造品牌提供了极大的便利。[①] 此外，在线下贸易中，品牌营销往往要求生产企业在国外设立团队，这样成本高且风险大。而在跨境电子商务中，通过搜索引擎、社交网站等网络营销方式，能够在控制成本和风险的情况下，较快地提升品牌在消费群体中的认知度。在实际的操作中，已经有不少成功的案例，例如我国的生产企业安克、奥睿科等。

14.4.3 跨境电子商务如何突破国际服务贸易的采购垄断

在服务贸易中，我国常年处于贸易逆差中，且以运输、旅游等资源、劳动密集型产业出口为主。跨境电子商务的全面发展有助于提升我国服务贸易的出口，减少服务出口的中间环节，降低服务垄断采购商的消极影响，增加信息技术、金融等知识密集型产业的出口比重。

第一，跨境电子商务有助于服务企业建立网络渠道品牌。品牌包括商品品牌、渠道品牌。在国际贸易中，前者对应商品贸易，后者对应服务贸易。在传统出口贸易中，全球价值链中的流通渠道由境外的垄断采购商把控，中国的企业很难渗透进去。然而，在跨境电子商务中，渠道的建立变得异常简单：只需通过一个网站，渠道品牌便可以由此发展起来。[②] 通过过去十多年的发展，跨境电子商务的渠道已经不再被易贝、亚马逊垄断，中国的阿里巴巴全球速卖通、敦煌网、兰亭集势等都取得了快速发展。可以预计，在跨境电子商务模式下，这些渠道品牌将为我国服务贸易的出口注入新的活力。

第二，跨境电子商务将重塑贸易生态圈。这将有利于服务企业直接面对消费者，突破垄断采购商的中间环节，带动服务出口。在跨境电子商务 B2C 模式下，金融服务企业难以改变国外消费者使用当地信用卡的付款习惯，[③]也几乎不可能撼动 PayPal[④] 在小额跨境支付中的地位。然而，跨境电子商务 B2B 则不一样，以阿里巴巴一达通为例，一旦境外买家或卖家进行线上交易，采用阿里巴巴

---

① Azam, R. "Global Taxation of Cross-Border Ecommerce Income", *Virginia Tax Review*, vol. 31, no. 4 (2012), pp. 639 – 693.

② Sinkovics, R. R., Yamin, M., Hossinger, M. "Cultural Adaptation in Cross Border E-Commerce: A Study of German Companies", *Journal of Electronic Commerce Research*, vol. 8, no. 4 (2007), pp. 221 – 235.

③ Deng, Z. L., Wang, Z. Y. "Early-Mover Advantages at Cross-Border Business-to-Business E-Commerce Portals", *Journal of Business Research*, vol. 69, no. 12 (2016), pp. 6002 – 6011.

④ PayPal，一个在线支付服务商。

一达通提供的信用保障,那么境外银行在国际贸易中的地位将减弱。相反,我国的银行、保险等金融机构可与一达通合作,借助阿里巴巴 B2B 平台,为线上国际贸易提供贷款、结算、保险等服务。显然,这将有助于打破境外支付软件和银行等服务垄断采购商的垄断地位,促进我国金融服务的出口。这也是我国布局进口跨境电子商务的意义所在。

实际上,除了突破全球价值链中的采购垄断外,跨境电子商务在宏观层面的积极影响还有很多,包括带动创业就业,服务于"大众创业、万众创新";改变关、检、税、汇等政务服务流程,促进互联网时代的行政管理转型;主导新型国际贸易的规则制定,增强国际话语权;①配合"一带一路"倡议及人民币国际化,积极推动我国经济与国际市场的深度融合等。

此外,由于我国跨境电子商务有庞大的海外客户群,但电子商务企业在跨境交易过程中也经常遇到货物丢失和清关时间过长等一系列问题,过去我国缺乏这方面的业务经验,这类问题一直得不到有效解决。针对这一短板,商务部给予高度重视,开始大力推进跨境电子商务规则、条约的研究和制定,逐渐构建双边和多边的跨境电子商务国际合作机制,从制度上为我国企业进行跨境电子商务活动创造条件。在进行相关的双边和多边谈判时,我国政府积极考虑跨境电子商务发展问题,合理利用各相关国际组织的规则,有效地协助国内企业应对和处理跨境电子商务贸易活动中产生的纠纷。跨境电子商务作为一种新型商业活动,离不开各国政府的合作,跨境电子商务必将随着我国与相关国家和地区愈发深入的合作而得到发展和完善。

① Kawa, A., Zdrenka, W. "Conception of Integrator in Cross-Border E-Commerce", *LogForum*, vol. 12, no. 1(2016), pp. 63 – 73.

15. 全球价值链地位和创新政策的国际比较

15.1 主要发达经济体在全球价值链中的地位与趋势

近年来发展中经济体的全球价值链参与程度不断加深，在全球价值链中的地位不断提升，但主要发达经济体在高附加值产品及知识、技术储备等主导权核心领域，仍保持明显的优势。然而，在人口老龄化等内部因素和技术溢出等结构性因素的共同作用下，主要发达经济体维持全球价值链主导地位的成本越来越高。鉴于制造业对宏观经济的重要性，在全球价值链治理方面，主要发达经济体采取了以强化技术创新水平为核心的多层次竞争策略，试图维持对发展中经济体的竞争优势。

15.1.1 处于全球价值链高端的国家分布及其产业构成

2018 年 10 月 17 日，世界经济论坛发布《全球竞争力报告 2018》。作为全球衡量经济体发展水平和竞争能力的权威文件，该报告对全球 140 个经济体的全球竞争力指数(Global Competitiveness Index，GCI)进行排名，结果显示：美国超越瑞士成为全球最具竞争力的经济体，中国列第 28 位。但是，从综合经济规模、贸易与 GDP 动力结构、要素禀赋与比较优势、发展路径以及全球化利益等方面的现状来看，在全球竞争力指数排名前十位经济体中，能够在主导产业与主流贸易领域与中国形成相对全方位竞争的，只有美国、德国、日本和英国四个全球性经济贸易大国。[①]

20 世纪 90 年代中期以来，伴随着制造业生产体系专业化分工在全球范围内的展开，价值链分工成为国际产业分工的主要表现形式。这一分工模式客观上实现了国家间比较优势的共享与协作，从而使跨境企业获得更大的成本优势。更重要的是，通过生产环节的中间产品贸易，发展中经济体得以嵌入过去由发达经济体控制的国际生产制造体系，从而使自身工业化能力和技术水平获得提升。研究显示，经济体参与全球价值链的程度由其前向参与度和后向

① 在全球竞争力指数排名中，英国列第八位，但其竞争力主要来自教育研究、研发创新与人力资本方面。而在中国、美国、德国、日本均具优势的全球性大规模制造业方面，英国的竞争力不足。

参与度共同构成。[1] 在具体的测算该方面，按照 OECD 全球价值链参与指数（Global Value Chains Indicators）的计算方式，在一国出口过程中，作为进口国的中间产品的附加值以及该国用于出口的中间产品进口中所含的他国产品的附加值两项指标作为基本测算依据，用这两项指标之和占本国出口总额的比重作为全球价值链参与指数。可以认为，该指标通过测算分析对象与全球价值链中的上、下游经济体的综合关联程度，来反映其参与全球价值链的程度，即：

$$全球价值链参与度 = \frac{国外创造附加值 + 进口国加工后出口至第三国的附加值}{出口总额}$$

按照该测算方式，对代表性经济体的全球价值链参与度进行年度统计后，进行逐年累计的结果如图 15－1 所示。

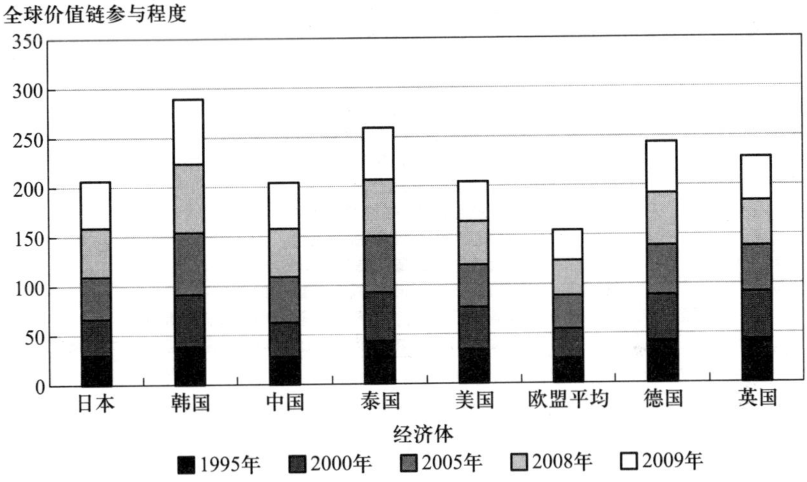

图 15－1　代表性经济体全球价值链参与度的变迁

资料来源："OECD Global Value Chains Indicators－May 2013"，https://stats.oecd.org/Index.aspx? DataSetCode＝GVC_INDICATORS，2019－03－01.

注：数据截至 2009 年。

---

① 赫梅尔等（2001）、库普曼等（2014）对国际价值链分工参与以及贸易关联的理论、测算的研究表明中间产品贸易中按照分工结构、贸易流向与产品专用性对附加值进行分解，是确定对象经济体参与全球价值链分工具体方式、参与程度的基本分析方向。程大中（2015）在对近年相关权威文献进行综合评述的基础上，以中国为例，对发展中国家参与全球价值链程度的测算方式与趋势进行了全面的分析。参见 Hummels，D.，Ishii，J.，Yi，K. M. "The Nature and Growth of Vertical Specialization in World Trade"，*Journal of International Economics*，vol. 54，no. 1（2001），pp. 75－96；Koopman，R.，Wang，Z.，Wei，S. J. "Tracing Value-Added and Double Counting in Gross Exports"，*The American Economic Review*，vol. 104，no. 2（2014），pp. 459－494。

图 15 - 1 表明,深度参与全球价值链的经济体主要是工业化国家和较发达的新兴经济体。而全球性大型经济体中,中、美、英、德、日都是主要参与方,且中国日益成为全球价值链中重要的一环。随着外向型经济的深入推进,中国在保持GDP长期高速增长的同时,实现了产业、宏观经济国际竞争力的不断提升。主要贸易品[①]从全球价值链相对低端的生产性节点,持续向创新研发和技术、管理平台方案提供等高端节点攀升。[②] 以贸易品"国内附加价值 - 国内价值增值"为核心指标对2011年度相关经济体进出口总额及进出口双方贸易附加值分别进行测算,结果反映了如下问题,如图15 - 2所示。

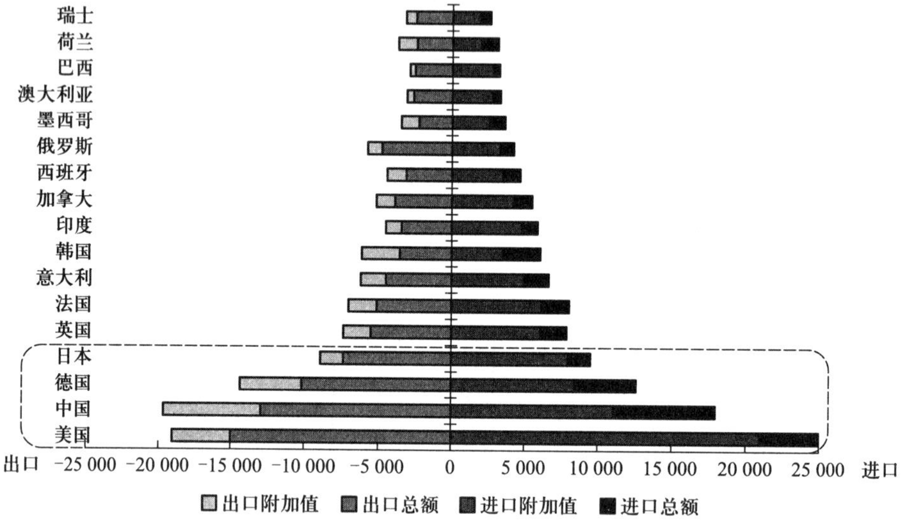

图 15 - 2　2011 年度相关经济体进出口总额及双方贸易附加值

资料来源:作者根据 OECD - WTO TiVA 数据库整理而来。

第一,如OECD《聚焦中国:经验与挑战》报告所述,中国经济产业的快速崛起,已经在很大程度上改变了生产格局、中间产品贸易等全球化的深层次领域主要由工业化国家主导生产、贸易利益的传统格局和全球价值链的分布。[③] 该报

① 从劳动密集的纺织品、家居生活用品,到相对资本和技术密集的工程机械、信息和通信技术产品、机电类产品等制造业产品为主的加工贸易,是中国进出口贸易的主要形式。这一现象背后是跨国企业对中国投资的巨大规模,因为中国是"……外商直接投资信心指数最高的国家"。参见 Davies, K. "Inward FDI in China and Its Policy Context in 2012", *Transnational Corporations Review*, vol. 4, no. 4 (2012), pp. 4 - 18.

② 对附加值反映的价值链地位特征,此处参考了 Koopman, R., Powers, W., Wang, Z., et al. "Give Credit Where Credit Is Due: Tracing Value Added in Global Production Chains", NBER Working Paper, No. 16426 (2010)。

③ OECD:《聚焦中国:经验与挑战》,OECD,2012 年。

告表明，作为全球第二大经济体和全球最大贸易体，新时代的中国在深度参与全球产业分工时，已经成为全球经济的核心力量。

第二，就进出口规模而言，2011 年，中国、美国、德国、日本 4 国的贸易额占当年全球贸易总额的 1/3。2011 年，美国的贸易总额还超出中国近 20%，而同年德国和日本的贸易规模仅分别相当于中国的 72% 和 50%。但笔者对 2011 年贸易附加值数据的核算结果显示，中国贸易的附加值比重为 63.8%，而当年全球贸易中的附加值比重平均为 73.7%。①

第三，美国、德国、日本等主要发达经济体仍占据全球价值链高端。在附加值比重方面，日本为 83.6%，美国为 81.8%，德国为 69.3%，而中国为 63.8%。在单独的出口附加值占比方面，与日本的 84%、美国的 80%、德国的 72% 相比，中国为 65%，仅与墨西哥（67%）相当。

由此可见，中国虽然已经成为全球性的大规模经济贸易体，但在附加值贸易，尤其是在出口中间产品的国内附加值方面，中国与其他大规模经济体的表现存在显著差异：在规模上，中国是经济大国和贸易大国，但在附加值及产品竞争力方面，中国贸易品在全球价值链体系中的地位显著低于全球性大规模发达经济体的平均水平。表 15－1 表现了 2015 年的全球主要经济体基础性工业品出口规模及主要出口方的贸易构成。

表 15－1　2015 年全球主要经济体商品出口规模及出口结构

商品出口				
排名	经济体	出口额（亿美元）	上年比（%）	构成比（%）
1	中国	22800	↓2.7	13.9
2	美国	15100	↓7.3	9.1
3	德国	13300	↓11	8.1
4	日本	6300	↓10	3.8
5	荷兰	5700	↓15.6	3.5
6	韩国	5300	↓8	3.2
7	法国	5100	↓12.8	3.1
8	英国	4700	↓8.8	2.8
9	ITA	4600	↓13.4	2.8
10	CAN	4100	↓13.7	2.5

① 附加值比重 $=\frac{\text{进出口附加值}}{\text{进出口总值}}$，本节使用进出口综合平均附加值数据的理由在于全口径数据既能反映出口附加值的价值链因素，也体现了各经济体参与生产国际化分工的程度。

续表

通用机械出口					机电制品出口				
排名	经济体	出口额（亿美元）	上年比（%）	构成比（%）	排名	经济体	出口额（亿美元）	上年比（%）	构成比（%）
1	中国	3700	↓9.1	18.9	1	中国	6000	5.2	25.8
2	德国	2700	↓12.9	11.7	2	美国	1700	↓1.4	7.3
3	美国	2100	↓6.3	10.7	3	韩国	1400	0.1	5.9
4	日本	1200	↓11.3	6.1	4	德国	1300	↓10.6	5.6
5	ITA	920	↓14.3	4.8	5	TPE	1100	↓5.6	4.6
6	荷兰	800	↓14.4	4.2	6	日本	960	↓8.1	4.1
7	英国	650	↓10	3.4	7	MEX	810	1.5	3.5
8	韩国	620	↓1.5	3.2	8	荷兰	740	↓2.7	3.2
9	MEX	590	↓2.4	3.1	9	MYS	600	↓9.5	2.6
10	法国	580	↓14.2	3.0	10	法国	400	↓10.4	1.7
运输机械（含机动车）出口					化学品出口				
排名	经济体	出口额（亿美元）	上年比（%）	构成比（%）	排名	经济体	出口额（亿美元）	上年比（%）	构成比（%）
1	德国	3100	↓6.1	16.8	1	德国	2480	↓11.4	11.3
2	美国	2700	↓0.9	14.7	2	美国	2360	↓2.8	10.7
3	日本	1600	↓6.3	8.4	3	中国	1930	↓3.7	8.8
4	韩国	1100	↓3.3	6.1	4	BEL	1300	↓12.3	5.9
5	中国	10700	2.3	5.9	5	法国	1060	↓14.6	4.8
6	法国	1000	↓6.7	5.6	6	荷兰	1050	↓13.3	4.7
7	MEX	950	4.6	5.3	7	瑞士	920	↓6.2	4.2
8	CAN	730	0.1	4.1	8	英国	860	↓0.4	3.9
9	英国	720	↓4.0	4.0	9	日本	800	↓13.1	3.6

注：① 基础数据来自各经济体贸易统计；② 构成比为该经济体出口占世界出口总额的比重；③ 限于表格尺寸，有关经济体名称采用了缩写。ITA 代表意大利，CAN 代表加拿大，MEX 代表墨西哥，BEL 代表比利时，MYS 代表马来西亚，TPE 代表中国台湾。

在各主要贸易方的出口附加值方面，图 15－3 通过对 2015 年各经济体出口附加值的统计，直观地反映了美国、德国、日本与中国在全球价值链所处地位的状况。

综合表 15－1 及图 15－3 可见，中国在通用机械、机电制品以及化学品大项中已经确立明显的规模优势。但此种优势主要来自工具类、基础机械、家电以及一般性电子零配件、大宗合成化工等低附加值领域在全球贸易中的成本优势。而德国、美国、日本、英国、瑞士、荷兰、比利时等发达经济体则占据芯片、医疗设备、航天探测、生化分析、精密检测、高精度加工平台等高附加值仪器设备和产品

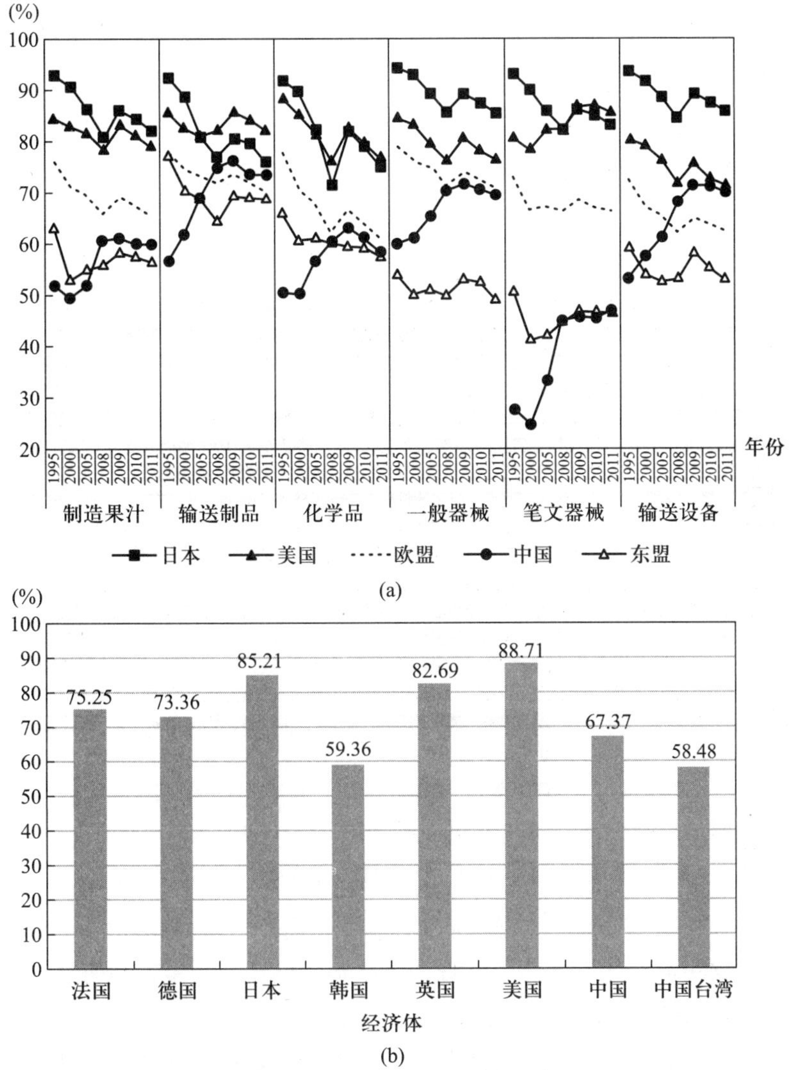

图 15－3　主要贸易方及其主导产业在全球价值链中所处地位

资料来源：原图引自日本经济产业省：《通商白书 2015》，

http://www.meti.go.jp/report/whitepapaer/index_tuhaku.html，2019 年 2 月 19 日。

领域。在综合性生产技术与研发服务水平要求更高的运输机械与精细化工、新材料（含化学试剂）等高附加值领域，则是德国、美国、日本等国家占据主导地位。[①]

① 参见联合国贸发署、世界贸易组织、相关国家贸易统计数据库。

15.1.2 “再工业化”背景下的全球价值链趋势与主要发达经济体动向

随着以中国为代表的发展中经济体经济和收入水平的快速提升,发展中经济体在全球价值链中的角色逐渐从原有作为发达经济体跨境企业生产基地的单一属性,向既作为生产基地,也作为重要消费市场的双重属性演化。对于发达经济体跨境企业而言,为了在发展中经济体市场维持竞争优势,就不得不在生产部门的转移之外,开始逐渐将研发部门分阶段向发展中经济体转移(见图 15 -4)。

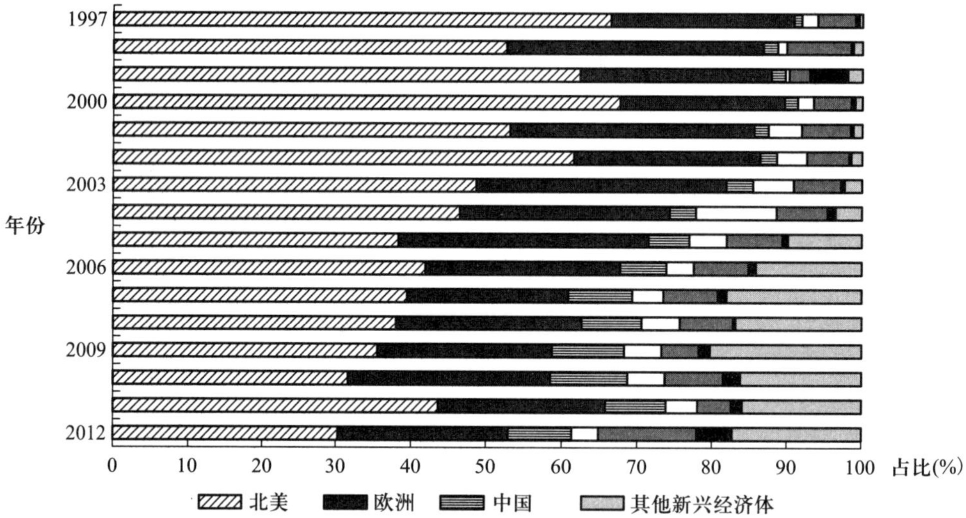

图 15 -4　20 世纪 90 年代以来跨境企业研发机构区域分布的演化

资料来源:原始数据来自世界银行与联合国贸发会议统计数据库。

这一趋势使得发达经济体跨境企业面临一个类似“囚徒困境”的两难处境:研发部门的转移一定程度上维持了市场竞争优势。但伴随众多发达经济体跨境企业研发技术部门的相继转移,研发部门受到日益严峻的“市场竞争”和“技术溢出”双重挤压。这一压力又进一步促使发达经济体跨境企业研发部门的转移逐渐向高级核心部门转移靠拢。对发达经济体宏观层面而言,优势技术储备的逐渐流失,对其维持全球价值链高位主导权构成持续威胁,最终导致发达经济体对发展中经济体基于技术优势的超额垄断收益型产业体制存在难以持续甚至整体崩溃的可能。①

从现状来看,欧美、日本等主要发达经济体对这一困境采取的对策主要有如下三个层次。

① 藤田哲雄:《グローバルバリューチェーンの展開とイノベーション政策の方向性》,《JRIレビュー》,2015 年第 15 卷第 24 期,第 95 - 115 页。

第一层次的对策是对微笑曲线高端部分的支持持续提升。基本做法是不断强化技术水平，以新生成的高新技术储备来弥补技术溢出导致的优势丧失。本章以发达经济体研发经费投入和对高水平基础研究的强化为例进行说明（见图 15－5）。

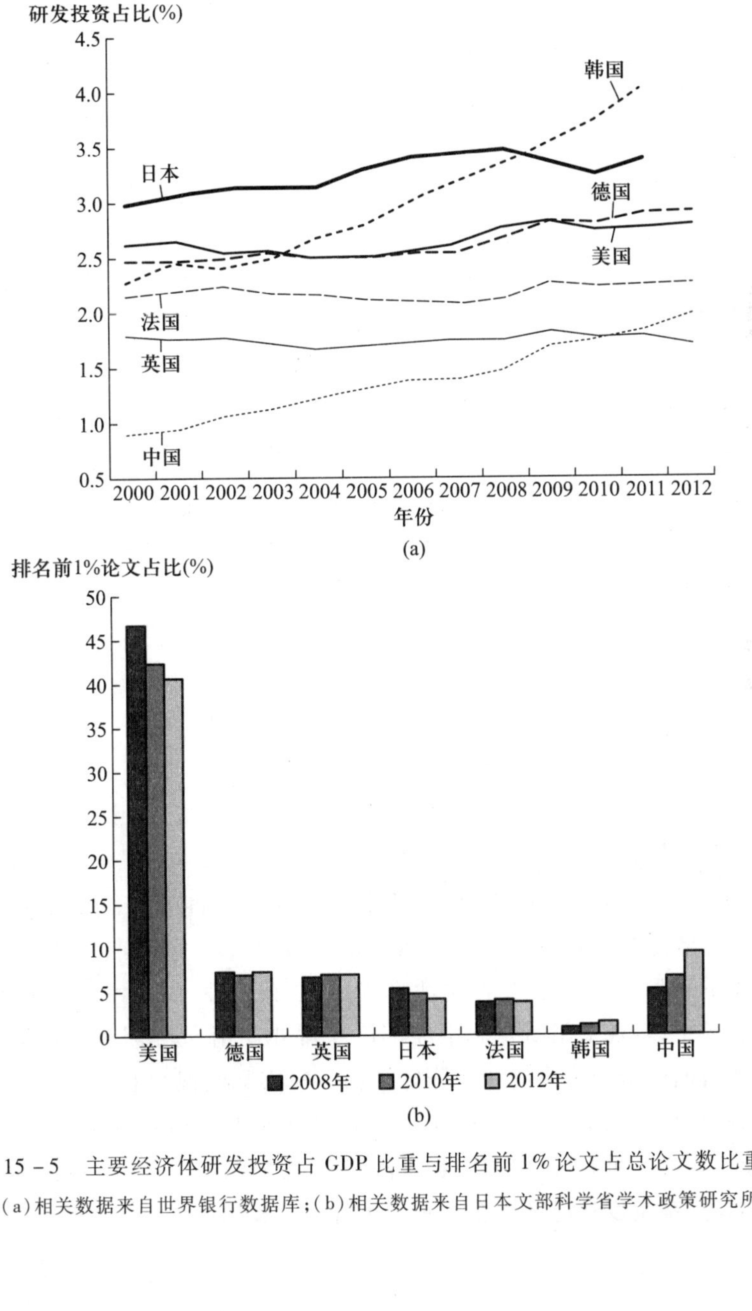

图 15－5　主要经济体研发投资占 GDP 比重与排名前 1% 论文占总论文数比重

注：(a)相关数据来自世界银行数据库；(b)相关数据来自日本文部科学省学术政策研究所。

图15－5显示，长期维持较高水平的研发投资是发达经济体的共同特征。从趋势上来看，21世纪以来，中国的研发投资占比提升显著，但总体水平仍然处于低位。发达经济体中，除英国、法国两国的研发投资基本维持不变外，美国、德国、日本三国都呈不同程度的上升趋势。

研发投资所产生的绩效也反映在基础研究方面。就最新的情况来看，中国排名前1%的高水平研究成果数量已处于世界领先地位，但与德国、日本、英国等国家相比优势并不明显，而美国则继续在全球范围内保持基础研究的压倒性优势。

第二层次的对策是对全球价值链低端产业的差别化处理。以发达经济体维持竞争优势为视角的相关研究认为，发展中经济体从附加值最小的低门槛领域“浸入”全球价值链之后，通过上述第一层次的“竞争”和“溢出”机制，逐渐向价值链中高端攀升。而发达经济体为确保对价值链主导地位的维护，主张在提升高端层次（第一层次）的竞争力之外，仍需在低附加值领域，集成发达经济体在创意与设计、精细加工、生产管理与服务等领域仍然保有的相对优势，继续与发展中经济体竞争。通过品牌化（纺织服装与皮革箱包）、定制化（通用机械与机电产品）、设计与功能优化（日用品、家具、运动装备）、服务品质体验提升（电子器材、办公设备）以及“再工业化”等方式，用发达经济体的高人力资本优势改造低附加值领域，提升价值链低端的门槛，最大限度地挤压发展中经济体的获利空间。

第三层次的对策是对全社会范围内资源要素、制度规范进行整合重组，构建发展中经济体难以进入的新型经贸产业体系。发展中经济体由于二元经济、区域发展水平差异、人力资本、技术储备水平较低，在产业结构、市场规范、金融制度等方面与发达经济体相比处于劣势，发达经济体有可能利用其在科技创新、现代基础设施、社会管理等方面的综合优势，通过提高技术环境壁垒等准入门槛，构建新型“生产－流通－消费”模式，对教育体制、创新体制、金融制度和社会管理制度等方式进行优化改革，直至构建基于物联网、人工智能、云计算大数据等未来技术的新型社会管理、生产生活方式，建立技术性、制度性和适用性等多领域的融合壁垒，客观上阻断发展中经济体获得并使用“溢出”技术的渠道，从根本上改变目前的全球价值链利益分享结构。从实际情况来看，从已经基本失败的《跨太平洋伙伴关系协定》（Trans-Pacific Partnership Agreement，TPP），到德国的“工业4.0”，再到美国的“国家创新战略”“页岩油气革命”以及日本的“社会5.0”规划等，都是发达经济体在这一方面持续尝试的例证。

15.1.3 维持全球价值链优势地位对自身经济具有决定性影响

以德国和日本为例,两国拥有大规模、高水平的制造业,既是制造业大国,也是制造业全球价值链上的高端主导型国家。在以中国为代表的发展中经济体快速融入全球价值链,并持续推动制造业全球价值链攀升的背景下,维持各自在全球价值链的高端地位,巩固对制造业附加值贸易的主导权,对两国经济具有重大意义。

首先,制造业相关要素及其贸易在德国、日本两国经济中占有重要比重。如图 15－6所示,在西方主要工业化国家中,日本和德国制造业的经济比重显著高于其他国家。作为以高附加值大规模生产为主要增长动力的制造型工业化国家,德国、日本面临的能否维持自身在全球价值链中的顶层地位和主导权的问题比美国、英国、法国更为严峻。

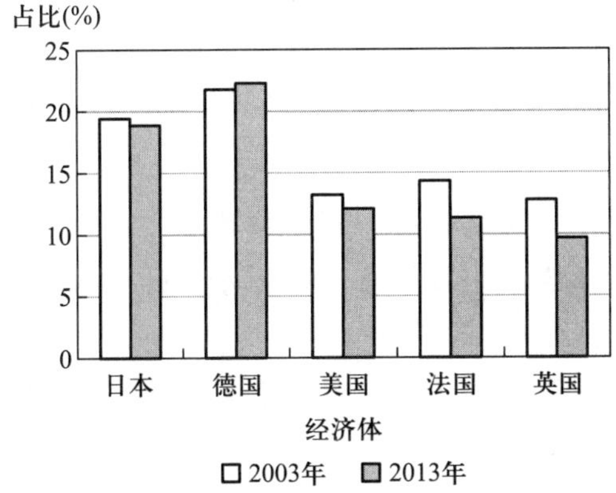

图 15－6　制造业在 GDP 中的占比

资料来源:作者根据联合国统计数据库数据制。

德国和日本两国都是传统的贸易大国。在中国贸易崛起之前,两国长期位居全球第二和第三大贸易体。以制造业为核心的贸易竞争力是两国经济的重要支撑。[①] 德国方面,按照德国联邦统计局 2015 年的贸易统计数据,仅机械及运输机械类产品出口就占到德国出口总额的 49%(内含汽车相关产品的出口份额 35%),化学化工制品的出口占比为 16%。[②] 日本方面,《日本统计年鉴 2017》显

① 加賀林洋介:《ドイツ経済の強みと課題から日本への示唆を探る》,《日本政策投資銀行産業調査部世界経済報告書》,No. 237－10,2015 年 8 月.

② "Federal Ministry for Economic Affairs and Energy:A Modern Industrial Policy",https://www.bmwi.de/Redaktion/EN/Dossier/modern－industry－policy.html,2019－04－01.

示,2015 年一般机械、机电产品、运输机械以及化学品四类典型制造业的出口占比为 70.2% 。[①]

其次,2015 年的数据还显示,在适龄劳动人口方面,日本为 6500 万人,当年制造业直接容纳的劳动力数达到 1050 万,占劳动力总人数的 23% 。同期德国的数据分别为 4290 万和 39% ,制造业容纳的就业总人数超过 1500 万。[②] 作为高度工业化的国家,德国、日本两国的非农业人口占总人口的比重都超过了 90% 。制造业及其相关产业劳动力数量不仅在两国劳动力总数方面占比较大,而且在两国总人口中也占有较大比重。[③] 对德国、日本两国而言,无论在就业、社会福利与收入保障,还是在选举等非经济方面,确保制造业的高竞争力和高就业都是政府的核心目标。

15.2 德国的科技和产业政策

德国创新政策的主要特征是鼓励并支持企业主导的系统性创新,各级政府积极参与并支持创新体制的不断优化,以及创造适合大企业和中小企业共同发展的制度体系。

15.2.1 "工业 4.0":从企业规划到国家战略

"工业 4.0"通过在制造工程中导入物联网(Internet of Things, IoT)和智能生产技术,将需求信息、设计、生产等环节完全集约在生产现场,从而实现实时满足市场需求的定制化生产。这一方式与现行基于经典生产要素比较优势的产业链国际分工体制存在本质的差异。

"工业 4.0"的演化路径显示,从酝酿讨论到作为德国国家工业发展战略被正式提出,是一个由企业自发实施到政府介入推进的协同整合过程。在 2006—2009 年,西门子、大众集团、巴斯夫、拜尔等德国代表性产业集团对"工业 4.0"方案的初衷是主要围绕如何对"工业 3.0"的生产体制进行改革;目的是"提升制造业的反应速度和劳动生产率",从根本上"对应德国在全球价值链中受到的来

① "Japan Statistical Yearbook 2017", http://www.stat.go.jp/english/data/nenkan/66nenkan/index.html, 2019-03-01.

② 在统计制造业就业人口方面,德国的统计口径大于日本,故德国的制造业及其相关产业劳动力占比基数较大。综合欧盟统计数据库(Eurostat)和美国劳工部统计数据库等的综合估计,本节将德国制造业就业人数估算为占总人口的 18% ,认为德国的制造业劳动力数量在 1500 万人左右。

③ 德国、日本两国人口分别在 2003 年与 2008 年达到顶峰后开始逐年下降。当时两国总人口数分别为 8253 万与 1 亿 2808 万。

自中国、东欧等新兴国家的挤压”等议题。[①] 至默克尔政府2006年推出《德国高科技战略（2006—2009）》后，德国产学各界开始深入探讨通过对前沿技术、创新的广泛应用，构建竞争力“自我强化”的新型德国模式。此时，在人口下降背景下，“工业4.0”以其在技术积累等多方物质条件的完备性、（对德国企业而言的）可操作性，以及对德国在政治、财政等领域宏观风险的可控性等多方面优势，受到德国政产学各界的广泛认同。

作为2006年“联邦高科技战略”的升级版，德国政府在2010年制定的“高科技战略2020”中，将物联网与智能工厂、模块化集约式生产、定制化柔性制造等设定为德国工业未来发展的重点方向。至2011年，“工业4.0”作为德国倡导的新型生产体制，在汉诺威工业博览会期间以德国国家战略名义，正式公布。

事实上，自2008年以来，德国政府已开始以西门子、保时捷等德国大企业为核心，在企业体系内部，对“工业4.0”的实施路径进行试点。2010年，“工业4.0”成为国家战略之后，德国并没有单纯依靠财政投资和针对性减税增收等传统手段，对“工业4.0”体制进行迅速推进。而是首先对“工业4.0”的核心理念——模块化、集成化和智能化生产进行深入研究和广泛宣传。

在新模式得到德国社会的广泛认同后，首先由企业自行对实现“工业4.0”体制的关键环节进行确认，其中包括：外部信息接收、数据处理和生产导入的网络软硬件、能够根据网络指令进行多样化生产的智能机器人、综合性原材料供给和分配平台等一系列软硬件设备，以及对生产过程控制、系统安全维护等新型管理人员的培训等。

2013年，德国政府正式设立了由政产学研多部门共同构成的“工业4.0”平台，其结构如图15-7所示。

该平台由运营委员会与工作组负责具体的实施推进工作。由战略委员会与学术顾问委员会负责政策支持、社会协同和科学技术咨询。由产业协会团体与国际标准化组织负责市场动态、技术标准设定与修正。由作为服务提供者的秘书处负责组织协调、运营管理以及内外联络沟通。

由此，德国对“工业4.0”的构建进入了“政产学研协同合作”的新阶段。德国推进“工业4.0”的做法体现了德国一贯的严谨作风。在明确“工业4.0”的概念、机制、关键点问题的基础上，由一个职能化的专门机构负责新体制的管理

① 《欧州各国の産業デジタル化推進策とIoT導入事例（2017年2月）》，https://www.jetro.go.jp/world/reports/2017/01/1a84f835a1faf51a.html，2019年3月1日。

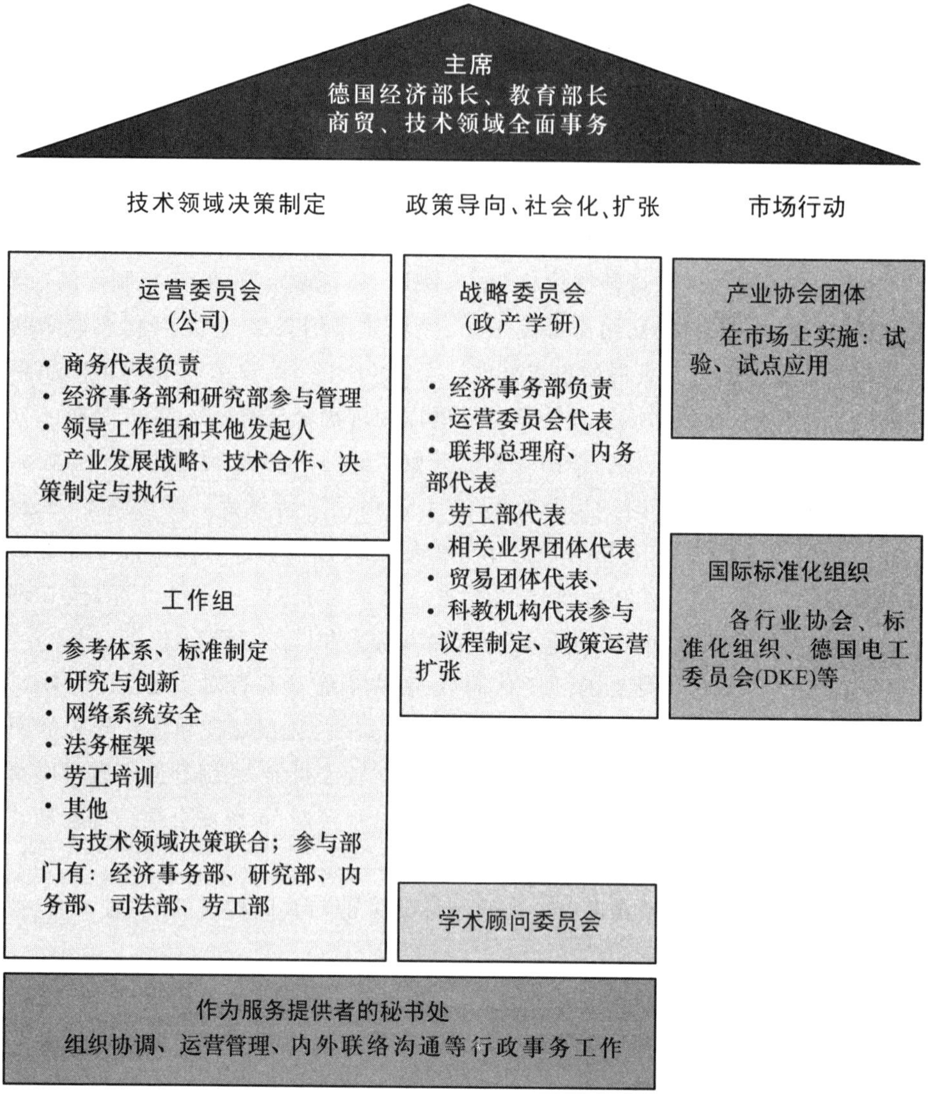

图 15－7　德国“工业 4.0”平台结构

资料来源：“Structure of the ‘Industrie 4.0’ Platform Introduction”, https://www.bmwi.de/Redaktion/EN/Infografiken/Alt/industrie－4－0－platform.html, 2019－03－01.

运营与制度的顶层设计，再将相关领域的专业人员、行业协会、政府机构等整合为不同方向上的管理运营部门，从而形成了对“工业 4.0”推进方式的模块化管理。

15.2.2 “政产学研 + 公共团体”多元融合协同的产业化创新机制

第一，独特的组织形式。与美国的项目纽带和日本的制度化纽带不同，德国的多元协作研发创新具有独特的组织化特征。在德国，这种独特的协作创新组织又分为两类：① 行政组织关系隶属于大学等科教研究机构的“内部组织”（In-Institut）；② 与大学（或科研机构）等相邻设立，但互不隶属的“外部组织”（An-Institut）。[①] 而后者又按照是否有企业股份，分为两类。一类是 PPP（公私共有股份）型的公司制外部组织，另一类是由基金会、各级政府相关部门、非营利组织、产业协会等联合组成的外部组织。

将基础理论研究的成果商业化、市场化是外部组织的收入来源。外部组织通过合作协议等长期契约形式，建立与科教研究机构紧密的合作研究关系。作为专业性的创新中介，外部组织对基础理论研究的成果进行产业化整合再创新，达到企业购买后能够直接使用的程度。不仅如此，外部组织也负责根据企业反馈，以方案优化的形式进行售后服务。

第二，大规模公益性研究机构。弗劳恩霍夫应用研究促进协会（按德语简称 FhG）和马克斯·普朗克科学促进学会（简称 MpG）是这类机构的代表。FhG 和 MpG 不但是德国，也是全欧洲顶级的大型综合性科研机构。

FhG 属于公益、非营利科研机构。下设多达 72 个研究所，拥有超过 26600 名雇员，其中大部分为注册科研人员（含德国国内合作院校多学科的教授与参与实习的学生），每年为 3000 多企业，特别是中、小企业完成约 10000 项科研开发项目。业务范围涉及开发新技术、新产品、新工艺，帮助企业解决创新发展中的技术与管理问题等多个领域。FhG 每年的科研经费超过 26 亿欧元。其中2/3 来自企业和公立科研委托项目；另外 1/3 来自联邦和各州政府，主要用于前瞻性的研发与基础研究工作，以确保其科研水平处于领先地位。[②]

MpG 是公益性独立非营利组织。除 12000 名注册的专业研究人员外，每年还有约 9000 名访问学者于此工作。MpG 2004 年总预算达 13 亿欧元左右，由于主要经费由联邦政府科研部门及各州政府分摊，所以也被称为德国国立研发机构。其下设的 84 个研究所和实验室，涵盖所有基础科学研究领域。MpG 重点

---

① 德语中，An-Institut 的 An，指“类似的、相近的”含义。大多数 An-Institut 虽然是独立的行政管理单位，但其办公场所一般与科教研究机构相邻，甚至在大学校园内部。

② “Facts and Figures”，https://www.fraunhofer.de/en/about - fraunhofer/profile - structure/facts - and - figures.html，2019 - 04 - 01.

从事以下三个领域的研究:生物学和医学,物理化学技术以及认知理论,心理学、经济与管理等人文社会科学。各 MpG 研究所是所在地大学之外的独立机构,虽然与大学保持紧密的合作关系,但其机构人员不负责大学内部的教学任务,并可优先使用比大学更先进的设备和更充裕的资金,维持其世界级的学术地位。长期以来,MpG 以其高水平的科研业绩著称。迄今为止,共有 32 位研究员获得诺贝尔奖。①

第三,伴随"工业 4.0"的推进而形成的区域性产学研集聚核心(集合体)。2010 年以来,"工业 4.0"新型智慧工厂的构建,吸引了网络信息、指令处理、尖端设备与新型管理运营等多领域的中小企业、科研机构以及中介平台等在项目地的集聚,区域性产学研集合体由此逐渐形成。此种集合体旨在通过尽可能靠近现场,最大程度上综合发挥技术和地理的优势,获得"工业 4.0"业务的订单。

在"工业 4.0"成为德国国家战略之后,区域性产学研集合体取得了快速发展。其中最具代表性的集合体是位于德国西北部小镇(Ost Weatfalen - Lippe)的"It's OWL"②。目前,"It's OWL"已经吸引超过 180 所大学、国公私立科研机构、"外部组织"、企业等集聚于此,进行与"工业 4.0"智能工厂相关的各领域技术、管理、运营的研发测试工作。2015 年以来,"It's OWL"模式的发展,对区域经济的溢出效应开始显现。当前,除上述研发机构外,还有超过 400 家制造型的中小企业也集聚在德国西北部小镇,从事机械、微电子器件、印刷电路板、汽车零部件、商业软件等商品的开发设计和制造。每年由这些中小企业创造的 GDP 达到 200 亿欧元,就业岗位超过 8 万个。德国西北部小镇在短时间内迅速发展成一个在产学研共同支撑下,针对前沿技术进行开发应用的综合性创新集合体。

第四,产学研协作向产学研融合的转化。产学研合作创新起源于对基础研究与应用研究分工效率的追求,以及通过开放式创新,在技术的上、下游谋求更好的合作模式和创新绩效。在一般性的知识产权保护和收益共享之外,德国通过对各种合作条件的制度性整合,使产学研各方都产生了趋向合作创新的内在动力。

一是产学研深度合作的内在动因。长期以来,德国企业在对毕业生就业的吸引方面,保持了较高的水平。此外,与美国、日本相比,德国大学(特别是理工科专业)的高水平教师拥有企业工作经验的比例更高。因此,大学等专业科研机构的从业人员对产业领域的发展创新具有更高的关注度与敏感度。

① "Facts and Figures",https://www.mpg.de/facts-and-figures,2019-04-01.

② "It's OWL"为"Intelligent Technical Systems Ost Weatfalen - Lippe"的缩写,即智慧技术系统。

二是产学研深度合作的外在动因。企业在产学研合作中保持较高的出资比例,是德国产学研合作创新机制的重要共识和特征。德国企业在研发创新终试阶段的出资比例一般能够维持在45%左右。在创新过程(尤其是中期试验阶段)中的出资比例也达到30%。这两项指标远远超过以产学研合作制度化、体系化和高密度化见长的日本的15%左右的水平。德国企业对创新风险的积极承担,给予研究者更加安心的工作环境和稳定的预期。由此,德国在产学研合作创新中的研发投资效率(回报率)达到45%的世界领先水平。

三是传统激励与制度性激励相结合。德国大学与产业界之间的成果共享有着历史性传统。如MpG的前身是"威廉皇帝科学促进协会",其会员既包括马克斯·普朗克这样著名的量子物理学家,更有蒂森、克虏伯(两企业在1999年合并)、奔驰、宝马、西门子等钢铁、军工、动力机械、化学化工等支柱性产业集团。这些学术会员与企业会员间保持紧密的联系与合作关系。时至今日,"作富有企业家精神的大学"仍然是慕尼黑工业大学践行的使命。在制度性激励方面,以慕尼黑工业大学为例,学校将教师参与产学研项目的工作纳入教师业绩考评体系。对进行产学研合作研究的教师,给予绩效评价提升10%的额外奖励。

15.2.3 德国对中小企业发展的支持政策

按照德国中小企业研究所(IfM)对德国中小企业的定义,雇员人数500以下,且每年营业额不超过5000万欧元的企业,被称为中小企业。中小企业是德国企业的主要形态。在与大企业激烈的市场竞争中,德国中小企业凭借高度的专业化技术水平、灵活的国际化战略,仍然保持较高的利润率。在当前"工业4.0"战略迅速推进的背景下,中小企业、联邦及州政府、科研创新机构等正在进行积极协调,为中小企业的发展创造适合的制度环境与发展空间。

① 中小企业是德国企业的主要形式。2016年,德国中小企业联合会(BVMW)的组织会员数约330万家,总企业数占比超过99%。[①]

表15-2中,在美国、德国、日本三国企业规模构成比相似的情况下,德国中小企业拥有较高的附加值占比,这表明德国中小企业具有更高的技术水平,这是其具有较高盈利能力的基础。在德国进入工业化的200多年里,中小企业长期植根于基层,拥有具备高水平生产技能的工匠,为提振地方经济和就业提供条件,为地方公众提供优质的工业品和消费品等,因此,受到当地公众的尊重。为中小企业创造

① "BVMW",https://www.bvmw.de/international/,2019-04-01.

发展空间和政策上的条件,是德国社会的传统共识。在组织制度上,德国中小企业联合会在为中小企业发展提供技术培训、法律服务、商业中介等多领域的服务之外,还作为中小企业利益的代言者,在政治上为中小企业发展谋求有利的法律支持和制度空间。

表 15-2　美国、德国、日本三国的中小企业基本情况

项目	美国	德国	日本
总企业数占比(%)	99.7	99.6	99.7
总雇员数占比(%)	49.1	61.0	62.8
附加值占比(%)	43.9	52.0	49.3

注:作者根据 2009 年相关各国的政府统计资料整理得出。

② 德国中小企业保持着较高的盈利水平。图 15-8 的横轴表示 2008—2012 年,各国中小企业提供就业岗位数量的变化率,纵轴表示同期各国中小企业附加值的变化率。德国中小企业保持着欧盟地区最好的经营表现,在坐标系的第二象限,意味着附加值和提供就业岗位数量均呈增长趋势。与此相比,丹麦(DK)所在的第三象限则表示附加值和提供就业岗位数量都呈萎缩趋势。根据欧盟统计局的资料,德国中小企业在 2004—2007 年的平均利润率高达 8.8%,而同期日本中小企业的平均利润率仅为 3.26%。

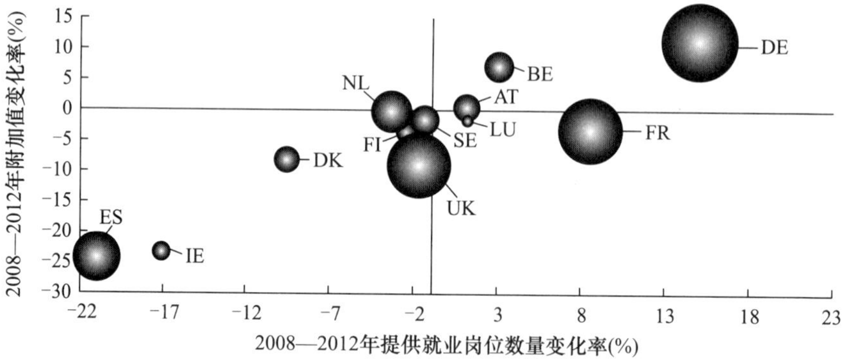

图 15-8　欧盟中小企业附加值与就业岗位数量数的变化①

注:ES 为西班牙,IE 为爱尔兰,DK 为丹麦,NL 为荷兰,FI 为芬兰,UK 为英国,SE 为瑞典,LU 为卢森堡,AT 为奥地利,BE 为比利时,FR 为法国,DE 为德国。

① 《「独り勝ち」のドイツ;経済再生改革》,http://www.ifit.or.jp/img/document_pdf/20151023_Doc2.pdf,2019 年 4 月 1 日。

③ 德国中小企业具有更高的国际化倾向。同日本中小企业一样,德国中小企业也面临着来自其他同业中小企业和大企业的双重竞争压力。此时,日本中小企业更多地选择进入大企业的供应链,成为大企业下的“业务关联系列”。而德国企业更多地选择坚持独立经营的道路。此时,除了维持高水平的技术专用性之外,国际化成为德国中小企业的另一个选择。

日本中小企业选择进入大企业的供应链,看似是一个双赢策略。大企业能够通过供应链分工降低供应成本。而中小企业也在一定程度上消除了双重竞争的压力,赢得了持续生存的空间。但客观上,中小企业受到了大企业的控制。由于交易对象固定,且没有价格主导权,所以日本中小企业的利润率较低。一旦大企业相关业务迁往海外,中小企业也必须随迁,否则倒闭的风险依然存在。

德国中小企业没有选择进入大企业的供应链,而选择了国际化发展的策略。21 世纪以来,德国中小企业的国际化发展范围不断拓展,由原有的在欧盟内部扩张,逐渐向全球,特别是向金砖国家拓展,如图 15 -9(a)所示。在强化自身竞争优势和产品市场全球化的共同支撑下,德国中小企业的实力进一步提升。产品具有高度市场占有率①的德国中小企业在数量上远远大于美国和日本之和,如图 15 -9(b)所示。由于社会公众的注意力和兴趣点往往集中在大企业的发展动向上,所以在德国国内,那些具有世界级水平,而不为公众熟知的中小企业,被称为“隐形的冠军”。

德国对中小企业扶持政策的重心主要体现在融资支持、国际化支持以及改善中小企业赖以生存的地方制度环境方面。

第一,融资支持。融资问题是全球中小企业发展运营中面临的共同难题。在发展环境方面,德国政府坚持,企业无论何种规模,在税率上应得到同等待遇。德国政府没有采用定向税收优惠等不平等方式,而是对特定企业(行业)进行针对性支持。但德国的法人税相对较低,所有企业都能够平等受益。针对中小企业融资难问题,德国凭借其在欧洲重大的经济、政治影响力,通过由其主导的“欧洲创业投资项目”“创业支援推进项目”(EXIST)以及“技术革新项目”,从各方面对中小企业的发展给予支持。

① 欧洲创业投资项目。该项目分为“启动资金”和“运营支援”两个专项。前者对于中小企业的设立、新业务的启动等给予不超过 10 万欧元的资金。后者本质上是针对中小企业银行商业信贷的抵押担保。针对中小企业缺少银行信贷

① 高度市场占有率指:中小企业的产品占据全球市场前 3 位,或者欧盟区域市场首位。

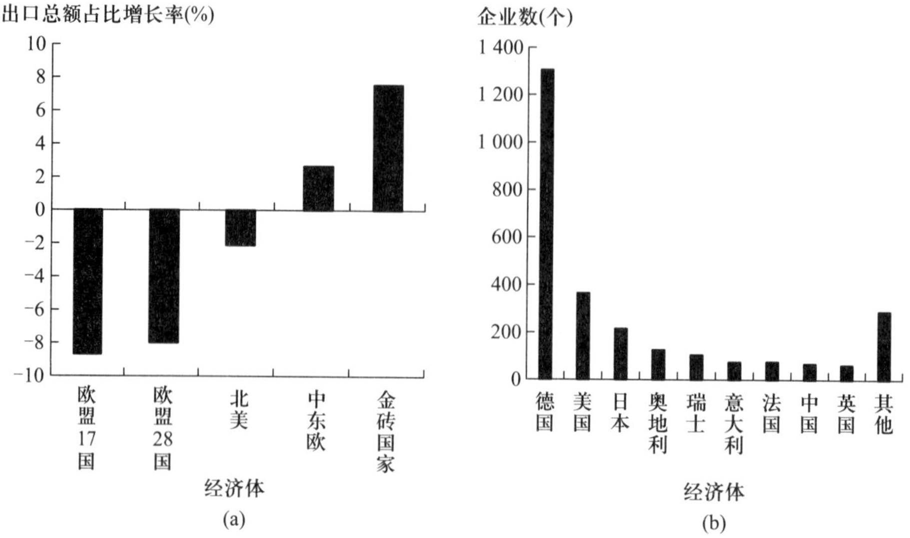

图 15－9　德国中小企业国际化发展情况

资料来源：岩本晃一：《第 13 回「ドイツ経済を支える強い中小企業『ミッテルシュタンド(Mittelstand)』」》，https://www.rieti.go.jp/users/iwamoto－koichi/serial/013.html，2019 年 4 月 1 日。

抵押资产，难以通过银行渠道融资的情况，向通过审核的企业提供取得最多1000 万欧元银行贷款所需的信用担保和抵押资本。

② 创业支援推进项目。该项目以大学毕业生创业和研究机构拓展市场化专门服务为对象，对通过审核的商业计划、经营方案等的持有人或创业团队，以奖学金、补助金等形式给予基金支持。

③ 技术革新项目。对符合上述两种项目要求的创业者或创业团队，重点对其技术开发革新、专业性创新服务等高附加值、高风险项目部分给予定向担保。该定向担保可使受益人向德国复兴信贷银行(KfW)申请不超过 750 万欧元的商业贷款。[①] 向德国复兴信贷银行申请贷款可通过两种方式。一是针对新技术、新服务、新业态研发创新的中长期融资；二是针对上述创新，进行商业化转化的中长期融资。这两种方式对创业者都是开放的，即创业者可根据技术研发和市场化的实际需要，采取分阶段或者组合阶段的方式灵活申请资金，最大限度地满足创业过程中的实际需求。

① 关于德国复兴信贷银行向中小企业进行信贷支持的详细机制等，可参见王怀宇：《德国中小企业融资体系的经验借鉴》，《中国经济时报》2014 年 4 月 17 日，第 5 版。

第二,国际化支持。在和大企业的竞争中,德国中小企业基本选择了坚持独立经营,强化专用性技术优势的策略。差异化竞争优势使得德国中小企业有了独立生存的特殊价值。由于德国中小企业的专项技术、产品方面的超强实力往往集中在某一相对狭小的领域,很多德国中小企业的生产能力超过了德国国内市场的容量,迫使其走向国际市场。德国政府对中小企业国际化的支援,属于业务改善型支援。德国在国内以提供国际化所需的外国市场信息、扩张对象国的经济产业与制度培训、企业国际知名度宣传等为重点方向。德国各级政府还通过多种渠道,在全球范围内积极举办或参加各类博览会、展示会,将德国中小企业推向世界。

第三,改善中小企业赖以生存的制度环境与地方经济的紧密联系,是德国中小企业的传统和德国社会对中小企业发展的共识。2000 年之前,德国政府对于中小企业地方化的支持主要集中在为当地提供质优价廉的产品、就业以及高水平的灵活服务等三个传统方面。随着"工业 4.0"战略的推进,德国政府的支持方式也发生了变化。一是政府下放权限。对国内地方中小企业的支持权限,由联邦政府下放到州政府。各州结合自身的产业发展特点、财政状况、本州的区域发展规划等自行安排。这一做法提高了政策的效率和针对性。二是结合"工业 4.0"的推进,支持中小企业的创新与技术进步。将当地中小企业在原有的优质产品和服务的提供者的基础上,打造为"创新与技术革命的代表者和实践者"。强调中小企业是当地创新发展的骨干力量,一方面对当地中小企业积极进行研发革新有激励作用,有利于其把握"工业 4.0"的核心技术,另一方面也有利于提升当地中小企业的美誉度和信誉度。

15.3 日本的科技和产业政策

政府对经济、产业发展进行政策介入和指导,是日本经济管理体制的传统特征。随着全球价值链竞争热点的变化,日本相关政策的方向,逐渐由追求规模效率向关注科技创新及其基础要素的可持续性方面转移。值得注意的是,在德国"工业 4.0"方案提出后,日本产业政策开始出现与社会政策互相融合的动向:通过构建全面智能化社会,从根本上对现行信息化社会的生产方式、生活方式乃至宏观经济运行方式进行变革。

15.3.1 国家战略转向科技创新

日本是主要发达经济体中运用国家战略和系统化产业政策,引导经济、产业发展的代表性国家。在保持市场竞争规则效率的前提下,政府以国家层面的战略、规划、政策等形式介入经济领域,更多地体现了日本在国家层面对世界经济、产业发展未来趋势的认知和判断。

日本的现代国家治理始自明治维新时期,至20世纪30年代中期进入军国主义战时体制之前,日本在经济方面先后提出了“殖产兴业”“富国强兵”“产业立国论”“飞雁模式”等以经济产业发展为中心的发展战略。自日本“二战”战败投降至20世纪90年代初泡沫经济崩溃的近50年里,日本政府根据国内经济、产业以及技术水平的发展阶段,结合世界经济、贸易等外部环境,先后提出“产业立国”“贸易立国”“技术立国”等国家战略的核心指导思想,有效推动了日本经济、产业发展向更高水平和阶段的转变。

20世纪80年代中期以来,内生增长、新增长理论、产业链国际分工、全球价值链等理论研究不断成熟和完善。基于“科技创新”对产业竞争力,乃至对未来宏观经济可持续发展的重要作用的新认识,日本对科学技术进步和创新的追求,在全球范围内迅速从企业谋求竞争优势的微观领域,提升到国家战略规划的宏观层面。日本政府和产业界都意识到,依靠出口导向型生产的“贸易立国”和基于技术比较优势的“技术立国”,都难以完全适应未来以“科学技术和创新的全面可持续提升”为核心的发展模式。应当对“技术立国”战略思路按照“科技进步和全面创新”的新导向进行再优化,将“科学技术和创新立国”作为指导未来发展的新国策。①

在此背景下,日本政府于1996年开始实施第1期《科学技术基本计划》(5年规划)。前4期《科学技术基本计划》对日本经济体制、教育体制、科研体制、竞争环境等多方面进行了优化改革。这些领域主要包括:科学技术振兴立法、国立大学法人化改革、纵向科研基金支持重点的导向原则、产学研合作创新机制、知识产权保护与利益分享、研究成果转化、创新的市场投入扶持、终身学习培训的福利制度、支持科学技术与创新激发的政治组织制度等。国家发展战略应以科学技术和创新为核心的观点,已成为日本政产学研各界的广泛共识。②

2016年1月,日本政府通过第5期《科学技术基本计划》。该计划首次明确提出“科学技术创新”将超越以学术、技术和产业发展竞争为目标的中微观层

① 景山晃:《科学技術創造立国に向けて》,http://www.jftc.jp/monthly/archives/001/201712/3e970a6b240856b7321a04d085814ae2.pdf,2019年3月1日。

② 《科学技術基本計画》,https://www8.cao.go.jp/cstp/kihonkeikaku/index5.html,2019年3月1日。

面,而提升至“作为贯穿未来日本经济、社会及公共事业发展多领域政策的基础”的核心思想。为此,该计划将此前主要针对市场竞争的“开放式创新”,拓展为针对宏观发展方式转型升级的“开放式科学”(Open Science),提出构建“超智能社会”的一揽子方案。由此,在第5期《科学技术基本计划》中,科技创新作为国家整体发展的指导性政策原则得以确立。①

强化日本产业的科技创新能力,巩固并提升日本产业在全球价值链中的地位,是第5期《科学技术基本计划》的基本目标。在实现路径方面,该计划提出,在产业领域,通过全面推进物联网、柔性制造等方式推动现行的制造业国际分工模式向德国“工业4.0”体制的智能工厂模块化生产方式转变。在此过程中,结合“工业4.0”特征和日本产业的要素禀赋结构,将通用数据接口、大型高速信息“接收-生产”指令转化的数据处理器、微型激光印刷电路、新材料、医疗健康新技术等日本具有潜在优势的设备、器材生产领域,②作为未来发展的重点方向。在发展思路方面,不再沿用国际化分工时代的定向财税优待、研发体制投融资,甚至产学研合作创新等以产品竞争优势为目标的“技术性方式”,而是从宏观角度提出构建“超智能型社会”(社会5.0)这一新型总体思路,即将物联网、实时定制化“生产-服务”方式全面融入经济运行、社会组织与个人生活的各个领域,从根本上改变现行的生产、生活和管理方式。

日本的上述做法在一定程度上体现了东亚传统智慧与现代竞争策略的结合。以日本现有的工业实力而言,直接面向数据处理器、感应器材等德国“工业4.0”相关重点设备的制造,进行有针对性的研发支持和优惠措施,也能收到一定的效果。但针对性支持措施难以改变现有的制造业国际分工结构,最终难免重蹈20世纪90年代日本在光盘、液晶显示器、内存条等信息时代基础产品领域的覆辙。③ 而日本“社会5.0”这一新型的经济社会运行方式,通过构建基于物联网的新型经济、社会和管理新体制,绕开了传统支持政策的路径。由此,这一方式将促使上述产品成为未来日本企业自身生产经营中的必需品。当上述产品作为企业管理运营的基础设备,进入未来的新型生产模式之后,在新的生产、研

---

① 《科学技術基本計画》,https://www8.cao.go.jp/cstp/kihonkeikaku/5honbun.pdf,2019年3月1日。

② 还包括网络数据接收及发送装置、网络信息传输安全性软硬件等物联网的核心设备、人工智能数据处理器基础零部件、工业机器人、3D打印设备传感器等涉及智能化生产制造的主要硬件设备。

③ 20世纪90年代中期至2000年是网络数字时代快速发展时期,日本在计算机基础硬件设备与存储设备等领域处于全球性优势地位。而至2015年,日本上述产品的市场份额主要由韩国、中国大陆及台湾地区、新加坡生产的产品构成,日本国内基本上已经放弃了上述产品的生产。

发环境下,日本企业将凭借在技术储备、精细生产等方面的传统优势,取得上述重点设备、器材的竞争优势,尽快使日本相关产品进入并占据德国"工业 4.0"体制的核心环节,从而在未来的全球价值链中继续维持高端主导性地位。

在明确企业作为创新主体的同时,政府在构建新型社会经济模式中的作用,也从财税优惠等直接的技术性支持向巩固与完善科学技术与创新基础要素的培养和相关制度的构建等基础规则方面转变。

① 以培养"适应智能化社会条件下的科技创新需要的人才"为目标,政府的工作主要集中在进一步加强产学研合作创新、完善科研机构与企业之间的人才流动机制、促进人才国际化和国际流动等方面。以学位教育与学科发展方向的重新规划,打破专业间、行业间雇佣和流动的制度障碍,放宽对外国人在日本从事知识、技术等专业性工作的就业限制等方面。

② 促进基础研究与应用科技水平的融合与相互促进。在提升研究水平方面,日本对包括财政、公益、产业等多方面的经费投资主体进行再整合,对基础研究所需实验设施、装置等进行新一轮改造升级,进一步提升日本基础研究的水平。在法人税方面,日本对企业的研发投入进行成本冲销,并对参与产学研创新的研究者个人的绩效业绩给予更灵活的评价。日本还鼓励基础研究和应用研究的双向研发,促进基础研究和应用研究的水平在不断对接中互融互促。

③ 资金经费改革。研发经费将向"工业 4.0"以及"超智能社会"的构建方面进行倾斜。在纵向课题中,对那些难以产生直接经济效益的研究成果,政府更多地以成果本身的研究水平为参照进行考核。政府鼓励各类社会组织、公私部门进行科研创新活动,对其中的高水平科技创新活动予以财税优待、信用担保和资金支持。

15.3.2 社会 5.0:"工业 4.0"的日本版对策

"社会 5.0"是日本政府在 2016 年第 5 期《科学技术基本计划》第 2 章中提出的未来日本社会组织形态的改革方向,即构建"超智能社会"的愿景方案。该计划认为,日本版"工业 4.0"的推进,必将促进经济形态的变化,并由此促动社会组织形态的变化,而社会组织形态的变革方向应与经济形态、产业形态的变革与需求相适应。在日本版"工业 4.0"智能生产的背景下,社会的整体发展也将向智能化方向转移。无论在产业、经济领域,还是社会组织领域,智能化水平将成为决定未来价值链地位和主导权的基础,当然也决定着国家发展的方向。

与德国“工业 4.0”指向工业发展的四个阶段性特征类似，“社会 5.0”也指向迄今为止人类社会先后经历的四种经济形态，即原始社会（日本称狩猎社会）、农耕社会、工业社会和直至20世纪七八十年代的信息社会。在信息社会，信息传播与使用技术的发展支撑了生产领域的专业化分工，也促进了产业链国际化布局的展开，发达国家与发展中国家都由此获益。

德国“工业 4.0”的出现，是对现行制造业生产组织方式的巨大变革。利用德国“工业 4.0”的理念和方式，对信息社会的组织方式、生活方式进行改造，用智能化的软硬件服务对社会组织与管理、生产生活需求、公共服务、商业活动等各个领域进行全面渗透，达到实时、适时地对应每一位社会成员广泛而多样化的生产、生活基本需要和学习、健康、娱乐、工作等发展需要，精准服务于所有社会成员的智能社会，即为“超智能社会”。而由各种智能软硬件和各领域有针对性的服务所共同构成的系统化体系，被第5期《科学技本基本计划》称为“社会 5.0”基础平台（图 15－10）。此平台的构架、完善和运行，将与产业领域的“工业 4.0”一起，形成全新的经济运行和价值链体系，成为推动未来经济发展的新动力。

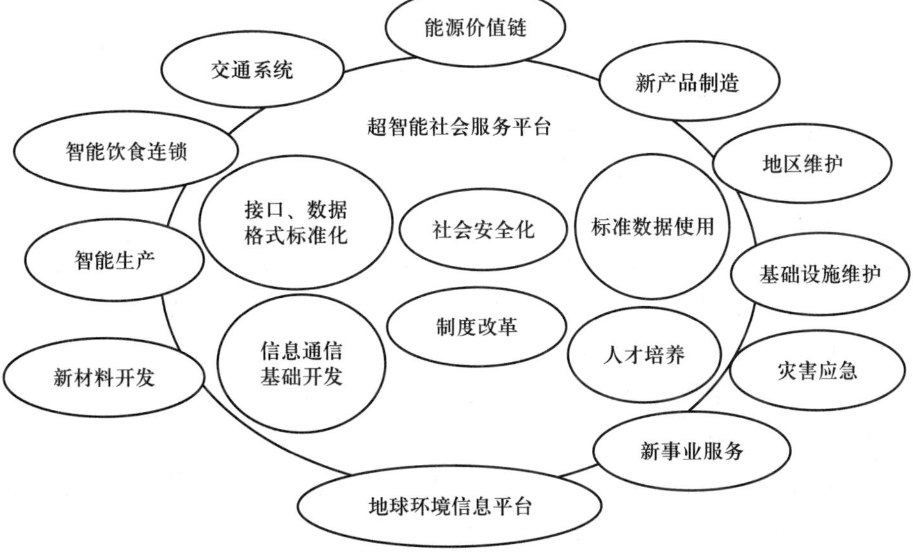

图 15－10 “社会 5.0”基础平台的构成

资料来源：《第5期科学技術基本計画の概要》，https://www8.cao.go.jp/cstp/kihonkeikaku/5gaiyo.pdf，2019年3月1日。

由图 15 - 10 可见，接口、数据格式标准化，信息通信基础开发等环节的完善，使得标准数据使用效率和安全性提高。标准数据使用和制度改革共同作为“社会 5.0”平台形成和运行的基础保障。该平台包括了能源价值链、交通系统、智能饮食连锁、灾害应急等基础项目，也涉及智能生产、新材料开发等高附加值项目。从设计目标来看，日本的“社会 5.0”计划通过对社会生活全领域进行技术与制度创新，构造新产业、新服务，创造新价值的意图非常明显。

“社会 5.0”的提出既受到德国“工业 4.0”的启发，也在德国“工业 4.0”基础上有一定的深化创新。从产业与社会的发展规律而言，双方相互适应、相互促进，共同推进了新型生产生活方式的展开。从价值链角度而言，在更高的水平上重新形成并把握对全球价值链高端的主导权，是两者的共同目标。信息化时代的国际分工带来两方面不可持续的问题：一是发达经济体对全球价值链的主导权受到发展中经济体越来越大的威胁，导致难以消除的技术壁垒、要素流动分割和经济摩擦。二是资源枯竭、环境污染和全球性的碳排放问题。上述问题的本质在于发达经济体技术进步的速度小于生产规模扩张的速度，也小于发展中经济体通过“溢出效应”实现技术进步的提升速度。对于发达经济体而言，这一问题在现行信息社会国际化分工的方式下难以得到有效解决。而“工业 4.0”和“社会 5.0”这类新模式的出现，使得发达经济体有可能绕过上述“溢出效应”和劳动力成本过高的障碍，在相对优势的技术领域制造更高的竞争门槛，从而达到有效削弱发展中经济体竞争压力和继续维持价值链主导权的目标。

15.3.3 产业化创新基础的持续巩固

根据汤森路透发表的《2015 全球企业创新百强》的排名结果，2015 年全球创新企业百强中有：日本企业 40 家、美国企业 35 家、法国企业 10 家、德国企业 4 家、瑞士企业也有 3 家，中国企业未能入围。在 2014 年之前一直排名第一的美国，在 2014 年之后连续被日本超越。①

日本创新企业数量迅速增加的原因是多方面的，其中主要有以下四方面原因。

第一，技术提升的内在因素和主导行业方向调整的结构性因素共同作用的结果。内在因素方面，为持续提高创新研发的基础能力，日本除继续推动科学研究方面的“官产学”合作之外，还通过国立大学法人化改革、加强知识产权保护、

① 《〈2015 全球创新企业百强〉榜单出炉》，http://www.360doc.com/content/16/0509/07/5851918_557452498.shtml，2019 年 3 月 1 日。

职务发明与创新收益的分配激励、实施对中小企业研发投资的税收抵扣等多种方式，在经济增长长期低迷的宏观背景下，仍然维持了日本企业研发投入的基本稳定。其结果是，自2000年至2016年，日本每年至少能够拿到一项诺贝尔奖，仅次于美国，获奖数量位于全球第二位。高水平的基础研究和相对稳定的应用研究环境，构成了日本企业技术实力的基础。行业结构转换方面，在产业链国际分工和价值链低端挤出的双重压力下，日本企业在事实上不得不放弃了在家电、个人电脑以及通用型电脑外围硬件、手机等多个原有优势领域同发展中国家的竞争，转而重点发展个人娱乐设备、新材料、人工智能、医疗检测设备、生物制药、物联网、智能机器人、云计算处理器、精密生产基础设备等附加值更高的领域。日本凭借较高的技术储备和制造水准，得以在这些新领域中处于全球性的优势地位。

第二，高效率研发创新的机制保障。企业作为研发投资和创新的主体，是研发创新活动效率性的基础。对成本收益非常敏感的企业投资，极其重视研发活动的市场适应性和盈利能力。这迫使日本企业的研发活动必须密切关注市场动向，并据此不断优化研发计划，将研发方向和产品规划设定在市场需求最旺盛以及投入产出效率最高的领域。此外，日本国立大学法人化改革非但没有弱化过去官产学研发合作创新的基础，反而降低了合作创新的门槛。日本国立大学法人化改革虽然强化了对大学教师科研成果绩效评价的重视程度，但法人化改革后，大学参与所在地合作发展的意愿提高，对教师从事“服务社会”相关活动的绩效激励也更为灵活。事实上，甚至法人化改革前难以同日本国内高水平大学建立合作关系的一般中小企业，也有更大的可能获得同高水平研究者合作研究的机会。

第三，日本科研领域仍然保持了一贯的严谨、精细和制度化的传统。由于对创新研发的重视和政府财税优惠等措施，日本企业、科研机构有能力快速装备和不断更新较为先进的试验检测和研究设备，并维持良好设备状态和公共环境。不仅如此，自20世纪50年代以来，日本高水平研究机构和研发团队内部始终保持着成果交流、信息沟通、方案优化、设备维护等研发创新必要的程序和工作制度。制度化工作、程序化科研以及时刻保持设备的最佳状态等，共同形成了高水平研发的物质基础。

第四，职业化、专业化的“工匠”精神。与德国相似，工匠与工匠精神在日本社会也受到广泛的认同和尊重。而“工匠”以其高度的专用性人力资本，对产品的核心竞争力起到了标识性的作用。无论是日本还是德国，“匠”都表示高水平、高技术的工业品生产者。[1] 无论是日语的语义,还是日本对于产业技术人员的等级分类中,“工”和“匠”都是两个层面的人员。只有掌握高超技艺的工人,才可能被称为“匠”或“职人”。由于手工业对个人技艺等高专用性人力资本的依赖,所以“匠”在日本的含义必须是经过长期的磨炼,大多数是“一生专注某一特定产品、工艺的制造”,才能达到的层次。[2]

进入大规模机器生产方式之后,工匠精神转变为对研发、设计、生产、销售、服务等现代工业全领域的严谨、负责和精细的工作方法和工作态度,包括对顾客需求的深刻理解、研发设计与人机工程的精准化、生产工艺的优化与调整、生产设备的高精密化以及全面的保障服务等多个方面。当前,随着3D打印等现代化生产设备的进步,一定程度上取代了传统“匠人”手工制造技艺方面的优势。而日本版“工业4.0”体系的定制、柔性生产也使得市场分析与精准定位的经验不再必须。[3] 但在设备的保养调试、网络系统安全和软件优化、智能工厂的监控与运营管理以及产品服务与保障等多方面,凡是需要人工参与的节点,仍需要高度的技能和精细的态度。不仅如此,在科研创新方面,人的专业知识、经验智慧和科研组织水平也需要长期的培养和磨炼,在这些领域,“匠”以及工匠精神所代表的高度专业化、职业化的工作方法和工作态度,仍是未来经济发展中非常重要的一环。

15.4　对主要发达经济体全球价值链相关政策的总结

产业政策是发达经济体取得并维持全球价值链主导权的重要手段。在最近的15～20年里,不再谋求最终产品国际竞争的全面优势,转而有针对性地在相关核心装备、专用性核心技术领域维持相对优势,是主要发达经济体产业政策的共同特征。在德国“工业4.0”模式提出后,主要经济体的相关政策进一步表现了国际合作紧密化、产业政策与社会政策融合化的新特征。

15.4.1　产业政策是发达经济体维持全球价值链高端的普遍手段

20世纪80年代,西方主要国家对新自由主义、市场化、国际化等自由化理

---

① 这类人员在德国被称之为“MEISTER”,有主人、领导、师匠之意。

② 樱花编辑事务所编著:《京都手艺人》,刘昊星译,湖南美术出版社2015年版,第9页。

③ 20世纪90年代的雪印乳业细菌超标、21世纪初的三菱汽车刹车事件以及2017年的高田安全气囊材质隐患和神户制钢的数据造假等制造业丑闻,是激烈竞争之下的成本控制和监管体系俘获的结果。这些事件严重地伤害了日本制造的品牌形象,但其起因并非“工匠精神”,其结果也不必然导致工匠精神的破灭。

念的认可度和共识性达到顶峰。但在现实的经济、社会以及政治利益面前,西方主要国家采用“行政力量正面推进”与“市场势力倒逼促动”相融合的方向性引导措施,达到增强自身产业国际竞争力的目标。作为推进经贸自由化代表的美国和秉承国家中心主义的日本,主要的区别仅在于行政力量和市场势力在政策促动中的作用方式及占比不同。

第一,创新为导向的政策目标。即使在以强调自由竞争、市场调节等内生均衡机制著称的美国,除关于自由主义、小政府、自由竞争的一般感性认知外,“追求创新,以及创新所带来的新发展、新财富和新自由是美国经济与社会发展中最重要的特征”。[①] 美国竞争力委员会的报告还明确指出,不断优化创新的制度环境,是美国拥有高水平创新能力和高水平竞争优势,能够继续有效地维护现行国际政治秩序、经济秩序的重要条件。而这一目标的实现,需要美国在企业、联邦政府、州政府以及全社会的共同参与下,制定科学可行的战略规划和制度路径。

时任美国总统奥巴马在 2011 年国情咨文中宣称,(联邦)政府运用投资、减税等措施,促进基础研究、清洁能源、人力资本等领域的创新绩效,比私人企业更加有效。而由国家经济委员会、白宫科技政策办公室联合推出的各年度“美国创新战略”(Strategy for American Innovation),则明确地指出了美国应主导的相关前沿科技的方向和通过资本、制度等多方面联合推进创新的具体措施。由此可见,在被认为是自由主义大本营的美国,当面对特定经济目标及其带来的潜在利益时,最高决策当局会毫不犹豫地选择更有效的政策手段。

第二,瞄准高附加值和价值链高端的政策方向。在 1990 年民主德国与联邦德国统一之前,失业、雇佣制度僵化以及高成本造成的产业竞争力下降与国内产业空洞化,是联邦德国经济停滞的主要原因。与日本政府在 20 世纪 90 年代末积极介入空洞化失业的做法不同,德国政府认为制造业向大洋洲、中美洲、南美洲的转移是国际分工、竞争自由、“成本 - 附加值”的区域重组的必然结果,甚至是德国为世界发展所应该承担的义务。[②] 这一态度不仅仅是由于德国的经济自

① 此外,美国竞争力委员会早在 2003 年的《创新美国》(Innovate-America)报告中就明确指出,创新不仅是美国精神的代表,更是 21 世纪引领美国继续强大的主要因素。参见宫田由纪夫:《アメリカの産業政策——論争と実践》,八千代出版社 2001 年版,第 94 页。

② 日本劳动政策研究所发布的 2004 年版《劳动政策研究报告》No. L-7 在第 2 部第 2 章中专门对联邦德国官方关于制造业发展以及就业问题等方面进行了较为客观的分析。

由度在欧洲主要国家中处于较高水平，[①]还是由于当时的德国政府认为，国际投资与产业外迁带来的贸易扩张，以及由此获得的社会总福利增长，不但能够抵消国内产业空洞化、失业增加以及高成本等带来的经济损失，而且能够形成比不扩张更高的福利剩余。

因此，当时的德国政府采取了“通过引导性财税政策和组织化支持系统推进国内产业的技术更新和产业结构优化，促进德国企业的国际化分工的策略”。[②] 这一做法与我国一些省份推进产业转型升级中的“腾笼换鸟”方式具有相似的内涵。一方面，境内衰退产业、夕阳产业、国际竞争力低下产业的国际转移，为德国国内其他具有更高技术水平和盈利水平的新产业提供了发展空间。另一方面，联邦和各州政府通过鼓励企业层面的国际合作，为国际企业投资德国创造制度便利，[③]吸引了具有前沿技术和较高附加值的外国产业对德国投资。在整个20世纪80年代，德国通过税制、竞争和福利政策等措施，成功将约50%（产值）的轻工业和造船业，超过84%的纺织业企业迁往国外，并主要引进化学化工、石油化学、通信、电子、金融、连锁商业等行业企业。相关企业与民主德国和联邦德国地区各自保有的机械、汽车、光电、精密探测等企业快速融合，使这些行业迅速成为具有较高国际竞争力的增长动力新引擎。

第三，政府介入和市场势力相互促动的政策方式。与市场作用相比，政府介入是日本等东亚经济体较为常见的方式。除了在如2008年金融危机时，美国政府对美林、雷曼兄弟、通用汽车（GM）等的直接干预，英美等国家对行政直接介入——主要指政府对企业经营的直接干预——始终持较为谨慎的态度，而大多采用引导市场、竞争环境与财税导向等的间接方式。在日本，政府干预不但有（比市场方式）更高的效率性与更系统的计划性，重要的是，彰显了日本政府对产业经济的重大影响力，这就体现了政产官学一体经济、社会组织运营的日本模式。[④]

---

① 美国传统基金会（Heritage Foundation）和《华尔街日报》发布的“经济自由度指数”（Index of Economic Freedom）显示，德国的经济自由度仅次于英国，位居欧盟主要经济体第二位。但需要补充的是，在排除经济规模之后，德国的经济自由度在欧盟一般成员中处于中等水平，除英国外，瑞士、丹麦、荷兰、卢森堡等都排在德国之前。

② 《国際競争力あるドイツ中小企業の戦略に迫る（2012年4月）》，https://www.jetro.go.jp/world/reports/2012/07000912.html，2019年3月1日。

③ 德法两国在《单一欧洲法案》（Single-European Act，SEA）谈判过程中确立了后来两国在欧盟中的主导地位。上述法案在1986年通过后，两国开始积极推进市场经济一体化，资本、技术和人员等新要素的自由流动以及一体化融合。

④ 桥本（2001）强调的是，行政干预产生预期效果的条件是行政干预的目标应与市场方式的取向，或者与技术进步、社会需求的未来方向相一致。

所以,日本政府对经济与产业发展的介入与指导有长期的传统和积极的动机。

自"二战"后的经济恢复期开始,日本产业、经济的发展就与产业政策有紧密的联系。首先出台的针对钢铁、煤炭、电力等重要基础产业恢复、发展的"倾斜生产"政策、"合成纤维扶植五年计划""石油化学及树脂产业发展计划"以及日本《机械工业振兴临时措施法》(简称"机振法")等一系列政策措施,推动了目标产业的快速发展。上述具有阶段性、针对性的产业政策,在"适当的时期作用于适当的产业部门",为日本经济获得了系统性快速增长提供了强大的动力。

随后,日本在1957年6月又通过了在日本产业发展史上更为著名的《电子工业振兴临时措施法》(简称"电振法")。该法是继1956年"机振法"之后的又一项具有深远影响的产业政策。该项以电子技术专项研发补贴、技术设备升级的成本抵扣,以及为高附加值电子产品出口提供特别风险担保等一系列针对性措施,直接推动了尚处于小规模分散状态的日本电子企业向集团化、高技术化转型。"电振法"实施期间,不但产生了如索尼等具有高竞争力的新兴电子工业集团,更重要的是推动了日本制造业由微笑曲线底部的低附加值的加工装配环节,向高附加值的技术密集环节的转型升级,并由此奠定了日本精细制造以及电子产品大国的产业地位。

1965年,为了对抗汽车产品贸易自由化的冲击,当时的日本政府以指令性意见推出了汽车企业合并措施①——日本汽车三巨头(丰田、本田、日产)的格局由此形成。该措施以生产规模、技术水平和市场认可度等一系列指标为基准,对达不到要求的企业撤销其经营资质。1970年以后,汽车产业不但迅速发展成为日本经济的支柱产业,而且在国际上开始与美国、德国等传统汽车大国共同瓜分世界汽车市场。

21世纪以来,针对日本人口老龄化、国内市场疲软、一线生产工人技能减退、产品国际竞争能力下降等问题,日本政府在"科学技术基本计划"(国会法案)与"科学技术创新综合战略"(政府规划)的框架下,以网络与计算机技术为基础,相继推出了一系列促进新产业、新业态、尖端医疗、高水平研发与生产技能人才培养、环境与新能源等多个领域创新发展的支持政策。

---

① 该合并措施还直接推动了日产与王子汽车公司(Prince Auto)的合并,大发、日野汽车并入丰田集团。此外,日本政府还通过合并措施主导进行了将富士重工、中岛电机、TAMA汽车等整合为斯巴鲁汽车的大规模的产业重组。

15.4.2 产业政策目标与方式的转换和深化

提升自身产业的国际竞争力是发达经济体产业政策的共同目标。虽然伴随产业政策的实施，在客观上也对产业结构、产业技术水平、就业率、区域发展均等化等多个领域有深刻的影响。对主要发达经济体近60年来，特别是最近10年来产业政策的归纳、分析表明，瞄准世界先进水平，优先启动具有发展潜力的优势产业部门的快速发展，是主要经济体产业政策的共同目标。

在潜力型产业的确定原则方面。不再以相关产业的产值、就业规模为依据，而是以技术禀赋、产品竞争力与国际先进水平的差距，以未来市场需求动向等作为主要依据。比如日本在20世纪50—80年代先后对纺织、钢铁重化工、电子电器、汽车、精密制造等行业进行政策倾斜、行业改组，其目标就是凭借这些行业当时已经具备的人力保障、技术储备和市场需求的巨大空间，通过促进生产规模和生产效率的快速提升，使其产品迅速占领国内外市场。与此相似的，美国、英国、法国、德国等国在20世纪七八十年代，也逐渐放弃了纺织、煤化工、基础零部件等通用制造业，转而重点发展汽车、航空航天、数据处理器等附加值更高的新兴行业。韩国自20世纪60年代以来则先后将纺织、造船、电子电器、汽车等行业纳入优先发展序列。

在产业政策的推进方式方面。根据国际竞争力核心指标的变化，政策的推进方式出现“内生化”倾向。20世纪七八十年代，产品竞争力从早期的价格优势，向对复杂技术的系统化整合优势转变。至20世纪90年代之后，产品竞争力转变为各类现代要素的密集度优势。21世纪之后，产品竞争力的核心转变为科技水平和全面创新能力优势，而产业政策的推进方式也逐渐由强调规模数量向注重要素质量的方向变化。

这一变化路径的具体表现如下。第一，20世纪70年代之前，主要通过调整就业结构、进行兼并重组，实现规模化生产，提升国际市场占有率的直接手段进行推进。20世纪七八十年代开始，政策取向表现为通过制造工程上的国际分工，对国际比较优势进行系统化整合，达到强化自身产业的国际竞争优势、提升盈利水平的目标。20世纪90年代之后，产业政策重在实现对全球价值链主导权的把握。通过开放低附加值产业（环节与技术）向发展中经济体转移，[①]

---

① Berger, P. G., Ofek, E. “Diversification's Effect on Firm Value”, *Journal of Financial Economics*, vol. 37, no. 1 (1995), pp. 39 – 65; Bernard, A. B., Redding, S. J., Schott, P. K. “Multiple-Product Firms and Product Switching”, *The American Economic Review*, vol. 100, no. 1 (2010), pp. 70 – 97.

发达经济体专注于高技术门槛的科技研发与对生产技术、组织技术的创新。通过将技术性比较优势向综合竞争优势的转化，把握全球价值链高端的主导权。

第二，对全球价值链主导权的获得方式进一步细化。20世纪90年代之后的发达经济体相关政策显示，发达经济体对全球价值链主导权的获得方式具有细节化和精细化倾向，从追求商品、服务的整体优势向追求阶段性、在关键节点上的竞争优势转变。

如根据产业链国际化分工，战略性地放弃价值链低端商品，有针对性地发展制造工程关键节点的零部件与必要器材、设备等。通过中间产品贸易，把握生产制造关键节点供应链的主导权。

在发达经济体的产业国际扩张中，早期仅仅通过使用发展中经济体低成本的人力资源和优惠的税收政策等非技术要素降低综合成本，谋求市场竞争的价格优势。设备、原料、技术等完全由FDI来源国提供（如20世纪70～90年代德国产业在中亚与东欧的扩张，以及中国早期"两头在外"的合资生产方式）。至20世纪90年代中期之后，发达经济体逐渐放弃了技术门槛低和生产难度小的部分。在2000年之后，发达经济体转向对产品核心部分及核心元器件、尖端制造、检测设备的控制。当前则再度升级为对相关实物产品知识产权和技术专用性的控制。

这一变迁在全球价值链模式中，表现为对附加价值在前向参与或后向参与中主导地位的垄断能力。如相比于最终产品的生产，发达经济体更注重对数据处理器、矢量航空发动机、微动马达、精密数控生产平台、新材料、高纯度高精度基础电子基件、医疗检测设备核心探头和影像处理器等关键领域、关键产品和技术的垄断性优势。虽然这些实物性中间产品在最终产品供应链中的数量比重越来越小，但这些核心部件对最终产品竞争力有着决定性的影响。由于在价值链的前向或后向延伸中占据着主导性高端地位，这些核心产品以及相关技术，就成为发展中经济体现代制造业发展中的必需品，随着中间产品技术水平的提升，发展中经济体自主研发的替代难度随之上升。

由此可见，发达经济体对全球价值链高端主导权的控制正在由对一般产品、通用技术的控制，转向对核心部件及其知识产权、科研创新基础能力方面的控制。21世纪以来，发达经济体在实物性产品、关键零部件领域的垄断确实有所下降，但仍通过少量必要核心产品的中间贸易，主导着全球价值链的利益分配。当前，依靠高度的科技水平和创新能力，主要发达经济体仍然保有着对全球价值链进行整合重构的能力。德国"工业4.0"的提出和推进是这一能力的最新体现。通过对全球价值链的重构，生产领域国际分工的现行格局存在根本性变革的可能性，而发达经济体在这一改变中仍然能够处于价值分配的主导地位。

第三，产业政策向社会政策的转移。从德国“工业4.0”、日本“社会5.0”以及美国的“先进制造业伙伴计划”等近期出现的改革方案来看，目前这一动向仅仅表现为政策替代转移的倾向。但这一倾向反映了发达经济体对产业政策，及通过产业政策对全球价值链支配权的认识和指导思想发生的转变。

从短期看，前沿技术在生产制造中的广泛应用，有可能改变以往产业政策难以改变的国际分工格局，继而改变因FDI技术溢出外部性而形成的发达国家与发展中经济体在技术进步领域循环竞赛的竞争模式，最终重新确立发达经济体在全球价值链中的优势地位。从中长期看，日本“社会5.0”以及“先进制造业伙伴计划”等的推进，表现为生产领域的前沿技术，向经济循环、社会组织和生活方式内部的广泛渗透。这一动向不但为发达经济体提升科技研发和创新水平提供了有利条件，也使发达经济体在人才培养、知识创新、科技进步以及研发条件等方面拥有更好的要素基础和社会环境。

就目前而言，这一转变尚在规划制定和模式设计的优化阶段。尽管德国、日本、美国等国在相关计划中，已经给出阶段性推进的步骤安排及时间表，但其中所涉及的法律体制的完善、网络安全性问题、物联网技术的进展、企业生产管理制度体系的优化、相关立法的进展以及对基础设施等多领域的追加投资等问题，尚未有明确的落实方案。但从其作为整体战略的地位而言，产业政策向社会政策转移的趋势及其进展，值得发展中经济体给予特别关注。

15.4.3 发达国家间“工业4.0”相关合作的紧密化

“工业4.0”是德国试图从根本上对现行全球化“生产－分工”体制从“供给侧”进行改组重构的一次大胆而谨慎的尝试。“工业4.0”方案提出后，得到了美国、日本、西北欧国家等高技术工业国的支持和响应。其原因主要有三点。

第一，“工业4.0”为发达经济体提供了继续主导全球价值链的可行方案。在现行国际地理分工体制下，美国和日本在全球价值链上面临着比德国更大的竞争压力。德国的贸易与产业的国际化分布以欧盟，北美、中亚为重心，而美国和日本在东亚、中南美洲地区有着更大的份额。与中国、东盟及其他新兴工业化国家（地区）有更紧密的贸易、产业关联。

第二，美国、日本两国拥有推进“工业4.0”所必需的技术、物质条件。网络信息技术和生产、营销环节的智能化结合，是“工业4.0”的基本属性。美国、日本两国都有高水平的技术和物质储备：谷歌、亚马逊、3D 系统（3Dsystems）等美国企业在物联网（IoT）、人工智能（AI）、智能工厂、3D 打印技术等"工业 4.0"上游平台、技术、设备方面具有垄断性优势，而日本在智能工厂、柔性生产体系管理运营，以及平台型基础设备制造等方面处于领先地位。

第三，在人口老龄化和劳动力数量维持方面，日本面临着和德国相似的问题。日本劳动政策研究机构（Japan Institute for Labour Policy and Training, JILPT）基于联合国 2012 年版的《世界人口展望》统计数据进行分析的结果显示，日本和德国是 OECD 主要发达经济体中劳动人口下降最严重的两个。从 1990 年至 2014 年的 25 年里，德国适龄劳动力（15 ~ 64 岁）人口将减少 115 万人，占总人口的比重由 68.9% 下降到 65.7%。至 2025 年，这一比重将下降至 61.8%。而日本是 OECD 主要经济体中劳动人口下降最严重的。其劳动人口数量及总人口占比自泡沫经济崩溃后始终处于下降通道。由于人口老龄化和少子化的影响，1990—2014 年，日本的劳动人口由 8525 万人下降至 7778 万人，同期劳动人口比重从 69.7% 降至 61.2%。至 2025 年，预计上述数据将进一步降为 7141 万人及 57.9%。日方认为，劳动力不足以及劳动成本过高，将在很大程度上抵消德国和日本在现有国际分工体制下的技术优势。[①]

2014 年以来，美国、德国和日本三方就推进"工业 4.0"体制进行了广泛的接触。2016 年 3 月，德国与美国相关经济团体[②]签署了产业领域网络信息数据及信号传输处理标准化协议。德国、美国双方将对两国企业的信息化生产指令格式、物联网设备驱动方式、售后服务、柔性生产、智能化方案等进行对接和兼容性处理。通过数据信息标准化，[③]将两国的工业体系相连接，形成未来"工业 4.0"时代全球最庞大的先进生产体制。当前，双方各自国内正在就知识产权合作、开放数据库、代码互通、数据兼容的安全性等问题进行协调。

2016 年 4 月，德国经济能源部同日本经济产业省签订了关于推进物联网和"工业 4.0"体制的政府间联合声明。该文件所确立的两国在推进"工业 4.0"领域进行合作的基本方式主要包括以下三点。

① 建立定期交流会商机制。两国经济主管部门就推进"工业 4.0"问题，每

---

① 《データブック国際労働比較 2015》，https://www.jil.go.jp/kokunai/statistics/databook/index.html，2019 年 4 月 1 日。

② 德国工业 4.0 平台（Platform Industry 4.0），美国工业互联网联盟（Industrial Internet Consortium, IIC）。两团体由西门子、大众、保时捷、德国通信、通用电气、IBM、英特尔、AT&T 等两国主要大企业构成。

③ 即德美双方协议中的 RAMI - IIRA 部分。

年举行至少1次的司局长级会谈。同时,作为政府间会谈的补充,两国相关核心企业、社会团体、科教研发机构等也将进行制度化交流合作。

② 两国政府间的主要合作领域。将围绕与"工业4.0"体制的建立与运行有关的基础性要素展开。主要包括:物联网、智能工厂服务器的网络安全、网络数据协议、命令指令标准化、中小企业支持政策、新型人才培养政策、研究开发领域的合作以及两国相关制度、法律方面对接。

③ 两国民间的主要合作领域。将围绕提升"工业4.0"运行效率的必要支撑方向展开。主要包括:建立包括两国企业、社会团体、科教研发机构在内的多领域民间交流平台、建立智能机器人研发合作、推进两国中小企业沟通与合作机制、推进对"工业4.0"相关社会问题的共同研究等方面。①

发达经济体围绕"工业4.0"进行了积极合作。在生产效率方面,在物联网智能设备环境下进行生产的方式,在不降低信息收集、设计优化、质量控制以及运输物流等方面效率的同时,极大地减轻了人工成本的压力。这一方式,尤其适合德国、日本等面临人口老龄化压力的国家。由于要素储备的完善,"工业4.0"体制也受到美国这样技术储备和基础设施雄厚的大规模工业化国家的重视。

在变革收益方面,发达经济体通过"工业4.0"体制,在很大程度上摆脱了来自发展中经济体的竞争压力。发达经济体将因此直接获得比现行国际分工方式更大的收益。而发展中经济体还可能因这场变革,在就业、知识产权保护、技术水平提升瓶颈等领域受到挑战。另外,随着"工业4.0"的推进,"工业4.0"将所有环节在生产现场集聚的性质,将使人工成本优势在组装制造环节的作用不断降低。其后果是,当前的"研发-生产"地理隔离的国际分工模式有被完全抛弃的可能。发展中经济体采取的"嵌入"全球价值链、利用溢出机制推进产业升级和现代化的路径将难以持续,发展门槛将显著提升。

以"工业4.0"为最新动向的发达经济体全球价值链政策,对发展中经济体而言,既是挑战也是机遇。从短期来看,发展中经济体应在自然科学、人文社会科学等多领域重视并展开对"工业4.0"等新体制的研究,寻找新体制下发达经济体和发展中经济体具有共同利益的结构机理及其发生机制。同时,结合低成本、大市场等系统性优势,积极探索渗入"工业4.0"体制的方式方法,进而充分利用"工业4.0"的外部性。长期来看,发展中经济体的策略应以提升科技水平

① 德国、美国、日本相关接触和合作的详细情况和进展,可参考德国联邦经济与能源事务部(BMWi)、美国工业互联网联盟,以及日本经济产业省网站。

和创新能力为根本目标。通过对科教研发体制和制度的改革，在人才培养和研究水平方面奠定未来发展的基础。通过对就业、技能培训与资格认定、企业经营环境、知识产权、投融资制度、供给侧改革与消费升级相结合等多领域改革，最终提升发展中经济体的科技水平和自主创新能力。此外，发展中经济体还应积极探索适合自身特色的新型产业模式和社会模式，在科技创新和制度创新等多方面同发达经济体展开竞争。

主要参考文献

中文参考文献

一、著作

[1] 埃德蒙·费尔普斯. 大繁荣:大众创新如何带来国家繁荣[M]. 余江译,中信出版社,2013.

[2] 樊纲, 王小鲁, 朱恒鹏. 中国市场化指数——各地区市场化相对进程2009年报告 [M]. 经济科学出版社, 2010.

[3] 富兰克·H. 奈特. 风险、不确定性和利润[M]. 王宇,王文玉译,中国人民大学出版社,2005.

[4] 洪银兴,等. 产学研协同创新研究[M]. 人民出版社,2015.

[5] 加里·皮萨诺,威利·史. 制造繁荣:美国为什么需要制造业复兴[M]. 机械工业信息研究院战略与规划研究所译,机械工业出版社,2014.

[6] 杰弗里·A. 哈里斯. 创新的秘密 迪斯尼、乔布斯和尤努斯们是如何成功的[M]. 叶硕,谭静译,译林出版社,2015.

[7] 杰里米·里夫金. 第三次工业革命:新经济模式如何改变世界[M]. 张体伟,孙豫宁译,中信出版社,2012.

[8] 经济合作与发展组织(OECD)编. 以知识为基础的经济[M]. 杨宏进,薛澜译,机械工业出版社,1997.

[9] 卡尔·夏皮罗,哈尔·瓦里安. 信息规则:网络经济的策略指导[M]. 张帆译,中国人民大学出版社,2000.

[10] 廖理,汪韧,陈璐. 探求智慧之旅——哈佛、麻省理工著名经济学家访谈录[M]. 北京大学出版社,2000.

[11] 刘志彪,张杰,等. 全球化中中国东部外向型经济发展:理论分析和战略调整[M]. 中国财政经济出版社, 2009.

[12] 威廉·拉让尼克. 创新魔咒:新经济能否带来持续繁荣?[M]. 黄一义,冀书鹏译,上海远东出版社,2011.

[13] 杨达卿. 供应链为王——中企羊阵如何突围欧美狮阵和日韩狼阵[M]

. 中国发展出版社,2013.

[14] 约拉姆·科伦. 全球化制造革命[M]. 倪军,等译,机械工业出版社,2015.

[15] 约瑟夫·熊彼特. 经济发展理论——对于利润、资本、信贷、利息和经济周期的考察[M]. 何畏,易家详,等译,商务印书馆,1990.

[16] 约瑟夫·E. 斯蒂格利茨. 社会主义向何处去——经济体制转型的理论与证据[M]. 周立群,韩亮,余文波译,吉林人民出版社,1998.

[17] 张亚雄,齐舒畅主编. 2002、2007年中国区域间投入产出表[M]. 中国统计出版社,2012.

二、期刊

[1] 包群, 阳佳余. 金融发展影响了中国工业制成品出口的比较优势吗?[J]. 世界经济, 2008(3).

[2] 蔡昉,王德文,曲玥. 中国产业升级的大国雁阵模型分析[J]. 经济研究, 2009,44(9).

[3] 程大中. 中国参与全球价值链分工的程度及演变趋势——基于跨国投入—产出分析[J]. 经济研究,2015,50(9).

[4] 戴觅, 余淼杰, Madhura Maitra. 中国出口企业生产率之谜:加工贸易的作用 [J]. 经济学(季刊), 2014,13(2).

[5] 戴翔,刘梦,张为付. 本土市场规模扩张如何引领价值链攀升[J]. 世界经济,2017,40(9).

[6] 邓军. 制造业的生产分割与工资收入差距:16个行业证据[J]. 改革, 2011(1).

[7] 邓向荣, 杨彩丽. 极化理论视角下我国金融发展的区域比较 [J]. 金融研究,2011(3).

[8] 樊茂清, 黄薇. 基于全球价值链分解的中国贸易产业结构演进研究[J]. 世界经济,2014,37(2).

[9] 樊秀峰, 程文先. 中国制造业出口附加值估算与影响机制分析 [J]. 中国工业经济, 2015(6).

[10] 范剑勇,王立军,沈林洁. 产业集聚与农村劳动力的跨区域流动[J]. 管理世界, 2004(4).

[11] 高敬峰. 中国出口价值链演化及其内在机理剖析[J]. 财贸经济, 2013(4).

［12］高越，李荣林．分割生产与产业内贸易：一个基于DS垄断竞争的模型［J］．世界经济，2008(5).

［13］郭庆旺，贾俊雪．中国全要素生产率的估算：1979—2004［J］．经济研究，2005(6).

［14］贺胜兵，刘友金，周华蓉．沿海产业为何难以向中西部地区转移——基于企业网络招聘工资地区差异的解析［J］．中国软科学，2012(1).

［15］洪银兴．参与全球经济治理：攀升全球价值链中高端［J］．南京大学学报(哲学·人文科学·社会科学)，2017，54(4).

［16］洪银兴．产业化创新及其驱动产业结构转向中高端的机制研究［J］．经济理论与经济管理，2015(11).

［17］黄群慧，贺俊．"第三次工业革命"与中国经济发展战略调整——技术经济范式转变的视角［J］．中国工业经济，2013(1).

［18］黄永春，郑江淮，杨以文，等．中国"去工业化"与美国"再工业化"冲突之谜解析——来自服务业与制造业交互外部性的分析［J］．中国工业经济，2013(3).

［19］简晓彬，周敏．开放条件下制造业价值链攀升的影响因素研究——基于江苏制造业行业面板数据的分析［J］．商业经济与管理，2013，1(1).

［20］蒋冠宏，蒋殿春，蒋昕桐．我国技术研发型外向FDI的"生产率效应"——来自工业企业的证据［J］．管理世界，2013(9).

［21］金碚，刘戒骄．美国"再工业化"的动向［J］．中国经贸导刊，2009(22).

［22］鞠建东，马弘，魏自儒，等．中美贸易的反比较优势之谜［J］．经济学(季刊)，2012，11(3).

［23］李宾．国内研发阻碍了我国全要素生产率的提高吗？［J］．科学研究，2010，28(7).

［24］李海舰，田跃新，李文杰．互联网思维与传统企业再造［J］．中国工业经济，2014(10).

［25］李静．初始人力资本匹配、垂直专业化与产业全球价值链跃迁［J］．世界经济研究，2015(1).

［26］李强，郑江淮．基于产品内分工的我国制造业价值链攀升：理论假设与实证分析［J］．财贸经济，2013(9).

［27］李小平，朱钟棣．中国工业行业的全要素生产率测算——基于分行

业面板数据的研究[J]. 管理世界, 2005(4).

[28] 李娅,伏润民. 为什么东部产业不向西部转移:基于空间经济理论的解释[J]. 世界经济,2010,33(8).

[29] 林炜. 企业创新激励:来自中国劳动力成本上升的解释[J]. 管理世界,2013(10).

[30] 刘斌,魏倩,吕越,等. 制造业服务化与价值链升级[J]. 经济研究,2016,51(3).

[31] 刘海云, 毛海欧. 制造业 OFDI 对出口增加值的影响 [J]. 中国工业经济,2016(7).

[32] 刘红光,刘卫东,刘志高. 区域间产业转移定量测度研究——基于区域间投入产出表分析[J]. 中国工业经济,2011(6).

[33] 刘戒骄. 生产分割与制造业国际分工——以苹果、波音和英特尔为案例的分析[J]. 中国工业经济, 2011(4).

[34] 刘庆林, 高越, 韩军伟. 国际生产分割的生产率效应[J]. 经济研究,2010,45(2).

[35] 刘维林. 产品架构与功能架构的双重嵌入——本土制造业突破 GVC 低端锁定的攀升途径[J]. 中国工业经济, 2012(1).

[36] 刘维林. 中国式出口的价值创造之谜:基于全球价值链的解析[J]. 世界经济,2015,38(3).

[37] 刘友金,吕政. 梯度陷阱、升级阻滞与承接产业转移模式创新[J]. 经济学动态,2012(11).

[38] 刘志彪. 重构国家价值链:转变中国制造业发展方式的思考[J]. 世界经济与政治论坛,2011(4).

[39] 刘志彪. 基于内需的经济全球化:中国分享第二波全球化红利的战略选择[J]. 南京大学学报(哲学·人文科学·社会科学), 2012, 49(2).

[40] 刘志彪, 张杰. 从融入全球价值链到构建国家价值链:中国产业升级的战略思考[J]. 学术月刊, 2009,41(9).

[41] 刘中伟. 东亚生产网络、全球价值链整合与东亚区域合作的新走向[J]. 当代亚太, 2014(4).

[42] 鲁晓东, 连玉君. 中国工业企业全要素生产率估计:1999—2007[J]. 经济学:季刊, 2012, 11(2).

[43] 罗珉,李亮宇. 互联网时代的商业模式创新:价值创造视角[J]. 中国

工业经济,2015(1).

[44] 吕越,罗伟,刘斌. 融资约束与制造业的全球价值链跃升[J]. 金融研究,2016(6).

[45] 吕越, 罗伟, 刘斌. 异质性企业与全球价值链嵌入:基于效率和融资的视角 [J]. 世界经济, 2015,38(8).

[46] 马弘,乔雪,徐嫄. 中国制造业的就业创造与就业消失[J]. 经济研究,2013,48(12).

[47] 马飒, 黄建锋. 劳动力成本上升削弱了中国的引资优势吗——基于跨国面板数据的经验分析[J]. 国际贸易问题, 2014(10).

[48] 马述忠, 吴国杰. 全球价值链发展新趋势与中国创新驱动发展新策略——基于默会知识学习的视角[J]. 新视野, 2016(2).

[49] 马述忠, 张洪胜, 王笑笑. 融资约束与全球价值链地位提升——来自中国加工贸易企业的理论与证据 [J]. 中国社会科学, 2017(1).

[50] 倪红福. 中国出口技术含量动态变迁及国际比较[J]. 经济研究,2017,52(1).

[51] 倪红福, 龚六堂, 夏杰长. 生产分割的演进路径及其影响因素——基于生产阶段数的考察[J]. 管理世界, 2016(4).

[52] 牛卫平. 国际外包陷阱产生机理及其跨越研究[J]. 中国工业经济,2012(5).

[53] 彭水军, 袁凯华. 全球价值链视角下中国加工贸易的升级演进[J]. 经济学家, 2016(10).

[54] 齐俊妍, 王永进, 施炳展,等. 金融发展与出口技术复杂度 [J]. 世界经济, 2011,34(7).

[55] 曲玥,蔡昉,张晓波. "飞雁模式"发生了吗?——对1998—2008年中国制造业的分析[J]. 经济学(季刊),2013,12(3).

[56] 饶华春. 中国金融发展与企业融资约束的缓解——基于系统广义矩估计的动态面板数据分析 [J]. 金融研究, 2009(9).

[57] 任保全,刘志彪,任优生. 战略性新兴产业技术创新的驱动力:出口还是本土市场需求[J]. 财经科学,2016(12).

[58] 桑瑞聪,刘志彪. 中国产业转移趋势特征和影响因素研究——基于上市公司微观数据的分析[J]. 财贸研究,2014,25(6).

[59] 石莉萍, 戴翔, 孙大伟. 全球价值链演进新趋势下我国产业发展机遇

及对策[J]. 经济纵横, 2016(3).

[60] 孙久文,彭薇. 劳动报酬上涨背景下的地区间产业转移研究[J]. 中国人民大学学报,2012,26(4).

[61] 孙早,许薛璐. 前沿技术差距与科学研究的创新效应——基础研究与应用研究谁扮演了更重要的角色[J]. 中国工业经济,2017(3).

[62] 覃成林,熊雪如. 我国制造业产业转移动态演变及特征分析——基于相对净流量指标的测度[J]. 产业经济研究,2013(1).

[63] 汤二子, 孙振. 引入产品质量的异质性企业贸易模型及中国经验证据[J]. 经济评论, 2012(4).

[64] 唐东波. 垂直专业化贸易如何影响了中国的就业结构? [J]. 经济研究,2012,47(8).

[65] 唐海燕, 张会清. 产品内国际分工与发展中国家的价值链提升 [J]. 经济研究,2009,44(9).

[66] 陶锋. 国际知识溢出、社会资本与代工制造业技术创新——基于全球价值链外包体系的视角 [J]. 财贸经济,2011(7).

[67] 陶锋,李诗田. 全球价值链代工过程中的产品开发知识溢出和学习效应——基于东莞电子信息制造业的实证研究[J]. 管理世界,2008(1).

[68] 田文, 张亚青, 佘珉. 全球价值链重构与中国出口贸易的结构调整[J]. 国际贸易问题, 2015(3).

[69] 王海杰,李延朋. 全球价值链分工中产业升级的微观机理:一个产权经济学的观点[J]. 中国工业经济, 2013(4).

[70] 王厚双, 李艳秀, 朱奕绮. 我国服务业在全球价值链分工中的地位研究[J]. 世界经济研究, 2015(8).

[71] 王岚,李宏艳. 中国制造业融入全球价值链路径研究——嵌入位置和增值能力的视角[J]. 中国工业经济,2015(2).

[72] 王敏,冯宗宪. 全球价值链、微笑曲线与技术锁定效应——理论解释与跨国经验[J]. 经济与管理研究,2013(9).

[73] 王恕立,吴永亮. 全球价值链模式下的国际产业转移——基于贸易增加值的实证分析[J]. 国际贸易问题,2017(5).

[74] 王玉燕, 林汉川, 吕臣. 全球价值链嵌入的技术进步效应——来自中国工业面板数据的经验研究[J]. 中国工业经济, 2014(9).

[75] 王直, 魏尚进, 祝坤福. 总贸易核算法:官方贸易统计与全球价值链

的度量[J]. 中国社会科学, 2015(9).

[76] 王中美. 全球价值链的新趋势、新平衡与关键命题[J]. 国际经贸探索, 2012,28(6).

[77] 魏浩, 李翀. 中国制造业劳动力成本上升的基本态势与应对策略[J]. 国际贸易, 2014(3).

[78] 吴福象,蔡悦. 中国产业布局调整的福利经济学分析[J]. 中国社会科学,2014(2).

[79] 谢千里, 罗斯基, 张轶凡. 中国工业生产率的增长与收敛[J]. 经济学季刊, 2008, 7(3).

[80] 解维敏, 方红星. 金融发展、融资约束与企业研发投入[J]. 金融研究,2011(5).

[81] 徐久香, 拓晓瑞. 中国仅仅是制造大国吗——基于出口增加值测算角度[J]. 南方经济, 2016(6).

[82] 徐宁, 皮建才, 刘志彪. 全球价值链还是国内价值链——中国代工企业的链条选择机制研究[J]. 经济理论与经济管理, 2014(1).

[83] 许南,李建军. 产品内分工、产业转移与中国产业结构升级[J]. 管理世界,2012(1).

[84] 许政,陈钊,陆铭. 中国城市体系的"中心 - 外围模式"[J]. 世界经济,2010,33(7).

[85] 阳佳余, 徐敏. 融资多样性与中国企业出口持续模式的选择[J]. 世界经济, 2015,38(4).

[86] 杨高举,黄先海. 内部动力与后发国分工地位升级——来自中国高技术产业的证据[J]. 中国社会科学,2013(2).

[87] 杨汝岱. 中国制造业企业全要素生产率研究[J]. 经济研究, 2015,50(2).

[88] 姚博, 魏玮. 参与生产分割对中国工业价值链及收入的影响研究[J]. 中国工业经济, 2012(10).

[89] 易顺,韩江波. 国内价值链构建的空间逻辑及其实现机制——基于"中心 - 外围"格局视角的探讨[J]. 学习与实践,2013(12).

[90] 张杰, 陈志远, 刘元春. 中国出口国内附加值的测算与变化机制[J]. 经济研究,2013,48(10).

[91] 张杰,刘志彪. 需求因素与全球价值链形成——兼论发展中国家的

"结构封锁型"障碍与突破[J]. 财贸研究,2007(6).

[92] 张少军. 全球价值链模式的产业转移与区域协调发展[J]. 财经科学,2009(2).

[93] 张少军,刘志彪. 国内价值链是否对接了全球价值链——基于联立方程模型的经验分析[J]. 国际贸易问题, 2013(2).

[94] 张少军,刘志彪. 全球价值链模式的产业转移——动力、影响与对中国产业升级和区域协调发展的启示[J]. 中国工业经济,2009(11).

[95] 张小蒂,朱勤. 论全球价值链中我国企业创新与市场势力构建的良性互动[J]. 中国工业经济,2007(5).

[96] 张幼文. 中国开放型发展道路的特性——质疑"廉价劳动力比较优势战略"[J]. 学术月刊, 2015,47(3).

[97] 赵张耀,汪斌. 网络型国际产业转移模式研究[J]. 中国工业经济,2005(10).

[98] 周升起, 兰珍先, 付华. 中国制造业在全球价值链国际分工地位再考察——基于 Koopman 等的"GVC 地位指数"[J]. 国际贸易问题, 2014(2).

[99] 卓越, 张珉. 全球价值链中的收益分配与"悲惨增长"——基于中国纺织服装业的分析[J]. 中国工业经济, 2008(7).

三、学位论文

[1] 兰宏. 全球价值链下的学习障碍和低端锁定研究[D]. 华中科技大学博士学位论文, 2013.

[2] 张兴瑞. 全球价值链分工双面效应下中国县域产业升级研究——基于长三角地区全国百强县的实证[D]. 复旦大学博士学位论文, 2011.

四、报纸

[1] 郭铁成. 我国属于中等创新程度经济体[N]. 中国科学报,2016-02-29(7).

[2] 洪银兴. 在价值链竞争中发挥我国新的比较优势[N]. 人民日报,2016-03-27(3).

[3] 黄群慧. 全球价值链呈多极化发展新态势(大势所趋)[N]. 人民日报,2016-03-27(5).

[4] 王珂. 外资加速向产业链高端转移[N]. 人民日报,2016-11-18(3).

[5] 杨涛. 国外中小科技企业"找钱",有招(国际视野)[N]. 人民日报,2015-04-22(23).

英文参考文献

一、著作

[1] Arndt S. W. , Kierzkowski H. , Eds. , *Fragmentation: New Production Patterns in the World Economy*[M]. Oxford University Press, 2001.

[2] De Backer K. , Miroudot S. *Mapping Global Value Chains*[M]. Social Science Electronic Publishing, 2014.

[3] Kaplinsky R. , Morris M. *A Handbook for Value Chain Research* [M]. IDRC, 2000.

[4] OECD. *Interconnected Economies: Benefiting from Global Value Chains* [M]. OECD Publishing, 2013.

[5] Okamoto N. , Ihara T. , Eds. , *Spatial Structure and Regional Development in China: Interregional Input - Output Approach* [M]. Palgrave Macmillan, 2005.

[6] Ohlin B. , Hesselborn P. O. , Wijkman P. M. , Eds. , *The International Allocation of Economic Activity* [M]. MacMillan, 1977.

[7] Schmitz H. , Ed. , *Local Enterprises in the Global Economy: Issues of Governance and Upgrading*[M]. Edward Elgar Publishing, 2004.

[8] UNIDO. *Industrial Development Report 2002: Competing Through Innovation and Learning* [M]. UNIDO Publishing, 2002.

二、期刊

[1] Abramovsky L. , Griffith R. Outsourcing and Offshoring of Business Services: How Important is ICT? [J]. *Journal of the European Economic Association*, 2006, 4(2 - 3).

[2] Acemoglu D. Patterns of Skill Premia[J]. *The Review of Economic Studies*, 2003, 70(2).

[3] Acemoglu D. , Autor D. , Dorn D. , et al. Import Competition and the Great US Employment Sag of the 2000s[J]. *Journal of Labor Economics*, 2016, 34 (S1).

[4] Akamatsu K. A Historical Pattern of Economic Growth in Developing Countries[J]. *Developing Economies*, 1962, 1(S1).

[5] Antràs P. , Chor D. , Fally T. , et al. Measuring the Upstreamness of Production and Trade Flows[J]. *The American Economic Review*, 2012, 102(3).

[6] Attanasio O. P. , Goldberg P. K. , Pavcnik N. Trade Reforms and Wage

Inequality in Colombia[J]. *Journal of Development Economics*, 2004, 74(2).

[7] Bakos J. Y. Reducing Buyer Search Costs: Implications for Electronic Marketplaces[J]. *Management Science*, 1997, 43(12).

[8] Balassa B. Trade Liberalization and "Revealed" Comparative Advantage [J]. *Manchester School*, 1965,33(2).

[9] Baldwin R., Lopez – Gonzalez J. Supply-chain Trade: A Portrait of Global Patterns and Several Testable Hypotheses[J]. *World Economy*, 2015, 38(11).

[10] Bellou A. The Impact of Internet Diffusion on Marriage Rates: Evidence from the Broadband Market[J]. *Journal of Population Economics*, 2015, 28(2).

[11] Bernard A. B., Redding S. J., Schott P. K. Multiple-product Firms and Product Switching[J]. *The American Economic Review*, 2010, 100(1).

[12] Beugelsdijk S., Pedersen T., Petersen B. Is There a Trend Towards Global Value Chain Specialization? —An Examination of Cross Border Sales of US Foreign Affiliates[J]. *Journal of International Management*, 2009, 15(2).

[13] Beverelli C.,Teh R., A New Look at the Extensive Trade Margin Effects of Trade Facilitation[J]. WTO Staff Working Paper,2016,No. ERSD – 2014 – 16.

[14] Bloom N., Draca M.,Reenen Van J. Trade Induced Technical Change: The Impact of Chinese Imports on Innovation, IT and Productivity[J]. *The Review of Economic Studies*, 2016, 83(1).

[15] Brandt L., Biesebroeck J. V., Wang L.,et al. WTO Accession and Performance of Chinese Manufacturing Firms[J]. *The American Economic Review*,2017, 107(9).

[16] Brandt L., Thun E. The Fight for the Middle: Upgrading, Competition, and Industrial Development in China[J]. *World Development*, 2010, 38(11).

[17] Brunner J. K.,Zweimüller J. Innovation and Growth with Rich and Poor Consumers[J]. *Metroeconomica*, 2005, 56(2).

[18] Buch C. M., Kesternich I., Lipponer A., et al. Financial Constraints and Foreign Direct Investment:Firm-level Evidence[J]. *Review of World Economics*, 2014,150(2).

[19] Coe D. T., Helpman E. International R&D Spillovers[J]. *European Economic Review*, 1995, 39(5).

[20] Crinò R., Ogliari L. Financial Imperfections, Product Quality, and Inter-

national Trade[J]. *Journal of International Economics* , 2017,104.

[21] Dean J. M. , Fung K. C. , Wang Z. Measuring Vertical Specialization: The Case of China[J]. *Review of International Economics*, 2011, 19(4).

[22] Dedrick J. , Kraemer L. , Linden G. Who Profits from Innovation in Global Value Chains? A Study of the iPod and Notebook PCs[J]. *Industrial and Corporate Change*, 2010, 19(1).

[23] Desbordes R. , Wei S. J. The Effects of Financial Development on Foreign Direct Investment[J]. *Journal of Development Economics*, forthcoming, 2017,127.

[24] Falvey R. , Greenaway D. , Silva J. International Competition, Returns to Skill and Labor Market Adjustment[J]. World Bank Policy Research Working Papers, 2008,No. 8365.

[25] Fauceglia D. Credit Constraints, Firm Exports and Financial Development: Evidence from Developing Countries[J]. *The Quarterly Review of Economics and Finance*, 2015,55.

[26] Freund C. , Weinhold D. The Internet and International Trade in Services [J]. *The American Economic Review*, 2002, 92(2).

[27] Freund C. L. , Weinhold D. The Effect of the Internet on International Trade[J]. *Journal of International Economics*, 2004, 62(1).

[28] Fuchs E. R. H. Global Manufacturing and the Future of Technology[J]. *Science*, 2014, 345(6196).

[29] Fujita M. , Thisse J. F. Globalization and the Evolution of the Supply Chain: Who Gains and Who Loses? [J]. *International Economic Review*, 2006, 47 (3).

[30] Gaulier G. , Lemoine F. ,Ünal – Kesenci D. China's Emergence and the Reorganization of Trade Flows in Asia[J]. *China Economic Review*, 2007, 18(3).

[31] Gereffi G. , Fernandez Stark K. , The Offshore Services Value Chain :Developing Countries and the Crisis[J]. World Bank Policy Resaerch Working Paper, 2010, No. 5262.

[32] Gereffi G. International Trade and Industrial Upgrading in the Apparel Commodity China[J]. *Journal of International Economics*, 1999, 48(1).

[33] Goldberg P. K. , Pavcnik N. Distributional Effects of Globalization in Developing Countries[J]. *Journal of Economic Literature*, 2007, 45(1).

[34] Gramer C. Can African Industrialize by Processing Primary Commodities? The Case of Mozambican Cashew Nuts[J]. *World Development*, 1999, 27(7).

[35] Granovetter M. Economic Action and Social Structure: The Problem of Embeddedness[J]. *American Journal of Sociology*, 1985, 91(3).

[36] Griliches Z., Lichtenberg F. Interindustry Technology Flows and Productivity Growth: A Reexamination[J]. *Review of Economics & Statistics*, 1984, 66(2).

[37] Grossman G. M., Rossi – Hansberg E. Trading Tasks: A Simple Theory of Offshoring[J], *The American Economic Review*, 2008, 98(5).

[38] Guadalupe M. Product Market Competition, Returns to Skill and Wage Inequality[J]. *Journal of Labor Economics*, 2007, 25(3).

[39] Hanson G. H., Mataloni R. J. Jr., Slaughter M. J. Vertical Production Networks in Multinational Firms[J]. *The Review of Economics and Statistics*, 2005, 87(4).

[40] Hausmann R., Hwang J., Rodrik D. What You Export Matters[J]. *Journal of Economic Growth*, 2007, 12(1).

[41] Helpman E., Itskhoki O., Redding S. Inequality and Unemployment in a Global Economy[J]. NBER Working Paper, 2008, No. 14478.

[42] Hummels D., Ishii J., Yi K. M. The Nature and Growth of Vertical Specialization in World Trade[J]. *Journal of International Economics*, 2001, 54(1).

[43] Hummels D., Jørgensen R., Munch J., et al. The Wage Effects of Offshoring: Evidence from Danish Matched Worker – Firm Data[J]. *The American Economic Review*, 2011, 104(6).

[44] Humphrey J., Schmitz H. How Does Insertion in Global Value Chains Affect Upgrading in Industrial Clusters? [J]. *Regional Studies*, 2002, 36(9).

[45] Johnson R. C., Noguera G. Accounting for Intermediates: Production Sharing and Trade in Value Added[J]. *Journal of International Economics*, 2012, 86(2).

[46] Kee H. L., Tang H. Domestic Value Added in Exports: Theory and Firm Evidence from China[J]. *The American Economic Review*, 2016, 106(6).

[47] Kelle M. Crossing Industry Borders: German Manufacturers as Services Exporters[J]. *The World Economy*, 2013, 36(12).

[48] Khandelwal A. The Long and Short (of) Quality Ladders[J]. *The Review of Economic Studies*, 2010, 77(4).

[49] Koopman R, Powers, W., Wang, Z., et al, Give Credit Where Credit Is Due: Tracing Value Added in Global Production Chains[J]. NBER Working Paper, 2010, No. 16426.

[50] Koopman R., Wang Z., Wei S. J. How Much of Chinese Exports Is Really Made in China? Assessing Domestic Value-Added When Processing Trade Is Pervasive[J]. NBER Working Paper, 2008, No. 14109.

[51] Koopman R., Wang Z., Wei S. J. Tracing Value – Added and Double Counting in Gross Exports[J]. *The American Economic Review*, 2014, 104(2).

[52] Kromann L., Sorensen A. Automation, Performance and International Competition: Firm-Level Comparisons of Process Innovation[J]. *Journal of Computational Physics*, 2015, 198(1).

[53] Krugman P. First Nature, Second Nature, and Metropolitan Location[J]. *Journal of Regional Science*, 1993, 33(2).

[54] Krugman P. Increasing Returns and Economic Geography[J]. *Journal of Political Economy*, 1991, 99(3).

[55] Kuroiwa I. Rules of Origin and Local Content in East Asia[J]. IDE Discussion Paper, 2006, No. 78.

[56] Leamer E. E., Storper M. The Economic Geography of the Internet Age [J]. *Journal of International Business Studies*, 2001, 32(4).

[57] Lichtenberg F. R., Potterie, B. V. P. D. L. International R&D Spillovers: A Comment[J]. *European Economic Review*, 1998, 42(8).

[58] Los B., Dietzenbacher E., Stehrer R., et al. Trade Performance in Internationally Fragmented Production Networks: Concepts and Measures [J]. WIOD Working Paper, 2012, No. 11.

[59] Lu Y., Ng T. Import Competition and Skill Content in US Manufacturing Industries[J]. *Review of Economics and Statistics*, 2013, 95(4).

[60] Maurer A., Degain C. Globalization and Trade Flows: What You See Is Not What You Get! [J]. *Journal of International Commerce, Economics and Policy*, 2012, 3(3).

[61] Manova K. Credit Constraints, Heterogeneous Firms, and International

Trade[J]. *The Review of Economic Studies*, 2013, 80(2).

[62] Manova K., Yu Z. How Firms Export: Processing VS. Ordinary Trade with Financial Frictions[J]. CEPR Discussion Paper, 2016, No. DP 11142.

[63] Melitz M. J. The Impact of Trade on Intra-industry Reallocations and Aggregate Industry Productivity[J]. *Econometrica*, 2003, 71(6).

[64] Meng B., Fang Y., Yamano N. Measuring Global Value Chains and Regional Economic Integration: An International Input – Output Approach[J]. IDE Discussion Paper, 2012, No. 362.

[65] Meng B., Qu C. Application of the Input – Output Decomposition Technique to China's Regional Economies[J]. *Journal of Applied Regional Science*, 2008, 13.

[66] Meng B., Wang Z., Koopman R. How Are Global Value Chains Fragmented and Extended in China's Domestic Production Networks? [J]. IDE Discussion Paper, 2013, No. 424.

[67] Milberg W., Winkler D. E. Trade Crisis and Recovery: Restructuring of Global Value Chains[J]. World Bank Policy Research Working Paper, 2010, No. 5234.

[68] Namini J. E., López R. A. Factor Price Overshooting with Trade Liberalization: Theory and Evidence[J]. *Scottish Journal of Political Economy*, 2013, 60(2).

[69] Nishioka S., Ripoll M. Productivity, Trade and the R&D Content of Intermediate Inputs[J]. *European Economic Review*, 2012, 56(8).

[70] Romer P. M. Endogenous Technological Change[J]. *Journal of Political Economy*, 1990, 98(5).

[71] Schmookler J. Invention and Economic Growth[J]. *Economic History Review*, 1966, 20(1).

[72] Timmer M. P., Erumban A. A., Los B., et al. Slicing up Global Value Chains[J]. *The Journal of Economic Perspectives*, 2014, 28(2).

[73] Timmer M. P., Los B., Stehrer R., et al. Fragmentation, Incomes and Jobs: An Analysis of European Competitiveness[J]. *Economic Policy*, 2013, 28(76).

[74] Upward R., Wang Z., Zheng J. Weighing China's Export Basket: The

Domestic Content and Technology Intensity of Chinese Exports[J]. *Journal of Comparative Economics*, 2013, 41(2).

[75] Verhoogen E. A. Trade, Quality Upgrading, and Wage Inequality in the Mexican Manufacturing Sector[J]. *The Quarterly Journal of Economics*, 2008, 123(2).

[76] Vernon R. International Investment and International Trade in the Product Cycle[J]. *The Quarterly Journal of Economics*, 1996, 80(2).

[77] Wang Z., Wei S., Zhu K. Quantifying International Production Sharing at the Bilateral and Sector Levels[J]. NBER Working Paper, 2013, No. 19677.

[78] Xing Y., Detert N. C. How the iPhone Widens the United States Trade Deficit with the People's Republic of China[J]. ADBI Working Paper, 2010, No. 257.

[79] Yi K. M. Can Vertical Specialization Explain the Growth of World Trade? [J]. *Journal of Political Economy*, 2003, 111(1).

三、会议论文

[1] Chor D., Manova K., Yu Z. The Global Production Line Position of Chinese Firms[C]. Industrial Upgrading and Urbanization Conference, 2014.

[2] Yang C. H., Dietzenbacher E., Pei J. S., et al. The Bias in Measuring Vertical Specialization[C]. Paper Presented at the 17th International Input – Output Association Conference, 2015.

索　引

（词条后页码系该词条在书中首次出现的页码）

后　　记

我和我的研究团队2015年获得国家社科基金重大项目“全球价值链发展变化与我国创新驱动发展战略研究”(15ZDA060)立项。2017年本项目成果,即本书获得国家出版基金资助,2018年本项目经国家社科基金规划办公室评审通过。

我们这个研究团队基本上由三方面研究专家组成:一是研究创新驱动的专家,二是研究产业经济的专家,三是研究世界经济和国际贸易的专家。这三方面专家围绕这个国家重大项目各展所长,进行协同研究,取得了协同创新的成果。

我们在承担本该课题时,正逢国家推进供给侧结构性改革。供给侧结构性改革一方面需要去旧产能,另一方面需要培育新动能。所谓新动能,就是它能给经济增长带来新的活力、新的动力、新的能量。新动能不仅是经济发展的新引擎,也是改造提升传统动能、促进实体经济蓬勃发展的动力。本课题研究涉及的全球价值链变化、创新驱动发展正是所要培育的新动能的重要方面。

本课题研究结合申报的原先设计,对以下四方面国家发展的重大需求进行了研究。一是依据2016年9月G20杭州峰会上习近平总书记提出的参与全球经济治理的思想,明确将攀升全球价值链中高端地位同参与全球经济治理联系起来,明确认为参与全球经济治理还需要有全球价值链这个载体。二是依据国务院2016年5月印发的《国家创新驱动发展战略纲要》明确创新驱动发展的战略目标要求:到2020年进入创新型国家行列,其标志是若干重点产业进入全球价值链中高端;到2030年跻身创新型国家前列,其标志是主要产业进入全球价值链中高端。三是根据“一带一路”倡议,明确配置全球价值链与“一带一路”倡议的关系。中国企业应该以价值链走出去的方式进入“一带一路”;既包括以我为主导的全球价值链走出去,也包括处于价值链低端的环节转移出去,当然还包括吸引“一带一路”相关跨国公司主导的全球价值链进入中国。以全球价值链配置的思路推进“一带一路”建设,能够从企业层面支持国家参与的全球经济治理。四是在课题研究的最后阶段正逢美国特朗普政府挑起中美贸易争端,出现美国对华为、中兴公司高端芯片断供的事件,因此对全球价值链上拥有自主知识产权的核心技术和关键技术环节问题更为突出。这些涉及国家重大发展问题成为本课题研究的导向。

基于以上与本课题研究相关的国家发展的重大需求,本课题研究取得的重大理论成果和政策建议主要涉及以下方面。

(1) 新动能的核心是战略性新兴产业。根据 G20 杭州峰会确定的创新增长蓝图,现在被称为新经济的战略性新兴产业涉及两个方面。一是反映新工业革命标志的高端产业,如智能制造、机器人、新能源、新材料、环保产业、生物技术等;二是体现在传统产业和服务业的互联网经济和数字经济。前者涉及制造业领域创新的产业,后者涉及服务业领域创新的新业态。产业进入中高端的标志就是发展这些被称为新经济的战略性新兴产业,并培育为以我为主导的全球价值链。

(2) 在全球价值链上实现新、旧动能的转换。过去 40 多年,中国的开放型经济是推动发展的重要动能。开放仍然是当今发展的动能,但要成为新动能,开放的方式需要调整,水平必须更高。过去我国主要是靠资源禀赋的比较优势,即以低成本劳动力和土地资源嵌入全球价值链,进入的是全球价值链的低端环节。现在这些比较优势已不再是优势了,存在"低端锁不定"问题,也就是说其动能开始衰退。在全球价值链上培育新动能,就要求依靠科技和商业模式创新攀升全球价值链的中高端,进入掌握核心技术和关键技术的研发环节,进入掌握市场渠道的营销环节,其方向主要有三个方面。一是依靠自身的科技和产业优势建立以我为主导的全球价值链。二是进入全球价值链的中高端环节。三是仍然处于全球价值链加工装配环节,但通过机器换人和低端转移延长价值链的方式,由低端变为中高端。

(3) 在新的经济条件下,全球价值链本身的驱动者正在发生变化。在一般的理论中,全球价值链的驱动者是居于全球价值链研发环节的、掌握核心技术的生产者及掌握市场的采购商。本课题依据中国企业攀升全球价值链中高端的实践发现新的驱动者。一是,虽不处于价值链高端的研发环节,但处于低端和高端之间的中间环节,只要掌握关键技术,也可以有更高的附加值,甚至成为全球价值链的驱动者。二是,在中国成为世界第二大经济体后,中国市场规模进入了世界市场前列,特别是在"互联网 +"背景下,全球价值链的驱动者不再只是沃尔玛之类的垄断市场的采购商,普通采购商也可依托庞大的跨境电子商务成为全球价值链的驱动者。

(4) 针对我国企业大都处于价值链低端的现状,攀升全球价值链中高端的方向包括两方面。一是以竞争优势为导向建立以我为主导的全球价值链。二是依靠科技和商业模式创新进入全球价值链中高端环节。其中不乏有一步登上处于顶端的研发和营销环节的案例,但更多的还是一步步向全球价值链的中高端环节攀升。在处于U形底部的加工装配环节向两端顶部攀升,一端向多种零部件、元器件制造的中端环节攀升;一端向物流、营销服务等环节攀升。这两端向上延伸的环节与底部的加工装配环节相比,都需要更高的技术和劳动技能,其附加值会更高。攀升全球价值链中高端,不仅需要创新的技术高人一筹,还需要有其他方面的创新,尤其是商业模式创新开道。

(5) 即使处于价值链低端的加工装配环节也能进入价值链中高端。面对"低端锁不定"的压力,低端环节可以寻求突围。首先,从利用较低劳动技能的环节撤出的同时,可以吸引需要较高人力资本的、新的、更为高端的加工装配环节进入。其次,处于全球价值链低端的加工装配企业,可以利用自身在全球价值链上掌握的技术,创造自己的品牌,在国内外寻求零部件配套,进行系统集成,建立自己的物流和营销中心,成为自主品牌的"链主",形成新的价值链。最后,延长价值链,将加工装配环节转移到劳动成本更低的国内其他地区和国外,总部只是作为物流、营销中心,从而成为延长的价值链中的中高端,进而成为价值链的"链主"。需要说明的是,在我国这样的发展中大国,不可能容不下价值链的低端环节。发达地区价值链的低端环节向缺乏项目的欠发达地区转移仍然是区域协调的重要路径。

(6) 攀升全球价值链中高端需要科技创新驱动。针对"我国关键核心技术受制于人的局面尚未根本改变,创造新产业、引领未来发展的科技储备远远不够,产业还处于全球价值链中低端"①这一现状,我国的科技创新必须着力于核心技术的创新,致力于全球价值链上自主知识产权的创新。现阶段虽然我国的科技创新成果已经进入世界前列,科技人力资源总量、研发人员数量、研发投入强度、发明专利申请量、国际科技论文数量及被引用数量等指标均居世界前几位,但产业的核心技术仍然是短板。攀升全球价值链中高端的关键性路径,不仅要求基础研究以创新产业核心技术为导向,还要求在此基础上衔接科技创新和产业创新。这可以说是创新驱动的核心。在现实中有三种方式可以实现这一路径。一是技术转移方式,指的是在科技创新和产业创新在时间和空间分开进行的条件下,科技创新的成果通过技术转移的方式进入企业。这种转移通过技术

① 《习近平谈治国理政》第2卷,外文出版社2017年版,第203页。

交易来实现转让。二是产学研协同创新方式，即在科学家与企业家的协同下产生的新技术直接在企业实现转化。三是科技创业，即科技人员带着创新成果直接创业。

本课题研究不仅采取理论叙述的方法，也采取了数理分析的研究方法；不仅采取了规范分析方法，也采取了实证分析方法；既有理论推理，也有实践证明。

本项目由我和郑江淮教授共同主持。主要参与者有：马野青、方勇、皮建才、孙宁华、黄繁华、巫强、陈曦、赵华、韩剑、邵昱琛、安志。本书各个部分的合作者包括：沈春苗、郑玉、梅天元、顾以诺、徐子明、翁润、赵润之、冯帆、姜晓运、王高凤、姜悦、于诚、熊琴、张翔。全书由我和郑江淮教授共同统稿。

洪银兴

2018 年 12 月